21世纪期货、期权及衍生品
— 新形态系列教材 —

Financial Futures
and Options Practice

金融期货
与期权实务

冯玉成　粟坤全◎主　编
王　骏　牛秋乐◎副主编

清華大學出版社
北京

内 容 简 介

本书系统阐述了金融期货及衍生品(市场)的理论与运作实务。本书每章开篇部分配有学习目标、导读、知识结构图、引导案例,章中穿插拓展阅读,章后附有即测即练、本章小结、关键术语及复习思考题。配套的教学资源有电子课件、教学大纲、习题答案、模拟试卷和答案。

本书可作为高等院校经济管理、金融、贸易等专业的高年级本科生和硕士生教材,也可用作期货及衍生品从业人员培训教材,还可供金融衍生品投资者学习和参考。

图书在版编目(CIP)数据

金融期货与期权实务/冯玉成,粟坤全主编. —北京:清华大学出版社,2022.5
21世纪期货、期权及衍生品新形态系列教材
ISBN 978-7-302-60501-0

Ⅰ. ①金… Ⅱ. ①冯… ②粟… Ⅲ. ①金融期货-期权交易-教材 Ⅳ. ①F830.9

中国版本图书馆 CIP 数据核字(2022)第 055877 号

责任编辑:张　伟
封面设计:汉风唐韵
责任校对:王荣静
责任印制:宋　林

出版发行:清华大学出版社
　　　　网　　　址:http://www.tup.com.cn,http://www.wqbook.com
　　　　地　　　址:北京清华大学学研大厦 A 座　　　邮　　编:100084
　　　　社 总 机:010-83470000　　　　　　　　邮　　购:010-62786544
　　　　投稿与读者服务:010-62776969,c-service@tup.tsinghua.edu.cn
　　　　质量反馈:010-62772015,zhiliang@tup.tsinghua.edu.cn
　　　　课件下载:http://www.tup.com.cn,010-83470332
印 装 者:大厂回族自治县彩虹印刷有限公司
经　　销:全国新华书店
开　　本:185mm×260mm　　印　　张:19　　　　字　　数:433 千字
版　　次:2022 年 7 月第 1 版　　　　　　　印　　次:2022 年 7 月第 1 次印刷
定　　价:59.00 元

产品编号:092817-01

丛书专家委员会

丛书序

经过 30 多年的探索发展,我国期货市场经历了从商品期货到金融期货,从股票期权到商品期权,从场内交易到场外交易,从境内市场到境外市场,从期货、期权到互换和信用衍生工具等其他衍生品的不断创新过程,多层次的衍生品市场体系已经形成。特别是党的十八大以来,我国期货市场规模持续扩大,市场效率和影响力不断提升,在促进国民经济相关产业良性发展、落实金融服务实体经济方面的成效日益显著。随着期货行业基本法——《期货和衍生品法》的即将推出,我国期货和衍生品市场会迎来更加规范的大发展。

目前,我国场内期货、期权品种达 94 种,市场资金总量已突破 1.2 万亿元,越来越多的产业客户和机构投资者利用期货市场管理风险、配置资产,投资者机构化趋势明显。随着新时代国内期货市场的创新与高速发展,对期货专业人才的需求也表现出不同以往的内涵:风险对冲、市场交易、资产配置等职业岗位,不仅需要扎实的经济理论功底、高超的操作技术,还需要良好的社会主义核心职业价值观、较强的创新能力和高标准的国际化视野。因此,探索有别于金融学专业通识教育的特色教材,是行业赋予金融学人的历史使命。

近年来,随着我国期货和衍生品市场的不断创新、数字教育技术的深入发展,期货教育理论发生了很多新变化。在国家一流课程建设和课程思政建设的新要求下,可融入教学的资料和内容亟待丰富,创新和推进教材建设成为重要任务。

本系列教材就是在这一背景下产生的。本系列教材是北京物资学院与北京兆泰源信息技术有限公司合作的教育部产学合作协同育人项目"期货、期权及衍生品新形态系列教材与教学资源开发"(项目编号:202101081007)的研究成果,也是北京物资学院的国家级一流专业建设点项目指定建设教材,它定位于应用型大学人才培养,顺应期货及衍生品时代发展的行业变化。本系列教材充分吸收校内外专家和行业骨干参与编写,强调理论性与实务性、前沿性与科学性、系统性与基础性的统一,具有如下特色。

(1)专业性特色:在国内首次开展期货专业新形态系列教材建设,通过现代化信息技术,配套完整的教学资源,使系列教材能够满足国家"金课"建设要求。

(2)双主编特色:采用高校专业教师与产业界知名人士双主编模式,确保系列教材顶天立地,实现理论性与实务性统一。

(3)全体系特色:覆盖了现代期货、期权及衍生品的主要教学内容,既可以实现基础性知识的学习,又强调了实务操作能力和知识面的拓展,可以实现全方位的专业知识覆盖。

(4)多层次教育兼容特色:教材知识点反映了期货、期权及衍生品的前沿发展,既自成体系,满足本、研专业教学需要,又与国内外从业资格考试接轨,可同时满足期货从业人员职业培训需要。

（5）课程思政特色：以扫码阅读辅助资料的形式，增设国内相关案例和资料，引导学生认识我国经济发展的成就，增强职业道德和职业素养教育，帮助学生塑造正确的人生观和价值观。

本系列教材不仅适合高校财经专业本科生和研究生教学使用，也可作为证券、期货从业人员的培训教材，同时也适合有意从事期货交易的读者自学使用。

本系列教材在北京物资学院、清华大学出版社、北京兆泰源信息技术有限公司联合支持下完成。鉴于水平有限，教材中难免存在不当之处，敬请广大读者批评指正。

丛书编委会

2022 年 4 月

前 言

　　金融衍生品诞生后在全球市场得到迅猛发展,并占据了衍生品市场的绝大部分份额。2000年,全球场内金融类衍生品成交量为25.36亿手,2021年达到519.92亿手,增长了19.5倍;金融衍生品成交量市场占比达到八成以上,2000年、2003年、2021年分别为84.83%、92.18%和83.07%。全球场外衍生品市场规模远高于场内市场,2011年6月底名义本金达到峰值706.9万亿美元,2021年6月底为610万亿美元,金融衍生品在场外衍生品中占比更高,通常达到九成以上。

　　我国于1995年因"327国债期货事件"关闭了金融期货市场。2010年4月,沪深300股指期货成功上市,再次拉开了场内金融衍生品市场发展的序幕。2013年9月,国债期货重新启动。自2015年以来,国内金融期货、期权品种上市速度明显加快。目前已上市沪深300、上证50、中证500股指期货,5年期、10年期、2年期国债期货,上证50ETF、沪深300ETF、沪深300股指期权等10个期货期权品种。场外衍生品市场经过十几年的发展,形成了NAFMII(中国银行间市场交易商协会)体系下的银行间场外衍生品市场、SAC(中国证券业协会)体系下的证券期货场外衍生品市场及ISDA(国际掉期与衍生工具协会)体系下的外资机构柜台市场三大市场体系,初步形成了涵盖股权、利率、汇率、信用资产、远期、期货、期权、互换等多种类型,场内、场外互为补充的金融衍生品市场体系。

　　随着场内金融衍生品上市品种日益丰富和场外金融衍生品市场快速发展,证券、期货、私募、公募、保险、银行、养老金等机构投资者陆续入市交易,金融衍生品市场规模、市场份额大幅增长,机构投资者在股指期货、国债期货上的总持仓占据主导地位。金融衍生品市场发现价格、管理风险、配置优化资源、财富管理功能日渐凸显。金融机构、实体企业对金融衍生品专业人才需求也越发强烈。

　　全书共八章。第一章金融衍生品市场概述,概括性介绍和剖析了金融衍生工具及全球金融衍生品市场。第二章股指期货,阐述了股指期货资产配置、投资组合系统性风险管理、阿尔法策略、指数化投资、上市公司市值管理的理论与实务。第三章国债期货,讲述了国债期货债券组合风险管理、套利、资产配置和久期管理。第四章外汇期货,论述了实体企业进出口业务、投融资业务、工程承包业务以及金融机构外汇业务外汇风险识别,套期保值和风险对冲的理论与实务。第五章金融期权,阐述了金融期权在金融资产组合管理中的应用,波动率交易,期权做市业务中Delta、Gamma和Vega风险的管理方法,场外期权合约的设计问题。第六章金融远期与互换,讲述了远期利率协议、远期汇率协议、利率互换和信用违约互换的产品结构、定价以及产品(组合)风险管理实务。第七章结构化产品,着重论述了结构化产品的基本构造、功能、风险-收益特征,结构化产品定价、风险评估过程以及适用场合、交易流程和对冲方式。第八章风险管理,阐述了金融机构在开展金融衍生品交易时的风险识别、度量以及对冲问题。

　　本书由北京物资学院组织发起,由高校从事金融衍生品教学的资深教师和期货行业专家共同编写。北京物资学院期货与证券专业冯玉成副教授、英大期货有限公司研究所总经理粟坤全任主编,方正中期期货有限公司研究院院长王骏、方正中期研究院总经理助理牛秋乐任副主编,业内专家参加编写。全书的具体编写分工是:冯玉成编写第一章、第二章,粟坤全编写第五章、第七章、第八章,王骏、牛秋乐编写第三章,方正中期期货全球宏观经济首席分析师史家亮、方正中期期货研究院期权研究员冯世佃编写第四章,方正中期高级研究员彭博编写第六章。方正中期期货研究院研究员李彦森编写了第一章中的股指期货交易制度。全书由冯玉成总纂定稿。

　　在本书的编写过程中,我们参阅了国内外许多金融衍生工具方面的研究成果与著作,并借用了部分资料,特此说明。本书编写过程中得到了北京物资学院领导的关心和大力支持,在此表示衷心感谢。希望本书的出版能为广大投资者、高等院校、实体企业、金融机构,在学习研究金融衍生品(市场)、科学应对经济与金融风险等方面有所帮助。限于我们的水平,教材中定有不当之处,敬请高校师生、金融机构人士、广大投资者和读者批评指正。

编写组

2022 年 1 月

目 录

第一章

金融衍生品市场概述

本章学习目标

通过本章学习,学员应该能够:

1. 掌握金融衍生工具的概念、特点以及分类;

2. 理解金融衍生品市场的功能、地位与作用;

3. 了解全球金融衍生品市场发展过程,主要金融衍生工具交易现状、市场结构;

4. 理解场内金融衍生品交易制度、风险管理制度以及场外金融衍生品市场运行机制。

【本章导读】

本章概括性介绍和剖析了金融衍生工具及全球金融衍生品市场。

援引国际机构、学界对金融衍生工具的权威解释,以此为基础,给出了金融衍生工具的定义,接着概括性地介绍了金融衍生工具常见的分类方式,重点阐述了金融远期、金融期货、金融期权、金融互换四类重要的金融衍生工具。

从微观和宏观的角度阐述了金融衍生工具的功能,从历史的视角诠释了金融衍生品市场在金融市场中的重要地位,通过纵向横向对比,说明了金融衍生品市场对金融改革、金融深化、实体经济转型的重要作用。

详尽分析了全球场内金融衍生品市场发展历史、交易现状、主要交易工具、交易制度、市场结构状况。涵盖权益类衍生品市场、利率衍生品市场和外汇衍生品市场三部分。均涉及美洲市场、欧洲市场、亚太及新兴市场、中国市场几个层次。权益类衍生品市场分为指数衍生品市场(股指期货市场、股指期权市场)、个股衍生品市场(个股期货市场、个股期权市场)、ETF 衍生品市场(ETF 期货市场、ETF 期权市场)三部分。利率衍生品市场侧重于美欧及中国国债期货及全球活跃的利率期权市场的分析。外汇衍生品市场突出了金砖国家以及中国境外外汇期货市场发展状况的分析。

揭示了全球场外金融衍生品市场的运行机制,包括场外金融衍生品市场参与主体、市场现状、清算模式、交易场所/平台、标准化法律文本和市场监管趋势六部分。

本章知识结构图

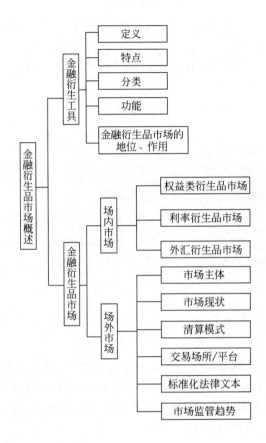

引导案例：股市暴跌，股指之过？

2015 年是股市演绎从天堂到地狱的一年。上半年，股市在央行降息降准、市场人气高涨的环境下延续了 2014 年下半年以来的上涨态势，沪深 300 指数于 6 月 9 日上升至 5 380.43 高点；下半年，由于此前股市积累了大量泡沫，且监管层为规范市场行为，对场外融资融券进行了严厉控制，市场资金恐慌抛盘，A 股市场在 6 月 15 日当周大幅下跌 13.32%，创近 7 年以来的最大单周跌幅。端午节后，连续两天翻红，之后形势逆转。6 月 25 日下午开盘后，沪指突然晴转暴雨，到收盘时再次录得 3.46% 的跌幅。26 日，A 股以缺口的方式直接砸破 60 日均线，沪指盘中跌幅高达 8.57%，创 8 年来最大跌幅纪录，两市更有 2 007 只股票被重重地摔在跌停板上无力动弹，打破了史上最惨烈纪录。更让人瞠目结舌的是，股指期货四大合约首次出现全部跌停的奇观。6 月 26—29 日，首轮政府救市未能遏制大盘加速下滑的趋势。6 月 29 日，沪指大幅高开 2.31% 后再次刮起绿旋风，两市多达 1 800 只股票盘中跌停，上证指数和创业板盘中分别暴跌 7.58%、8.21%。6 月 30 日，沪市在诸多利好提振下，昙花一现。在 7 月 1 日—7 月 3 日短短 3 天时间，上证指数盘中最大跌幅均达 5%～7%，市场信心走向全面崩溃，千股跌停已成"新常态"。

同时，7 月 1 日 14：30—15：15，IF1507 成交量达到 46.66 万手，IH1507 成交量达到

12.4万手,IC1507成交量达到7.27万手,涉及名义金额达到7 442亿元。在这最后45分钟内,天量成交主要来自机构投资者。巨额空单砸盘,导致期货大跌,IC1507跌停。在股指期货下跌过程中,很多期指多头因为止损指令自动放出空单平仓,推动期指进一步下跌。政府再次救市,扩大两融资金来源,严打恶意做空,但A股继续暴跌。7月6日,A股雄起了几秒钟后,上演了"千股涨停"到"千股跌停"的惨剧。7月7—8日,A股继续惨不忍睹,短短3天下跌574点。A股风险迅速传染至港股、中概股,并波及大宗商品,全线下跌。7月9日,公安部、央行、国资委、保监会、银监会、中国证券登记结算有限公司、基金业协会联合救市,股市企稳。

因为股市暴跌,股指期货备受指责。随后,中金所修改股指期货交易规则,限制股指期货交易,股指期货市场功能近乎丧失。股市暴跌是股指期货的过错吗?显然,答案并非如此!

诺贝尔经济学奖得主默顿曾提出,金融衍生工具使世界变得更加安全,而不是更危险,衍生品不是坏孩子,它不是产生风险,而是减少风险。在2015年"股灾"过后,中金所逐步取消了对股指期货交易的各种限制,股指期货市场功能得以恢复,期货、期权品种日益丰富,金融衍生品市场更富有活力。

金融衍生工具是金融创新的产物,其内涵和外延随金融创新而不断丰富、扩展,金融衍生工具对金融、经济、社会发展乃至国家安全具有重要作用。金融衍生品市场包括场内和场外两个部分:在场内,期货交易所开发标准化衍生品以满足市场参与者的流动性和风险定价需要;在场外,金融机构开发定制式衍生品以满足市场参与者的个性化需要。以金融衍生工具为代表的风险管理金融市场与间接金融市场、直接金融市场"三足鼎立",相对独立而又相互关联、相互作用,共同构成现代金融体系。金融衍生品市场的不断发展、完善促进了利率、汇率市场化改革的进程,并为更大范围、规模和程度的金融创新打开了空间,增加了整个金融市场的弹性。

第一节　金融衍生工具

一、金融衍生工具的定义

金融衍生工具(financial derivatives instrument),又称金融衍生品、金融派生品。作为金融创新的核心,金融衍生工具品种繁多、数量庞大、结构复杂、创新不断、外延广泛、内涵复杂,因此,准确具体地界定金融衍生工具的概念较为困难。迄今为止,金融衍生工具并没有形成一个公认的统一定义。

目前,学界及国际机构对金融衍生工具比较权威的定义主要有以下几种。

国际公认的衍生品权威约翰·赫尔(John C. Hull)教授将金融衍生工具定义为"一种其价值决定于其他更基本的标的资产的价值的证券"。

著名的众多金融专著作者弗兰克·J.法博齐(Frank J. Fabozzi)教授在《资本市场:机构与工具》一书中这样解释金融衍生工具:"一些合同给予合同持有者某种义务或对某一种金融资产进行买卖的选择权。这些合同的价值由其交易的金融资产的价格决定。相应地,这些合约被称为衍生工具。"

国际会计准则委员会(International Accounting Standards Committee,IASC)对衍生金融工具的定义是:"衍生金融工具指具有以下特征的金融工具:①其价值随特定利率、证券价格、商品价格、汇率、价格或利率指数、信用等级或信用指数,或类似变量的变动而变动;②不要求初始净投资,或与对市场条件变动具有类似反应的其他类型合同相比,要求较少的净投资;③在未来日期结算。"

经济合作与发展组织(Organization for Economic Co-operation and Development,OECD)将金融衍生工具描述为:"金融衍生工具是一种合同权利,其价值衍生于其他东西,如债券、期货、期权或者是特定指数。……与传统的债务和权益证券不同,这些工具通常不产生基于初始投资的回报。"

国际掉期和衍生品协会(International Swaps and Derivatives Association,ISDA)认为,金融衍生工具是一种以转移风险为目的而互易现金流量的双务合同。于合同届期时,当事人根据"标的资产"或"基础资产"(underlying asset),并参考利率或指数的价格来决定债权额的大小。

金融衍生工具这一专业术语在法学领域的提出始自 20 世纪 80 年代。1982 年,美国纽约联邦法院开创性地在司法判决中使用了"金融衍生工具"一词,用于标示当时已经广为人知的期权及期货。同年,美国第七巡回上诉法院大法官伊斯布鲁克在判决中把政府担保住宅抵押贷款利息的期货与期权都称为金融衍生工具。1995 年,英国判例中也开始出现"金融衍生工具"一词。此后,这一术语在司法实践中被广泛使用。从法律角度而言,金融衍生品乃基础金融品(股票、货币、外汇和债券等)的设计、组合而构成的权利或权利的集合。它反映了当事人约定以处置金融风险为目的,于未来特定时间转移特定金融利益所代表的权利的一种合意或契约安排,实质上是建立在高度发达的市场经济和信用关系基础上的合同法律关系或契约安排。因此,金融衍生工具(合约)具有衍生性、契约性、杠杆性、射幸性、诺成性等特点,是典型的期待权。

从上述定义看出,金融衍生工具的概念应包含如下基本内容。

(1)金融衍生工具依赖于金融现货。首先,无论金融衍生工具的形式多么复杂,它总是以某种或某几种金融现货作为基础,它起源于原生性金融商品(如货币、外汇、存单、债券、股票等)或基础性金融工具(如利率、外汇汇率、股票指数、债务工具的价格或商品期货价格)。其次,金融衍生工具价格受金融现货的价格的制约,在金融现货价格基础上变化。

(2)金融衍生工具交易的杠杆性。金融衍生工具是通过预测股价、利率、汇率等金融现货在一定时期内的市场行情走势,支付少量保证金签订远期合约或互换不同金融商品的合约。

达成金融衍生工具合约不需要缴纳合同的全部金额,只需用百分之几的少量的资金就可以进行几十倍金额的金融衍生品交易,就像用一根长长的杠杆就能轻松地撬动巨石。

(3)按事先预定的价格在未来成交。它因此成为转移价格风险的保值手段。金融衍生品中规定的金融现货价格是当前约定的未来交易价格,它取决于交易者对未来价格水平的主观判断或心理预期。在合约的有效期内,这种事先约定的价格存在着高于或低于现货市场价格的可能性。因此,一般而言,金融衍生工具的价值等于合约中原形资产的约定价格与现货市场价格之差。

由此,给出金融衍生工具的定义:金融衍生工具是金融现货的派生物,是以另一种或另一些金融工具为买卖对象,其价值也由这种或这些金融工具价格所决定,具有杠杆性、未来性、虚拟性的金融合约或支付互换协议。

二、金融衍生工具的特点

金融衍生工具具有以下几个特点。

(1) 零和博弈。在金融衍生品交易中,交易的买方和卖方盈亏呈负相关关系,若一方盈利,另一方必然亏损,且二者盈亏金额完全相同,即金融衍生品交易的净损益之和等于零。

(2) 跨期性。金融衍生品是买卖双方通过对标的资产价格或基础变量变化趋势的预测,约定在将来某一特定的时间和地点按一定的条件发生交易或选择是否发生交易的合约。金融衍生品交易会影响交易者在未来一段时间内或未来某时间上的现金流,因此金融衍生品具有跨期性。

(3) 联动性。金融衍生品的价值与其基础变量或标的资产的价值紧密联系、规则变动。通常,金融衍生品与其基础变量或标的资产相联系的支付特征由金融衍生工具合约所规定,其联动关系既可以是线性关系,也可以是非线性关系。

(4) 高风险性。金融衍生品交易的损益直接取决于交易者对标的资产价格或基础变量变化趋势预测的准确程度。标的资产价格或基础变量的波动性决定了金融衍生品交易的高风险性。

(5) 高杠杆性。金融衍生品交易采取保证金制度,即交易者在买卖金融衍生品合约时,只需按照合约价值的一定比率缴纳保证金作为履约保证,即可进行数倍于保证金的金融衍生品交易。

(6) 契约性。金融衍生品交易是对其基础变量或标的资产在未来某种条件下权利和义务的处理。因此,从法律上看,金融衍生品交易是一种建立在高度发达的社会信用基础上的经济合同关系。

(7) 交易对象的虚拟性。金融衍生品的交易对象并不是基础变量或标的资产,而是由其派生出来的权利和义务,如期权的买权和卖权、互换的交换义务等。因此可以说,金融衍生工具交易的对象具有一定的虚拟性。

(8) 交易目的的多重性。金融衍生品交易往往有套期保值、投机、套利和资产负债管理四大目的。其交易的主要目的不在于所涉及的基础变量或标的资产所有权的转移,而在于转移与其相关的价值变化的风险,或通过风险投资获取经济利益。

 拓展阅读 1-1　金融衍生品:思与辨

三、金融衍生工具的分类

根据金融衍生工具交易的方法和特点,金融衍生工具可分为金融远期(forwards)、金融期货(futures)、金融期权(options)和金融互换(swaps)四个大类。其他名目繁多的金融衍生品均是由这四个基本类综合或混合而生成。

（一）金融远期

金融远期是指交易双方达成的，在将来某一特定日期按照事先商定的价格，以预先确定的方式买卖某种金融资产的金融合约。

金融远期在交易初期并不发生现金流动，双方只是将交易的各项条件（如交易标的物的数量、质量、交易价格、交割日期等）用合约的形式确定下来，实际交割则在未来的某一特定日期进行。参与远期交易的主体一般是金融机构以及较大的公司，交易方式往往采用场外的柜台交易，合约条款双方可根据各自的实际情况和需要来商定。与金融期货、金融期权等场内交易相比，金融远期是一种非标准化合约，流动性较差，大多数合约都需要到期进行实际交割。

目前，最基本的金融远期有远期外汇合约和远期利率协议两类。其中，远期外汇合约在19世纪80年代的奥地利维也纳就已存在，是较早出现的金融衍生工具。20世纪80年代，国际金融市场上汇率、利率出现大幅波动后，不仅外汇远期得到迅速的发展，同时还出现了远期利率协议、远期股票合约等新的金融衍生工具。

（二）金融期货

金融期货是指在交易所内交易的，双方以约定的未来时间和价格交割某种金融现货或对冲平仓的合约交易。金融期货交易双方采用交易所制定的标准化合同，这类标准化合同除价格由公开竞价达成之外，交易单位、最小变动价位、交割方式、交割日等其他主要条款均由交易所事先确定，当事人不能更改，金融期货可以说是在交易所交易的金融远期。在期货交易这种场内交易中，交易所或另外设立的结算所充当了所有卖方的买方或者所有买方的卖方，起到了一种超然的保证作用，再加上交易保证金制度、风险基金制度等违约风险控制措施，使得场内交易风险大大减小。当然，场内交易在减小违约风险的同时，也使期货交易关系复杂化，形成了交易方与结算所之间、交易方与交易所之间、交易方与交易方之间以及交易所和结算所之间等复杂、多重的法律关系。

金融期货交易实质是以金融期货合同或者基础金融资产为标的物的交易，交易的结局有两种，一种是对冲平仓或合同转让，另一种是实物交割。第一种结局中的平仓或者转让，其实质是下一个期货合同买卖，可以将其看成与上一个交易没有必然关联的另外一个期货合同交易。而在第二种结局的情况下，整个交易就可以分解成两个过程：一个是购买期货合同；另一个是履行合约，即实物交割。

一般认为，金融衍生品交易的目的或者功能就是转移和化解金融风险，主要不是为了实物交割而获得基础金融产品，虽然一些交易者也是可以通过实物交割对冲风险的。这样，金融期货合约交易的过程就不可以简单地认为是以金融期货合约为买卖标的的金融衍生品交易，也应当包括合约履行的标的物，即基础金融资产。金融期货交易具有成本低、安全性高、流动性强的特点。

（三）金融期权

金融期权又称金融选择权，是合约的买方在支付一定金额的前提下，取得在特定日期或时期内以事先确定的价格买进或卖出一定数量某种金融工具权利的合约。合约的买方有权根据市场行情选择是否履行合约权利,进行实际交易。但其对价是支付给卖方一定的费用,即权利金(期权费)。

与金融期货相比,金融期权最显著的特点是交易双方在履约设计上权利和义务不对称,在经济上风险与收益不对称。合约签订后,买方拥有是否履约的权利,而卖方只有义务服从买方的选择。买方的收益随市场行情的变动而变化,理论上没有上限,但最大的损失是期权费;相反,卖方最大的收益是期权费,但损失没有上限。

期权合同既可能是标准化合同,也可能是非标准化合同,当在场内交易时,就是标准化的,当在场外交易时就是非标准化的。期权的标准化合同和非标准化合同在法律性质上是完全一致的。金融期权是可塑性极强的金融衍生品,为适应不断变化的市场需要,它能够与其他金融衍生品实现形式多样的组合与嵌套,从而形成诸如期权的期权、期货期权以及利率上限、利率下限和利率上下限复杂的结构性金融衍生品。

(四) 金融互换

金融互换是指两个或两个以上的当事人按照约定的时间和条件,交换一系列现金流的活动。金融互换与金融远期相对比,两者的主要区别在于,远期是合同履行时的一次性的现金与某种基础资产的交易,而互换变成了一段时间内一系列现金流与现金流的交换,可以被看成是多个金融远期的集合。

金融互换主要分为利率互换、外汇互换及股权互换等。金融互换的最基本理论基础和国际贸易中大卫·李嘉图提出的“比较优势”理论是相通的。

金融互换从一开始到现在一直都是最主要的场外金融衍生品,在美国法中基本上都用“互换”指代“场外金融衍生产品”,而且从 ISDA 最初的名称“互换交易商协会”也能看出金融互换是人们最初意识到的金融衍生品。英国在 2000 年通过的《金融服务与市场法》(*Financial Services and Markets Act* 2000,FSMA)将衍生产品分为期权、期货和价差合同三类,而其中规定的场外衍生品主要是针对价差交易,即互换。在互换的基础上还可以衍生出更为复杂的衍生品——信用违约互换(credit default swap,CDS),这就是起源于 20 世纪,并在美国次贷危机中一夜成名的金融互换的一种。

除上述主要类型外,实务中对金融衍生品还可以进行其他分类。例如,按照基础金融产品不同,可分为利率衍生品、外汇衍生品、股权类衍生品和信用衍生品等;按照复杂程度的不同,可分为普通型的金融衍生品和结构型的金融衍生品;按照在场内交易的金融衍生品是否经过发行程序,可分为发行类的金融衍生品和非发行类的金融衍生品;按照交易场所,又可分为场内交易的金融衍生品和场外交易的金融衍生品。

第二节　金融衍生工具的功能和作用

一、金融衍生工具的功能

金融衍生工具的功能可以从微观和宏观两个方面加以阐述。

从微观角度来看,金融衍生工具有规避风险、价格发现、增加盈利与降低成本的功能。

第一,规避风险。衍生品市场的出现起源于人类对于风险规避或管理的动机,其发展依赖于风险计量技术的进步,但其能够存在并壮大的根本原因,还在于市场存在着大量对于风险具有不同认识的交易者,风险规避者努力降低风险寻求平均收益,风险偏好者则勇于承担风险寻求超额收益。从这个角度出发,衍生品客观上具备管理或者转移风险的基本功能。

金融市场的参与主体往往面临市场上利率、汇率以及金融资产价格变动的风险。利用金融衍生工具对未来价格的锁定,不仅可以规避金融资产的非系统风险,而且可以控制占市场风险较高比重的系统性风险。远期利率协议、利率期货、利率互换等利率类衍生工具可以用来控制利率风险;外汇期货、外汇期权、货币互换等货币类金融衍生工具可以用来控制汇率风险;证券类金融衍生工具可以用来控制证券价格风险;信用衍生工具则可以用来控制信用风险。

利用金融衍生工具规避价格风险的主要操作方法是进行套期保值,即在现货市场某一笔交易的基础上,在金融期货、金融期权或远期市场做一笔价值相当、期限相同但方向相反的交易。例如,一家英国公司6个月后需要支付一笔10万美元的货款,为了避免美元升值的汇率风险,它可以在金融期货市场上买进美元期货合约以固定美元价格,6个月后卖出合约,如果到期时美元升值了,那么公司在现货市场亏损的同时,在期货市场盈利,盈亏相抵,公司达到了规避汇率风险的目的;如果美元贬值,则情况相反,公司在期货市场亏损的同时,在现货市场盈利,盈亏相抵,同样达到了固定汇价、规避汇率风险的目的。公司还可以在金融期权市场上买入看涨期权,6个月后当美元升值,汇率超过协议价格时,公司执行期权;相反,当汇率低于协议价格,企业放弃期权,直接在现货市场上买入美元,这样,公司不但规避了市场风险,而且没有失去汇价变化对自己有利时的市场机会。

此外,银行和企业也可以利用金融衍生工具,通过调整资产负债的市场结构和期限结构来规避利率和汇率风险。金融衍生工具中的金融互换交易使银行和企业能够根据需要筹集到任何期限、币种、利率的资金,同时根据市场行情变化灵活调整其资产负债的市场和期限结构,以消除利率敏感性资产和利率敏感性负债之间的差额,减少汇率变动的风险。

值得注意的是,金融衍生工具在规避风险的同时,并没有消除金融市场上的风险,而是将风险集中,重新分配到愿意承担风险以获取高风险收益的市场参与者。

第二,价格发现。金融衍生工具交易尤其是场内交易集中了来自四面八方众多的交易者,不同的交易者对价格的分析、判断,反映了他们所收集的各种不同的供求信息。因此,通过公开竞价所达成的协议价格能够充分地反映出交易者对市场价格的预期,也能在相当程度上体现金融资产的未来价格走势。

随着现代通信工具的发展,尤其是电子终端网络交易的出现,国际上不同交易所之间的联系进一步增强,金融衍生工具的交易价格在更大范围和程度上反映了潜在的供求关系以及变化趋势。

价格发现功能既有利于使基础产品价格更符合价值规律,也有利于对现货市场的价格进行合理的调节。

第三,增加盈利与降低成本。首先,金融衍生工具的杠杆交易使市场投机者可以用少量的资金进行巨额交易,通过承担风险来获取高收益。其次,金融衍生市场的做空机制有利于市场参与者在不同的市场间进行套利活动,交易者可以利用不同市场间的暂时性失衡,在精确计算的基础上设计构建一系列交易,如利用不同外汇市场间的汇差进行的套汇交易等,以获取无风险利润。最后,市场参与者还可以利用金融衍生工具不同月份、不同品种间的价差进行套利活动。

金融衍生工具降低成本的功能主要表现在互换市场。市场主体通过利用自己的比较优势,在对自己最有利的金融市场上筹集某一资金,再通过互换市场获得实际所需要的资金或资金计价方法,以此来降低融资成本。

从宏观角度看,金融衍生工具还具有以下四个功能。

第一,资源配置。金融衍生工具的价格发现功能有利于全社会资源的合理配置:一方面,金融衍生品的价格比较接近供求均衡价格,这一价格用来配置资源的效果优于其他价格。另一方面,衍生品市场价格是基础市场价格的预期,能反映基础市场未来预期的收益率。当基础市场预期收益率高于社会资金平均收益率时,社会资金就会向高收益率的地方流动。

金融衍生工具能够实现金融风险资源的有效配置。现代金融理论已经表明,风险也是重要的经济资源,风险意味着获取利润、创造价值的机会。品种丰富的金融衍生品有利于经济体系的参与者将经营活动中面临的各类风险进行分割、剥离和转让,从而根据自己的意愿和能力调整所面临的风险,将不擅长管理的风险出售给那些擅长管理此类风险的机构,并且将自己擅长管理的风险也控制在能够承担的范围之内。通过衍生产品交易,风险资源在整个经济体系中得到合理配置,而这一过程也是帕累托优化的过程:风险规避者因为转出风险而提升了效用,各类风险被有雄厚资本实力和较高风险管理能力的投资者所承担,进而创造出更大的价值,即便风险转化为实际损失,也不会影响其正常的经营活动,风险由此被控制在单个投资者内部而不会扩散出去形成系统性风险,这将有利于增强整个金融体系的稳定性。

拓展阅读1-2　世界500强企业衍生工具使用

第二,降低国家风险。所谓国家风险,就是指在一国的正常生产和发展过程中,有可能给国家带来损失的各种可能性,主要包括政治风险、经济风险、金融风险,而这三种风险又密切相关。金融产品的多样化,为借款人提供了新的进入市场的途径和规避风险的方法,从总体上可以降低融资成本,同时增加了资金的流动性,提高了资金的使用效率,降低了金融风险。此外,一个国家能否对其外汇储备进行套期保值、如何规避汇率变动造成的外债风险等,都将影响国家的经济和政治,从这个层面来说,金融衍生品对降低国家经济风险、政治风险也有间接作用。

第三,促进资本形成。金融衍生品可以有效提升金融市场的深度与广度,从而促进资本形成。一个波动剧烈、风险极大的市场难以吸引长期投资者,而如果没有长期投资者入市,金融市场将难以扩大规模,缺乏风险承载能力,社会资金也难以通过金融市场转换为长期资本。权益类衍生品从交易执行和信息传递两个方面,平滑了现货市场的价格波动。例如,股指期货的发展就可以有效提升股市的深度及流动性。

第四,吸纳社会闲置资金。金融衍生品的出现为社会游资提供了一种新的投资方式,开拓了一条新的交易渠道,让不断增加的社会游资有了用武之地,有效地提高了整个社会资金的流动性,发挥了游资的积极作用。

二、金融衍生品市场的地位和作用

(一)风险管理市场为现代金融体系重要组成部分

金融的核心功能是资金融通和风险管理。从传统分类看,根据金融机构在资金融通中的不同作用,金融市场可以分为间接金融市场和直接金融市场。其中,间接金融市场以商业银行存贷款为主;直接金融市场则主要是资本市场,投资银行是最主要的金融中介机构。无论是间接金融还是直接金融,融资过程都是投融资风险在市场主体间进行转移和分散的过程。金融机构也正是通过不断地寻找他人不愿承担的风险,有效地去管理这些风险,获得相应的报酬。

拓展阅读 1-3
金融衍生品是建设有风险管理的资本市场的基石

进入 20 世纪 70 年代,随着全球经济一体化的不断加深,经济活动的广度和深度得到前所未有的拓展,转移到商业银行、投资银行的信用、市场、经营等各类风险越来越多,越来越难以管理,迫切需要有一个专业的市场来吸收和分散这些风险。在金融工程技术的推动下,以金融衍生品为代表的风险管理金融市场应运而生。

金融工程将基础资产中的风险剥离和转移出来,设计成新的商品——衍生品——进行买卖与交易。

经过 40 多年的发展,风险管理金融市场已经成为现代金融体系的重要组成部分,与间接金融市场、直接金融市场"三足鼎立",相对独立而又相互关联、相互作用。2014 年,全球金融衍生品市场规模超过 700 万亿美元,全球主要金融机构和 500 强企业中大部分都已参与其中。在金融市场新结构中,间接金融市场和直接金融市场为企业进一步发展带来了资金,而风险管理金融市场则给企业大胆创新发展提供了信心。

(二)金融衍生品市场是全面深化金融改革的支点

从美国、日本等主要经济体金融衍生品市场的发展历程可以看出,金融衍生品市场的发展与一国金融市场化改革的进程紧密相关。20 世纪 70 年代初期,布雷顿森林体系瓦解直接催生了外汇期货市场;美国和日本也均是在逐步放开利率管制、利率市场化改革的过程中,分别于 20 世纪 70 年代和 80 年代中期推出了利率期货产品;场外金融衍生品(如信用违约互换等)市场的大发展则主要源于资产证券化的需要。

总体而言,一方面金融市场化改革产生的庞大风险管理需求,为金融衍生品市场的诞生与发展创造了客观条件;另一方面金融衍生品市场的完善,也进一步促进了利率、汇率市场化改革的进程,并为更大范围、规模和程度的金融创新打开了空间,增加了整个金融市场的弹性。

与其他国家类似,我国金融衍生品市场经过短短几年的发展,也已经显示出巨大的发展潜力。目前,我国场内金融衍生品市场中,已经上市沪深 300 股指期货、上证 50 股指期货以及中证 500 股指期货 3 个股指期货合约,5 年期国债期货、10 年期国债期货以及 2 年期国债期货 3 个国债期货合约,3 个 ETF 期权和沪深 300 指数期权 4 个期权品种;2020年 1—11 月,中国金融期货交易所 6 个期货品种和沪深 300 指数期权 1 个期权品种交易量和成交金额分别占全国市场的 1.95% 和 27.56%;金融期权在国内场内期权交易方面,成交量和成交金额占比分别达到了 91% 和 90%。场外金融衍生品市场虽然总体规模较小,但近年来利率互换、外汇掉期、场外期权等产品发展迅速。

全面深化金融改革是一项复杂的系统性工程,找到牵一发而动全身的突破口是改革成功的关键。无疑,金融衍生品市场的特性决定了其能够成为我国全面深化金融改革的支点之一。

1. 金融衍生品市场有助于直接金融发展

健全多层次资本市场体系,完善主板、科创板、中小板、创业板和新三板市场建设,优化融资结构、提升直接融资比重,是中国深化金融供给侧结构性改革重点任务之一。多样化的金融衍生品市场能够转移风险,增强市场信心,是资本市场长期稳定健康发展的必要条件。

在英、美等以直接金融为主的国家,对金融衍生品市场的需求更大,其市场发展更好。金融资源和风险通过资本市场在不同类型的参与者之间高效配置,必然要求充分发挥金融衍生品市场在资产定价及风险管理上的作用。我国这几年的发展实践也证明,股指期货的推出为股票市场的参与者提供了有效的风险管理工具,提升了股票市场的内在稳定性。尤其是在遭遇快速下跌的极端行情时,大型金融机构可以通过在流动性更好的股指期货市场上建仓锁定风险,避免大规模抛售股票对现货市场形成压力。

2. 金融衍生品市场推进利率市场化进程

利率市场化是提高金融市场化程度、发挥市场资源配置作用的重要内容。目前,我国已经放开了除存款利率之外的其他利率管制,市场利率波动的幅度和频率明显提高,金融机构面临的利率风险上升。以 2014 年为例,有 17 个交易日银行间市场 7 天期质押式回购加权平均利率突破了 5%,最高达 6.6%,远高于市场年平均利率水平。

此外,在利率市场化过程中,构建一条市场公认、期限完整的国债收益率曲线作为定价基准至关重要。在 5 年期、10 年期、2 年期国债期货成功上市、稳定运行的基础上,建设成熟的国债期货市场,将有助于满足金融机构的避险需求,提升国债现货市场的定价效率,健全国债收益率曲线,从而进一步推动利率市场化进程。

3. 金融衍生品市场是服务人民币国际化的需要

纵观全球,每一个强大的国际化货币的背后无不有一个强大的衍生品市场,拥有国际关键货币的国家或地区都是拥有强大衍生品市场的国家或地区。推出外汇期货,发展外汇衍生品市场,有助于在人民币国际化过程中牢牢把握汇率的定价权,维护国家金融安全,同时也使我国金融机构及实体企业能够更好地应对日益突出的汇率风险,为国内资本"走出去"和国际资本"引进来"提供更多的便利。

4. 金融衍生品市场打开了金融创新的空间

长期以来,我国金融市场因产品单一、同质化严重而饱受诟病。随着金融衍生品市场的发展,并和传统金融工具的不断结合,基于衍生品的创新逐渐成为金融创新的主要来源。金融机构利用期权、互换等衍生工具能以更低成本、更容易地构建各类结构化产品和指数产品,满足投资者多层次的收益和避险需要。这对盘活存量金融资产、缓解投融资对接中的"两多两难"问题、完善养老退休保障体系等都有积极意义。

(三)发展成熟的衍生品市场对实体经济转型具有重要意义

1. 发展金融衍生品市场有助于推动中国经济全球化进程

金融衍生品市场的建立,可以使我国经济迅速与国际市场接轨,融入全球经济一体化之中。通过这一市场,可以以最快的速度获取资金、资源、信息、技术、管理等经济发展的一切基本要素。金融衍生品市场是经济一体化的基础,没有完善的金融衍生品市场就不可能有真正的世界经济一体化。

2. 金融衍生品市场在中国经济转型过程中将发挥出重要作用

一方面,金融衍生品市场的发展可以紧密结合产业经济,提升个体企业乃至整个产业的效率;另一方面,金融衍生品市场的价格发现功能有助于缓解生产要素的价格扭曲,引导企业转变经营思路、拓宽业务类型,促进产业结构升级调整。因此,在中国经济转型升级的新阶段,加快推进金融期货和商品期货市场建设,丰富市场品种工具,完善市场交易机制,充分发挥期货市场价格发现和风险管理功能,具有重要的战略意义。

第三节　场内金融衍生品市场

一、场内权益类衍生品市场

近年来,全球场内衍生品市场发展迅速,交易量屡创新高,2020年全球场内权益类衍生品交易量居所有品种的首位,达到294.8亿张,相比2019年增长56.3%,占全球场内衍生品主要合约交易量的63.5%。其中,权益类期权的交易量占场内权益类衍生品交易

拓展阅读1-4
2020年全球衍生品市场回顾

量的67.6%,较权益类期货更为活跃。全球权益类衍生品中,ETF(exchange traded funds,交易型开放式指数基金)类衍生品的交易量增长至40.1亿张,较2019年增长了66.7%;个股类衍生品市场交易量增长至102.2亿张,较2019年增长了68.5%;股指类衍生品交易量增长至152.4亿张,较2019年增长了46.7%。2019—2020年权益类衍生品交易量占比见表1-1。

表1-1　2019—2020年权益类衍生品交易量占比

类　　别	2019年成交量/张	占场内衍生品总市场份额/%	2020年成交量/张	占场内衍生品总市场份额/%	同比变化/%
个股期权	4 367 749 490	13.0	6 916 162 698	14.9	58.3
个股期货	1 697 258 231	5.0	3 305 194 094	7.1	94.7

续表

类　　别	2019 年成交量/张	占场内衍生品总市场份额/%	2020 年成交量/张	占场内衍生品总市场份额/%	同比变化/%
股指期权	6 319 664 077	18.8	9 000 499 507	19.4	42.4
股指期货	4 072 377 049	12.1	6 244 113 704	13.4	53.3
ETF 期权	2 406 600 999	7.2	4 012 595 122	8.6	66.7
ETF 期货	1 204 335	0.0	933 574	0.0	−22.5
权益类衍生品总计	18 864 854 181	56.1	29 479 498 699	63.5	56.2
利率期权	863 076 047	2.6	646 069 693	1.4	−25.1
利率期货	3 653 842 197	10.9	3 264 591 916	7.0	−10.7
外汇期权	983 711 526	2.9	855 589 124	1.8	−13.0
外汇期货	2 341 689 240	7.0	2 880 881 232	6.2	23.0
商品期权	262 724 638	0.8	331 438 913	0.7	26.2
商品期货	6 678 436 113	19.8	8 972 412 014	19.3	34.3
总计	33 648 333 942	100.0	46 430 481 591	100.0	38.0

资料来源：WFE 及沪深交易所官网。

（一）指数衍生品市场

指数衍生品为以指数为标的的场内衍生品，主要包括指数期权和指数期货。根据 WFE（世界证券交易所联合会）统计，2020 年，全球主要市场的指数期权和指数期货的交易量分别为 90.0 亿张和 62.4 亿张，较 2019 年分别增长了 42.4% 和 53.3%。

1. 股指期货市场

股指期货，全称是股票价格指数期货，或称为股价指数期货、期指，是指以股价指数为标的物的标准化期货合约，双方约定在未来的某个特定日期，可以按照事先确定的股价指数的大小，进行标的指数的买卖，到期后通过现金结算差价来进行交割。

美国是股指期货的发源地，初期的美国股指期货市场筚路蓝缕，历经 12 载后取得极大成功。以美国为起点，股指期货在全球范围内得到了蓬勃发展，发达地区股指期货交易的迅猛发展，引发了新兴市场的竞相效仿，从而形成了 20 世纪八九十年代以来世界性的股指期货交易热潮。全球范围内在交易所挂牌上市的股指期货合约多达 300 余种，这一庞大的股票衍生品家族为股票市场提供了多样化的投资标的与避险工具，成为全球金融衍生品市场的重要组成部分。

1）发达市场的股指期货

（1）美国股指期货。美国股指期货市场是全球范围内产品线最完备和最活跃的一个市场，也是全球最重要的期货市场之一。1982 年，第一张股指期货合约在美国堪萨斯城诞生，经过多年的发展，美国市场上的股指期货品种丰富，形成了以标普 500、标普 400、罗素（Russell）2000 为代表的大盘蓝筹指数期货、中盘股指数期货、小盘股指数期货，以纳斯达克（NASDAQ）100 为代表的新兴产业指数期货等完善的股指期货产品体系。

纳指期货、道指期货以及标准普尔 500 指数期货是美国三大股指期货。

纳指期货，全称纳斯达克 100 指数期货，是基于纳斯达克指数设立的期货，纳斯达克指数体系包括纳斯达克综合指数、纳斯达克 100 指数、纳斯达克生物技术指数、纳斯达克工业股指数、纳斯达克保险股指数等多种股票指数。其中比较重要和知名的指数是纳斯达克综合指数,纳斯达克综合指数是能反映纳斯达克证券市场的整体行情变化的指数,其基本指数为 100,涵盖各种工业的上市企业,在证券市场指数中具有相当的影响力。

纳斯达克 100 指数则是美国科技股的代表,在纳斯达克 100 指数成分股中,甚至包括微软、谷歌、英特尔、苹果等国际知名企业。根据纳斯达克指数设立的期货不仅仅有纳斯达克 100 指数期货,还有小型纳指期货、小型生物技术纳指期货、小型综合纳指期货,微型 E-迷你纳斯达克 100 期货等种类的期货。

道指期货又被称为道琼斯指数期货合约,由芝加哥交易所推出,期货合约以道琼斯工业指数为标的。道琼斯指数包括道琼斯工业股价平均指数、道琼斯运输业股价平均指数、道琼斯公用事业股价平均指数和道琼斯股价综合平均指数。其中影响力最大和最为人们所熟知的便是道琼斯工业股票价格平均指数,其 30 种成分股是美国蓝筹股的代表,也是美国市值最高的 30 家公司,可以作为衡量美国股市表现的指标。

道琼斯指数期货交易的标的是道琼斯四大指数中的工业股票价格平均指数,按合约乘数大小不同,道指期货有大型道指期货($25)、中型道指期货($10)和小型道指期货($5)、微型 E-迷你道指期货($0.5)。

标准普尔 500 指数期货是以标准普尔 500 指数作为标的物的金融期货合约,标准普尔 500 指数的成分股由 400 种工业股票、20 种运输业股票、40 种公用事业股票和 40 种金融业股票组成。

芝加哥商品交易所(CME)于 1982 年推出了第一批标准普尔 500 指数的期货合约($250),在 1997 年又增加了迷你合约(E-mini)($50)。疫情前的 2019 年,芝加哥商品交易所又推出了微型迷你合约(Micro E-mini)($5)。

在交易量方面,标普 500 指数期货的成交量最大,大约是排名第二的纳斯达克 100 指数期货的 3.34 倍。2007—2008 年,标普 500 指数期货的成交量随着标普 500 指数一路走高也攀升至高位,至今还未突破。不过在 2011 年欧洲危机、2018 年贸易摩擦期间,标普 500 指数期货的成交量均出现过阶段性的高点,参见图 1-1。

图 1-1　2002—2019 年交易量 Top2 的股指期货

资料来源:BGG,广发期货发展研究中心。

（2）欧洲股指期货。欧洲各主要国家也均有自己的股指期货产品系列，包括英国富时 100 指数期货、法国 CAC40 指数期货、德国 DAX 指数期货、意大利 MIB30 指数期货等，其中最具代表性、成交最活跃的股指期货是德意志交易所集团子公司欧洲期货交易所（Eurex）的欧元区 Stoxx 50（Euro Stoxx 50）指数期货。该指数为在欧元区的多国资本市场上市的 50 只超级蓝筹股组成的市值加权平均指数。在此指数推出前，DAX 指数期货一直是欧洲最具影响力的股指期货合约之一。此后，Stoxx 50 指数期货逐渐取代了 DAX 指数期货，成为整个欧元区股票市场最重要的股指期货品种。

（3）日本股指期货。在日本，大阪证券交易所（OSE）1988 年上市日经 225 指数期货，同时，东京证券交易所上市 TOPIX 指数期货。日经 225 指数和 TOPIX 指数的重大差别在于，前者是成分股价格算数平均指数，而后者是成分股市值加权平均指数，这导致了以二者为标的的期货交易在参与者结构方面的较大差异。小型日经 225 指数期货是日本最受欢迎的股指期货。

2）新兴市场股指期货

（1）新兴市场主要股指期货。新兴市场在金融期货的发展路径上，体现出与发达国家不同的鲜明特点，优先推出股指期货、重点发展股指期货成为新兴市场的普遍规律。20 世纪 80 年代以来，为适应国际金融自由化和资本市场一体化的趋势，增强本地区资本市场对境内外投资者的吸引力，中国香港、新加坡、巴西、韩国、南非、墨西哥、印度、俄罗斯、土耳其陆续上市了股指期货，逐渐形成各具特色的股票衍生品市场体系，推出了在全球范围内具有影响力的成功产品。

韩国的金融衍生品创新起步晚但发展快，韩国交易所（KRX）于 1996 年推出 KOSPI200 股指期货，短短 1 年后就上市了 KOSPI200 的指数期权，两者均获得极大的成功。

股指期货在新加坡的发展历程，鲜明地体现出这一产品"非专属性"特征。新加坡交易所（SGX）将上市以周边市场股票指数为标的的期货、期权合约作为自己的发展战略，以巩固新加坡的金融中心地位。在新加坡交易所上市交易的股指期货系列中，大多数是以其他国家或经济体的股票指数作为标的，包括：标普 CNX Nifty 印度股指期货、欧元区 Stoxx 50 股指期货、富时中国 A50 指数期货、日经 225 股指期货、MSCI 台湾股指期货、MSCI 香港股指期货、道琼斯泰国股指期货、马来西亚股指期货及菲律宾股指期货，另外还有反映整个亚洲股票市场的 MSCI 亚洲 APEX 50 指数期货。其中，日经 225 股指期货是新加坡交易所最成功的股指期货合约。

（2）中国股指期货。

香港期货交易所于 1986 年 5 月 6 日推出了著名的恒生指数期货，为了适应不断发展的市场需求，香港期货交易所又陆续推出了恒生 100 期货、恒生分类指数期货、H 股指数期货、红筹指数期货等品种。香港股指期货市场经历了 1987 年"股灾"、1998 年亚洲金融危机和香港金融保卫战及 2008 年金融危机的洗礼，也经受了多次波折。恒生指数期货是成交最活跃的品种。

海南证券交易中心于 1993 年 3 月首次推出股指期货交易，合约标的为深圳综合指数与深圳 A 股指数。1993 年 9 月初，深圳证券市场出现收市前 15 分钟大户联手打压股指行为，有关专家认为股指期货交易加大了市场投机性，不利于股市的健康发展和股民成熟，而且当时内地并不具备开设股指期货的条件，遂于不久后关闭股指期货。之后，海南证券交易中心由于管理上的问题,在未得到有关部门批准的情况下,自行恢复股指期货合约的交易,被中国证券监督管理委员会叫停。

2006年9月,中国金融期货交易所在上海成立,成立之初开展了沪深300股指期货的仿真交易。2010年4月16日,中国金融期货交易所正式推出沪深300股指期货。2015年4月16日,上证50和中证500股指期货品种在中国金融期货交易所上市。

① 股指期货品种。

第一,沪深300股指期货。沪深300股指期货合约标的为沪深300指数。沪深300指数是沪深证券交易所第一次联合发布的反映A股市场整体走势的指数,是由上海、深圳证券市场中市值大、流动性好的300只A股作为样本编制而成的成分股指数,具有良好的市场代表性。沪深300股指期货合约如表1-2所示。

表1-2 沪深300股指期货合约

事　　项	条　　款	事　　项	条　　款
合约标的	沪深300指数	最低交易保证金	合约价值的8%
合约乘数	每点300元	最后交易日	合约到期月份的第三个周五,遇国家法定假日顺延
报价单位	指数点	交割日期	同最后交易日
最小变动价位	0.2点	交割方式	现金交割
合约月份	当月、下月及随后两个季月	交易代码	IF
交易时间	上午:9:30—11:30;下午:13:00—15:00	上市交易所	中国金融期货交易所
每日价格最大波动限制	上一个交易日结算价的±10%		

第二,中证500股指期货。中证500股指期货合约标的为中证500指数。中证500指数是根据科学客观的方法,挑选沪深证券市场内具有代表性的中小市值公司组成样本股,以便综合反映沪深证券市场内中小市值公司的整体状况。其样本空间内股票扣除沪深300指数样本股及最近一年日均总市值排名前300名的股票,剩余股票按照最近一年(新股为上市以来)的日均成交金额由高到低排名,剔除排名后20%的股票,然后将剩余股票按照日均总市值由高到低进行排名,选取排名在前500名的股票作为中证500指数样本股。中证500股指期货合约如表1-3所示。

表1-3 中证500股指期货合约

事　　项	条　　款	事　　项	条　　款
合约标的	中证500指数	最低交易保证金	合约价值的8%
合约乘数	每点200元	最后交易日	合约到期月份的第三个周五,遇国家法定假日顺延
报价单位	指数点	交割日期	同最后交易日
最小变动价位	0.2点	交割方式	现金交割

续表

事　项	条　款	事　项	条　款
合约月份	当月、下月及随后两个季月	交易代码	IC
交易时间	上午：9:30—11:30；下午：13:00—15:00	上市交易所	中国金融期货交易所
每日价格最大波动限制	上一个交易日结算价的±10%		

第三，上证 50 股指期货。上证 50 股指期货合约标的为上证 50 指数。上证 50 指数是根据科学客观的方法，挑选上海证券市场规模大、流动性好的最具代表性的 50 只股票组成样本股，以便综合反映上海证券市场最具市场影响力的一批龙头企业的整体状况。上证 50 指数自 2004 年 1 月 2 日起正式发布。上证 50 股指期货合约如表 1-4 所示。

表 1-4　上证 50 股指期货合约

事　项	条　款	事　项	条　款
合约标的	上证 50 指数	最低交易保证金	合约价值的 8%
合约乘数	每点 300 元	最后交易日	合约到期月份的第三个周五，遇国家法定假日顺延
报价单位	指数点	交割日期	同最后交易日
最小变动价位	0.2 点	交割方式	现金交割
合约月份	当月、下月及随后两个季月	交易代码	IH
交易时间	上午：9:30—11:30；下午：13:00—15:00	上市交易所	中国金融期货交易所
每日价格最大波动限制	上一个交易日结算价的±10%		

② 中国金融期货交易所股指期货交易制度。国内股指期货交易制度主要包括保证金制度、涨跌停板制度、持仓限额制度、交易限额制度、强行平仓制度和强制减仓制度、当日无负债结算制度等。

保证金是交易所向结算会员收取的用于结算和担保合约履行的资金。保证金分为结算准备金和交易保证金。结算准备金是指未被合约占用的保证金；交易保证金是指已被合约占用的保证金。

涨跌停板制度也即价格限制制度，是指期货合约在一个交易日中的交易价格波动不得高于或者低于规定的涨跌幅度，超过该涨跌幅度的报价将视为无效，这与股票现货交易相似。股指期货的合约规则规定涨跌停幅度为前一交易日结算价的±10%，最后交易日涨跌停板幅度为上一交易日结算价的±20%，季月合约上市首日涨跌停板幅度为挂盘准价的±20%。

拓展阅读 1-5　中国金融期货交易所交易规则

持仓限额制度是指交易所规定的会员或者客户持仓的

最大数量。同一客户在不同会员处开仓交易,其持仓合计不得超出该客户的持仓限额。各交易品种持仓限额由交易所有关规定规范,且可以根据市场风险状况调整持仓限额标准。套期保值交易和套利交易的持仓与投机交易不同。

交易限额制度是指交易所规定的会员或者客户对某一上市品种或者合约在某一期限内开仓交易的最大数量。交易所可以根据市场情况,对不同的上市品种、合约,对部分或者全部会员、客户,制定日内开仓交易量,具体标准由交易所另行规定。

强行平仓制度是指交易所按照有关规定对会员、客户持仓实行平仓的一种强制措施。强制减仓制度是指交易所将当日以涨跌停板价格申报的未成交平仓报单,以当日涨跌停板价格与该合约净持仓盈利非期货公司会员、客户按照持仓比例自动撮合成交。

当日无负债结算制度,又称"逐日盯市",其原则是结算部门在每日交易结束后,按当日结算价对会员和投资者结算所有合约的盈亏、交易保证金及手续费、税金等费用,对应收应付的款项实行净额一次划转,相应增加或减少保证金。交易结束后,一旦会员或投资者的保证金余额低于规定的标准,将会收到追加保证金的通知,两者的差额即为追加保证金金额。

③ 中国金融期货交易所股指期货风险管理。股指期货市场的风险规模大、涉及面广,具有放大性、复杂性与不可预防性等特征。

股指期货风险类型较为复杂,从风险是否可控的角度可分为不可控风险和可控风险;从交易环节可分为代理风险、流动性风险、强制平仓风险;从风险产生主体可分为交易所风险、经纪公司风险、投资者风险与政府风险;从投资者的角度又可分为信用风险、市场风险、流动性风险、操作风险与法律风险。

股指期货市场风险来自多方面。从期货交易起源与期货交易特征分析,其风险成因主要有四个方面:价格波动、保证金交易的杠杆效应、交易者的非理性投机和市场机制是否健全。

2. 股指期权市场

1) 股指期权发展现状

1973 年,费舍尔·布莱克(Fischer Black)和迈伦·斯科尔斯(Myron Scholes)发表了"期权定价与公司负债"的论文,提出期权定价公式,解决了长期困扰业界的期权定价问题,为标准化期权合约交易奠定了理论基础。1973 年 4 月 26 日,芝加哥期权交易所(Chicago Board Options Exchange,CBOE)成立,同年推出场内股票期权交易,标志着标准化期权交易时代的开始。

1981 年达成的《Shad-Johnson 协议》解决了衍生品现金交割等问题,为股指期货、股指期权等指数衍生品的上市扫清了法律上的障碍。CBOE 于 1983 年 3 月 11 日率先推出了全球首只股指期权合约——标普 100 指数期权,并于同年 5 月上市标普 500 指数期权;CME 也于同年上市了标普 500 指数期货期权。随后全球其他主要交易所也相继推出了股指期权。股指期权因其方便、灵活、可操作性强等特点,显示了强大的生命力,受到投资者尤其是套期保值者的青睐。

股指期权在国际衍生品市场中占据重要地位。在过去 20 年间,全球股指期权市场发展迅猛,其交易量已超过利率期权、股指期货、个股期货等金融衍生产品,成为当今金融衍生品市场最耀眼的明星。从 2020 年全球衍生品的成交分布来看,股指期权产品交易量(以成交合约数为准)占全球衍生品交易量的 19.4%,市场份额接近 1/5,排名居首(表 1-1)。

从成交量的地域分布来看,亚洲股指期权市场已成为全球股指期权交易的最大阵地,市场份额占全球总量接近五成;北美市场也保持稳定的增长速度,市场份额仅次于亚太地区;而欧洲市场的发展相对缓慢,整体相对落后于全球市场发展速度。全球 1998 年和 2018 年股指期权交易地区分布对比见表 1-5。

表 1-5　全球 1998 年和 2018 年股指期权交易地区分布

项　　目	1998 年 成交量/百万手	2018 年 成交量/百万手	1998 年市 场份额/%	2018 年市 场份额/%
北美	80.74	2 796.55	41.4	42.66
亚太	40.06	3 189.57	20.5	48.66
欧洲	65.03	510.70	33.4	7.79
其他地区	9.13	58.04	4.7	0.89
总和	194.96	6 554.86	100	100

资料来源:FIA 福能期货研究院。

2) 全球主要股指期权市场

(1) 美国股指期权市场。目前美国股指期权市场规模约占美国期权市场的 10%。美国股指期权交易量逐年增加,从 1983 年的 1 402 万张增长到 2018 年的 60 477 万张,年增长率为 11.36%,如图 1-2 所示。

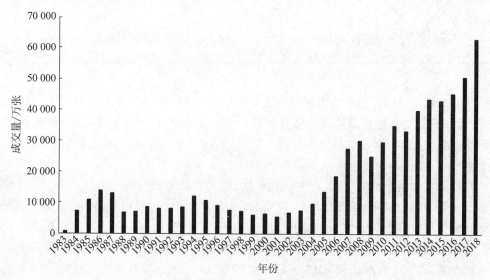

图 1-2　1983—2018 年美国股指期权成交量

资料来源:WFE,CBOE,中信期货研究部。

CBOE 是美国股指期权交易最主要的场所,其合约品种包括标准普尔指数期权、道琼斯指数期权、NASDAQ 指数期权、罗素指数期权、CBOE 指数期权、高盛科技指数期权以及摩根士丹利指数期权等共计 28 种指数类期权,涵盖了标准普尔指数、道琼斯指数、纳斯达克指数、罗素指数、CBOE 指数等多种具有广泛市场影响力的宽基类市场指数;从行业分布来看,指数期权涉及工业、运输、公共事业、互联网、资源能源业、生物业、服务业、零售业等各个产业范围;从股票分类来看,罗素指数期权也为投资者提供了专门投资于增长类股票、价值类股票、大中小盘型股票期权的机会。

美国所有交易所内有 60 多种股票指数开设了相应的期权交易,在所有股指期权产品中,以标普 500 股指期权、罗素 2000 股指期权、道琼斯工业平均股指期权应用最为广泛。

1983 年,CBOE 推出了标普 500 期权(SPX),标普 500 指数由美国 500 家上市公司股票按其市值构成,相比于其他指数,其涵盖领域更广、风险分散效果更好。目前,标普 500 指数期权是全球成交量最活跃的欧式期权合约之一,在全球指数期权中占有重要地位。标普 500 期权 1990—2018 年成交量、持仓量如图 1-3、图 1-4 所示。

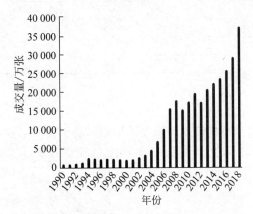

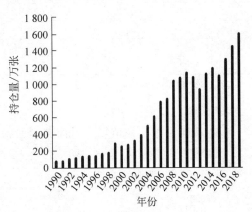

图 1-3　1990—2018 年标普 500 期权成交量　　　　图 1-4　1990—2018 年标普 500 期权持仓量
资料来源:CBOE,FIA 中信期货研究部。　　　　　　资料来源:CBOE,FIA 中信期货研究部。

目前市场上以标普 500 作为标的的股指期权有三类:第一类是传统标普 500 股指期权(SPX);第二类是根据结算日及结算时间不同而开发的非传统标普 500 期权,包括季度标普 500 期权等;第三类是根据规模不同而推出的 SPX 期权,如规模是名义规模 1/10 的迷你 SPX 期权。

道琼斯工业指数期权(DJX)于 1997 年推出,其标的为道琼斯工业平均指数,道琼斯工业指数是 30 种在纽约证券交易所(NYSE)和纳斯达克上市的市值最大、流动性最好的股票的价格加权指数。道琼斯工业指数期权为欧式期权,有 3 个近月合约,以及季度合约。DJX 期权在 1997 年上市第一天就创下 24 700 张合约,是 CBOE 成立以来最成功的新上市产品,在 3 个月时间里,DJX 的成交合约已达到 17.5 万张合约。道琼斯工业指数期权 2000—2018 年成交量、持仓量如图 1-5、图 1-6 所示。

1992 年,CBOE 推出了罗素 2000 指数期权(RUT),其标的是罗素 2000 指数,罗素 2000 指数系由 NYSE、AMEX(美国证券交易所)和 NASDAQ 前 3 000 家大型上市公司中,资本额较小的 2 000 家所组成,因此该指数是衡量在美国交易的中小盘普通股的整体表现时最广泛引用的市场指数。RUT 指数期权是一种欧式期权,有 3 个近月合约,以及季度合约。罗素 2000 指数期权 1996—2018 年成交量、持仓量如图 1-7、图 1-8 所示。

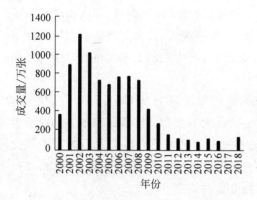

图 1-5　2000—2018 年道琼斯工业指数
期权成交量

资料来源：CBOE，FIA 中信期货研究部。

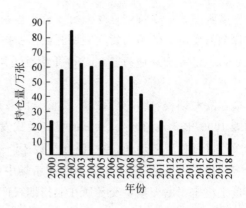

图 1-6　2000—2018 年道琼斯工业指数
期权持仓量

资料来源：CBOE，FIA 中信期货研究部。

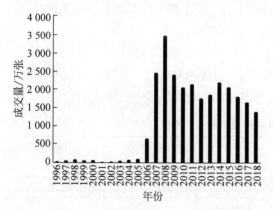

图 1-7　1996—2018 年罗素 2000 指数期权成交量

资料来源：CBOE，FIA Bloomberg 中信期货研究部。

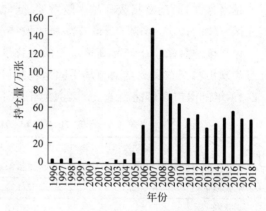

图 1-8　1996—2018 年罗素 2000 指数期权持仓量

资料来源：CBOE，FIA Bloomberg 中信期货研究部。

　　美国各大交易所基于股指期权开发了多种策略来满足不同投资者在风险管理及投资套利方面的需求。常见策略包括备兑卖出认购期权（covered call）、保护性看跌期权（protective put）、卖出认沽期权（short put）、领口策略（collar）、铁鹰式策略（iron condor）、蝴蝶期权（butterfly option）、风险逆转策略（risk reversal）等。目前，这些策略已被投资者广泛应用，运用这些期权的主要目的包括波动率套利、风险管理、降低回报波动、Delta-Gamma 对冲套利等。

　　（2）欧洲股指期权市场。欧洲股指期权市场是全球最早且最重要的股指期权市场之一，也是世界最具国际化的股指期权市场。20 世纪 80 年代，随着金融自由化浪潮的不断兴起，金融工具的创新势头迅速从美国传入欧洲市场，促使各国股指期权产品的相继推出，其中，伦敦国际金融期货交易所于 1984 年推出英国金融时报 100 股指期权；1988 年，法国期权交易所推出 CAC40 股指期权，德国期货交易所（DBT）则于 1990 年推出 DAX30 股指期权。

欧盟正式成立特别是欧洲统一货币体系的形成,给整个欧洲期货、期权市场带来了一场深刻的变革。各国期货交易所开始了新的整合,规模庞大、技术先进的欧洲期货交易所(Eurex)、泛欧交易所(Euronext)开始登上历史舞台,成为欧洲大陆最主要的期货、期权交易所。

在欧洲期权、期权交易所不断整合的背后,更值得注意的是 Euro Stoxx 50 的成功。随着 1999 年欧元的诞生,欧洲的投资模式发生了巨大的变革。随着越来越多的投资者开始关注区域投资的增长,一些泛欧指数逐渐进入投资者的视野范围。专门为衍生品交易量身定做的 Euro Stoxx50 成为欧洲市场中各基准指数的先导,这一指数的推出,在很大程度上决定了欧洲期货交易所在股指期权产品方面的成功。

与欧洲期货交易所的成功相比,泛欧交易所股指期权市场的交易量近年来出现了一定程度的滑落与萎缩,分析其发展落后的原因,可以发现其股指期权的标的指数都是国家指数(比如法国 CAC40 指数、英国富时指数等),随着时间的推移,关注国家指数的投资者越来越少,而泛欧指数却越来越重要,从此意义上而言,过于关注国家指数而忽略了欧元区整体的做法,影响了泛欧交易所的发展。

在全球金融衍生产品高速增长的大背景下,欧洲股指期权市场的发展势头似乎并没有表现出与其在国际金融市场中的地位相衬的水平,整体相对落后于全球市场发展速度,2019 年占据市场份额为 6.3%,2010 年、2019 年其地区占比如表 1-6 所示。

表 1-6　全球 2010 年和 2019 年股指期权交易地区分布

项　　目	2010 年 成交量/百万手	2019 年 成交量/百万手	2010 年市 场份额/%	2019 年市 场份额/%
亚太地区	4 215.0	5 124.9	66.5	62.8
欧洲	462.0	513.7	7.3	6.3
拉丁美洲	3.7	67.2	0.1	0.8
北美	1 580.2	2 430.9	24.9	29.8
其他地区	77.2	28.9	1.2	0.3
总和	6 338.1	8 165.6	100	100

(3) 亚洲及新兴市场股指期权。

① 亚洲及新兴市场股指期权现状。与欧美相比,亚洲的股指期权市场起步较晚,1989 年,日本大阪证券交易所推出日经 225 股指期权;1997 年,韩国证券交易所推出闻名全球的 kospi200 指数期权;2001 年,印度推出 S&P CNX Nifty 期权。

尽管起步时间落后于欧美发达市场,但以近 20 年来亚太经济体飞速发展的背景,这些市场中的股指期权自推出以来便受到投资者的热情追捧,持续保持着高速增长,甚至在全球衍生品市场一枝独秀。以 2018 年为例,全球股指期权市场成交量半数(约 22 亿手)发生在印度证券交易所(NSE);韩国交易所排第二,成交约 6.8 亿手,占比约 15.6%;Eurex、CBOE、CME 分列第 3、4、5 位,分别成交 4.2 亿、3.9 亿和 2.1 亿手,分别占比约9.6%、8.9%和 4.8%。全球股指期权前 10 大交易所中,NSE 和 MOEX 属于新兴市场,成交量合计 22.5 亿手,占比约 51.5%;从地理区域上看,NSE、韩国交易所、TAIFEX、HKEX、日本交易所均位于亚太地区,成交量合计 31.6 亿手,占比约 72.5%,参见表 1-7。

表 1-7　全球前十大股指期权交易所(2018 年)

序号	交易所	成交量		成交额		持仓量	
		2018 年	增长率/%	2018 年	增长率/%	2018 年	增长率/%
1	印度国家证券交易所	* 2 214 848 247	63	27 392 518	51	1 996 690	12
2	韩国交易所	676 874 836	22	44 432 824	2	2 917 430	6
3	欧洲期货交易所	419 177 371	12	16 227 219	3	* 41 697 152	19
4	芝加哥期权交易所	392 349 468	25	* 104 867 944	41	16 503 156	3
5	芝加哥商业交易所集团	207 538 061	23	35 045 600	28	3 900 010	−14
6	台湾期货交易所	194 808 912	4	3 381 578	5	570 241	−53
7	香港交易所集团	40 026 686	25	4 206 620	33	2 612 800	12
8	日本交易所集团	36 283 128	9	NA	NA	1 980 087	−8
9	特拉维夫证券交易所	33 098 716	2	1 361 202	2	200 210	−29
10	莫斯科交易所	31 123 228	−18	63 889	−17	259 824	−84
	其他	108 693 423	21	NA	NA	NA	NA
	总数	4 354 822 076	36.7				

资料来源:WFE。

② 中国股指期权市场。香港和台湾地区早于内地推出股指期权。1993 年,香港期货交易所推出恒生股指期权;2001 年,台湾期货交易所推出台湾证券交易所股价指数期权。2019 年 12 月 23 日,中国金融期货交易所上市了沪深 300 股指期权。

沪深 300 股指期权合约的标的指数为中证指数有限公司编制和发布的沪深 300 指数。沪深 300 股指期权合约如表 1-8 所示。

表 1-8　沪深 300 股指期权合约

事　　项	条　　款
合约标的物	沪深 300 指数
合约乘数	每点人民币 100 元
合约类型	看涨期权、看跌期权
报价单位	指数点
最小变动价位	0.2 点
每日价格最大波动限制	上一交易日沪深 300 指数收盘价的 ±10%
合约月份	当月、下 2 个月及随后 3 个季月

事　项	条　款
行权价格	行权价格覆盖沪深 300 指数上一交易日收盘价上下浮动 10% 对应的价格范围 对当月与下 2 个月合约：行权价格≤2 500 点时，行权价格间距为 25 点；2 500 点＜行权价格≤5 000 点时，行权价格间距为 50 点；5 000 点＜行权价格≤10 000 点时，行权价格间距为 100 点；行权价格＞10 000 点时，行权价格间距为 200 点 对随后 3 个季月合约：行权价格≤2 500 点时，行权价格间距为 50 点；2 500 点＜行权价格≤5 000 点时，行权价格间距为 100 点；5 000 点＜行权价格≤10 000 点时，行权价格间距为 200 点；行权价格＞10 000 点时，行权价格间距为 400 点
行权方式	欧式
交易时间	9:30—11:30,13:00—15:00
最后交易日	合约到期月份的第三个星期五，遇国家法定假日顺延
到期日	同最后交易日
交割方式	现金交割
交易代码	看涨期权：IO 合约月份-C-行权价格 看跌期权：IO 合约月份-P-行权价格
上市交易所	中国金融期货交易所

3）股指期权合约因素

（1）合约规模。美国的股指期权合约规模最大，标普 500 指数期权合约规模约 200 万元，迷你标普 500 指数期货期权合约规模也有约 100 万元；欧洲、韩国的合约规模相对较小，Euro Stoxx50 指数期权合约规模约 30 万元，KOSPI 200 指数期权合约规模约 40 万元；Bank Nifty 指数期权合约规模最小，约 12 万元，约为标普 500 指数期权合约规模的 6%（表 1-9）。

表 1-9　全球主要股指期权合约规模

股指期权	交　易　所	标　的	合约乘数	合约规模
Bank Nifty Index options	National Stock Exchange of India	Bank Nifty 指数	40 印度卢比	约 12 万元
KOSPI 200 Options	Korea Exchange	KOSPI 200 指数	25 万韩元	约 40 万元
S&P 500 Index options	CBOE	S&P 500 指数	100 美元	约 200 万元
OPT ON EURO STOXX 50	Eurex	Euro Stoxx 50 指数	10 欧元	约 30 万元
E-MINI S&P 500 options	CME	E-MINI S&P500 期货合约	50 美元	约 100 万元

资料来源：各交易所网站，中金所北京金融衍生品研究院计算。

（2）合约期限及行权间距。股指期权合约月份通常比期货合约月份设计得更为丰富，除了在期货月份与同标的指数期货保持一致外，在非期货月份也设置系列期权，为了方便投资者对冲短期市场风险，CME、CBOE 等还上市了多种周期权。

期权产品行权价格间距一般根据标的价格波动相匹配原则进行分段设置,行权价格间距与标的价格比值保持在一定范围内,一般为 1%～2.5%。一般而言,远月合约行权价格间距大于近月合约,高指数点位或者高行权价格时的行权价格间距高于低指数点位或低行权价格时的间距。

(3)行权交割。交割结算价是计算期权交割货款数值的基准,国际经验表明,临近交割时,越是成熟的市场,交割结算价越接近现货开盘价或收盘价,如 CME、ICE(洲际交易所)、CBOE、SGX 的多数权益类产品采用最后交易日的开盘价或收盘价作为最后交割结算价,NSE 指数类产品也采用最后交易日相应指数收盘价作为交割结算价。但仍有部分成熟市场和大部分新兴市场为避免市场操纵,采用标的指数在期权最后交易日某个时间段的平均价作为交割结算价,如 Eurex、HKEX、MOEX 等交易所。

全球绝大部分股指期权品种采用欧式行权和现金交割方式。欧式行权具有不允许提前行权,有利于投资策略的稳定性;行权制度相对简单,投资者容易理解和操作;有简单的期权定价公式,投资者容易理解和运用等优点。现金交割在功能、效率和风控上均具有优势。这些优点使得欧式行权和现金交割成为股权期权的主流配置。

3. 全球主要衍生品交易所的交易规则

1)信用风险管理

(1)保证金。单个合约保证金一般采用参数法(t 统计量、EWMA、GARCH 等)或非参数法(历史模拟、蒙特卡洛模拟等),在 99% 以上的置信水平下根据合约价格的最大波动来确定保证金水平。成熟市场大多推出了组合保证金制度,多采用考虑不同资产风险抵扣关系的标准投资组合分析系统(SPAN)来动态计算组合保证金水平,可以大幅降低投资者的保证金占用量。

拓展阅读 1-6　世界主要金融衍生品市场交易机制述要

(2)担保基金。交易所通过设立清算会员共同缴纳的担保基金来应对极端市场条件下的违约损失,大多成熟市场要求担保基金总额能够覆盖风险最大的两个清算会员违约产生的尾部损失,担保基金份额按风险敞口比例分摊给清算会员,交易所一般也会向担保基金注资。

(3)违约处置方式。《金融市场基础设施原则(PFMI)》要求中央对手方需具备适当的制度及程序来处理参与者违约,并采取适当的资产分离与转移机制来保护客户头寸。大多数交易所在违约处置方面具有以下特征:一是其风险管理委员会建立了用于处置违约的明确流程;二是对违约会员的所有违约头寸组合采取对冲及避险操作;三是允许采用集中竞价、拍卖、向特定对象转移等多种方式处置违约头寸;四是均会在违约发生时将违约会员的守约客户头寸及资金进行移仓处理。

(4)违约瀑布序列。完成前述违约处置后,所有违约损失及后续处置中产生的费用均由交易所向违约者进行追偿。当违约者自有财务资源不足以覆盖时,将按交易所预先规定的顺序("违约瀑布序列")对风险财务资源进行逐层动用。大多数交易所采用符合PFMI建议的自有资金前置的违约瀑布序列,动用顺序为违约者的保证金、违约者的担保基金份额、一部分中央对手方自有资金、其他会员的担保基金份额以及用于吸收违约风险的其他财务资源。

2) 价格稳定机制

大多数交易所推出了涨跌停板、熔断、价格波动带(price banding)等多种价格稳定机制。

(1) 涨跌停板。成熟市场出于价格发现效率的考虑,鲜少采用涨跌停板制度,仅有CME、HKEX在股指期货及期权的盘后交易和夜盘交易中设置了5%的涨跌停板;而新兴市场交易所出于防范市场大幅波动的考虑,较多采用涨跌停板制度。涨跌停板制度限制委托、不限制交易,限制幅度最大,可以同时防范指令风险和系统性风险。

(2) 熔断。成熟市场大多实施熔断制度,新兴市场则只有少数交易所对熔断制度有所规定。一般来说,熔断制度对期权合约的交易限制比期货更加严格,通常当期货合约触发熔断后,同标的期权合约都会暂停交易;即使期货合约继续交易,相关期权合约也可能选择暂停交易。

(3) 价格波动带。价格波动带限制委托指令,只有申报价格在一定范围内的指令才能进入撮合,否则指令被拒绝,能够有效地防止"乌龙指"或系统异常对交易价格的冲击。价格波动带主要防范指令风险,限制幅度最小,大多数成熟市场交易所均设置了价格波动带,而新兴市场则较少作出类似的规定。

(二) 个股衍生品市场

1. 个股衍生品市场现状

个股衍生品为以单只股票为标的的场内衍生品,主要包括个股期权和个股期货。据WFE统计,2020年,全球主要交易所中共有27家交易所开展个股期权业务,25家交易所开展了个股期货业务。2020年全球个股期权成交量为69.2亿张,较2019年增长58.3%;个股期货成交量为33.1亿张,较2019年增长94.7%。全球主要交易所个股期权业务普遍有较大幅度的增长(表1-10)。2020年,有10家交易所个股期权成交量在1亿张以上,其中,美国纳斯达克交易所、巴西证券期货交易所以及芝加哥期权交易所成交量超过10亿张。与2019年相比,美国纳斯达克交易所的成交量增长最快,达到106%,其他9家交易所成交量也都有不同程度的增长。

表 1-10   2020 年主要交易所个股期权成交量

排名	交易所	成交量/百万张	较 2019 年增长/%
1	美国纳斯达克交易所 (NASDAQ-US)	1 702.8	106.0
2	巴西证券期货交易所 (B3-Brasil Bolsa Balcão)	1 310.6	33.3
3	芝加哥期权交易所 (CBOE Global Markets)	1 287.9	85.7
4	纽约证券交易所 (NYSE)	601.6	35.9
5	迈阿密国际证券交易所 (MIAX Exchange Group)	508.0	95.2
6	洲际证券交易所 (International Securities Exchange)	417.1	81.9

排名	交易所	成交量/百万张	较 2019 年增长%
7	印度国家证券交易所 （National Stock Exchange of India）	272.1	35.1
8	伊朗法拉交易所 （Iran Fara Bourse Securities Exchange）	262.6	NaN[2]
9	德意志交易所集团 （Deutsche Boerse AG）	189.1	1.8
10	香港交易所 （Hong Kong Exchanges and Clearing）	129.6	21.8

资料来源：WFE。

　　个股期货方面，部分交易所个股期货业务增长迅速（表 1-11）。2020 年，个股期货业务增长最快的 3 家交易所分别为巴西证券期货交易所、伊斯坦布尔交易所与泛欧证券交易所，与 2019 年相比，增长率分别达 1 133.8%、508.3% 与 259.7%。

表 1-11　2020 年主要交易所个股期货成交量

排名	交易所	成交量/百万张	较 2019 年增长/%
1	伊斯坦布尔交易所 （Borsa Istanbul）	1 196.1	508.3
2	韩国交易所 （Korea Exchange）	1 127.0	82.7
3	巴西证券期货交易所 （B3-Brasil Bolsa Balcão）	291.9	1 133.8
4	印度国家证券交易所 （National Stock Exchange of India）	256.4	0.8
5	莫斯科交易所 （Moscow Exchange）	197.8	−3.9
6	德意志交易所集团 （Deutsche Boerse AG）	77.2	−66.8
7	泰国期货交易所 （Thailand Futures Exchange）	47.4	−9.0
8	台湾期货交易所 （Taiwan Futures Exchange）	25.8	30.6
9	泛欧证券交易所 （Euronext）	15.3	259.7
10	约翰内斯堡股票交易所 （Johannesburg Stock Exchange）	14.1	54.5

资料来源：WFE。

2. 美洲个股期权市场

1）美国个股期权市场

（1）美国个股期权市场发展现状。1973 年，芝加哥期权交易所推出了 16 只股票的看涨期权,标志着美国个股期权市场的诞生。在发展初期,美国个股期权因出现操纵、欺诈等事件而饱受诟病,市场发展陷入停滞。1985 年,美国财政部、CFTC(美国商品期货交易委员会)、SEC(美国证券交易委员会)和美联储联合发布《期货和期权交易对经济的影响研究》报告,纠正了金融期权会对现货市场带来负面影响的误解,而后美国个股期权市场进入快速发展阶段。

美国是全球最大的个股期权市场,交易规模位居全球首位。2019 年,美国期权市场总成交量 55.0 亿张,其中,美国个股期权的成交量和持仓量分别为 24.0 亿张和 1.8 亿张,在全球市场中占比 58.5% 和 60.9%。个股期权在美国期权市场总成交量中占比最高,达到 43.6%,ETF 期权次之,成交量 16.0 亿张,占比 29.0%。美国个股期权市场产品数量繁多,期权覆盖率高。截至 2019 年末,美国上市企业共 4 065 家,其中有个股期权的企业有 3 143 家,期权覆盖率达到 77.3%。相比之下,其他市场的个股期权数量较少,巴西、中国香港和印度分别有 130 只、96 只和 144 只个股期权,期权覆盖率只有 35.1%、4.0% 和 2.8%。美国个股期权市场大盘股的期权交易最为活跃。在期权成交量排名前十的标的股票中,7 只股票市值超过 1 000 亿美元,6 只股票年成交额超过 5 000 亿美元(表 1-12),股票市值与期权成交量、股票成交额与期权成交量的相关系数分别为 0.64 和 0.70,说明股票市值越大、交易越活跃,其期权交易量往往越大。

表 1-12　2019 年个股期权成交量前十的股票

期权标的	总市值/亿美元	年成交额/亿美元	期权成交量/百万张	所属行业
苹果	13 047.65	14 581.32	528.50	信息技术
特斯拉	754.02	6 306.36	337.04	非日常生活消费品
超微半导体	510.71	4 868.06	74.69	信息技术
美国银行	3 168.08	4 010.34	63.18	金融
Facebook	5 853.21	7 352.04	63.06	通信服务
通用电气	974.66	1 716.24	51.77	工业
微软	12 030.63	8 011.59	46.80	信息技术
Netflix	1 418.05	6 460.26	44.02	通信服务
亚马逊	9 161.54	17 377.11	44.00	非日常生活消费品
英伟达	1 440.04	4 900.18	37.98	信息技术

资料来源:Bloomberg。

(2)美国个股期权市场的典型特征。美国个股期权市场呈现如下特征。

一是实行多交易所挂牌模式以促进市场竞争。不同交易所可挂牌相同股票的期权合约,现有 16 家交易所挂牌了个股期权产品,产品体系高度重合,并且在合约代码、合约设计等方面保持一致。为实现差异化竞争,各交易所在交易撮合、收费模式、交易方式等方面不尽相同。以收费模式为例,CBOE 采取针对不同投资者差异化收费的传统模式(classic model),C2 交易所采取对流动性提供者返佣、对流动性消耗者收费的 Maker-Taker 模式。在交易撮合方面,CBOE 采用按比例分配方式,以鼓励提交大额订单,而BATS 采取价格优先和时间优先的撮合方式。

二是设置多元化做市商体系以提升市场流动性。为尽可能吸引机构提供流动性,

CBOE设置了高、中、低三档期权做市商门槛。其中,指定主做市商(designed primary market maker,DPM)的要求最高,不仅需要对99％以上所负责合约(到期不足9个月)提供连续报价(或100％的期权系列扣除一对合约标的、执行价格以及到期月份均相同的买权和卖权合约),而且需要为缺乏报价的合约提供开盘报价和自动更新报价。主做市商(leading market maker,LMM)要求次之,不需要提供自动更新的报价指令。普通做市商(market maker,MM)要求最低,只需要对60％以上所负责合约(到期不足9个月)提供连续报价。

三是根据市场需求灵活设定合约序列。交易所根据市场实际需求,针对不同股票设定了差异化期权合约序列。其中,交易活跃股票的期权合约数量众多,例如在2020年7月,苹果公司的期权合约共有17个不同到期日,仅最近到期日的合约数就达172个。而交易寡淡股票的期权合约数量通常较少,例如在2020年7月,Newmark公司总共只有2个看涨和3个看跌期权合约。

2) 巴西及美洲其他国家个股期权市场

巴西是世界上期权市场发展最早的国家之一,巴西交易所早在1979年就挂牌股票期权,但直到2000年巴西开始对国内证券市场进行改革之后,其期权规模才出现了快速的增长。巴西证券期货交易所(BM&FBOVESPA)个股期权交易量居世界前列,2012年,巴西期权市场总成交量超过10亿手,其中股票期权交易占比达到87.15％,占全球总交易量的24.16％,接近1/4。2020年股票期权成交量全球排名第二(表1-10)。阿根廷、加拿大以及墨西哥等国家均有少量的个股期权交易。图1-9反映了2000—2013年美洲国家交易所个股期权规模演变情况。

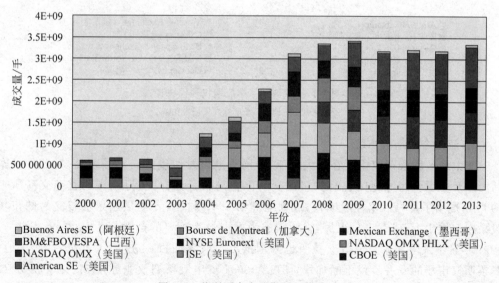

图 1-9　美洲国家个股期权规模统计

资料来源：WFE,广发证券发展研究中心。

3. 欧洲个股期权市场

欧洲的期权市场发展历史更为悠久,在17世纪的郁金香泡沫中,期权就扮演了一个很重要的角色。1978 年,伦敦证券交易所、荷兰欧洲期权交易所最早开始开展股票期权业务,虽然目前欧洲没有交易量显著突出的单一期权产品,但成交总量在全球的份额长期保持在相对高的位置。

　　欧元区货币系统形成,对期权市场产生了较大影响。经过一系列的交易所并购与整合,欧洲期货交易所(Eurex)、泛欧交易所(Euronext)成为最重要的期权交易所,两家交易所个股期权交易比较活跃。

　　相比于美国股票期权从 2003 年开始快速增长的状况,欧洲股票期权市场则发展较为缓慢。从图 1-10 的交易额数据计算得到,从 2002 年到 2011 年这 10 年间,欧洲股票期权市场的交易总量只增长了 3%,而同时期美国股票期权交易额增长了近 2 倍。从 2010 年到 2013 年,欧洲交易所股票期权交易量在逐年下滑。

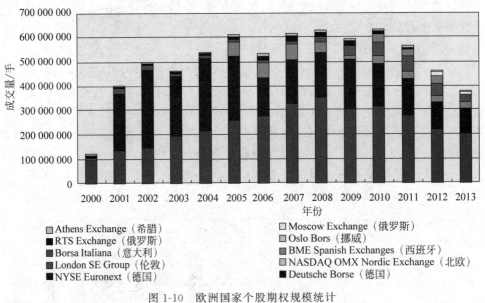

图 1-10　欧洲国家个股期权规模统计

资料来源:WFE,广发证券发展研究中心。

4. 亚太个股期权市场

　　亚太地区股票期权主要在澳大利亚、中国香港以及印度等交易场所交易,此外日本、韩国以及中国台湾等地区也有少量的交易。香港联合证券交易所(现为香港交易所)在 1995 年推出了首只汇丰控股期权,成为亚洲第一个为投资者提供股票期权交易的市场。股票期权推出后,成交十分火爆,很快就成为香港最为重要的金融衍生品之一。随后,在 1997 年日本大阪和东京证券交易所也分别推出了股票期权。进入 21 世纪后,亚太地区股票期权市场的发展步伐不断加快,印度在 2001 推出股票期权业务,NSE 为个股期权的主要交易场所。2002 年 1 月,韩国证券交易所(现为韩国交易所)开始交易股票期权。首批作为交易标的的分别是三星电子、韩国通信等 7 只证券。2016 年,亚太地区股票期权交易量占比超过了全球交易量的 10%,达到 10.1%。而其中,印度证券交易所、澳大利亚证券交易所分列亚洲交易量第一和第二。

（三）ETF 衍生品

ETF 期权是基于 ETF 标准化的看涨或看跌而产生的期权产品。作为标的物的 ETF 需要用一篮子股票进行申购、赎回，因此，ETF 期权本质是一篮子期权。

1. 美国 ETF 期权市场

20 世纪 90 年代后期，随着 ETF 期货市场的发展，用于 ETF 风险管理的 ETF 期权产品也应运而生，1986 年 11 月 16 日，AMEX 推出全球首个 ETF 期权——标普 500ETF 期权，随后在全球市场相继出现不同的 ETF 期权产品。ETF 期权的出现不但完善了市场产品结构，健全了市场机制，也为投资者提供了更多的风险管理、价格发现以及套利的工具。

1）美国 ETF 期权市场规模大，增长迅速

美国作为 ETF 期权的发源地，是目前 ETF 期权交易的主要市场，占全球 ETF 期权市场交易量的 99%。其中芝加哥期权交易所是 ETF 期权最主要的交易场所，交易量占比 34.23%，其次为纳斯达克和纽约证券交易所，分别占 25.04%、19.51%。ETF 期权虽然推出的时间较晚，但近年来成交量增长率很高，美国 ETF 期权从 2000 年的 1 328 万张增长到 2018 年的 185 457 万张，年复合增长率达到 33.71%，参见图 1-11、图 1-12。

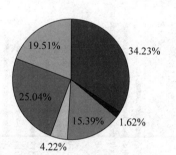

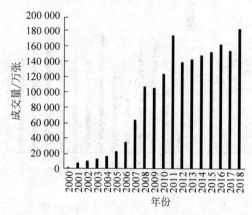

图 1-11　美国 ETF 期权交易所成交量占比　　图 1-12　2000—2018 年美国 ETF 期权成交量
资料来源：OCC　COBE 中信期货研究部。　　资料来源：OCC　COBE 中信期货研究部。

2）美国 ETF 期权主要产品

据美国期货业协会统计，成交最活跃的 4 个 ETF 期权分别是标普 500ETF 期权、iShares 罗素 2000ETF 期权、纳斯达克 100ETF 期权和 MSCI 新兴市场 ETF 期权。

标普 500ETF 的期权（SPY）在 CBOE 上市交易。按照 CBOE 的规定，一张 SPY 的认购期权和认沽期权对应 100 份 SPY 的 ETF。例如，如果 SPY 的 ETF 价格是 300 美元，那么 1 张 SPY 期权对应的标的物为 30 000 美元。该期权为美式期权，买方可以提前行权，且在行权时为实物交割。2005—2018 年标普 500ETF 期权成交量、持仓量如图 1-13、图 1-14 所示。

罗素 2000ETF 跟踪以罗素 2000 指数为代表的美国股票市场小盘股的价格和收益表现。该基金通常将至少 90% 的资产投资于罗素 2000 指数中的证券或者其存托凭证，并将剩余资产投资于某些期货、期权和掉期合约、现金和现金等价物，以及不包括在指数中但有助

于跟踪指数的证券。2005—2018 年罗素 2000ETF 期权成交量、持仓量如图 1-15、图 1-16 所示。

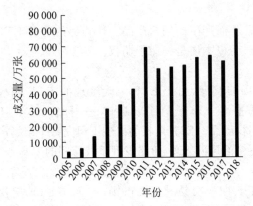

图 1-13 标普 500ETF 期权成交量

资料来源：Bloomberg 中信期货研究部。

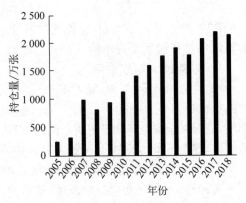

图 1-14 标普 500ETF 期权持仓量

资料来源：Bloomberg 中信期货研究部。

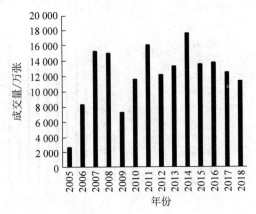

图 1-15 罗素 2000ETF 期权成交量

资料来源：Bloomberg 中信期货研究部。

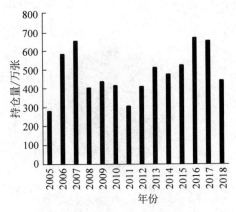

图 1-16 罗素 2000ETF 期权持仓量

资料来源：Bloomberg 中信期货研究部。

QQQ 纳斯达克 100ETF 是一只基于 Nasdaq-100Index 的 ETF 期权。在大多数情况下，该基金由指数中的所有股票组成。该指数包括 100 家以市值为基础在纳斯达克股票市场上市的国内和国际最大的非金融公司。基金和指数每季度重新平衡，每年重新调整。1999—2018 年 QQQ 纳斯达克 100ETF 期权成交量、持仓量如图 1-17、图 1-18 所示。

MSCI 新兴市场 ETF 是一只成立于 2003 年 4 月的基金，它跟踪以摩根士丹利资本国际新兴市场指数（MSCI emerging markets index）为代表的在新兴市场公开交易的证券的价格和收益率表现。该指数试图衡量全球新兴市场的股票表现。2006—2018 年 MSCI 新兴市场 ETF 期权成交量、持仓量如图 1-19、图 1-20 所示。

3）美国 ETF 期权市场机制

ETF 期权市场机制和股指期权大部分相同，主要有以下几点区别：①合约价值较小；②ETF 期权为美式期权，可以提前行权；③ETF 期权交割方式为实物交割；④ETF

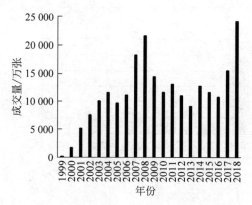

图 1-17　QQQ 纳斯达克 100ETF 期权成交量
资料来源：Bloomberg 中信期货研究部。

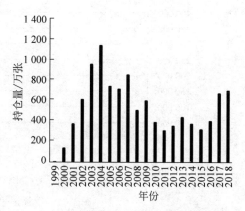

图 1-18　QQQ 纳斯达克 100ETF 期权持仓量
资料来源：Bloomberg 中信期货研究部。

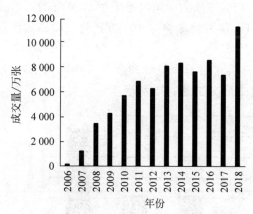

图 1-19　MSCI 新兴市场 ETF 期权成交量
资料来源：Bloomberg 中信期货研究部。

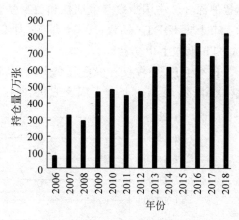

图 1-20　MSCI 新兴市场 ETF 期权持仓量
资料来源：Bloomberg 中信期货研究部。

期权通常有仓位限制，如 SPY 期权的限制为单边 75 000 合约；⑤ETF 期权在多个交易所都可交易，股指期权通常只在一家交易所交易。

　　具体的保证金制度与股指期权类似：无担保的看跌与看涨期权的卖方必须维持 100％的期权收益加上 15％或 20％的合约总体价值再减去其中虚值期权的价值，最低保证金为 100％的期权收益加上合约总价值的 10％。

　　2. 欧洲 ETF 期权市场

　　欧洲 ETF 期权交易量比较小，仅有 DTB 和 NYSE Euronext 存在交易，其中 2012 年只交易了 66 321 美元。2008 年交易额最高达 339 471 美元，但随后 2009 年跌落到 7 761 美元，成交量中 DTB 交易所占大头，参见图 1-21。

　　3. 亚太 ETF 期权市场

　　1）基本现状

　　亚太地区 ETF 期权主要集中在中国，2000 年，香港交易所推出首只 ETF 期权—盈

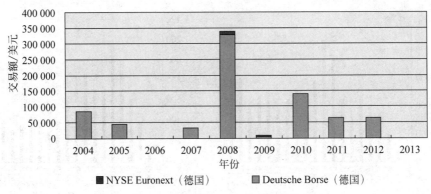

图 1-21　欧洲国家 ETF 期权规模统计

资料来源：WFE，广发证券发展研究中心。

富基金 ETF 期权；现已上市的 ETF 期权分别是安硕新华富时 A50 中国指数 ETF 期权、标智沪深 300 中国指数基金期权和盈富基金 ETF 期权。中国内地于 2015 年 2 月 9 日成功上市上证 50ETF 期权。2019 年 12 月 23 日，华泰柏瑞沪深 300ETF 期权和嘉实沪深 300ETF 期权上市交易。

日本 ETF 期权仅有少量成交额，澳大利亚几乎没有，韩国、印度等市场均无 ETF 期权。2008 年至 2013 年亚太国家 ETF 期权成交情况如图 1-22 所示。

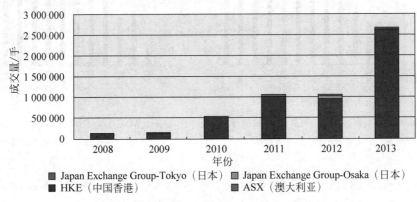

图 1-22　亚太国家和地区 ETF 期权规模统计

资料来源：WFE，广发证券发展研究中心。

2）中国内地 ETF 期权市场

（1）上证 50ETF 期权。2015 年 1 月 9 日，证监会批准上海证券交易所开展股票期权交易试点，首个试点产品为华夏上证 50ETF 期权合约，合约标的是上证 50 交易型开放式指数证券投资基金，正式上市交易日为 2015 年 2 月 9 日，上证 50ETF 期权合约表如表 1-13 所示。

表 1-13　上证 50ETF 期权合约基本条款

事　　项	条　　款
合约标的	上证 50 交易型开放式指数证券投资基金（"50ETF"）
合约类型	认购期权和认沽期权

续表

事　项	条　款
合约单位	10000 份
合约到期月份	当月、下月及随后两个季月
行权价格	9 个(1 个平值合约、4 个虚值合约、4 个实值合约)
行权价格间距	3 元或以下为 0.05 元,3 元至 5 元(含)为 0.1 元,5 元至 10 元(含)为 0.25 元,10 元至 20 元(含)为 0.5 元,20 元至 50 元(含)为 1 元,50 元至 100 元(含)为 2.5 元,100 元以上为 5 元
行权方式	到期日行权(欧式)
交割方式	实物交割(业务规则另有规定的除外)
到期日	到期月份的第四个星期三(遇法定节假日顺延)
行权日	同合约到期日,行权指令提交时间为 9:15—9:25,9:30—11:30,13:00—15:30
交收日	行权日的次一交易日
交易时间	上午 9:15—9:25,9:30—11:30(9:15—9:25 为开盘集合竞价时间) 下午 13:00—15:00(14:57—15:00 为收盘集合竞价时间)
委托类型	普通限价委托、市价剩余转限价委托、市价剩余撤销委托、全额即时限价委托、全额即时市价委托以及业务规则规定的其他委托类型
买卖类型	买入开仓、买入平仓、卖出开仓、卖出平仓、备兑开仓、备兑平仓以及业务规则规定的其他买卖类型
最小报价单位	0.000 1 元
申报单位	1 张或其整数倍
涨跌幅限制	认购期权最大涨幅＝max{合约标的前收盘价×0.5%,min[(2×合约标的前收盘价−行权价格),合约标的前收盘价]×10%} 认购期权最大跌幅＝合约标的前收盘价×10% 认沽期权最大涨幅＝max{行权价格×0.5%,min[(2×行权价格−合约标的前收盘价),合约标的前收盘价]×10%} 认沽期权最大跌幅＝合约标的前收盘价×10%
熔断机制	连续竞价期间,期权合约盘中交易价格较最近参考价格涨跌幅度达到或者超过 50% 且价格涨跌绝对值达到或者超过 10 个最小报价单位时,期权合约进入 3 分钟的集合竞价交易阶段
开仓保证金最低标准	认购期权义务仓开仓保证金＝[合约前结算价＋max(12%×合约标的前收盘价−认购期权虚值,7%×合约标的前收盘价)]×合约单位 认沽期权义务仓开仓保证金＝min[合约前结算价＋max(12%×合约标的前收盘价−认沽期权虚值,7%×行权价格),行权价格]×合约单位
维持保证金最低标准	认购期权义务仓维持保证金＝[合约结算价＋max(12%×合约标的的收盘价−认购期权虚值,7%×合约标的的收盘价)]×合约单位 认沽期权义务仓维持保证金＝min[合约结算价＋max(12%×合约标的的收盘价−认沽期权虚值,7%×行权价格),行权价格]×合约单位

(2) 沪深 300ETF 期权。在上证 50ETF 期权上市近 5 年后,2019 年 12 月 23 日,上海证券交易所和深圳证券交易所上市了沪深 300ETF 期权合约,标的分别为华泰柏瑞沪深 300ETF(代码 510300)和嘉实沪深 300ETF(代码 159919)。沪深 300ETF 期权合约如表 1-14 所示。

表 1-14　沪深 300ETF 期权合约基本条款

事　项	条　款
合约标的	华泰柏瑞沪深 300 交易型开放式指数证券投资基金（"沪深 300ETF"，代码为 510300）
合约类型	认购期权和认沽期权
合约单位	10 000 份
合约到期月份	当月、下月及随后两个季月
行权价格	9 个（1 个平值合约、4 个虚值合约、4 个实值合约）
行权价格间距	3 元或以下为 0.05 元，3 元至 5 元（含）为 0.1 元，5 元至 10 元（含）为 0.25 元，10 元至 20 元（含）为 0.5 元，20 元至 50 元（含）为 1 元，50 元至 100 元（含）为 2.5 元，100 元以上为 5 元
行权方式	到期日行权（欧式）
交割方式	实物交割（业务规则另有规定的除外）
到期日	到期月份的第四个星期三（遇法定节假日顺延）
行权日	同合约到期日，行权指令提交时间为 9:15—9:25，9:30—11:30，13:00—15:30
交收日	行权日的次一交易日
交易时间	上午 9:15—9:25，9:30—11:30（9:15—9:25 为开盘集合竞价时间） 下午 13:00—15:00（14:57—15:00 为收盘集合竞价时间）
委托类型	普通限价委托、市价剩余转限价委托、市价剩余撤销委托、全额即时限价委托、全额即时市价委托以及业务规则规定的其他委托类型
买卖类型	买入开仓、买入平仓、卖出开仓、卖出平仓、备兑开仓、备兑平仓以及业务规则规定的其他买卖类型
最小报价单位	0.000 1 元
申报单位	1 张或其整数倍
涨跌幅限制	认购期权最大涨幅＝max{合约标的前收盘价×0.5%，min[（2×合约标的前收盘价－行权价格），合约标的前收盘价]×10%} 认购期权最大跌幅＝合约标的前收盘价×10% 认沽期权最大涨幅＝max{行权价格×0.5%，min[（2×行权价格－合约标的前收盘价），合约标的前收盘价]×10%} 认沽期权最大跌幅＝合约标的前收盘价×10%
熔断机制	连续竞价期间，期权合约盘中交易价格较最近参考价格涨跌幅度达到或者超过 50% 且价格涨跌绝对值达到或者超过 10 个最小报价单位时，期权合约进入 3 分钟的集合竞价交易阶段
开仓保证金最低标准	认购期权义务仓开仓保证金＝[合约前结算价＋max(12%×合约标的前收盘价－认购期权虚值，7%×合约标的前收盘价)]×合约单位 认沽期权义务仓开仓保证金＝min[合约前结算价＋max(12%×合约标的前收盘价－认沽期权虚值，7%×行权价格)，行权价格]×合约单位
维持保证金最低标准	认购期权义务仓维持保证金＝[合约结算价＋max(12%×合约标的的收盘价－认购期权虚值，7%×合约标的的收盘价)]×合约单位 认沽期权义务仓维持保证金＝min[合约结算价＋max(12%×合约标的的收盘价－认沽期权虚值，7%×行权价格)，行权价格]×合约单位

二、场内利率衍生品市场

在布雷顿森林体系解体后,面对经济下滑以及通胀引发的压力,利率政策大幅摇摆,时紧时松。频繁的利率波动给市场投资者带来了巨大的利率风险,在此背景下,金融市场迫切需要一种有效的利率风险管理工具,美国的利率期货应运而生。从 1975 年,CBOT第一张利率期货合约 GNMA 诞生后,欧美市场一直都是利率衍生品市场的主角。随着巴西和澳大利亚等利率衍生品市场的崛起,亚太和拉美地区成交份额迅速上升,在全球利率衍生品市场也占据了一席之地。

(一)美国国债期货市场

1. 国债期货合约特点

1)合约体系完善,方便投资者管理利率风险

美国国债期货主要在 CBOT 上市,是用于买卖美国政府中期或中长期债券以待未来交割的标准合约,美国国债全天候进行交易,每一种基准票期都有相应的美国国债期货和期权合约提供交易,目前美国国债期货主要的品种期限包括 2 年(ZT)、3 年(Z3N)、5 年(ZF)、10 年(ZN)、10 年长期(TN)、长期(ZB)和超长期(UB)。每一种期货合约均有一揽子交割债券,这些交割债券按照到期期限来限定卖方在交割月的交割券范围,如 5 年期国债期货的可交割券范围是到期时间在 4.2 年至 5.25 年之间的国债,长期国债期货的可交割券到期时间为 15 年至 25 年,参见表 1-15。整体来看,美国国债期货合约覆盖了短中期到超长期几乎整条国债收益率曲线,极大地方便了投资者有针对性地管理利率风险。美国国债期货名义标准券的票面利率是 6%,主要原因是在推出合约的时候美国国债的实际收益率在 6%附近。

表 1-15　美国国债期货主要合约体系

合约事项	2 年期国债期货(ZT)	5 年期国债期货(ZF)	10 年期国债期货(ZN)	长期国债期货(ZB)	超长期国债期货(UB)
面额	20 万美元	10 万美元	10 万美元	10 万美元	10 万美元
可交割券到期期限/年	1.75~2	4.2~5.25	6.5~10	15~25	25~30

2)特殊的报价方式,期货与现货略有不同

美国国债期货是根据美国债券市场的惯例,债券以票面价值百分比方式按照票面价值百分之一的 1/32 的最小变动价位来报价。长期和超长期国债期货合约最低变动价位为 1 个点的 1/32,也就是 31.25 美元,10 年期合约为 1 个点的 1/32 的一半,即 15.625 美元,2 年期、3 年期以及 5 年期合约为 1 个点的 1/32 的 1/4,也就是 15.625 美元、15.625 美元、7.812 5 美元。例如有一个合约的报价形式为 97-18,其代表的意思就是票面价值的 97%加上 18/32,代表值就是 97.562 5 美元。但是在部分报价的时候,期货报价与现券略有不同,例如现券市场报价为 97-18(1/4),而期货市场报价则显示为 97-182,尾部的"2"代表 0.25×1/32,参见表 1-16。

表 1-16　美国国债现券与期货的报价方式

现 券 报 价	期 货 报 价	代 表 值	具 体 数 值
97－18	97－18	97－18/32	97.562 5
97－18(1/2)	97－185	97－18/32＋1/64	97.578 1
97－18(1/4)	97－182	97－18/32＋1/128	97.570 3
97－18(3/4)	97－187	97－18/32＋3/128	97.585 9

2. 国债期货交割特点

1) 空头举手制，交割流程需要三天

美国国债期货交割实行空头举手制，但是在交割前，多头必须向 CME 清算所申报其账户持有的多头头寸，申报时间为交割月前的两个交易日(也称为第一头寸日)，并且进入交割月后，每天不迟于芝加哥时间晚上 8 点向 CME 清算所报告未平仓头寸。美国国债期货交割主要流程参见表 1-17。

表 1-17　美国国债期货交割主要流程

时　　间	卖　　方	CME 清算所	买　　方
第一头寸日(交割月前两个交易日)			最迟晚上 8 点前向 CME 清算所报告未平仓的多头头寸，按照账户来源和持仓时间进行分组
第一天(意向日)	下午 6 点前，卖方提交交割意向申请，一旦 CME 清算所开始进行匹配，申请便不能够撤销	晚上 10 点前，清算所按照匹配规则进行交割匹配，并将结果通知买卖双方	最迟晚上 8 点前，向 CME 清算所报告未平仓多头头寸，按照账户来源和持仓时间进行分组
第二天(通知日)	下午 2 点前(最后通知日下午 3 点前)向清算所确认发票信息	下午 4 点，清算所制作发票并交给买方	截至下午 4 点，将开户行信息和地点提供给卖方
第三天(交割日)	上午 9 点半之前，买卖双方解决好发票差额问题，截至上午 10 点前，卖方将交割国债存入银行账户，并指示银行最迟下午 1 点前过户给买方银行账户		下午 1 点之前准备好资金，通知银行在收到国债后汇款

交割一般分为 3 天，第一日为意向日，合约卖方指示清算会员进行交割，清算会员需要在芝加哥时间下午 6 点之前通知 CME 清算所。对长期国债期货(10 年期、长期和超长期国债期货)来说，清算会员可以在交割月前两个交易日(第一意向日)到最后交易日前的两个交易日(最后意向日)之间的任何时间申报交割意向，对于其余中短期的期货合约来说，第一意向日指交割月份第一个交易日前的两个交易日，而最后意向日则指的是下一个

日历月的第一个交易日。

在意向日申报之后,交易所按照买卖双方的交割意愿进行匹配,匹配分为三个步骤:首先清算所会按照持有时间的先后顺序集合多头头寸,建立一个与空头意向申报交割的合约数量完全匹配的多头头寸池。之后清算会按照最小配对原则进行匹配,换句话说,如果卖方交割 100 份合约,则尽量匹配两个买 50 份合约的买方,而不是匹配 10 个只买 10 份合约的买方。最后还有剩余的,清算所会进行随机选择匹配。清算所在当晚 10 点之前会通知买卖双方匹配结果。

第二日为通知日,卖方为交割的买方准备发票,并且提供有关交割国债的详细信息,包括 CUSIP 号码、票面利率、到期日以及发票价格。卖方需要在下午 2 点之前(或在最后通知日,即最后意向日接下来的交易日下午 3 点之前)向 CME 清算所确认发票明细,清算所会在下午 4 点之前制作发票并交给买方。

第三日为交割日,在这最后一天上午 10 点之前,卖方的银行账户中必须备齐前一天指定的交割国债现货,然后将其转给买方所在的银行账户,买方将发票金额汇给卖方,必须在下午 1 点前完成。

2)长短期国债期货合约存在交割日期差异

对于所有合约来说,第一意向日和第一头寸日是同一天,也就是交割月前的两个交易日,此后的一个交易日是第一通知日,在此后的一个交易日(交割月首个交易日)被称为第一交割日,参见表 1-18。

表 1-18　2020 年 12 月到期国债期货合约关键日期

时　间	UB、ZB、TN 和 ZN	ZF、Z3N 和 ZT
第一意向日/第一头寸	11 月 27 日星期五	11 月 27 日星期五
第一通知日	11 月 30 日星期一	11 月 30 日星期一
第一交割日	12 月 1 日星期二	12 月 1 日星期二
最后交易日	12 月 21 日星期一	12 月 31 日星期四
最后意向日	12 月 29 日星期二	1 月 4 日星期一
最后通知日	12 月 30 日星期三	1 月 5 日星期二
最后交割日	12 月 31 日星期四	1 月 6 日星期三

对于长期和超长期国债期货而言,合约在交割月最后一个交易日前的第七个交易日停止交易,最后意向日是交割月最后一个交易日前的第二个交易日,最后通知日是倒数第二个交易日,最后交割日是最后一个交易日。

对于短期和中期国债期货来说,最后交易日是交割月的最后一个交易日,最后意向日、最后通知日和最后交割日分别是后面的连续三个交易日。

3)隐含的交割期权较多

通过交割流程和时间点的梳理可以发现,美国国债期货隐含的交割期权较多,一般而言,国债期货的交割期权有三种。

首先最为重要的是转换期权,也被称为质量期权,在最后意向日(包含)之前任何时间卖方都可以交割,且选择最便宜交割券执行交割的权利。例如美国 10 年期国债期货,卖方可以在交割月最后意向日前选择到期时间 6.5～10 年间的最便宜的 10 年期国债现货进行交割。从交割环节来看,交割涉及交割意向日、通告日以及交割日三个交易日,转换期权主要体现在意向日的配对中,因为当天卖方决定了买方究竟会收到哪一只债券。

第二种期权是月末期权,在长期国债期货上较为明显。例如美国 10 年期国债期货 12 月合约的最后交易日与最后意向日相隔了 4 个交易日,与最后交割日相隔了 7 个交易日,在这个时间段,国债期货的价格不跟随国债现券价格,这意味着即使最后结算价格已经确定,卖方还有一段时间来调整或选择交割的国债。如果在此期间 CTD(最便宜可交割券)发生变化,卖方可以重新调整交割债券,即使 CTD 没有切换,理论的期货结算价也要比不延迟下的结算价低,卖方可能会有一定的超额收益。这种权利就是月末期权。

第三种期权是时机期权,主要与交割的时间有关,这又分为百搭牌期权和持有收益期权。在意向日,卖方可以在下午 6 点前进行交割申请,而交易所收盘时间为下午 2 点,这意味着在期货价格确定后,卖方可以在收盘后根据国债现券的波动情况决定是否交割,这就是百搭牌期权的来源。持有收益期权衡量的主要是融资成本,如果持有收益为正,卖方倾向于晚交割,如果持有收益为负,卖方倾向于早交割。

3. 交易情况

美国国债及利率期货市场均为全球规模最大、交易最为活跃的市场。从现券市场看,截至 2020 年二季度,海外投资者是美国国债最大的持有者,持有占比 29.81%;其次是货币当局,即美联储,持有 20.85%;美国银行和保险机构持有比例合计 7.29%,参见图 1-23。

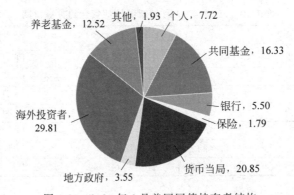

图 1-23　2020 年 6 月美国国债持有者结构

2020 年所有合约日均成交约为 351 万手,截至 11 月 20 日持仓规模达到 1 080 万手。2 年期、5 年期、10 年期、10 年长期、长期、超长期期货合约日均成交分别为 44 万手、84 万手、147 万手、23 万手、34 万手、18 万手,10 年期国债期货是交易量最大的品种,其次是 5 年期国债期货。2 年期、5 年期、10 年期、10 年长期、长期、超长期期货合约持仓分别为 187 万手、290 万手、308 万手、91 万手、117 万手和 90 万手,持仓量最大的是 10 年期国债期货,其次是 5 年期国债期货,与各品种合约交易量所呈现的情况一致,参见图 1-24。

国债期货参与机构较为集中。CFTC 公布的美国国债期货市场参与者主要分为四类:交易商、资产管理机构、对冲基金和其他机构。其中资产管理机构和对冲基金是市场参与最为活跃的两类机构,在各交易品种中,二者的占比都在 60% 以上。从多空角度来

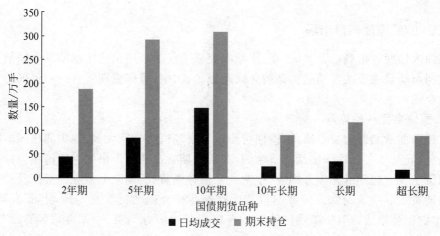

图 1-24 2020 年 11 月 20 日美国国债期货成交及持仓情况

看,资产管理机构以多头策略为主,对冲基金以空头策略为主。美国国债期货多、空头持仓情况参见图 1-25、图 1-26。

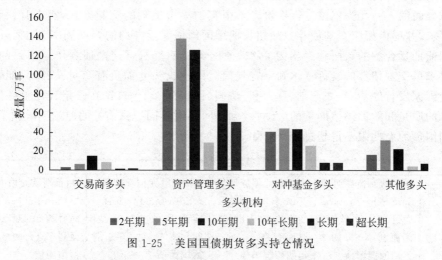

图 1-25 美国国债期货多头持仓情况

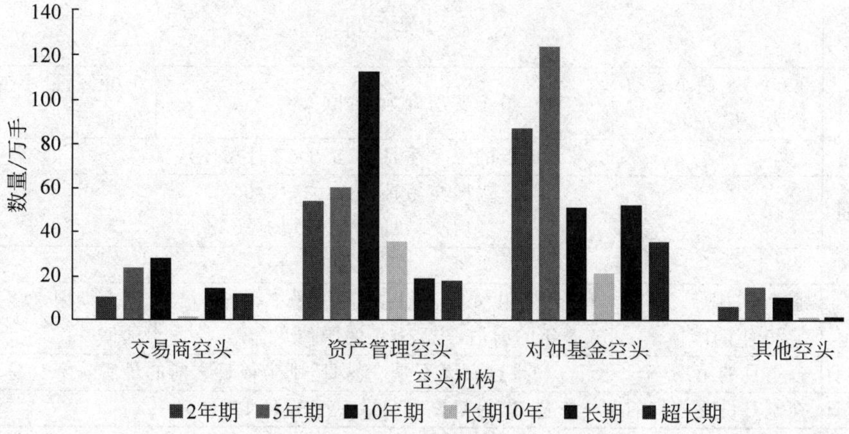

图 1-26 美国国债期货空头持仓情况

(二)欧洲国债期货市场

欧洲国债期货市场始于 1982 年,逐渐发展成了仅次于美国的全球第二大国债期货市场。欧洲市场最主要的国债期货合约分别是德国长、中、短国债期货合约和英国的金边债券期货合约。

1. 国债期货产品体系

在德国的欧洲期货交易所,国债期货品种丰富,有德国、意大利、瑞士和法国的国债期货,均以欧元结算。以德国国债期货为例,在欧洲期货交易所上市的以德国债为标的物的国债期货主要为短期欧元债券期货、中期欧元债券期货、长期欧元债券期货以及超长期欧元债券期货。其中长期欧元债券期货最受欢迎。在英国的泛欧交易所,上市了美国、英国、日本的国债期货。其中英国国债期货有短期金边债券期货、中期金边债券期货和 10 年期国债期货。

2. 国债期货合约特点

以德国国债期货为例,四种合约对应的标的分别为 2 年、5 年、10 年、30 年的德国债券。合约面值均为 10 万欧元,合约月份都为 3、6、9、12 月,报价采用百元报价的方式,以假定债券面额 100 元为单位进行报价。采用实物集中交割的交割方式,卖方有权利提出交割要求,并提供相应交割债券。除超长期德国国债期货合约的票面利率为 4%外,其他三种国债期货合约的票面利率均为 6%。德国国债期货对可交割债券作了细致的规定,并且要求可交割债券的发行量达到一定规模。因空头头寸而负有交付义务,只能选择一些指定国家发行的债券,如德国、意大利、法国、西班牙、瑞士。这在一定程度上保障了交割债券的质量和欧洲国债期货的流动性。此外,还对不同国家债券的原始期限做了要求,如德国国债原始期限不得超过 11 年,如表 1-19 所示。

表 1-19　德国主要国债期货合约

事　项	短期欧元债券期货 Euro-Schatz futures	中期欧元债券期货 Euro-Bobl futures	长期欧元债券期货 Euro-Bund futures	超长期欧元债券期货 Euro-Buxl futures
合约标的	面值为 10 万欧元,票面利率 6%的 2 年期德国国债	面值为 10 万欧元,票面利率 6%的 5 年期德国国债	面值为 10 万欧元,票面利率 6%的 10 年期德国国债	面值为 10 万欧元、票面利率 4%的 30 年期德国国债
报价方式	百元报价			
最小变动价	0.005%,最小变动价为 5 欧元	0.01%,最小变动价为 10 欧元		0.02%,最小变动价为 20 欧元
合约月份	最近的三个季月(3、6、9、12 月循环)			
交易时间	普通交易日:8:30~17:00 最后交易日:8:30~12:30			
交割方式	实物交割			
可交割债券	剩余期限 1.75~2.25 年的国债	剩余期限 4.5~5.5 年的国债	剩余期限 8.5~10.5 年的国债	剩余期限 24~35 年的国债
最后交易日	各季月的第 10 个日历日,如果这一天不是交易日,则为该日之前的最后一个交易日			
最后交割日	交割月份交割日前两个交易日,最后交易日收盘于当日 12:30			

资料来源:Eurex 华泰期货研究所。

3. 交易情况

从市场成交持仓量来看,交易以场内交易为主。从结构上看,长期欧元债券期货的合约活跃度最高,中期欧元债券期货合约次之,而长期合约数是中期合约数的 4 倍,并且被认为是全球第二大国债期货。总的持仓量有逐步增长的趋势。2017 年 6 月至 2018 年 6 月欧元债券期货月均成交量如图 1-27、图 1-28 所示。

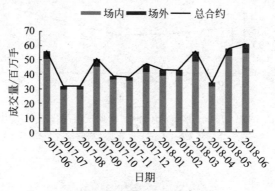

图 1-27　欧元债券期货月均成交量

资料来源:Eurex 华泰期货研究院。

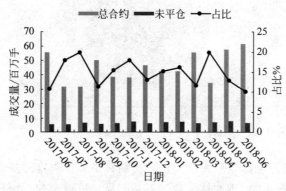

图 1-28　欧元债券期货月均成交量

资料来源:Eurex 华泰期货研究院。

4. 投资者结构

欧洲国债期货交易商以机构交易商为主。自 2015 年后,做市商的交易活跃度显著上升,但委托人和代理商依旧为交易量的主体,2018 年上半年的数据显示,委托人和代理人分别占比 40% 和 37%,是做市商所占比例的近两倍,如图 1-29、图 1-30 所示。德国国债期货投资者包括银行、资产管理机构、投资公司、对冲基金、境内外央行、德国财政部和非金融机构等,投资者结构合理,有利于德国国债期货的发展。

5. 交割规则

最后交易日是在相关到期日之前的两个交易日,期货交易在最后交易日的 CET 时间中午 12:30 停止,开始交割。通知日是指持有未平仓空头头寸的清算成员必须在最后一个交易日通知欧洲期货交易所(Eurex)——对于即将到期的期货他们将提供哪些债务工

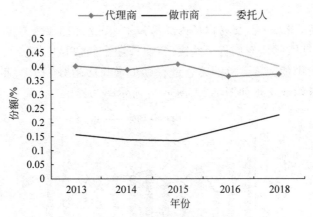

图 1-29　2013—2018 年欧洲国债期货市场投资者结构

资料来源：Eurex 华泰期货研究院。

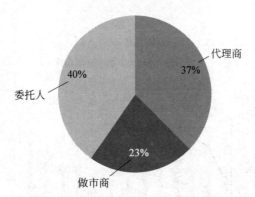

图 1-30　2018 年欧洲国债期货市场投资者结构

资料来源：Eurex 华泰期货研究院。

具。该通知必须在交易全部结束之前发出。交割日是各自季度月的第 10 日，若这一日是交易日则进行交割，若不是，则在这一日的下一交易日进行交割。国债期货交割流程参见图 1-31。

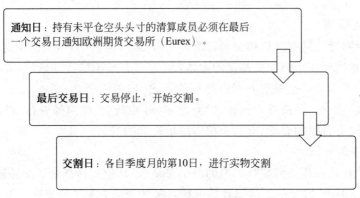

图 1-31　德国国债期货交割流程

资料来源：CME 华泰期货研究院。

6. 结算流程

1）每日结算

对于所有其他固定收益期货,当前到期月的每日结算价格,是根据每笔交易在 CET 时间 17:15 前一分钟内的交易量加权平均值得出的,前提是这段时间内的交易超过 5 笔。在剩余的期限月,合同的每日结算价格是根据组合订单的平均买卖价差来确定的。

2）最终结算

最终结算价格由 Eurex 根据交易最后一分钟所有交易的交易量加权平均价格,在交易结束后 12:30 确定,但需要满足在这一分钟内发生超过 10 笔交易;否则,结算价为当天最后 10 笔交易的成交量加权平均价格,前提是这些交易不超过 30 分钟。如果无法确定这样的价格,或者不能合理地反映当前的市场状况,Eurex 将建立最终的结算价格。

7. 风险管理

从保证金制度来看,分为单一品种的保证金制度和组合品种的保证金制度。单一品种保证金分为初始保证金和维持保证金,每一品种有不同的风险系数。组合品种保证金制度是基于 Eurex 自主开发的"基于风险保证金模型"。同时,Eurex 开发了保证金计算软件,方便客户。欧洲期货交易所考虑到国债期货交易的价格波动幅度小,参与主体为机构投资者等因素,对国债期货没有设置涨跌停板制度。

(三)中国国债期货市场

1. 中国国债期货上市品种

我国为了弥补国家财政赤字和抑制通货膨胀,在 1981 年重新开始发行国债。1992 年 12 月 28 日,上海证券交易所首次推出了 12 个品种的国债期货标准合约,从此拉开了我国国债期货品种上市交易的序幕。进入 1995 年后,国债期货交易开始显示出不成熟及巨大的投机性。1995 年 2 月,国债期货市场上发生了著名的 327 违规操作事件,对市场造成了沉重的打击。1995 年 5 月,再次发生恶性违规事件——319 事件。1995 年 5 月 17 日下午,中国证监会发出通知,决定暂停国债期货交易。各交易场所从 5 月 18 日起组织会员协议平仓;5 月 31 日,全国 14 个国债期货交易场所全部平仓完毕,中国首次国债期货交易试点以失败而告终。

2013 年以来,我国利率市场化改革明显提速,与此同时,随着金融创新、互联网金融的不断发展,利率变动因素日趋复杂,波动明显加剧,利率风险对金融机构的影响日趋增强,各类市场主体管理利率波动风险的需求日益强烈。在此背景下,我国国债期货重新上市交易。先后于 2013 年 9 月 6 日、2015 年 3 月 20 日、2018 年 8 月 17 日,分别上市了 5 年期、10 年期和 2 年期三个国债期货品种,基本形成了覆盖短中长端的国债期货产品体系。5 年期、10 年期和 2 年期国债期货合约参见表 1-20。

表 1-20　中国国债期货主要产品合约

事　　项	2 年期国债期货合约(TS)	5 年期国债期货合约(TF)	10 年期国债期货合约(T)
合约标的	面值为 200 万元人民币、票面利率为 3% 的名义中短期国债	面值为 100 万元人民币、票面利率为 3% 的名义中期国债	面值为 100 万元人民币、票面利率为 3% 的名义长期国债

续表

事　　项	2 年期国债期货合约（TS）	5 年期国债期货合约（TF）	10 年期国债期货合约（T）
可交割国债	发行期限不高于 5 年、合约到期月份首日剩余期限为 1.5～2.25 年的记账式附息国债	发行期限不高于 7 年、合约到期月份首日剩余期限为 4～5.25 年的记账式附息国债	发行期限不高于 10 年、合约到期月份首日剩余期限不低于 6.5 年的记账式附息国债
报价方式	百元净价报价		
最小变动价位	0.005 元		
合约月份	最近的三个季月（3 月、6 月、9 月、12 月中的最近三个月循环）		
交易时间	09：15—11：30,13：00—15：15		
最后交易日交易时间	09：15—11：30		
每日价格最大波动限制	上一交易日结算价的 ±0.5%	上一交易日结算价的 ±1.2%	上一交易日结算价的 ±2%
最低交易保证金	合约价值的 0.5%	合约价值的 1%	合约价值的 2%
最后交易日	合约到期月份的第二个星期五	合约到期月份的第二个星期五	合约到期月份的第二个星期五
最后交割日	最后交易日后的第三个交易日	最后交易日后的第三个交易日	最后交易日后的第三个交易日
交割方式	实物交割		
交易代码	TS	TF	T
上市交易所	中国金融期货交易所		

资料来源：中国金融期货交易所，华泰期货研究院。

2. 中国国债期货市场规模

自 2013 年国债期货市场在中国重启以来，随着中国国债期货产品体系逐渐完善、国债期货市场的平稳运行以及投资者对国债期货交易经验的累积，愿意参与国债期货交易的投资者数量增加，国债期货市场规模整体呈现扩大趋势。图 1-32、图 1-33 显示了 2015—2020 年中国国债期货成交量增长情况。

3. 国债期货交易制度

1）交易制度

从交易时间看，交易日有集合竞价和连续竞价两种交易方式。其中连续竞价为每个交易日 9：15—11：30 以及 13：00—15：15,最后交易日连续竞价为 9：15—11：30,集合竞价时间为每个交易日 9：10—9：15,其中前 4 分钟为指令申报时间,9：14—9：15 为指令撮合时间。从手续费看，各合约交易手续费 3 元/手，交割手续费 5 元/手，平仓则免手续费。

从交易指令看，交易指令分为市价指令、限价指令以及交易所规定的其他指令。其中 T、TF 合约市价指令每次最大下单数量为 50 手，限价指令每次最大下单数量为 200 手。而 TS 合约最大下单数量市价指令为 30 手，限价指令为 50 手。合约的交易单位为手，合

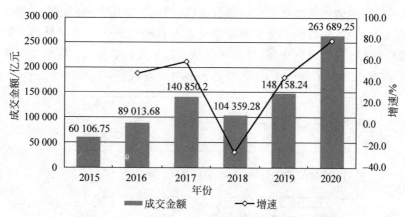

图 1-32　2015—2020 年中国国债期货成交额变化情况

资料来源：证监会，华经产业研究院。

图 1-33　2015—2020 年中国国债期货成交量变化情况

约交易以交易单位的整数倍进行。买卖申报经撮合成交后，交易即告成立。

2）结算制度

国债期货的结算由交易所统一组织进行。

当日结算价为合约最后一小时成交价格按照成交量的加权平均价。且本合约以当日结算价作为计算当日盈亏的依据。具体计算公式如下：

$$当日盈亏 = \Big\{ \sum \big[(卖出成交价 - 当日结算价) \times 卖出量 \big]$$
$$+ \sum \big[(当日结算价 - 买入成交价) \times 买入量 \big]$$
$$+ (上一交易日结算价 - 当日结算价)$$
$$\times (上一交易日卖出持仓量 - 上一交易日买入持仓量) \Big\} \times (合约面值 / 100 元)$$

3）交割制度

国债期货在中国金融期货交易所结算，在中央结算公司交割。投资者参与国债期货交割须通过中国金融期货交易所会员向中国金融期货交易所申报国债托管账户。

从可交割国债的要求来看，需要满足合约要求的交割等级，具体要求在合约中均有注明。同时,可交割国债须同时在银行间债券市场、沪深交易所交易的记账式国债。

从交割流程来看,实行滚动交割和集中交割并存的模式。滚动交割指从到期月首日开始,投资者可进行交割意向申报,交易所根据申报情况撮合配对;集中交割则是指若最后交易日后双方仍有未平仓头寸,则强制进入最终交割流程,如图 1-34 所示。

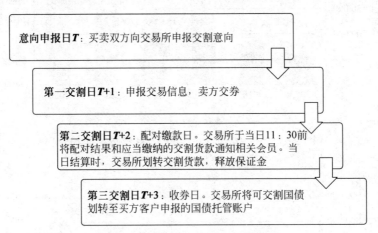

图 1-34 中金所国债期货交割流程

资料来源:中金所,华泰期货研究院。

从交割配对规则上,交易所根据国债托管机构优先原则,采用最小配对数方法进行交割配对。从交割金额的确定上,交割货款=交割数量×(交割结算价×转换因子+应计利息)×(合约面值/100)。

4．国债期货风险管理

1）保证金管理

不同合约的保证金要求不同,如 10 年期国债期货合约的最低交易保证金标准为合约价值的 2％。其中,合约价值=合约价格×(合约面值/100 元)。临近交割月份时,交易所将分阶段逐步提高合约的保证金交易标准。

2）波动限制

不同合约对于最大波动的限制额设定也有所不同。如 2 年期国债期货每日价格最大波动限制为上一交易日结算价的±0.5％。合约上市首日涨跌停板幅度为挂盘基准价的±1％。

3）持仓限额制度

交易所对合约实行持仓限额制度,根据品种设定相应限额。对于进行投机交易的客户,某一合约在不同阶段单边持仓限额做了详细规定。临近交割月份,为防止过度投机,持仓限额相应缩小。

4）大户持仓报告制度

第一,达到下列标准之一的,客户或者会员应当向交易所履行报告义务:单个客户国债期货某一合约单边投机持仓达到交易所规定的投机持仓限额 80％以上(含)的;当全市场单边总持仓达到 5 万手时,单个客户国债期货单边总持仓占市场单边总持仓量超过 5％的。

第二,达到下列标准之一的,交易所可以要求相关客户或者会员履行报告义务:前 5 名客户国债期货单边总持仓占市场单边总持仓量超过 10% 的;前 10 名客户国债期货单边总持仓占市场单边总持仓量超过 20% 的。

第三,交易所要求报告的其他情形。

(四)场内利率期权

1. 全球最活跃的场内利率期权

利率期权是一种与利率变化挂钩的期权,到期时以现金或者与利率相关的合约(如利率期货、利率互换、政府债券等)进行结算。

利率期权的推出是顺应利率市场化的发展趋势,为满足市场参与者管理利率风险的需求。最早在场内市场交易的利率期权是 1982 年芝加哥期权交易所推出的美国国库券期权。全球最活跃的场内利率期权包括欧洲美元期货期权、巴西 IDI 指数期权、欧洲美元 Mid-Curve 期权、美国 10 年期国债期货期权、美国 5 年期国债期货期权等,参见表 1-21。

表 1-21　全球最活跃的场内利率期权合约　　　　　　　　　　万手

活跃场内利率期权合约	标的物	持仓量	成交量	期货持仓量	期货成交量
欧洲美元期货期权	欧洲美元期货	4 667	15 052	1 276	37 903
巴西 IDI 指数期权	银行间隔夜存款利率指数	3 551	10 473	2 094	18 589
欧洲美元 Mid-Curve 期权	欧洲美元期货	1 838	9 487	1 276	37 903
美国 10 年期国债期货期权	10 年期国债期货	417	8 000	376	22 549
美国 5 年期国债期货期权	5 年期国债期货	244	2 839	448	14 974

资料来源:FIA 中信期货研究部。

注:持仓量为 2019 年 6 月底的数据,成交量为 2019 年上半年的数据。

场内利率期权一般都有对应的利率期货。一般来讲,最活跃的利率期权对应的利率期货也是非常活跃的,两者的持仓量不会相差很大。比如欧洲美元期货与对应的期权合约的持仓量都是在几千万手;巴西 IDI 指数期权与 IDI 指数期货的持仓量也均在千万手级别;美国 10 年与 5 年期国债期货的持仓量与对应的期权合约的持仓量都是几百万手。

2. 全球场内利率期权市场发展状况

场内利率期权与利率期货密切相关。截至 2019 年 6 月,全球场内利率期权与利率期货名义本金金额分别为 80.75 万亿、39.14 万亿美元,利率期权规模为利率期货的 2 倍。在 2000 年以前,场内利率期权规模约为利率期货的一半;2001—2003 年场内利率期权发展明显快于利率期货,规模超过利率期货。1994—2018 年全球场内利率期权与利率期货规模情况参见图 1-35。

分币种看,截至 2019 年 6 月,以美元、欧元、英镑计价的场内利率期权名义本金金额分别为 65.9 万亿、8.9 万亿、4.8 万亿美元;以美元计价的占比高达 81.6%。2010—2012 年,美元和欧元计价的场内利率期权规模大体相当。2013 年以来以美元计价的场内利率期权规模增长了 5 倍多,而同期以欧元和英镑计价的场内利率期权规模收缩,参见图 1-36、图 1-37。

从期限结构来看,全球场内利率期权以短期品种为主,占比高达 98.7%;截至 2019 年 6 月,短期和长期的规模分别为 79.7 万亿、1.1 万亿美元,如图 1-38、图 1-39 所示。这

图 1-35　全球场内利率期权与利率期货规模

资料来源：BIS 中信期货研究部。

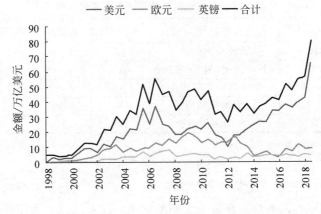

图 1-36　1998 年以来全球主要币种场内利率期权规模

资料来源：BIS 中信期货研究部。

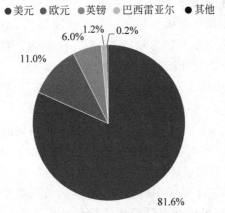

图 1-37　截至 2019 年 6 月全球场内利率期权币种结构

资料来源：BIS 中信期货研究部。

主要是因为挂钩 3 个月欧洲美元利率的期权的规模远高于其他品种。当然,一些中长期品种的流动性也不错,比如美国 10 年与 5 年期国债期货期权。

图 1-38　1998 年以来全球短长期场内利率期权规模

资料来源:BIS 中信期货研究部。

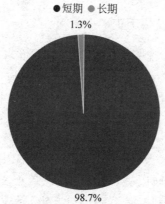

图 1-39　截至 2019 年 6 月短期与长期利率期权占比

资料来源:BIS 中信期货研究部。

3. 全球利率衍生品主要交易场所运作机制

CME(芝加哥商业交易所)、Eurex(欧洲期货与期权交易所)、NYSE LIFFE(伦敦国际金融期货交易所)和 CBOE(芝加哥期权交易所)是全球利率衍生品的主要交易场所,参见表 1-22。

表 1-22　全球主要利率衍生品交易所

交易所	CBOE	CME	Eurex	LIFFE
产品类型	Interest rate options based on t-bill, t-notes and t-bond	U. S. treasury bonds Futures and options	Bond Futures; Libor Futures	Bond Futures
交易平台	CBOE Hybrid Trading System	CME Globex	EUREX Release 12.0	LIFFE CONNECT®

续表

交易所	CBOE	CME	Eurex	LIFFE
清算平台	Options Clearing Corporation(OCC)	CME Clearport	EUREX Clearing AG	NYSE Liffe Clearing
清算业务	支持场内和场外交易	支持场内和场外交易	支持场内交易和场外交易,但需通过DCM和GCM两种清算会员完成	Bclear系统服务于场外股票衍生品和大宗商品市场,暂不支持利率衍生品

电子化交易(electronic trading)和中央对手方(central counterparty)是场内衍生品交易市场的发展方向。当交易员发出交易指令后,电子指令以匿名的形式进入中央指令簿,在价格优先、时间优先等竞价规则下,电子交易系统为每一笔交易寻找最佳的交易对手。交易达成后,中央对手方作为每一个买家的卖家和每一个卖家的买家完成清算,提高了清算效率,规避双边清算时出现的对手方风险(counterparty risk)。

三、场内外汇衍生品市场

(一) 场内外汇衍生品的发展历史

外汇衍生品市场是从20世纪70年代才快速发展起来的,布雷顿森林体系崩溃后,浮动汇率制度逐步建立。1976年,《牙买加协议》正式生效后,浮动汇率制代替了固定汇率,汇率的波动促进了外汇衍生品市场的发展。此外,全球化导致各国之间贸易和投资活动越来越多,各国经常项目和资本项目资金的流动越来越频繁,外汇的需求增加,也推动了外汇衍生品市场的发展。

1972年5月,芝加哥商业交易所的国际货币市场(IMM)正式成立,7种外汇期货上市,包括英镑、加拿大元、德国马克、法国法郎、日元、瑞士法郎和墨西哥比索,这标志着首个外汇期货市场的成立。澳大利亚是第二个推出外汇期货的国家,1980年,悉尼期货交易所(SFE)上市了澳元兑美元期货,但是初期交易并不活跃,一度被关停。随后英国在1982年上市了外汇期货,成为第三个上市外汇期货的国家,日本也在1989年推出了日元兑美元的外汇期货。

新兴国家外汇期货发展相对较晚,但速度惊人。在新兴经济体中,巴西是最早推出外汇期货的国家,1987年就推出了外汇期货;俄罗斯也在1992年推出了卢布兑美元期货,但是在1998年俄罗斯债务危机后,其外汇期货市场开始衰弱,2005年之后交易量才开始增长;1999年4月,韩国期货交易所(KOFEX)成立并推出美元兑韩元外汇期货及期权;2005年,土耳其衍生品交易所试点了包括里拉兑主要货币以及交叉外汇在内的多种外汇期货;南非的约翰内斯堡证券交易所(JSE)于2007年上市了兰特兑美元、欧元、英镑等主要货币的外汇期货。

整体来看,近些年外汇期货在发达国家和新兴国家都有了飞速发展。

（二）场内外汇衍生品的交易情况

FIA（美国期货业协会）按照标的资产的类型，把场内衍生品划分为权益指数类、利率类、个股类、外汇类、能源类、贵金属类、普通金属类、农产品类和其他。

从成交量的角度来看，根据FIA的统计，2020年，全球场内衍生品成交量467.67亿张，同比增长35.59%，其中外汇衍生品成交量45.2亿张，占场内衍生品成交总量的9.67%，仅次于权益指数类的衍生品和个股类的衍生品。2020年，外汇衍生品成交量较2019年增长14.86%，是2009年的4.57倍，成交量的增长速度非常快。外汇衍生品成交量占比在2009—2011年和2014—2018年呈增长趋势，在2011—2014年和2018—2020年呈下降趋势，但整体来看变化幅度不大，最近10年基本在9%～13%之间，参见图1-40。

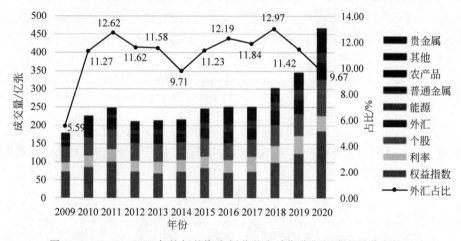

图1-40　2009—2020年按标的资产划分的全球期货期权成交量分布情况

从持仓量的角度来看，2020年全球衍生品持仓量9.87亿张，同比增长9.66%，其中外汇衍生品持仓量3 304万张，占比3.35%。2020年外汇衍生品持仓量较2019年增长35.31%，是2009年的2.89倍，增长速度也非常快。外汇衍生品的持仓量占比2009—2014年总体呈增长趋势，2014—2016年，外汇衍生品持仓量占比快速下降，2016—2020年，外汇衍生品的占比整体变动不大，基本在2%～4%之间，参见图1-41。

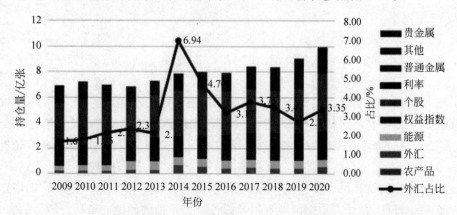

图1-41　2009—2020年按标的资产划分的全球期货期权持仓量分布情况

综合持仓和成交的情况来看,场内外汇衍生品发展非常迅速,但是占衍生品全市场的比例并没有发生较大的变化。

(三) 外汇期货

1. 外汇期货合约

外汇期货的标的物为汇率。不同品种的期货合约面值有所不同,英镑期货合约面值为 62 500 英镑、欧元期货为 125 000 欧元、澳元期货合约为 100 000 澳元,这些期货合约面值都在 10 万美元左右。

按照国际惯例,外汇期货一般用美元标价,也就是合约价格会以一个外币等于多少美元的方式呈现。比如,在芝加哥商业交易所上市 3 月到期的欧元兑美元期货合约价格为 1.211 美元/欧元,若投资者手中持有 1 手欧元期货合约,则欧元期货价格每上升 1 个最小变动点(0.000 05),则投资者可盈利 0.000 05×125 000＝6.25 美元,参见表 1-23。

表 1-23　欧元期货合约基本要素

欧元/美元(Ec)	
合约面值	125 000 欧元
交易时间	周日至周五,美国东部时间 18:00—17:00(芝加哥/美国中部时间 17:00—16:00),每天从美国东部时间 17:00(芝加哥/美国中部时间 16:00)开始有 60 分钟短暂休市时间
最小价格波动	直接交易:0.000 05 美元/欧元(6.25 美元/合约) 连续月价差交易(仅 CME Globex 电子交易):0.000 01 美元/欧元(1.25 美元/合约) 其他价差组合:0.000 05 美元/欧元(6.25 美元/合约)
产品代码	CME Globex 电子交易:6E
上市合约	3 个最近的连续月份合约,以及 20 个季月合约(3 月、6 月、9 月、12 月)
交割日	合约到期月份第三周的周三
最后交易日	交割日前的第二个交易日(通常为周一)上午 9:16(美国中部时间)
交割方式	实物交割
保证金	2 000 美元(为合约面值的 1.6%)

2. 交割程序

外汇期货的交割包含了实物交割与现金交割,但大部分外汇期货合约采用的是实物交割方式,仅有小部分采用现金交割,如芝加哥商业交易所的巴西货币雷亚尔期货合约等。

外汇期货以实物交割为主要交割方式的原因有:首先,外汇期货能够给很多银行和跨国贸易企业提供套期保值的工具,这些参与者往往需要实物交割,而对于投机交易来说,大多是通过对冲平仓来赚取价差收益,不需要等到交割。其次,外汇现货市场遵循场外做市商制度,不同做市商所报的交易价格会有一定差异,若采用现金交割的方式,就必须制定一套详细的结算价计算方法,在全球做市商的报价中选择一个公正的价格作为结算价是有一定难度的,而实物交割则不用考虑报价公正性的问题。最后,外汇现货市场是成交量大、流动性好的全球市场,很难发生某一机构垄断市场的情况,因此在实物交割中"逼仓"的风险较小。

(四)外汇期权

与股指期权在全球各大交易所广泛推出不同,推出外汇期权交易的市场并不多,这主要是因为外汇衍生品更多在场外市场进行交易,而且交易规模远远大于场内交易的外汇衍生品,超过 99% 的外汇衍生品都在场外完成交易,而场内交易的外汇衍生品则以外汇期货为主。据统计,场内外汇期货的交易量是场内外汇期权交易量的 7 倍左右。

根据 WFE 的统计,目前全球实际进行场内外汇期权交易的交易所仅有不到 20 家,而且市场集中度非常高。交易量方面,印度国家证券交易所(NSE)和孟买证券交易所占据前两位,其外汇期权交易量占全球外汇期权交易量的比重分别达到 54% 和 32%,而排名第三的莫斯科交易所(Moscow Exchange)仅占不到 5%。可见印度在外汇期权交易市场的分量。

(五)金砖国家场内外汇衍生品市场

目前,除了中国外,其他金砖国家都已经推出场内交易的外汇期货和期权产品,并且发展迅速,已经形成场内和场外市场协调发展的局面。

1. 金砖国家外汇期货市场增长迅速,逐渐改变了全球场内外汇衍生品市场由芝加哥商品交易所独占鳌头的市场格局

第一,以交易量而言,金砖国家的交易所已经占据全球场内外汇衍生品市场前十名中的半数以上的席位。发展中国家的交易所纷纷推出外汇期货产品,并获得成功,改变了外汇期货市场以芝加哥商品交易所一家独大的局面。印度、俄罗斯、巴西等金砖国家的交易所发展尤其快,逐渐挤入全球外汇期货市场交易量排名的前列。印度多种商品交易所(MCX-SX)和印度国家证券交易所甚至占据该排名榜冠亚军,每天交易 200 万多手合约。

第二,以交易额计算,金砖国家交易所已经占据 1/5 的份额,不过美国芝加哥商品交易所仍然是市场领导者。据 FIA 和各交易所的公开数据,芝加哥商品交易所 2011 年第一季度的交易额是 4.2 万亿美元,而同时期的巴西商品期货交易所(BM&F)、印度国家证券交易所和印度多种商品交易所只有 0.677 万亿、0.173 万亿和 0.12 万亿美元。这样,芝加哥商品交易所还是占据约 78% 的全球外汇期货市场份额。但是金砖国家已经占据 1/5 的份额,改变了全球场内外汇衍生品市场的格局。

2. 巴西、印度、俄罗斯和南非的场内外汇衍生品市场的产品结构特点

一是产品结构以外汇期货合约为主。外汇期货合约占各交易所场内外汇衍生品市场交易额的绝大部分。至于外汇期权,除了印度国家证券交易所、孟买证券交易所外,其他交易所中的外汇期权份额普遍非常小。

印度国家证券交易所的外汇期权交易活跃,约占外汇期货交易量的 40%。而外汇期权的量仓比(即每天交易量与持仓量之比)约 10,远小于外汇期货的量仓比,显示外汇期权相对于外汇期货具有相对更大的持仓量。

二是币种结构以美元相关合约为主。金砖国家交易所的场内外汇衍生品市场中,美元相关合约普遍占 90％以上份额,只有莫斯科银行间货币交易所(MICEX)和南非约翰内斯堡股票交易所(JSE)小于 90％。

场内外汇衍生品市场的币种结构与汇率制度和外汇市场的发达程度相关。俄罗斯的汇率制度以美元和欧元组成的货币篮子为锚,因此欧元合约在莫斯科银行间货币交易所的占比也较高。而南非外汇市场相对于其他金砖国家更加开放,因此其他币种也在南非交易较活跃。

三是最活跃的合约为本币对美元合约。值得注意的是,几乎所有交易活跃的期货产品都是本币对外币期货产品,只有俄罗斯股票交易所(RTS)推出的美元/欧元期货属于外币对外币期货合约。

金砖国家场内外汇衍生品市场中,本币对美元期货合约成交最活跃的原因如下:一是本币对美元的交易动机最强。美元是金砖国家的主要交易结算货币,本国企业所需要规避的风险一般都是本币对美元的风险。二是金砖国家的外币负债或跨境资金也以美元为主,故而本币对美元期货合约也是最活跃的投资产品。

3. 金砖国家都形成了参与全球竞争的金融衍生品交易所

巴西、印度、俄罗斯和南非都积极发展金融衍生品市场。经过一段时期的自由竞争,这些国家发展出一家或几家垄断本国外汇衍生品市场的交易所,并积极开拓国际市场,参与国际竞争。

巴西外汇市场的主导机构是巴西商品期货交易所(BM&F Bovespa)。该交易所由巴西圣保罗股票交易所(Bovespa)和以前的巴西商品期货交易所(BM&F)于 2008 年 5 月合并成立。巴西商品期货交易所在过去的一个世纪中几乎合并或收购了巴西所有的其他交易所,成为巴西证券和期货市场的主导力量。该交易所在商品、证券、外汇和利率等市场有齐全的产品线。2010 年该交易所的市值达 154 亿美元,在全球交易所中仅次于芝加哥商品交易所集团和香港交易所。同年,巴西商品期货交易所与芝加哥商品交易所集团互换股份,两者互相持股各 5％,并结成全球优先战略伙伴(Global Preferred Strategic Partners),在平等互利的原则上寻求与其他交易所的战略投资和商业合作。

俄罗斯市场中,莫斯科银行间货币交易所承担了相似的角色。莫斯科银行间货币交易所由俄罗斯央行和主要银行于 1992 年组建。俄罗斯央行依赖这个市场制定美元/卢布的官方汇率。1995 年之后,该交易所陆续兼并各区域的银行间货币市场交易所,成为全俄罗斯的银行间货币市场。此外,莫斯科银行间货币交易所还与其他商品期货和证券交易所合并,特别是 2012 年与俄罗斯股票交易所(RTS)合并,形成 MICEX-RTS 交易所,并于 2013 年实现公开上市。

南非的约翰内斯堡股票交易所拥有 100 多年的运营历史,已经建立包含股票、商品、利率和汇率类的衍生品,产品体系齐全。2001 年,约翰内斯堡股票交易所与伦敦股票交易所(LSE)实现了一些股票和衍生品合约的交叉上市。

印度的外汇市场还没有形成像巴西、俄罗斯和南非这样具备主导作用的交易所市场,还处于较分散和自由竞争的阶段。印度央行没有成立集中的银行间外汇交易市场,只是对银行间交易系统和清算模式提出很高的要求,各银行可以在符合这些要求后展开自由竞争。而交易所方面,印度共有 20 多家交易所,其中 3 家交易所建立了外汇期货电子交易系统,并申请到印度央行的外汇期货市场牌照。印度外汇期货市场还处于激烈竞争的状态。但印度交易所也展现出其全球化视野,印度多种商品交易所的母公司印度金融技术公司(Financial Tech-nologies)在全球建立或收购了7家交易所,包括新加坡商品交易所(SMX)和迪拜黄金和商品交易所(DGCX)等。

(六) 人民币期货市场

20世纪90年代初期,我国曾就建立外汇期货市场进行了尝试。1992年6月,上海外汇调剂中心推出了外汇期货交易的试点,交易品种包括英镑、马克、日元、瑞士法郎、美元和港币。中国人民银行也曾于1993年6月批准并公布了《外汇期货业务管理试行办法》。然而,在当时人民币汇率双轨制的背景下,外汇期货价格难以反映对汇率变动的预期,加之许多对外汇现货交易的严格附加条件,买卖难以自由及时进行,因而导致需求缺乏、交易冷淡。由于市场需求长期不足,1996年3月,《外汇期货业务管理试行办法》被废止,境内的外汇期货交易就此偃旗息鼓。

2017年10月底,中金所启动了欧元兑美元交叉汇率期货与澳元兑美元交叉汇率期货的仿真交易,参见表1-24。随着人民币汇率形成机制逐步市场化,双向波动成为新常态,境内市场对于人民币期货等衍生品工具的需求与日俱增。相比之下,目前离岸人民币汇率衍生品市场发展迅猛,多家境外交易所纷纷推出离岸人民币汇率期货。

表 1-24　中国金融期货交易所交叉汇率期货仿真交易合约

合约标的	澳元兑美元即期汇率(AUD/USD)	欧元兑美元即期汇率(EUR/USD)
合约面值	10 000澳元	10 000欧元
报价方式	每100澳元的美元价格	每100欧元的美元价格
最小变动价位	0.01美元/100澳元	0.01美元/100欧元
合约月份	最近的3个连续月份及随后3个季月,季月是指3月、6月、9月、12月	最近的3个连续月份及随后3个季月,季月是指3月、6月、9月、12月
交易时间	9:00至11:30;13:00至15:15	9:00至11:30;13:00至15:15
最后交易日交易时间	9:00至11:30;13:00至15:00	9:00至11:30;13:00至15:00
每日价格最大波动限制	上一个交易日结算价的±3%	上一个交易日结算价的±3%
最低交易保证金	合约价值的3%	合约价值的3%
最后交易日	合约到期月份的第三个周三,遇国家法定假日顺延	合约到期月份的第三个周三,遇国家法定假日顺延
交割日期	同最后交易日	同最后交易日
交割方式	现金交割	现金交割
交易代码	AF	EF
上市交易所	中金所	中金所

2018年2月,《境外人民币外汇衍生品市场月度报告》显示,截至2月底,共有10家交易所的人民币期货仍在交易,其中新交所、港交所、台期所3家交易所成交量占全市场的99.86%,成交金额占全市场的99.84%,如图1-42所示。

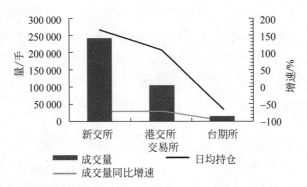

图 1-42   2018 年 2 月三家交易所人民币期货交易情况

1. 香港交易所人民币期货

香港是最重要的人民币离岸中心,也是中国内地以外最大的人民币流动资金集中地,随着人民币国际化进程加快,对冲货币风险的需求也相应增加,香港交易所(HKEx)在 2012 年 9 月 17 日推出了人民币期货交易,这是全球首只人民币可交收货币期货合约。

目前港交所人民币货币期货、期权有 6 个品种,即美元兑人民币(香港)期货(表 1-25)、美元兑人民币(香港)期权、欧元兑人民币(香港)期货、日元兑人民币(香港)期货、澳元兑人民币(香港)期货和人民币(香港)兑美元期货。

表 1-25   港交所美元兑人民币(香港)期货合约概要

项　目	合约细则	项　目	合约细则
合约	美元兑人民币(香港)期货	最后结算日	合约月份第三个星期三
交易代码	CUS	最后交易日	最后结算日之前两个营业日
合约月份	即月、之后 3 个历月及之后的 5 个季月	最后结算价	香港财资市场公会在最后交易日 11:30 左右公布的美元兑人民币(香港)即期汇率
报价单位	每美元兑人民币	合约金额	100 000 美元
大手交易最低交易量	50 张合约	最低波幅	0.000 1 元人民币
交易时间	8:30 至 16:30(不设午休)及 17:15 至次日凌晨 1:00(T＋1 时段),到期合约月份在最后交易日收市时间为 11:00	结算方式	由卖方缴付合约指定的美元金额,而买方则缴付以最后结算价计算的人民币金额

根据 2017 年《香港交易所市场资料》公布的数据,2017 年港交所离岸人民币汇率期货中,美元兑人民币(香港)期货成交量最大,占 5 个期货品种总成交量的 98.05%;人民币(香港)兑美元期货占 5 个期货品种总成交量的 1.60%。就美元兑人民币(香港)期货自身的成交情况看,近两年成交量上涨较快。

2. 台期所人民币期货

2015 年 7 月 20 日,台期所挂牌两档人民币汇率期货商品,分别为合约规模 2 万美元的小型美元兑人民币汇率期货及合约规模 10 万美元的美元兑人民币汇率期货,参见表 1-26。

表 1-26　台期所人民币汇率期货结算规则

项　　目	内　　容	
合约	小型美元兑人民币期货	美元兑人民币期货
每日结算价	每日结算价原则上采当日一般交易时段收盘前 1 分钟所有交易之成交量加权平均价,若无成交价,则依《小型美元兑人民币汇率期货契约交易规则》定	每日结算价原则上采当日一般交易时段收盘前 1 分钟所有交易之成交量加权平均价,若无成交价,则依《美元兑人民币汇率期货契约交易规则》定
报价方式	每 1 美元兑人民币	同左
最小升降单位	人民币 0.000 1 元/美元(人民币 2 元)	人民币 0.000 1 元/美元(人民币 10 元)
最后交易日	该合约交割月份第三个星期三	同左
最后结算日	同最后交易日	同左
最后结算价	财团法人台北外汇市场发展基金会在最后交易日上午 11:15 公布台湾离岸人民币定盘汇率	香港财资市场公会在最后交易日上午 11:30 公布之美元兑人民币(香港)即期汇率
交割方式	现金交割,交易人于最后结算日依最后结算价之差额,以净额进行人民币现金之交付或收受	同左

台期所公布的各商品年成交量统计表显示,2017 年,小型美元兑人民币汇率期货比美元兑人民币汇率期货的成交量大,小型美元兑人民币汇率期货占二者成交量之和的 79.87%。但就小型美元兑人民币汇率期货自身而言,自 2015 年上市之后,近几年成交量逐年递减。

3. 新交所人民币期货

新加坡是亚洲最大的外汇交易市场,也是中国之外最大的离岸人民币结算中心。新加坡证券交易所(SGX)在 2014 年 10 月 20 日推出离岸美元兑人民币、人民币兑美元外汇期货合约交易。合约规模分别为 10 万美元(离岸美元兑人民币)和 50 万人民币(人民币兑美元期货合约)。这两种期货合约均未设每日价格限制,交易时间为新加坡时间的上午 7:40 至下午 6:00,以及下午 6:45 至次日凌晨 2:00,其议定大宗交易的规模为最少 20 手。

目前新交所外汇期货中有关人民币汇率的期货有人民币兑新元外汇期货、人民币兑美元外汇期货、欧元兑离岸人民币外汇期货、新元兑离岸人民币外汇期货、美元兑离岸人民币外汇期货。

第四节　场外金融衍生品市场

一、场外金融衍生品市场主体

场外衍生品市场的参与者主要包括交易商（dealer）、交易商间经纪商（inter-dealer broker，IDB，下称经纪商）、终端用户（end user）和报价机构（price reporting agencies，PRAs）。

（一）交易商与经纪商

从境外金融衍生品市场的发展看，场内市场的核心是交易所，而场外市场的核心则是中介机构。从承担的功能来看，场外市场的中介机构主要可分为交易商和经纪商两大类。

交易商在境外主要是指商业银行、投资银行及其他规模较大的衍生品中介机构，主要承担场外衍生产品做市商的功能，作为交易对手方为市场提供流动性，并针对客户需求设计个性化产品。它们通常涉及多类场外衍生产品，既参与机构间市场，也参与柜台市场，其客户主要是具有对冲风险和多元化投资需求的金融机构和实体企业。

经纪商在交易商的场外交易中充当中介撮合角色，促进交易商之间或交易商与终端用户之间达成交易。经纪商之所以能够存在，主要是由于许多交易商或终端用户希望在不透露身份的情况下进行大规模买卖。经纪商是中立的价格信息传递者，保证了合约双方之间的保密性，增强资金流动性，为市场参与者带来更好的价格。

通常，经纪商并不直接参与交易，不担任对手方，因此并不像交易商一样承担风险，而仅提供包括电话、电子平台、邮件等多种形式的"交易平台"。目前，主要的经纪商包括：英国的德利万邦（Tullett Prebon）和毅联汇业（ICAP），美国的 GFI Group 和 BGC Partners，瑞士的 Tradition 等。

（二）金融机构和实体企业

衍生品在经济活动中发挥着至关重要的作用，它使发行者和投资者能够对冲各种风险（如利率、货币、信用和通胀风险），管理其资产和负债，保护投资组合免受市场波动的影响，减少资产负债表的波动和影响，并增加现金流的确定性。所有这些活动都有重要的经济效益和社会效益。

场外衍生品的终端用户主要是金融机构、实体企业以及高净值客户等。金融机构主要包括商业银行、对冲基金、养老基金、保险公司、中央银行等，其参与场外市场的主要目的是对冲利率、汇率、信用等风险、多元化投资组合以及全球运营的需要。BIS（国际清算银行）统计数据显示，场外金融衍生品交易主要发生在金融机构之间，交易份额达到90%。从近几年趋势看，场外金融衍生品的交易越来越集中到少数规模大、信誉好的金融机构之间，市场集中度明显提高。

实体企业也是场外衍生品市场的重要参与者，它们运用场外衍生工具对冲利率、汇率风险。企业之所以参与场外衍生品市场，主要是因为它们能够获得更加个性化的服务，能够更恰当地管理其资产的结构和数量。

国际掉期和衍生品协会在 2009 年对世界 500 强企业的调查结果显示,94% 的企业使用了衍生品,其中,外汇衍生品和利率衍生品是使用比例最高的两类衍生品,金融和原材料行业成为衍生品应用比例最高的两大行业。参与调查的企业中,中国企业使用衍生品的比例最低,为 62%。2012 年亚洲地区场外衍生品市场的参与者中,交易商、金融机构和非金融机构客户占比分别为 57%、34% 和 9%。从亚洲地区排名前 25 企业使用情况看,外汇(39%)是被利用的最主要工具。表 1-27 列举了一些衍生工具使用者的情况。

表 1-27　衍生工具使用者的情况

使用者	标的风险	衍生品类别
大宗商品制造商	大宗商品价格	大宗商品衍生品
跨国公司	发行和投资外债的成本	交叉货币掉期/外汇远期
寿险公司	资产负债管理	利率互换或掉期期权
公司司库	发债前融资成本	远期利率协议
建筑公司	原材料成本	大宗商品衍生品
出口商	外汇波动	交叉货币掉期/外汇远期
银行或贷款组合管理人	债券信用风险或贷款风险	信用违约互换
股票投资者	股票价格	股票衍生品
政府	新债券的利率风险	利率互换

（三）报价机构

场外衍生品报价机构是指为场外市场参与者提供相关报价、信息和数据的机构。报价机构为场外市场参与者提供基准报价,使得交易更加透明的同时,确保了交易的有效性。交易商、终端用户可以通过它们建立灵活的、可操作的订单,其客户端也可以确认标准订单。

报价机构还可以为交易商与客户提供电子交易平台,使得机构投资者可以查到交易商、终端用户之间,或交易商、终端用户和经纪商之间的多个出价和报价。虽然 2008 年金融危机后并没有直接将报价机构纳入场外衍生品监管范畴,但由于非清算产品信息强制报送、标准场外衍生品集中清算等增强场外衍生品透明度的监管制度实施,报价机构的运作无疑会受到一定影响。

二、场外金融衍生品市场现状

20 世纪 90 年代以来,场外衍生品市场取得了长足发展,尽管受到 2008 年金融危机的冲击,但是场外衍生品市场规模并没有大幅下滑,仍然保持了良好的发展势头。

（一）全球衍生品市场规模

1. 名义本金

国际清算银行场外衍生品统计数据反映了截至每年 6 月底和 12 月底银行和其他主

要衍生品交易商名义本金金额。

根据国际清算银行的数据,截至 2020 年 6 月,场外衍生品名义本金为 606.8 万亿美元,而截至 2009 年 6 月底该数字为 594.5 万亿美元。2011 年 6 月底达到 706.9 万亿美元的峰值。

名义本金从 2011 年的峰值下降的部分原因是投资组合减少。截至 2020 年 6 月底,利率类用品(IRD)占名义本金的 81.6%,而外汇衍生工具则占名义本金的 15.5%,信用和股票权益衍生品分别占 1.5% 和 1.1%。

相比之下,截至 2020 年 6 月末,交易所交易(ETD)的未平仓头寸额为 85.3 万亿美元,而截至 2009 年 6 月底该数字为 58 万亿美元。其中,期权占 ETD 未平仓头寸金额的 63.1%,剩余部分则为期货。

与交易所市场类似,OTC 金融衍生品市场份额也主要分布在欧美国家。英国一直保持着 OTC 市场的领先地位,而且市场份额不断上升。除此之外,美国、德国、法国、日本等国家的 OTC 金融衍生品市场交易也较为活跃。伦敦是 OTC 金融衍生品市场最重要的中心,纽约日均交易额位居第二。

2. 总市值

名义本金总额并非衡量风险的准确方式。对手方通常不以名义本金(交叉货币互换除外)进行交易,名义金额只用于计算衍生工具的合同付款。

总市值是指所有未到期的衍生合约的绝对值总和,其中包括市场价格评估为正值或负值的情况,这将提供有关衍生品交易中潜在市场风险和相关金融风险信息。

截至 2020 年 6 月底,场外衍生品总市值达 15.5 万亿美元,占名义本金的 2.6%。相比之下,场外衍生产品的总市值在 2009 年 6 月为 25.1 万亿美元。

3. 风险敞口总额

场外衍生品的风险敞口总额,是指金融衍生品违约不能清算时给交易者带来损失的大小,它大约等于总市场价值减去可以相互抵消的部分的余额。2020 年上半年,场外衍生工具的信用风险敞口总额为 3.2 万亿美元,占名义本金额的 0.5%。

由于净额结算,2020 年上半年,市场参与者减少了 79.3% 的盯市风险敞口。

(二)美国 IRD 和信用衍生品名义本金交易

美国 IRD 名义本金交易从 2015 年上半年的 73.8 万亿美元大幅增长至 2020 年上半年的 143.9 万亿美元,合约规模同期从 56.22 万美元增长至 89.3 万美元。

2020 年上半年,单一货币的固定利率对浮动利率掉期(IRS)占 IRD 名义本金交易总量的 24.5%。远期利率协议(FRA)和隔夜指数掉期(OIS)分别占 37.4% 和 27.8%。

信用衍生品名义本金交易额从 2015 年上半年的 3.6 万亿美元增长到 2020 年上半年的 6.1 万亿美元。合约规模同期由 10.65 万美元增加到 16.90 万美元。

2020 年上半年,北美高收益 CDX 指数(CDX HY)和北美投资级 CDX 指数(CDX IG)分别占信用衍生品的名义本金交易的 17.0% 和 41.3%,而 iTraxx 欧洲则占 17.3%。

（三）中国场外衍生品名义本金交易

经过十几年的发展,我国的场外衍生品市场已经颇具规模。由于银行间市场业务起步较早,相关的制度和基础设施也更加完备,目前银行间市场的场外衍生品业务规模最大,商业银行是该市场最活跃的参与机构。2019 年,全年银行间场外衍生品共成交约138.4 万亿元,其中外汇衍生品占比最高,全年累计交易约 119.8 万亿元。证券期货场外衍生品市场虽然起步晚于银行间场外衍生品市场,但由于其主要参与机构证券公司和期货风险管理公司等普遍具有更强的灵活性和专业能力,近年来业务规模和产品序列持续增加,未来发展前景广阔。2019 年,证券期货市场开展的场外衍生品业务涉及名义本金30 081.32 亿元。其中证券公司柜台市场的场外衍生品业务规模最大,全年新增交易约18 138.49 亿元。

三、场外金融衍生品市场清算模式

随着市场的发展,场外衍生品交易的清算模式不断发生变化。目前,清算模式主要有三种:非标准化双边清算、标准化双边清算和中央对手方(central counterparty,CCPs)清算。

1. 非标准化双边清算模式

场外衍生品市场发展的优势在于,可以根据投资者不同需求设计不同的产品,满足投资者个性化的风险管理、投资理财等需求。早期场外衍生品交易是在交易双方之间或第三方信用机构协助下完成的,往往采用非标准化的双边清算,交易双方仅凭各自的信用或者第三方信用作为履约的担保,但是这一方式面临着巨大的信用风险,特别是进行多笔交易时则承担多个对手的信用风险。

2. 标准化双边清算模式

20 世纪 80 年代以来,场外衍生品市场开始快速发展。随着市场参与者的不断增多,违约的连锁风险不断加大,整个市场的系统性风险开始累积。在此背景下,ISDA 在 1987年发布了主协议,对场外衍生产品合约进行了标准化处理,在定制的基础上引入标准化元素,方便交易双方净额结算,降低交易成本,提高市场效率。

20 世纪 90 年代,新英格兰银行等多家金融企业相继破产和倒闭,引起市场信用风险集中爆发。此次危机之后,ISDA 主协议开始真正意义上普及开来,推动了以交易商为核心的标准化双边清算模式,参见图 1-43。交易商一般为大型商业银行或投资银行,以自身良好信用担保,为投资者提供适当报价,清算模式也相应变为标准化的双边清算模式。

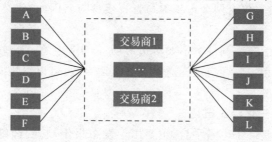

图 1-43　标准化双边清算模式

3. 中央对手方清算模式

以交易商为核心的标准化双边清算模式并没有消除交易者之间的信用风险,而是将信用风险集中在交易商身上。交易商一般是资金实力雄厚、规模大、信誉好的机构,违约风险较低,但是如果交易商本身违约,则会给市场带来毁灭性的冲击。2001年的安然破产事件就为整个场外衍生品市场敲响了警钟。

安然事件后,中央对手清算机制开始引入场外衍生品市场,随后包括纽约商业交易所(NYMEX)、洲际交易所、新加坡交易所等都研究开发了场外衍生产品结算平台。2008年金融危机以后,越来越多的监管部门要求场外标准化合约进入清算所进行中央清算,中央对手方清算模式如图1-44所示。

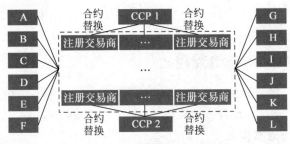

图 1-44　中央对手方清算模式

但由于大量客户需求和场外衍生产品是非标准化的,集中清算的场外衍生产品规模还相对较小。从亚洲地区的情况看,由中央对手方清算的场外衍生品交易额仅为全部衍生品交易额的3%。

四、场外金融衍生品交易场所/平台

(一)场外金融衍生品交易场所/平台类型

虽然场外衍生品市场是一个分散化、没有固定交易场所的市场,且不同产品的交易方式也存在很大差异,但从交易方式看,大体可分为传统交易商市场、电子化经纪市场和自营交易平台市场。

1. 双边协商:传统交易商市场

传统的场外衍生品市场通常由一个或多个交易商组成,这些交易商相当于做市商,为市场参与者提供买卖报价。无论是交易商之间,还是交易商与终端用户之间,都主要通过电话完成交易,整个过程仅有两个市场参与者直接参与。因此,此类市场被称为双边交易市场。

双边交易市场虽然在便利性上不如多边市场,但实际上整个市场的运作是高效的,交易商之间以及交易商和主要客户之间通常会有电话专线,可以很快向多家交易商询价,以便了解整个市场的情况。

2. 多边报价:电子化经纪市场

电子化经纪市场是一个电子平台,主要用于发布报价,起到经纪作用,不具有交易功能。这类平台主要由经纪商运作,他们本身不进行交易,不持有任何头寸,构成了类似于交易所的多边交易环境。经纪商把客户需求递交至电子经纪平台,进行公开竞价交易,经纪商从中赚取手续费。

3. 混合模式:自营交易平台市场

自营交易平台市场是传统交易商市场和电子化经纪市场的结合体。交易商既是经纪商又是做市商,在平台上提供报价服务,其他参与者可以看到报价,并选择执行这些报价。该市场是单向的,只有交易商的报价可以被看到,所有参与者只能与交易商交易。

(二)中国场外衍生品交易平台

1. 中国外汇交易中心暨全国银行间同业拆借中心——利率和外汇衍生品

中国外汇交易中心暨全国银行间同业拆借中心(以下简称"外汇交易中心")是由成立于 1994 年的外汇交易中心和成立于 1996 年的全国银行间同业拆借中心合并而成,是中国人民银行总行直属事业单位,负责为银行间外汇市场、货币市场、债券市场和衍生品市场提供交易系统并组织交易,同时还履行市场监测职能。从系统和业务管理角度,交易中心分为本币市场和外币市场。本币市场中涉及场外衍生品的主要有利率衍生品,外汇市场中涉及场外衍生品的主要有外汇衍生品。中国外汇交易中心产品和业务结构如图 1-45 所示。

拓展阅读 1-8 中国场外衍生品市场的演进和格局

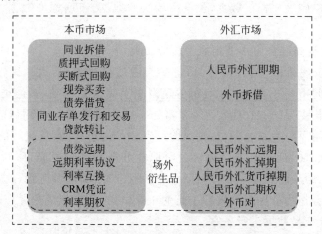

图 1-45 中国外汇交易中心产品和业务结构

外汇交易中心负责制定本币市场和外汇市场的准入规则与业务规范,同时为本外币市场的场外衍生品业务提供交易组织和系统支持,两个市场依托不同的技术系统并行运作。银行间市场参与者首先在外汇交易中心的本币或外币系统上达成交易并完成交易确认环节,之后上海清算所的清算系统将实时或批量接收来自外汇交易中心的交易数据,根据具体业务种类的不同,已达成的交易由交易双方进行双边清算或在上海清算所进行集中清算。外汇交易中心场外衍生品业务流程如图 1-46 所示。

自 2006 年起,为了提高市场流动性,中国人民银行允许货币经纪公司进入银行间市场从事经纪业务,货币经纪公司在银行间市场从事的业务范围包括接受金融机构投资者

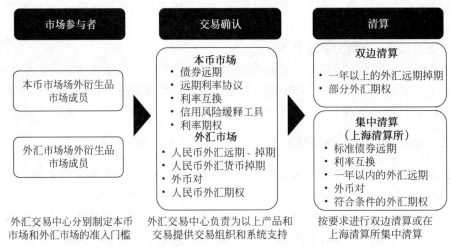

图 1-46　外汇交易中心场外衍生品业务流程

的委托,为现券买卖、债券回购、票据转贴现、票据回购、债券远期交易、人民币利率互换交易、同业拆借等提供经纪服务。为了进一步服务银行间市场参与者,外汇交易中心同时还提供市场数据服务,具体业务模式是由交易中心向授权的信息商提供数据,信息商再通过其信息终端或接口向客户提供数据,包括市场快照数据、市场深度数据、基准数据以及经纪数据等。

2. 银行间交易商协会——信用风险缓释工具

银行间市场交易商协会是银行间市场参与者的自律组织,由人民银行在 2007 年批准成立。在银行间市场开展的信用类衍生品由交易商协会主导,其他类型的场外衍生品交易则由其他机构主导。2010 年,为了丰富银行间市场参与者信用风险管理手段,交易商协会推出了信用风险缓释合约、信用风险缓释凭证两项产品,首次将信用风险管理工具引入中国市场。2016 年 9 月,交易商协会对原业务规则进行了修订,新增了信用违约互换、信用联结票据两项新产品,同时还简化了凭证类产品的创设流程,放宽市场准入门槛。银行间交易商协会作为信用风险缓释工具的主导机构,负责制定业务规则,对参与者进行管理,并且对业务交易数据进行备案。

开展信用风险缓释工具业务的市场参与者必须首先成为银行间交易商协会的会员,并向银行间交易商协会备案成为核心交易商或一般交易商。信用风险缓释工具可通过人民银行认可机构的交易系统达成,也可通过电话、传真以及经纪撮合等其他方式达成,目前市场上主要是在线下达成交易。核心交易商应于交易达成后的次一工作日 12:00 前,将信用风险缓释工具交易情况送交易商协会备案。同时,人民银行认可的交易、清算、结算机构应于每个工作日结束后将当日的信用风险缓释工具业务运行情况送交易商协会。信用风险缓释工具业务流程如图 1-47 所示。

3. 商业银行柜台——利率类、外汇类

商业银行柜台场外衍生品业务通常是指银行与客户或同业机构在银行柜台进行的场外衍生品交易。商业银行在柜台开展场外衍生品业务的交易对手主要包括企业客户与同

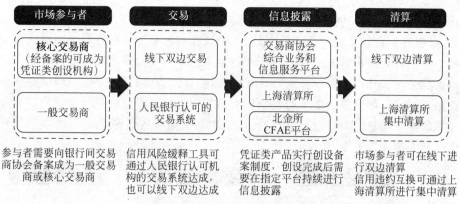

图 1-47　信用风险缓释工具业务流程

业客户。与企业客户开展交易前,银行需要对企业客户进行尽职调查并评估该企业客户的风险承受能力。根据业务种类的不同,银行还需要与符合交易条件的客户签订相关的协议。交易完成后,企业客户与银行直接进行清算和结算。商业银行与同业客户开展的场外衍生品交易分为在外汇交易中心系统上开展的交易和在柜台开展的交易两大类,对于已经在外汇交易中心上市的品种,银行与同业客户通过外汇交易中心系统进行交易,其余交易品种则在柜台开展,与同业客户在柜台开展的交易在线下进行双边清算。目前商业银行暂不涉及与个人客户直接开展的场外衍生品交易,个人客户通过参与结构性存款或理财的方式间接参与场外衍生品交易。商业银行柜台场外衍生品市场如图 1-48 所示。

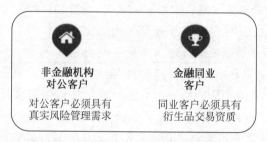

图 1-48　商业银行柜台场外衍生品市场

4. 证券公司柜台市场和报价系统——场外期权和收益互换

证券公司柜台市场的场外衍生品业务始于 2012 年,证券业协会于该年 12 月发布了《证券公司柜台交易业务规范》,明确证券公司柜台交易产品包括金融衍生产品,由证券业协会实施自律管理。2013 年 3 月,证券业协会又相继发布《证券公司金融衍生品柜台交易业务规范》《证券公司金融衍生品和柜台交易风险管理指引》等文件,规定证券公司拟开展衍生品交易业务的,应当通过证券业协会组织的专业评价,证券公司交易对手方应限于机构,同时明确了衍生品交易风险管理的基本原则和内容。2015 年,证券业协会发布了《场外证券业务备案管理办法》,从制度上明确了场外金融衍生品业务实施事后备案的自律管理安排。2018 年 5 月,证券业协会发布了《关于进一步加强证券公司场外期权业务自律管理的通知》,强化场外期权业务自律管理,将场外期权原有的业务试点资质改为交易商资质,未能成为交易商的证券公司将不得与客户开展场外期权业务。

证券公司在开展场外衍生品业务前需要与交易对手签署《SAC主协议》，主协议签署完成后，可以在柜台和交易对手达成交易，也可以在报价系统的场外衍生品交易系统上开展交易。在柜台和报价系统上开展的场外衍生品交易主要在线下进行双边清算。证券业协会是证券公司场外衍生品业务的自律管理机构，证券业协会发布的《场外证券业务备案管理办法》中规定，所有符合要求的备案机构均需向场外证券业务报告系统报送开展场外证券业务的相关信息，由中证报价进行场外衍生品交易报告管理工作。证券公司开展场外衍生品业务流程如图1-49所示。

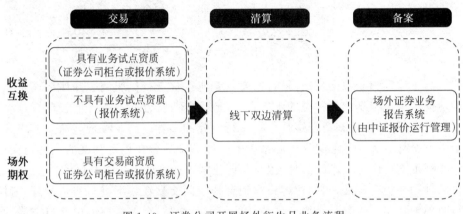

图1-49　证券公司开展场外衍生品业务流程

5. 期货公司风险管理公司柜台市场——远期、互换和期权

2012年12月，为适应期货市场服务实体经济发展的需要，中国期货业协会发布了《期货公司设立子公司开展以风险管理服务为主的业务试点工作指引》，指导期货公司以设立子公司的形式开展以仓单服务、合作套保、定价服务、基差交易等风险管理服务为主的业务试点工作，标志着由中国期货业协会主导的场外衍生品市场正式启动。随后几年里，中国期货业协会对期货公司风险管理子公司的业务试点指引进行了多次修订，于2019年2月发布了《期货公司风险管理公司业务试点指引》，对期货公司风险管理公司开展场外衍生品业务作出更加明确的规定。

由中国期货业协会主导的场外衍生品业务主要在期货风险管理公司柜台开展，中国期货业协会负责对开展业务的期货公司风险管理公司实施自律管理。交易双方在线下达成交易后，采用双边清算，同时要将交易数据向中国期货市场监控中心进行报送。中国期货市场监控中心场外报告库正式上线于2018年12月，此前规定的期货风险管理公司场外衍生品交易数据向中国期货业协会报送修改为向中国期货市场监控中心场外衍生品报送系统进行报送。目前期货市场监控中心场外报告库包括场外衍生品交易数据子系统和财务数据子系统，相应地分别采集期货风险管理公司场外衍生品业务的交易数据与财务数据。期货风险管理公司开展场外衍生品业务流程如图1-50所示。

6. 沪深交易所——信用保护工具

为落实证监会发布的《交易所市场民营企业债券融资支持工具实施方案》，健全债券市场信用风险分担机制，促进公司债发行、服务实体经济，2019年1月，上海证券交易所、

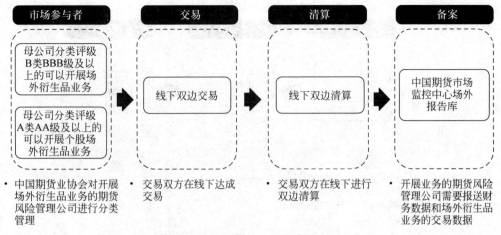

图 1-50 期货风险管理公司开展场外衍生品业务流程

深圳证券交易所联合中国证券登记结算有限责任公司分别制定了《上海证券交易所中国证券登记结算有限责任公司信用保护工具业务管理试点办法》和《深圳证券交易所中国证券登记结算有限责任公司信用保护工具业务管理试点办法》。信用保护工具分为信用保护合约和信用保护凭证两大类，该产品的推出使证监会管辖范围内的衍生工具更加丰富，信用风险被有效管理。为配合信用保护工具的推出，2018 年 12 月，中国证券业协会会同中国期货业协会、中国证券投资基金业协会、上海证券交易所、深圳证券交易所在《中国证券期货市场场外衍生品交易主协议（2014 年版）》基础上，制定了《中国证券期货市场衍生品交易主协议（信用保护合约专用版）》，适用于信用保护合约交易。

上海证券交易所和深圳证券交易所分别对在各自市场开展信用保护工具业务的市场参与者进行自律管理，为信用保护工具提供成交确认平台服务、发布相关行情信息并进行集中监测。中国结算根据交易系统发送的数据为信用保护工具提供登记结算服务。对于信用保护凭证，创设机构完成凭证创设以后，由中国结算办理凭证登记，凭证的登记使用投资者证券账户。中国结算根据交易系统发送的成交数据为采用实物结算的合约或凭证以及采用现金结算的凭证提供逐笔全额结算，采用现金结算的合约，交易双方可以通过中国结算或者自行商议的其他方式进行结算。业务流程参见图 1-51、图 1-52。

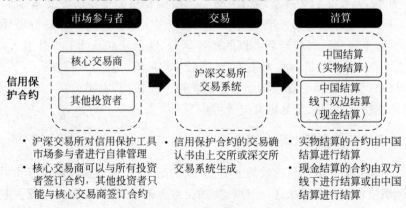

图 1-51 沪深交易所信用保护合约业务流程

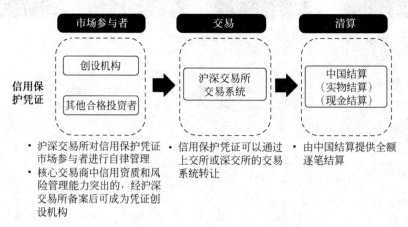

图 1-52　沪深交易所信用保护凭证业务流程

五、场外金融衍生品市场标准化法律文本

（一）ISDA 协议

场外衍生品交易由于其高度个性化和灵活的特征，交易风险的管理成本明显高于场内的衍生品交易。因此从 20 世纪 80 年代开始，一些国际性行业组织为了降低场外衍生品交易的缔约成本和交易风险，提升场外衍生品的交易效率，开始了标准化场外金融衍生交易合约的努力。20 世纪 80 年代初利率互换交易兴起以后，为解决交易过程中各方对互换的定义、条件、内容等分歧而由互换市场上最具影响力的 10 家衍生品交易商共同成立的国际互换交易商协会（International Swaps Dealers Association，后更名为 International Swaps and Derivatives Association），开始致力于为交易各方提供统一的交易标准与秩序。

经过 ISDA 的努力和推动，推出了场外衍生品标准化交易合同文本，随后该套标准化的交易合同历经修订，先后形成了 1987 年版、1992 年版和 2002 年版三种版本的主协议及相关交易法律文本。截至 2022 年 2 月，ISDA 共吸纳了来自 77 个国家和地区的超过 970 名会员机构，其发布的场外金融衍生交易主协议及相关交易法律文本也因此得到了普遍使用。ISDA 主协议为场外衍生品市场发展带来了诸多好处。一是将场外衍生产品合约标准化，减少谈判时间和起草协议的法律风险，降低法律成本；二是引入净额结算，降低交易成本；三是增加抵押物相关措施，降低违约风险，提高市场效率。

目前，ISDA 协议在境外场外衍生品市场上被广泛使用，主要包括主协议、附件、交易确认书、信用支持文件以及交易定义文件等内容。

（二）中国场外衍生品市场主协议

国内最早具有场外衍生品性质的业务是 20 世纪 90 年代中期商业银行和国有企业之间开展的远期结售汇业务。在这一时期，我国金融改革不久，国内商业银行普遍缺乏参与衍生品交易的专业人才，而外资银行由于其丰富的业务经验和较强的专业能力成为早期国内场外衍生品市场的重要参与者。其时我国尚未建立完备的场外衍生品业务制度,而参与业务较多的外资银行通常需要满足其海外母公司的合规要求,因此业务开展初期大多采用了由国际掉期和衍生品协会(ISDA)发布的场外衍生品主协议作为交易的协议基础。

20 世纪末,外汇交易中心和银行间同业拆借中心等交易平台相继成立,由人民银行主导的银行间场外衍生品市场开始逐步发展。为了规范国内的场外衍生品交易,外汇交易中心和银行间交易商协会在 2007 年分别发布了适用于人民币外汇衍生品和金融衍生品的场外衍生品交易主协议,并在 2009 年推出了统一的《中国银行间市场金融衍生产品交易主协议(2009 年版)》(NAFMII 主协议)。在人民银行的推动和指导下,银行间场外衍生品市场逐步形成了以平台交易为主、柜台交易为辅,NAFMII 主协议为交易框架文本的市场格局。

进入 21 世纪,证券期货市场场外衍生品业务也进入加速发展阶段。证券业协会以及期货业协会先后推出了证券公司和期货风险管理公司开展场外衍生品业务的相关制度和规范,2013 年,中国证券业协会首次发布了《中国证券市场金融衍生品交易主协议(2013 年版)》,即根据证监会监管框架制定的"SAC 主协议"。该主协议随后几经修订,最终形成了《中国证券期货市场衍生品交易主协议(2018 年版)》。自证券期货市场场外衍生品业务发展以来,依托于证券公司和期货风险管理公司较强的专业能力和灵活性,业务规模不断扩大,参与机构不断增加,已取得了一定的市场规模和影响力。

至此,中国境内的场外衍生品市场形成了由人民银行主导的以 NAFMII 主协议为交易基础的银行间市场、由证监会主导的以 SAC 主协议为交易基础的证券期货市场,以及由外资机构主导的以 ISDA 主协议为交易基础的柜台市场三大市场体系。三大市场各有特色、相互促进,共同构成了今日我国三足鼎立的场外衍生品市场格局,如图 1-53 所示。

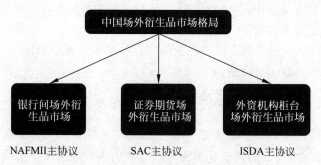

图 1-53　中国场外衍生品市场格局

六、场外金融衍生品市场监管趋势

从 20 世纪 80 年代到金融危机发生前,出于对金融市场创新以及场外衍生品市场平稳发展的考虑,各国对场外衍生品市场的监管都比较宽松,主要依靠金融机构内部风控体系进行自我监督管理。金融危机爆发后,为了促使场外衍生品市场更加规范地发展,防止由过度创新带来的系统性风险,对市场进行有效监管已经成为各国政府和国际组织的共识。

（一）防范系统性风险，推动标准场外产品"场内化"

为加强对场外衍生品市场系统性风险的防范，各国监管机构积极推动标准的场外衍生产品"场内化"，主要措施包括两个方面。

一是推动场外衍生品进入场内统一清算。欧美监管当局目前都鼓励场外衍生品进行集中清算，特别是要求标准化的场外衍生产品通过受监管的中央对手方进行统一清算。

二是推动标准化的场外衍生品进入场内交易。《多德-弗兰克法案》要求所有必须被清算的互换和基于证券的互换都必须在受监管的交易所、交易系统或者交易平台等互换执行机构（swap execution facilities，SEF）交易。欧洲《金融工具市场指引Ⅱ》（*Markets in Financial Instrument Directive* Ⅱ）也提出，具有足够流动性并且可以清算的产品，要求在合格的交易平台上交易。

（二）强制报送数据，提升场外市场透明度

2008 年金融危机后，增强衍生品市场透明度成为衍生品市场立法和监管制度完善的重要目标，其目的就是让掌握在华尔街少数衍生品交易商手中的信息被广大公众知晓。

《多德-弗兰克法案》要求所有未经中央交易所清算的合约向受监管的记录机构——"交易数据储存库"报告，建立总持仓量和交易量数据库，并开放给公众，单个交易者的交易和头寸情况以保密的方式向 CFTC 和 SEC 以及该机构的上一级监管者报告。同时，CFTC 或 SEC 必须制定互换执行机构的信息披露要求，将有关价格、交易量和其他互换交易数据及时公开披露，以有利于市场的价格发现。

《欧洲市场基础设施监管条例》（*European Market Infrastructure Regulation*，EMIR）则要求所有交易对手（包括非金融交易对手）和中央对手方必须不迟于一个工作日上报场外衍生品交易数据给注册或认可的交易数据库。交易数据库的职能主要是运营、记录和数据管理，交易数据库需要在欧洲证券与市场管理局（European Securities and Markets Authority，ESMA）注册。

（三）加强投资者保护，确保将合适的产品卖给合适的投资者

随着金融工程技术的不断发展与应用，金融衍生品变得越来越复杂，投资者对金融工具的认识越来越困难。因此，进一步加强对投资者的保护也是场外衍生品监管的重要组成部分。

《多德-弗兰克法案》强化了对投资者保护的措施，通过限制场外衍生品市场交易对手类型来保护不成熟的市场投资者，防止其购买与自身风险承受能力不匹配的高风险衍生品合约；明确赋予 CFTC 和 SEC 对场外衍生品市场中的欺诈、操纵及其他不公平竞争行为拥有独立的监督处置权；对操纵或明显影响市场价格的场外衍生品交易合约，CFTC 有权设置相应的敞口限制条款；监管机构有权要求各交易所、交易数据储存库及其他市场参与主体提供场外衍生品市场交易活动的详尽数据及相关信息，便于及时发现和处置市场不公平竞争行为。

同时,欧盟的《金融工具市场指引》(*Markets in Financial Instrument Directive*)则明确要求被监管公司将客户分为合格交易对手、专业客户和零售客户三类,并针对不同的客户推销合适的产品。

(四) 加强市场参与者监管,规范场外衍生品市场发展

为进一步规范场外衍生品市场发展,各国监管机构都进一步加强对场外衍生品市场的交易商及主要参与者的监管,包括更为严格的资本金、保证金要求,并执行严格的商业行为准则。

《多德-弗兰克法案》要求对所有场外衍生品市场交易商以及其他能够对其对手方形成大的风险头寸的机构实行稳健和审慎的监管,内容包括资本金要求、业务操守准则、交易报告制度以及与对手方信用风险相关的初始保证金要求;对于所有银行和银行控股公司不通过中央清算进行的场外衍生产品交易,应提高资本金要求。CFTC要求场外衍生品市场的交易商及主要参与者到美国国家期货业协会(NFA)注册并接受管理。

本章小结

(1) 金融衍生工具是金融创新的产物,其内涵和外延随金融创新而不断丰富、扩展,可以认为金融衍生工具是金融现货的派生物,是以另一种或另一些金融工具为买卖对象,其价格也决定于这些金融工具,具有杠杆性、未来性、虚拟性的金融合约或支付互换协议。金融衍生工具可以按基础金融产品、交易场所、结构复杂程度、交易方法和特点等多种方式进行分类,通常分为金融远期、金融期货、金融期权、金融互换四种重要类型。其他名目繁多的金融衍生品均是由这四个基本类综合或混合而生成。

(2) 金融衍生工具对金融、经济发展具有重要作用。从微观角度来看,金融衍生工具具有规避风险、价格发现、增加盈利以及降低交易主体成本的功能。其中,规避风险与价格发现是其最基本、最重要的功能。从宏观角度看,金融衍生工具能够实现金融资源、风险资源的有效配置;可以降低国家的政治风险、经济风险和金融风险;还具有吸纳社会闲置资金入市交易的功能。以金融衍生工具为代表的风险管理金融市场与间接金融市场、直接金融市场"三足鼎立",相对独立而又相互关联、相互作用,共同构成现代金融体系。金融衍生品市场的不断发展、完善促进了利率、汇率市场化改革的进程,并为更大范围、规模和程度的金融创新打开了空间,增加了整个金融市场的弹性。

(3) 场内金融衍生品市场以金融期货、期权为主,包括权益类衍生品市场、利率衍生品市场以及外汇衍生品市场。全球股指期货市场主要由美国、欧洲发达市场所主导,新兴市场也推出了一些在全球范围内具有影响力的成功产品。在股指期权市场上,随着韩国、印度等股指期权迅速发展,亚洲股指期权市场开始取代欧美市场,成为最大的交易阵地。在个股期权市场上,美国市场是最主要的交易区域,但巴西证券期货交易所成为全球个股期权交易额最大的交易所;在ETF期权市场上,以美国为首的美洲依然是主要的交易场所,与其相比,其余各区域的规模几乎可以忽略。在利率衍生品市场上,成交量和持仓量主要集中在美国和欧洲市场,澳大利亚市场也占有一席之地。在外汇衍生品市场上,金砖国家外汇期货市场增长迅速,逐渐改变了全球场内外汇衍生品市场由芝加哥商品交易所

独占鳌头的市场格局。

（4）场外金融衍生品市场主要提供定制式衍生品以满足市场参与者的个性化需要，其名义总金额远远大于场内金融衍生品市场。场外金融衍生品市场交易份额占比依次为利率类、外汇类、信用互换类和股票类，且主要分布在欧美国家。市场的参与者主要包括交易商、交易商间经纪商、终端用户和报价机构。清算模式主要有三种：非标准化双边清算、标准化双边清算和中央对手方清算。交易主要通过传统交易商市场、电子化经纪市场和自营交易平台市场进行。ISDA协议在境外场外衍生品市场上被广泛使用，主要包括主协议、附件、交易确认书、信用支持文件以及交易定义文件等内容。2008年金融危机爆发后，为了促使场外衍生品市场更加规范地发展，防止由过度创新带来的系统性风险，对市场进行有效监管已经成为各国政府和国际组织的共识。

关键术语

金融衍生工具　金融远期　金融期货　金融期权　金融互换　结构型金融衍生品
信用衍生品　沪深300股指期货　上证50ETF期权　转换期权　利率期权

复习思考题

1. 解释金融衍生工具的含义。

2. 常见的金融衍生工具分类方式有哪些？

3. 金融衍生工具具有哪些功能？

4. 解释金融衍生品市场的地位和作用。

5. 简述发达市场股指期货状况。

6. 解释纳指期货、道指期货、标普500指数期货。

7. 国内股指期货主要交易制度有哪些？

8. 美国个股期权有哪些特征？

9. 美国国债期货交割特点有哪些？

10. 中国国债期货风险管理制度（措施）有哪些？

11. 全球最活跃的场内利率期权有哪些？

12. 简述金砖国家外汇衍生品市场状况。

13. 简述境外人民币期货发展现状。

14. 场外金融衍生品市场的参与主体有哪些？

15. 场外金融衍生品市场的清算模式有哪些？

即测即练

第二章

股指期货

本章学习目标

通过本章学习，学员应该能够：

1. 掌握资产配置，证券（组合）风险，股指期货套期保值、套利，ETF 基金，指数化投资基本概念、基本理论；

2. 熟悉股指期货战略性资产配置、动态资产配置以及战术性资产配置的应用；

3. 掌握股指期货管理证券组合风险的理论和方法；

4. 掌握运用股指期货实施传统阿尔法策略和可转移阿尔法策略的基本原理和方法；

5. 熟悉运用股指期货合成指数基金、期现互转套利以及构建反向及杠杆型 ETF 基金的原理和实务；

6. 理解上市公司市值管理的内涵，熟悉股指期货在上市公司股权融资、股份回购、股份减持、大股东增持、战略投资、股权投资、公司购并中规避系统性风险，锁定股份增持成本的原理与实务。

【本章导读】

本章结合国内外金融市场实践，系统地阐述了股指期货资产配置、投资组合系统性风险管理、阿尔法策略、指数化投资、上市公司市值管理的理论与实务。

资产配置部分，战略性资产配置是把股指期货作为战略性资产配置的一种可选资产以及市场敞口管理工具；动态资产配置中，股指期货可应用于固定比例投资组合保险策略，并使策略管理更为灵活自如；战术性资产配置的应用体现在管理申赎资金、管理海外市场头寸以及实施资产配置再平衡三个方面。

投资组合系统性风险管理部分，首先解释了投资组合 β 的含义，作为后面内容的铺垫，然后分析了投资组合 β 传统的调整方法及不足，其后，阐述了股指期货完全对冲、部分对冲 β 风险的运用。

阿尔法策略部分，详细阐述了运用股指期货实施传统阿尔法策略和可转移阿尔法策略，包括：阿尔法含义、阿尔法来源、阿尔法策略流程；可转移阿尔法策略产生、发展、优势、策略构建、局限性。

指数化投资部分，主要阐述了利用股指期货合成指数基金、期现互转套利以及构建反向及杠杆型 ETF 基金的原理和实务。

上市公司市值管理部分,重点阐述了股指期货在上市公司股权融资、股份回购、股份减持、大股东增持、战略投资、股权投资、公司购并中的应用,即利用股指期货规避系统性风险,锁定股份增持成本,为上市公司及股东保值、增值,实现价值最大化。

本章知识结构图

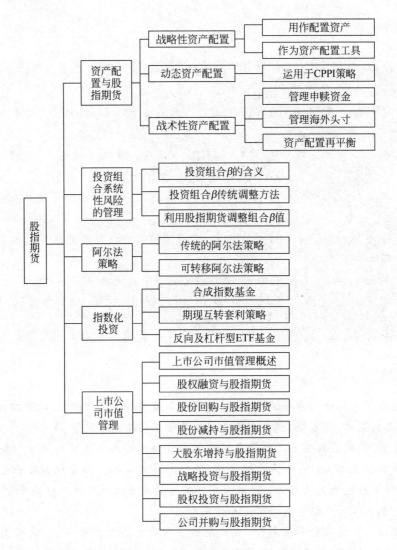

引导案例:股指期货是管理股票风险的利器

假设你认为自己是一个非常善于选股的高手,能够获得高于市场平均水平的收益率。你持有某只个股或股票投资组合。在接下来的 3 个月里,股票市场的波动将会非常剧烈,但是你相信自己持有的资产组合非常有可能跑赢市场。在这种情况下,你应当怎么做?

7 月 16 日,你持有的股票资产组合的价值为 1 亿元,该资产组合的 β 值为 1.2,在 7 月 16 日至 11 月 16 日期间,你认为市场可能出现调整,需要降低市场调整可能带来的损失,你打算用 12 月到期的沪深 300 股指期货,将资产组合的 β 值调整为 0.5,那你应该买入还是卖出股指期货,数量是多少?假设你对市场的看法转为乐观,决定将资产组合的 β 值由原来的 1.2 提高至 1.5,那么你又该怎样操作?

股指期货为市场投资者提供了做多、做空和对冲市场的手段,成为资产管理与投资组合中应用最广泛、最具活力的风险管理工具,也是投资组合积极管理的重要手段,同时也大大改变了投资组合经理的投资程序。股指期货广泛用于对冲风险、配置资产、现金替代、复制指数等众多方面,已经成为机构投资管理的必需品。

第一节 资产配置与股指期货

资产配置(asset allocation)是指资产类别选择、投资组合中各类资产的适当配置以及对这些混合资产的实时管理。资产配置主要研究在各种不确定因素的条件下,如何将有限的资金分配在众多的资产上,从而构成最佳的投资组合,以便分散投资风险,取得较高的投资收益。对不同类型的投资者来说,资产配置具有不同的含义。对机构投资者而言,资产配置常常意味着:①计算不同资产种类的回报率、标准差和相关性;②将这些变量输入均方差最优化程序,以选择有着不同风险和回报情况的资产组合;③根据机构的目标、历史、偏好、限制以及其他要素,分析并实施某种理想的资产配置。对个人投资者而言,资产配置可能不包括这些正式的运算。一般来说,个人投资者在寻求资产配置时需要特别关注:①投资于某项给定资产种类的税务法规和税后结果;②投资者的个人动机、个人环境以及周期性和长期性的市场前景。

投资者的资产配置从根本上描述并定义了其投资活动的范围。这种投资范围可能包括所有的地理区域和投资种类,也可能是限定在某一个国家和地区(如北美、欧洲、拉美或亚洲),并且仅限于权益、债券和现金的投资。在给出了资产配置的范围后,投资者可以合理地考虑投资组合中资产配置的类型。资产配置的类型可以根据其风格、定位和输入数据来划分,也可能是几种方式的结合。

资产配置的风格可以被描述为保守的、温和的和激进的三种类型。在所有的市场环境下,很难将某一特定资产或投资者的性格严格地界定为保守、温和或激进,因为这些风格会与当前的投资标准和金融市场环境相互影响,并在一定程度上依赖这些标准和环境。

资产配置的定位可能是战略性的、战术性的,抑或是二者的结合。实际上,许多投资者会使用战术性和战略性相结合的配置方法。战术性配置帮助投资者对重大的资产价格变化作出回应并参与其中。战略性资产配置允许投资者做出长期的资产部署计划,从而实现多年甚至是几十年的目标。

股指期货作为做多、做空及对冲市场风险的手段,运用在资产配置过程中,有助于实现预期的投资目标。

 拓展阅读 2-1 资产配置的基本理论

一、战略性资产配置

战略性资产配置(strategic asset allocation)是根据投资者的投资目标和所在国家的法律限制,制定投资者资产分配的主要资产类型以及各资产类型所占的比例。

战略性资产配置会为投资者选定最佳的长期资产组合,对短期市场波动的关注相对较少。一般来说,战略性资产配置的变化相对不那么频繁,它主要反映的是:①投资者风险情况和回报目标中的重要变化;②资产回报、标准差和(或)相关性的改变的预期;③一种投资者之前未考虑的新资产种类的出现。

战略性资产配置可以作为进行战术性资产配置活动的准则。投资者可以通过一个范围来确定战术性资产调整与战略性资产配置活动的准则。为使得战略性资产配置更好地发挥其功用,投资者可以为每一种资产种类选择合适的指数。

(一)股指期货用作战略性配置资产

股指期货增加了在战略性资产配置时可选择的资产种类。从成熟市场看,投资者资产配置活动的演变,经历了三个阶段。在 20 世纪 50 年代、60 年代和 70 年代,许多美国机构投资者和个人投资者的投资组合都按传统投入国内股票、债券和现金中,其长期的目标资产配置是 60%投入股票、30%投入债券、10%投入现金。从 20 世纪 80 年代中后期开始,一些机构投资者和一小部分个人投资者开始把他们资产中的一定比例变为私募股权、风险投资、房地产、实物资产和国际上发达国家市场及新兴市场的权益和债务证券。国内股票和债券分别降至 30%和 15%,海外市场股票和债券比例分别为 28%和 5%,私募股权投资和风险投资、房地产投资比例均为 5%。从 20 世纪 90 年代至今,美国机构投资者和个人投资者开始把管理期货基金、对冲基金和基金中的基金以及通货膨胀指数债券纳入他们的投资组合中来。国内股票和债券投资占比进一步降至 24%和 12%,海外股票和债券为 25%和 7%,对冲基金和期货比例合计达到 11%。

根据对晨星全球基金持仓数据库 2012 年第三季度末的统计,以总价值计算,在全部 42 个衍生工具类别中股指期货排名第四,与国债期货(treasury futures)和信用违约互换(credit default swap)接近,仅次于外汇远期合约(currency forward)和利率互换合约(interest rate swap),其应用的广泛程度远高于其他基于权益类资产的衍生品种。

在股票型、混合型和另类基金三个大类里,约有 10%的基金持有股指期货,具体数据见表 2-1。

表 2-1 股票型、混合型和另类基金持有股指期货比例

基金类型	纳入统计的基金总数	持有股指期货的基金数	比例/%
股票型	16 458	1 110	7
混合型	6 879	688	10
另类基金	3 912	411	11

资料来源:晨星全球基金持仓数据库。

此外,各个市场之间存在一定差异,图 2-1～图 2-3 是一些主要市场的比较。

(二)股指期货作为战略性资产配置工具

对于以大类资产配置为核心策略的基金,股指期货由于其采用保证金交易,具有成本低、双向性和交易便捷等其他资产无法比拟的优势,为组合投资提供了一个获得股票市场敞口的有效工具。这类基金通常侧重于大类资产配置而不去追求超额收益。它们的目标是通过优化资产配置,而非精选来达到最优的风险调整后的收益。

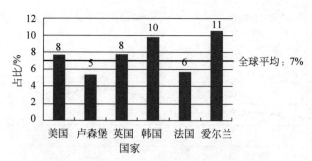

图 2-1　股票型基金持有股指期货的比例

资料来源：晨星全球基金持仓数据库。

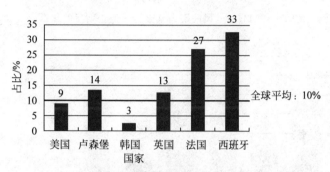

图 2-2　混合型基金持有股指期货的比例

资料来源：晨星全球基金持仓数据库。

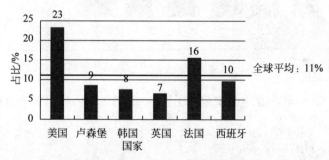

图 2-3　另类基金持有股指期货的比例

资料来源：晨星全球基金持仓数据库。

　　以各类市场指数为标的的股指期货,为投资者提供了投资不同风险收益特征的股票组合工具的多种选择。以中国股指期货为例,投资者可以利用沪深 300、上证 50、中证 500 股指期货进行更有针对性的资产配置。沪深 300 股指期货对应的是中国 A 股大盘股市场,可以作为配置 A 股大盘股的资产配置工具;上证 50 指数由 A 股市场最大的 50 家大型企业组成,是中国经济核心和骨干的代表,是蓝筹中的蓝筹;中证 500 指数由除沪深 300 成分股后的最大 500 家公司组成,是中小企业和新兴产业的代表。

　　以大类资产配置为核心策略的基金很多是针对保险公司的资产管理需求所开发的,如 Invesco 基金为美国大都会人寿量身定做的风险平衡基金。该基金投资范围包括股票、国债、商品以及现金类资产,其中股票部分完全由股指期货实现,并且根据不同市场的情况灵活调整配置比例。图 2-4、图 2-5 是该基金自 2011 年至 2013 年 6 月的股指期货合约占总资产的比例。

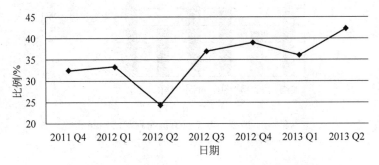

图 2-4　Invesco 风险平衡基金持有股指期货的比例

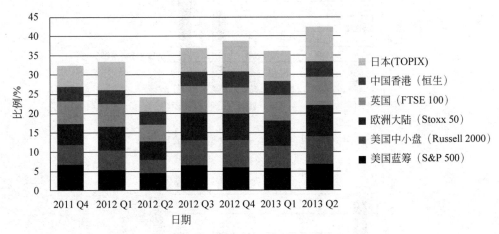

图 2-5　Invesco 风险平衡基金持有各市场股指期货的比例

除了资产配置外,该基金还通过调整不同国家/地区之间的权重来获得资产类别内的优化。

二、动态资产配置

动态资产配置也被称为资产混合管理(asset mix management),它是介于战略资产配置和战术资产配置之间的一种资产配置策略。它既不关注短期内市场的动态,也不将资产锁定在某种配置组合中,而仅对特定投资者,在特定的投资时点上计算出最优的长期战略资产配置,然后随证券市场的变化及投资者风险厌恶程度的变化而作出机械性的动态调整。可以说动态资产配置是一系列滚动式的战略资产配置。二者的不同在于,战略性资产配置强调投资年限内平均而言最优的资产组合,而动态资产配置强调的是特定时点最优的资产组合。

拓展阅读 2-2
资产配置方法
概述

根据资产配置调整的依据不同,可以将动态资产配置策略分为购买并持有策略、恒定混合策略、投资组合保险策略。借助股指期货可以灵活运用固定比例投资组合保险策略

(constant proportion portfolio insurance,CPPI)。

CPPI 策略架构为：①将资产分为无风险资产和风险资产两部分,根据预期将期末最低目标价值通过一定的折现率折现到当前就是当前应持有的保本资金数量,即投资组合的底线值；②计算 t 时刻承受风险的安全垫,即计算投资组合现时净值超过价值底线的数额；③对安全垫乘以一个乘数,以确定风险资产的投资比例,而余下的部分用于无风险的投资,使得在确保实现保本的同时,实现投资组合的增值。这个投资过程在一段时间后可以根据资产收益的情况对无风险资产和风险资产两部分投资比例进行调整。固定比例投资组合保险的一般形式是

$$风险资产＝M×(总资产－要保额度)$$

$$无风险资产＝总资产－风险资产$$

其中,M 为风险参数,风险参数越大,投资组合在股价上涨时获得的收益便越大,但组合的波动性也越大。在实际运用 CPPI 的过程中需要变动风险参数,或者给风险资产的占比设置上限。

CPPI 策略的主要思想是投资者根据风险偏好设定期初的风险参数(M),以此为基础动态调整风险资产与固定收益资产的比例,使投资组合价值维持在风险下限之上,达到组合保险的目的。

股指期货在投资组合保险策略中具有很多的优点。首先,股指期货的流动性大大超过股票；其次,股指期货使用保证金交易,能进行杠杆操作提升收益；再次,股指期货进行卖空交易是股票所不能比拟的；最后,股指期货的交易成本大幅度地低于股票交易成本。

CPPI 股指期货策略主要从以下两个方面进行改进：一是使用股指期货替换掉风险资产中的股票组合；二是在原风险资产中加入股指期货,即风险资产为股票组合和股指期货的组合。

股指期货参与组合保险策略的原理为：①使用股指期货代替股票组合调整风险资产的头寸。直接使用股指期货代替股票组合作为初始风险资产,即投资组合之前为股票组合和债券,现在投资组合只包含股指期货和债券,在空头市场中可以通过卖空股指期货规避风险。②股票组合加入股指期货调整风险资产头寸。股票组合和股指期货同时调整风险资产头寸步骤为：首先,初始风险资产完全由股票组合构成；其次,当按照公式计算出的风险资产头寸 $M×(总资产－要保额度)$ 大于或小于股票组合价值时,以需要调整的价值其中一部分的现金买入或卖出股指期货合约,其余部分现金投入无风险资产；最后,风险资产＝$M×(总资产－要保额度)$＝股票组合价值±股指期货价值。

三、战术性资产配置

战术性资产配置(tactical asset allocation)泛指根据风险和收益的变化模式来择机动态调配投资组合以增加组合收益。从 20 世纪 70 年代起,战术性资产配置就已被投资者所使用。

战术性资产配置会以不同的形式呈现,可能会服务于不同的目的。有些投资者将一段较长的时期看作一系列短期的跨度,他们可能会在资产配置中主要采取战术性的方法,

有的投资者则用战术性资产配置来加强或抵消投资组合的战略性配置方针。常见的战术性资产配置的时间范围可能是一年,尽管一些大的机构和个人投资者可能会较为频繁地作出战术性资产配置的调整,这个频率可以是一个季度、一个月,甚至是一周,如果他们有充分的资源和这样做的心态。在有些情况下,投资者可能会使用交易性开放式产品、指数期货、期权或其他衍生工具来快速调整他们持有的资产。

(一)股指期货管理申赎资金

流动性管理是指投资管理人通过调整投资组合的结构,力求在保证投资组合一定预期收益和风险水平的条件下,保持资产适当流动性,以应付当时市场条件下的赎回要求。流动性管理对基金管理人来说至关重要,如果资金配置不当,容易引发流动性风险。

开放式基金要随时面对投资者的申购和赎回,这就造成了大量的资金流动,而基金投资者申购赎回现金流量的不确定性构成了基金流动性风险,即基金所持资产在变现过程中价格的不确定性与可能遭受的损失。

当基金面临新的现金流入流出时,基金经理需要决定基金中现金和证券持仓比例的变化,以满足流动性要求。基金经理面临两个选择:第一,立刻进行市场交易操作,在此情形下,快速的市场交易操作会产生较大的市场冲击成本;第二,保持现有头寸并推迟市场交易操作,这样可以减少市场冲击成本,然而会产生一定的时滞成本。

运用股指期货有助于基金现金管理问题的解决。当基金面临资金流入时,基金经理可以选择持有合理数量的指数期货合约多头,这样就可使新流入的资金迅速获得市场风险暴露,因而能够减少时滞影响。如果基金申购与资金实际到位之间存在时间差,实际资金到位之前出现股市大涨,利用股指期货可将股票购买成本控制在基金申购时的水平上,从而避免了其间股票价格上涨带来的成本增加。其具体操作步骤包括:①在股指期货市场上买入一定数量的期货合约;②按计划建仓股票;③待建仓完毕,选择合适时机平掉股指期货多头头寸。

当基金预期在未来一段时间内面临赎回时,为应付不确定赎回,基金需要准备足够的现金头寸,但如果持有现金的比例过高,可能影响基金收益(上涨市中)或者不符合基金契约关于持仓比例的规定(下跌市中)。上涨市中,基金可以在预期可能面临大额赎回前,利用部分现金投资于指数期货多头,利用其杠杆效应继续获取股市上涨收益,同时保留部分现金,并逐步卖出股票。发生赎回时,平掉期货头寸,并逐步卖出股票应对赎回。下跌市中,基金保留必需的股票仓位,其余作为现金。当不确定的基金赎回发生时,基金为应对赎回卖出股票的行为通常会导致其股票市值、净值的进一步下跌,因此,在面临股市下跌时,开放式基金可以不立即抛售股票,而采取先卖出股指期货然后逐步变现股票的策略,以对冲其间卖出股票所导致的价格下跌风险。如果基金赎回与资金实际支付之间存在时间差,基金赎回价格按照当日收盘价计算,但实际资金支出在几天后,由于期间较短,运用股指期货应对赎回的目的,主要是规避股票卖出变现的流动性风险。基金在实际收到赎回单后,可投资于股指期货空头,从而对冲其间卖出股票所导致的流动性风险。其具体步骤包括:①在股指期货市场上买入(上涨市中)或卖出(下跌市中)一定数量的期货合约。②视市场波动情况有序地出售股票,调整持股比例。尤其在股市下跌阶段,逐步调整股票头寸策略对降低基金交易成本具有重要作用。③待基金的资产结构调整结束、股市走稳时,平掉股指期货头寸。由此,上涨市中可利用股指期货获取杠杆上涨收益,下跌市中以股指期货盈利弥补出售股票、股价下跌所受的损失。

与调整实际股票头寸相比,运用股指期货进行现金管理,可以实现更少时滞、更少的资金占用、更低的成本和更好的交易时机选择,更易经常保持多元化的最优配置,更灵活、最大限度地复制指数收益,以及减少基金业绩波动。

【例 2-1】 假设 20××年初,某基金预期未来半年内股市将出现上涨行情,每月初都将有 100 万元的现金申购,基金经理计划先投资股指期货与国债,半年后再将所有现金投资于股票,无风险收益率为 4%。

该基金进行如下操作:每个月收到 100 万元时,买入一张价值为 100 万元的距离半年后最近期的沪深 300 指数期货合约(如 6 月合约;当然,实际操作时,考虑到期货流动性,可以买近月合约并展期),同时将 100 万元投资于短期国债。则半年期后,累计收益率为 28.4%。

该基金利用股指期货应对现金再投资策略的收益及现金流如表 2-2 所示。

表 2-2 某基金利用股指期货应对现金再投资策略的收益及现金流

月 份	沪深 300 指数	当月购入期货合约数量/张	期货累计收益/元	国债累计收益/元	累计准现金流/元
1 月	941.43	10	91 750	3 333	1 095 133
2 月	1 033.23	9	136 146	6 667	2 146 241
3 月	1 056.62	9	199 661	10 000	3 219 801
4 月	1 079.32	9	714 360	13 333	4 747 878
5 月	1 218.44	8	1 544 300	16 667	6 594 525
6 月	1 402.88	7	1 497 621	20 000	6 705 265

累计获利(扣除手续费):6 705 265 元

累计收益率(未考虑时间价值成本):28.4%

资料来源:国泰君安证券研究所。

注:期货累计收益为扣除期货交易费用后的净收益。本案例中假设沪深 300 指数期货的合约乘数为 100 元,合约乘数的选择仅影响买卖的期货合约数量,不影响基本结论。

【例 2-2】 假设上涨市中,基金预期在未来 1 个月每周都有比较规律的净赎回,于是决定采取将现金投资于股指期货并逐步将期货平仓并支付净赎回的投资策略。具体数据为:以该基金 20××年一季度披露的十大重仓股,作为其持有的投资组合;样本区间为 1 个月,即 20××年 3 月 31 日至 4 月 28 日;假设 3 月 31 日,股票仓位为 90%,现金仓位为 10%;该基金预期未来 5 周将遭遇净赎回,每周净赎回额为期初股票市值的 5%。

该基金进行如下操作:期初,该基金计划保留 5%现金,用于支付第一周净赎回,并将另外 5%现金投资股指期货多头。从第一周开始,该基金在当周内 5 个交易日均匀卖出 5%的股票,即每日卖出 1%的股票,该周出售股票所得现金,在下周投资于股指期货,当周新投资的股指期货在周末平仓,用于支付当周净赎回。

测算表明,3 月 31 日,该基金应购买 1 266 张沪深 300 期货合约,4 月 7 日(星期五)将期货合约平仓,收益301.69万元,所得现金用于支付基金净赎回。在3月31日至4月7日期间,基金均匀卖掉占期初基金净值5%的股票,所得现金用于在下周初投资股指期货,这些期货合约也将在周末平仓,并用于支付5%的净赎回。按此策略持续进行。综合股票组合被出售部分潜在收益的减少,以及期货投资的收益,基金减持股票部分,不但没有损失,反而获得42.85万元的盈利。

该基金利用股指期货应对未来现金赎回策略的收益如表2-3所示。

表2-3 某基金利用股指期货应对未来现金赎回策略的收益

期初数据:

	股票组合	沪深300期货
3月31日市值(百万)	2 733.57	1 061.09点

其间盈亏:

日期	沪深300指数	周初新建合约数量(周末平仓)	期货收益/万元	组合市值/百万元	卖出5%股票导致的平均组合收益减少值/万元	累计总收益/万元
4月3日	1 079.32	1 266	301.69	2 810		301.69
4月10日	1 117.91	1 249	8.74	2 901	−738.63	−428.20
4月17日	1 124.41	1 216	300.96	2 883	−11.31	−138.55
4月24日	1 142.7	1 222	362.32	2 862	−180.92	42.85
4月28日累计	1 172.35	0	973.71	3 076	−930.86	42.85

资料来源:国泰君安证券研究所。

注:期货累计收益为扣除期货交易费用后的净收益。本案例中假设沪深300指数期货的合约乘数为100元,合约乘数的选择仅影响买卖的期货合约数量,不影响基本结论。

(二)股指期货用于海外市场头寸管理

对于投向全球市场的基金而言,股指期货对于管理申购/赎回带来的现金流具有更为现实的作用,相比本国市场,海外市场的建仓期要更长,因此股指期货提供了一个便捷的进入/退出工具。"全球战术资产配置策略"(global tactical asset allocation,GTAA),就是一个典型的例子。该战略关注全球20余个发达国家和地区的股票、债券和外汇市场,分析这些市场的价值是处于低估还是高估状态,通过运用和这些市场有关的包括股指期货、债券期货和外汇远期合约在内的30余种金融衍生工具,进行对冲操作,买入价值低估市场的期货或远期合约,卖出价值高估市场的期货或远期合约,获取超额收益。例如Fidelity旗下的Spartan全球指数基金2012年三季度末持有约价值2亿美元的覆盖全球多个市场的股指期货合约,占到了总资产的2%左右。

(三)利用股指期货实施资产配置再平衡

资产配置再平衡也被称作投资组合再平衡,它指的是卖出一部分资产,用所得的收益购买其他资产的过程,通常会按照特定的资产配置方针和目标资产配置比重对整体的投资组合搭配进行调整。有的投资者根据明确界定的绩效、时间或其他准则来对他们的投资组合进行再平衡；也有人完全是在事先未计划的情况下来进行再平衡，没有特定的安排。

再平衡的理论和实务是建立在几个关于资产种类和投资者行为的基本假设基础上的。首先，一般来说，投资者预计投资回报会在长时间内遵从"均值回归"的模式。这一假设认为，资产的投资回报不会无限期地保持在一个较高的水平，也不会一直保持在一个很低的水平。如果资产产生了高出长期平均值的回报，那么在某一时刻，它们也会产生于低于其长期平均值的回报，反之亦然。再平衡的另一个基本原则来源于多元化理论的预期优点。在这一理论下，合理的资产多元化可以帮助投资者在给定的风险下提高回报率。要使多元化产生预期的效果，投资组合中的资产应该具备合理的回报、风险和相关性模式及特征。简单来说，通过以较低价格买入合理数量的某些资产并以较高价格卖出，以及以较高价格卖出合理数量的某些资产再以较低价格买入，再平衡寻求改善一个投资组合的整体风险-回报情况。

再平衡还假定投资者能够建立合理的投资规则和比例，这些规则和比例满足以下两点：①它们要很好地适用于投资者的个人情况和市场前景；②投资者在遵循它们时要有足够的原则、判断力和愿景。在投资组合中，具体的资产或头寸会出现显著和（或）长期的收益或损失，这使得投资组合中各部分的比重与最初的情况出现了差异，并带来有意或者无意的资产集中。再平衡试图辨别并预判这种资产集中的风险和回报。

在投资过程中，对于投资组合偏离战略基准，从而使投资组合承担了一些非意愿的市场风险，或者阶段性地重置投资组合，使其回归最初的目标资产配置，投资经理就可用股指期货建立或减少市场暴露，实现组合再平衡的目的。由于股指期货交易采用保证金制度，所需资金较少，可极大地节约交易成本，同时股指期货具有较高的流动性，操作非常便捷。另外，在实施过程中又可以和"可转移阿尔法"的操作、"全球战术资产配置"的操作结合起来。这种融组合再平衡、风险管理和积极投资为一体的集成化操作技术有效地减少了交易量，节约了交易成本。

【例 2-3】　某平衡型开放式基金持有 10 亿元的投资组合，其中股票和债券的配置比例分别为 60% 和 40%，股票组合的 β 为 0.8，债券组合的久期为 6.8。由于财税政策刺激及短期流动性宽松等因素影响，其基金经理预测股市短期趋势为上涨，故打算把股票和债券的配置比例调整为 80% 和 20%。由于该调整是临时的，属于战术范畴，长期的战略配置比例仍然维持 60% 股票和 40% 债券不变，所以该基金经理打算配合使用股指期货和债券期货来实现这一目标。12 月到期的股指期货合约价格目前为 6 125 点，乘数为 300，β 为 1.1，债券期货的价格为 102 000 元，久期为 8.1，收益率 β 为 1.05，现金久期为 0.25。

解决方案如下：首先做空 1 665 份债券期货，将 2 亿元债券的久期降为现金久期；其次，通过做多 79 份股票期货完成从债券到股票的配置。

假设该基金经理预测准确，随后股票市场上涨了 5%，同时利率也随之下调了 50 个基点。下面比较运用实际卖出债券买入股票来调整配置比例和金融衍生品来调整配置比例的效果：①通过实际卖出债券买入股票来达到 2 亿元债券和 8 亿元股票组合的盈亏情况。债券部分盈利 680 万元，股票部分盈利 4 000 万元，整个组合盈利 4 680 万元。②组合运用股指期货和债券期货来调整配置比例的盈亏情况。债券现货部分盈利 1 360 万元，股票现货部分盈利 3 000 万元,债券期货部分亏损 655 万元,股指期货部分盈利 846 万元,整个组合的盈利为 4 551 万元。二者比较,两种调整配置比例的方式的误差是 129 万元,仅为 10 亿元的 0.129%,效果还是比较理想的,该误差主要是由于四舍五入取整造成的。

第二节　投资组合系统性风险的管理

在投资组合管理实践中,市场风险包括系统性风险和非系统性风险,系统性风险在资本市场模型中便是度量风险的贝塔系数。将股指期货引入投资组合管理,可以提高组合应对系统风险的能力,提高投资组合的资产配置效率。

一、股票(组合)β 系数的含义

β 值源自著名的资本资产定价模型(CAPM),代表着特定资本市场上任意证券(或组合)的风险与收益的均衡关系,其等于证券(组合)收益率相对于市场收益率的协方差与市场收益率方差的比值。贝塔系数是将证券(组合)超过无风险利率的收益与股票市场超过无风险利率的收益进行回归所产生的最佳拟合直线的斜率。

拓展阅读 2-3
标准差与 β 系数
的逻辑与计算

β 系数是评估证券系统性风险的重要指标,用以度量一种证券或一个投资证券组合相对总体市场的波动性。当 $\beta=1$ 时,股票或者股票组合与市场的变化幅度完全相同,风险相当;而当 $\beta>1$ 时,股票或股票组合的损益变化幅度将大于市场的变化,风险也高于整个市场,即股票或股票组合比整个市场对风险-收益的敏感度更高;当 $\beta<1$ 时,情况恰好相反。

投资组合的 β 系数值可以用来预估组合价值相对指数的变动幅度,比如某个股票投资组合的 β 系数为 1.5,在 100% 的投资仓位的情况下,当指数上涨 10% 时,该组合价值将上涨 15%,而当指数下跌 10% 时,组合的市值将下跌 15%。

β 系数值衡量了股票或组合的系统性风险,同时也可以作为调节组合相对市场表现的重要指标。特别是对于很多机构投资者,由于各种原因的限制需要长期持有股票组合,有效地管理投资组合的系统性风险就非常重要。无论整体市场是上涨还是下跌,对于很多机构投资者而言都会存在经营业绩的压力,在下跌的市场中,投资组合会随着整体市场的下跌而缩水,而在上涨的市场中,如果投资组合表现相对同行或指数太差,也会带来很大的压力。

如果投资组合管理者能够灵活调节组合的 β 系数值,将会获得更好的业绩表现。在整体市场不断上涨的过程中,投资管理人可以调高组合的 β 值,使所管理的投资组合能够获得超过指数的收益表现;而在整体市场下跌的阶段,可以不断调低组合的 β 值,使组合获得比指数更小的损失,甚至可以使投资组合的 β 系数值变为负数,在下跌的过程中获得投资收益。

目前很多股票数据分析软件都能提供各种股票的 β 值数据,而股票组合的 β 值等于组合中的各股票的 β 值的加权平均数。β 系数是根据历史资料计算得到的,计算的数据越多越详尽,得到的数据可靠性越高。

二、投资组合 β 值传统调整方法

(一)通过组合成分股及其权重变换调整 β 系数

对投资组合 β 系统调整的传统方式为:卖出不符合目标风险的股票,买入符合风险要求的股票。例如,在市场上涨过程欲提高风险-收益比率,调高 β 系数,可以买入高 β 值的股票,卖出低 β 值的股票。但是,这样的操作过程所需要付出代价过高,包括:卖出、买入需要等待时间成本,缴纳的税费,买入、卖出中的市场冲击成本。

1. 调高 β 的方法

(1)增加高 β 值成分股的投资比重,减少低 β 值成分股的投资比重。

(2)将低 β 值的成分股剔除,换入具有高 β 值的股票。

2. 调低 β 的方法

(1)增加低 β 值成分股的投资比重,减少高 β 值成分股的投资比重。

(2)将高 β 值的成分股剔除,换入具有低 β 值的股票。

投资管理人可以单独使用两种方式中的一种,或者将两种方式结合起来运用。

【例 2-4】 假设某机构投资者资金量为 1 亿元,建立了一个拥有 6 只股票的投资组合,成分股及其投资权重如表 2-4 所示,通过计算组合建立初始 β 值为 0.991 3。假设组合 20××年 4 月 16 日为开始日期,基准指数沪深 300 在 3 356 点,到 5 月 7 日沪深 300 指数下跌到 2 896 点,如果其间投资组合未做任何调整,则投资者亏损:$(1-2\ 896/3\ 356)\times 0.991\ 3 = 0.136$ 亿元。

表 2-4　初始投资组合

股票	β 值	权重/%	股票	β 值	权重/%
A	1.12	20	D	0.87	16
B	1.04	18	E	1.07	17
C	0.98	15	F	0.80	14

假设在 4 月 16 日该投资管理人预计市场出现下跌调整行情,通过降低组合的 β 值,以规避市场风险。

第一种方法的应用,如表 2-5 所示,该投资组合管理人将 β 值小于 1 的股票 D、F 的投资比例提高,而将 β 值大于 1 的股票的投资比重进行缩减,重新调整后的投资组合 β 值为 0.929 7。调整后的组合亏损为:$(1-2\ 896/3\ 356)\times 0.929\ 7 = 0.127$ 亿元 <0.136 亿元。

表 2-5　利用方法一调整后的投资组合

股票	β 值	权重/%	股票	β 值	权重/%
A	1.12	10	D	0.87	25
B	1.04	10	E	1.07	10
C	0.98	15	F	0.80	30

第二种方法是剔除组合里面 β 值过高的股票，换入低 β 值股票，如表 2-6 所示，将原组合里 β 值较高的股票 A、B、E 剔除，分别换成高 β 值的 G、H、I，并且调整权重，新的组合 β 值则变为 0.797。新组合在市场下跌中损失为：$(1-2\,896/3\,356)\times 0.797=0.109$ 亿元 <0.127 亿元 <1.136 亿元。

表 2-6　利用方法二调整后的投资组合

股票	β 值	权重/%	股票	β 值	权重/%
G	0.78	25	H	0.75	30
C	0.98	5	D	0.87	5
I	0.83	15	F	0.80	20

虽然通过调整组合成分股可以实现调整 β 值的目的，但这种方法具有很多的局限性：首先，在我国 A 股市场上，个股系统性风险普遍很高，在整体市场下跌的阶段，很难通过更换组合成分股来大幅度降低 β 系数值；其次，虽然降低仓位比重可以降低组合的 β 值，但对于很多机构而言，一方面不可能完全清空头寸，另一方面短期大幅度减仓会加剧股票的下跌程度，并非有效的管理系统性风险的方法；最后，不断变换组合成分股和投资权重，交易成本会大幅度增加。

（二）借贷资金并买卖股票

由于无风险资产的 β 值为 0，无风险资产的投资比重越大，组合的 β 值就越低。因此如果想降低组合的 β 值，就可以卖出股票并将所得资金投资于无风险资产；如果想提高组合的 β 值，就可以减少无风险资产的持仓或者以无风险利率借入资金并买入股票。

在使用这种方法时，需要以无风险利率借贷资金并投资股票，这样会带来交易成本，同时也牺牲了基金的选股能力和组合的分散化特性。如果卖出所有无风险资产后仍不能把 β 值提升至目标值，则需要按无风险利率借入资金并投资股票，但现实中共同基金几乎总是以高于无风险利率的水平借入资金，且资金借贷的规模也存在上限。因此仅依靠无风险资产和股票的操作，组合的 β 值只能控制在 0 和略大于 1 之间。

三、股指期货对投资组合 β 值的调整

通过买卖股指期货来调整组合 β 值的方法不需要交易个股或无风险资产，这就克服了因为流动性不足而造成的冲击成本和无法按照无风险利率来借贷资金的困难。投资于股指期货后，组合的 β 值可以表示为

$$\beta_P = \beta_S + \beta_F(N_F/N_S)$$

其中，β_P、β_S 和 β_F 分别为投资组合、股票组合和股指期货的 β 值，$N_S=$ 股票组合市值/一个指数篮子中股票市值，它表示指数篮子的数量，据此可以计算为达到目标 β 值须投资的股指期货数量 N_F，如果 N_F 为正值，表示多头仓位；如果 N_F 为负值，则表示空头仓位。因为不用交易股票，且国外市场中股指期货的保证金比例一般不超过 10%，该方法的交易成本很低，也无须卖出可能产生超额收益的股票。但该方法需考虑滚仓展期成本，为起始和变动的保证金融资，股票组合与指数成分不匹配等问题。

1. 完全套期保值策略对冲系统性风险

完全套期保值策略的目的为对冲系统性风险。股票组合具有与整个宏观经济和市场

相关的系统性风险和与个股自身特征有关的非系统性风险。个股的非系统性风险与股票的选择有关,是股票的特异性风险,马科维茨的投资组合理论已经清晰地阐明,非系统性风险可以通过分散化规避。而对于系统性风险,分散化无能为力,只有通过股指期货的套期保值规避,这也是历史上很多期货交易所推出股指期货的最重要的理由和依据之一。

1) 对冲下跌风险的空头套期保值

如果已持有一个投资组合,为防止该组合价格下跌的风险,可建立股指期货空头头寸,力求在股指期货到期时投资组合的价值不低于股指期货建仓时。如果未来大盘下跌,卖空股指期货的盈利可以弥补投资组合的损失;如果未来大盘上涨,投资组合的盈利可以弥补卖空股指期货的损失。这样,套期保值者即使担心未来大盘下跌,也不用卖出手中持有的股票,待大跌过后再买回。

投资者一般在以下几种情形下进行卖出套期保值。

(1) 机构投资者持有大量股票,并且准备长期持有,但预期市场回落,此时,如果选择在股票市场上卖出,由于数量较多,对股价会形成较大冲击,无法以满意的价格卖出,最好的选择是卖出相应的股指期货合约对冲短期内价格下跌的风险。

(2) 机构或基金将对资产配置进行战略调整,由于巨大调整会对股价造成较大冲击,从而使得投资收益大幅回撤,为规避风险,可以通过卖出股指期货合约进行对冲,从而降低调仓风险。

案例分析 2-1 股指期货如何套期保值?

(3) 当基金遭遇大量赎回,被迫大量平仓会导致市场回落和基金净值大幅回撤,通过卖出股指期货对冲,可以降低相应的风险。

【例 2-5】 假设某投资经理持有 100 000 股中兴通讯,现价每股为 30.00 元,鉴于后市不明朗,尽管长期看好该个股,但担心大盘下跌的系统性风险会引致损失,因此决定利用沪深 300 指数期货合约进行套期保值。通过在期货市场上卖出一定量的股指期货合约,即便股票价格下跌,该投资经理仍可利用期货市场上的盈利来冲抵现货市场上的损失,从而达到降低总体头寸风险的目的。

假设当日为 6 月 2 日,沪深 300 指数的点位为 1 300 点,合约乘数为 300,中兴通讯的 β 系数为 0.91,通过公式计算,需卖出的期货合约数为 7 张。到了 8 月 2 日,中兴通讯跌到 25.80 元/股,而此时的沪深 300 指数跌了 20 个点,到了 1 280 点。该投资经理预计大盘回调已到位,平仓了 7 手股指期货空头,此时其在现货市场上一共亏损 4.2 万元,但在期货市场上盈利 4.2 万元,盈余正好相抵,达到了套期保值的目的。其具体操作如表 2-7 所示。

表 2-7 空头保值操作及期现损益表

日 期	现 货 市 场	期 货 市 场
6 月 2 日	中兴通讯每股 30.00 元,股票总值为 300 万元	沪深 300 指数为 1 300 点,卖出 7 张 9 月份的股指期货合约,合约总值为 273 万元
8 月 2 日	中兴通讯每股跌到 25.80 元,股票总值为 295.8 万元	沪深 300 指数跌到 1 280 点,平仓该 7 张 9 月份的股指期货合约,此时该合约总市值为 268.8 万元
损益	亏损 4.2 万元	盈利 4.2 万元

2）对冲踏空风险的多头套期保值

事先建立股指期货的多头头寸，可以锁定未来投资组合的建仓成本。如果在建仓时大盘上涨，那么建仓时高出的成本可由股指期货多头头寸的盈利弥补；如果建仓时大盘下跌，则建仓成本降低，节省的成本可弥补股指期货多头头寸的亏损。

投资者主要在以下情况下进行套期保值。

（1）投资者看好未来市场，但短期资金不足，资金需要过一段时间才能到账，这时可以利用股指期货杠杆机制，用较小资金量买入股指期货以锁定建仓成本，待资金到位后逐步买入股票，同时逐步将股指期货进行平仓，若等资金到位再进行建仓将极大提高建仓成本。

（2）当融券者做空股票后，为避免价格与预期相反，投资者不得不用更高的价格买回股票，此时，投资者可以买进相应的股指期货合约以起到对冲风险的作用。

【例 2-6】 某投资者在今年 3 月 22 日已经知道在 5 月 30 日有 300 万元资金到账可以投资股票。他看中了 A、B、C 三只股票，当时的价格分别为 10 元、20 元和 25 元，准备每只股票投资 100 万元，可以分别买 10 万股、5 万股和 4 万股。由于行情看涨，担心到5 月底股票价格上涨，决定采取股票指数期货锁定成本。

假设经统计分析三只股票与沪深 300 指数的相关系数 β 分别为 1.3、1.2 和 0.8，则其组合 β 系数＝1.3×1/3＋1.2×1/3＋0.8×1/3＝1.1。3 月 22 日沪深 300 指数的现指为 1 050 点，5 月 30 日沪深 300 指数的现指为 1 380 点。

假设 3 月 22 日 6 月份到期的沪深 300 指数期货合约为 1 070 点，5 月 30 日 6 月份到期的沪深 300 指数期货合约为 1 391 点。在不考虑手续费及保证金的前提下，该投资者需要买入的期货合约数量＝3 000 000/(1 070×300)×1.1＝10.28 手，即 11 手合约。

其具体操作如表 2-8 所示。

表 2-8 多头保值操作及期现损益表

日 期	现 货 市 场	期 货 市 场
3 月 22 日	沪深 300 现货指数 1 050 点。预计 5 月 30 日 300 万元到账，计划购买 A、B、C 三只股票，价格为：10 元、20 元和 25 元	以 1 070 点买入开仓 11 手 6 月到期的沪深 300 指数期货，合约总值为：11×1 070×300＝353 万元
5 月 30 日	沪深 300 现货指数上涨至 1 380 点，A、B、C 三只股票价格上涨为：14.2 元、27.68 元和 31.4 元，仍按计划数量购买，所需资金为：406 万元	以 1 391 点卖出平仓 11 手 6 月到期的沪深 300 指数期货，合约价值为：11×1 391×300＝459 万元
损益	资金缺口为：106 万元	盈利 106 万元
状态	持有 A、B、C 股票各 10 万股、5 万股和 4 万股	没有持仓

2. 部分套期保值策略增大组合收益或降低风险

调整 β 值策略是指投资者利用股指期货对投资组合的 β 值进行调整，以增大收益或降低风险。当预计市场将上涨时，可以通过买入期货合约提高投资组合的 β 值，增大收益率；当预计市场将下跌时，可以通过卖出期货合约降低投资组合的 β 值，减小组合的风险。

期货合约数量计算公式为

$$\beta_T S = \beta_s S + N_f \beta_f$$

$$\Rightarrow N_f = \left(\frac{\beta_T - \beta_s}{\beta_f}\right)\left(\frac{S}{f}\right)$$

其中，S 为股票组合市值；β_s 为股票组合的贝塔值；f 为股指期货合约价值；β_f 为股指期货的贝塔值；N_f 为需买入或卖出的股指期货合约数量；β_T 为股票组合调整的目标贝塔值。

【例 2-7】　投资者现有 1 000 万元上证 50ETF 的市值，$\beta_1 = 0.8$，期货合约价值 = 10 万元，期指的 $\beta_f = 1$，如果市场风险很大，可确定调整目标 $\beta_2 = 0$，则需卖出 80 手股指期货合约来完全回避风险，如果市场发生变化，重大利好出现，为提高收益率，可调整目标 $\beta_2 = 2$，则买入 120 手股指期货合约，实现将收益率放大为指数的 2 倍，可见 β 调整既可对冲风险，也可放大收益。

【例 2-8】　某基金在国内有一个充分分散化投资组合，由于基金经理选股能力较强，该组合有望提供高于市场 2% 的回报，但承担风险却和市场相同，即 $\beta = 1$。当前市场趋势向淡，基金经理希望调整基金的 β 值由 1 降至 0.2。一种方法是卖掉所持股票的 80% 并将变现资金投入国债，新的股票组合仍旧保持充分多元化，但该种策略影响了技巧性选股带来的收益 α，它将使得积极收益 α 占基金总值的比例从 2% 降为 0.4%。另一种方法是通过卖出指数期货将基金的 β 值降至 0.2 的目标值。需要卖出的指数期货对应的股票现值为基金原持股市值的 80%。由于投资组合现货市场头寸并没有改变，该投资组合的预期积极收益 α 就不会减少。因此，利用指数期货控制组合 β 值，就可以将选股和市场判断两种活动区分开来，从而有助于更好地进行选股。

【例 2-9】　假如将总资金 M 的一部分投资于一个股票组合，这个股票组合的 β 值为 β_s，占用资金 S。剩余资金投资于股指期货，一张合约的价值为 F，共买入 N 张多头合约，保证金比率假设为 12%，那么股指期货占用的资金为，$P = F \times N \times 12\%$。此外，股指期货价格相对于沪深 300 指数也应该有一个 β 值，设为 β_f（得到方式与个股相同）。股票组合的 β_s 数值和股指期货的 β_f 可以计算出来或在有关信息软件上查到，则根据计算投资组合的 β 值公式 $\beta = \sum X_i \beta_i$，得到该组合的总 β 值原本应为：$\beta = \beta_s \times S/M + \beta_f \times P/M$。但有关学者研究表明，实际上从资金占用的角度看，股指期货的 β 值还要把杠杆效应考虑进去，而股指期货的杠杆比率为保证金比率（x）的倒数，因此，该投资组合合理的总 β 值应为：$\beta = \beta_s \times S/M + (\beta_f/x) \times (P/M)$。

假设上述投资组合中的股票组合部分 β_s 为 1.10，而股指期货的 β_f 为 1.05，则有以下几种情况。

（1）如果投资者看好后市，将 90% 的资金投资于股票，其余 10% 的资金做多股指期货（保证金率为 12%）。根据 β 计算公式，其投资组合的总 β 值为

$$0.90 \times 1.10 + 0.1/12\% \times 1.05 = 1.865$$

一段时间之后，如果沪深 300 指数上涨 10%，那么该投资者的资产组合市值就相应地上涨 18.65%。

（2）如果投资者非常看好后市，将 50％的资金投资于股票，其余 50％的资金做多股指期货。根据 β 计算公式，其投资组合的总 β 值为

$$0.50 \times 1.10 + 0.5/12\% \times 1.05 = 4.925$$

如果后市沪深 300 指数上涨 10％，那么该投资者的资产将相应地上涨 49.25％，远远跑赢大市。

（3）如果投资者对后市比较看淡，将 90％的资金投资于基础证券，其余 10％的资金做空股指期货。根据 β 计算公式，其投资组合的总 β 值为

$$0.90 \times 1.10 - 0.1/12\% \times 1.05 = 0.115$$

如果后市沪深 300 指数下跌 10％，那么该投资者的资产将相应地下跌 1.15％，股指期货对股票组合起到了套期保值作用。

（4）如果投资者对后市非常看淡，将 50％的资金投资于基础证券，其余 50％的资金做空股指期货。根据 β 计算公式，其投资组合的总 β 值为

$$0.50 \times 1.10 - 0.5/12\% \times 1.05 = -3.825$$

如果后市沪深 300 指数下跌 10％，那么该投资者的资产反而会上涨 38.25％，投资者通过股指期货达到了反向投机的目的。

虽然股指期货对投资组合的 β 值有非常灵活的调整能力，通过使用股指期货工具，投资者的获利能力大大增强，但是，上述研究模型假设了投资者是满仓操作的，即客户保证金全部被持有的头寸占用。如果方向判断得不准确，股指期货价格向不利的方向变动，投资者将很容易面临被强迫平仓的风险，所以在实际应用中要注意保证金比率的控制。此外，收益和风险是相生相伴的，β 值放大或者变为负值以后，如果投资者对方向的判断准确，收益将大幅增加；如果方向判断错误，亏损幅度也会相应扩大。股指期货增强了投资者获利的能力，但并不代表投资者使用了股指期货工具就能增加投资收益。在有效的市场里，收益和风险是相结合的，愿意承担高风险才可能获得高收益。

第三节　阿尔法策略

一、传统的阿尔法策略

（一）阿尔法的含义

阿尔法套利也称阿尔法策略，是指指数期货与具有阿尔法值的证券产品之间进行反向对冲套利，也就是做多具有阿尔法值的证券产品，做空指数期货，实现回避系统性风险下的超越市场指数的阿尔法收益。

阿尔法值的概念产生于 20 世纪中期，经过学者的统计，当时约 75％的股票型基金经理构建的投资组合无法跑赢根据市值大小构建的简单组合或是指数，不少学者将此现象归因于市场的有效性，即由于金融市场聚集了众多的投资者，这些投资者时刻紧盯着市场，一旦市场出现套利机会，他们就会迅速做出行动以使市场回复均衡。在一个有效的金融市场，任何寻找超额收益的努力都是徒劳的，投资者只能获得基准收益率。

随着衍生品的诞生，不少基金取得了令人炫目的收益率，这说明通过积极的投资管理

可以获得超额收益率。高收益率基金的诞生使得投资者不再满足于消极投资策略带来的回报,投资者希望能够获取超越基准指数的收益率。阿尔法值是指高于经 β 调整后的预期收益率的超额收益率。根据资本资产定价模型:

$$R_t = R_f + \beta_t(R_m - R_f)$$

其中,R_t 为证券或资产组合 t 的收益;β_t 为证券组合相对于市场指数的贝塔值;R_m 为市场指数收益;R_f 为无风险收益。设 r_t 为证券 t 的实际收益,那么

$$\alpha = r_t - R_t = r_t - [R_f + \beta_t(R_m - R_f)]$$

即

$$r_t - R_f = \alpha + \beta_t(R_m - R_f)$$

从上式可以看出,在非有效的市场,证券收益来自无风险收益、系统风险收益补偿和阿尔法收益。

从前面的公式可以看出,阿尔法值表示了资产回报率高于、等于或低于正常的预期回报率的程度,前提是该资产的波动性与某个市场指数是相关的。从这一特定意义上讲,阿尔法值衡量的是与一项资产的贝塔值所预测的回报率相比,该资产的表现是更好还是更差。如果一项资产的回报率比其贝塔值预测的回报率高,则该资产有一个正的阿尔法值;而如果一项资产的回报率比其贝塔值预测的回报率低,则该资产的阿尔法值为负。阿尔法值也被称作余值风险或选择风险。

(二) 阿尔法的来源

为实现阿尔法套利,选择或构建证券产品是关键。积极管理型投资的收益可以分为两部分,一部分来自市场的收益(也称为来自贝塔的收益);另一部分来自投资经理的投资技巧,即超越市场的超额收益(也称为获取的阿尔法)。来自市场的收益比较容易获得(例如采用跟踪市场的投资方式即可获得),但是要获取超越市场的超额收益则较为困难。

从国内外的经验来看,在强式有效的市场,一般不存在或者很难寻找稳定的阿尔法。因此,阿尔法策略一般运用在市场效率相对较弱的市场上,如新兴股票市场、创业板市场等。由于此类市场的有效性较弱,专业投资者容易利用专业管理、积极操作、资金规模等优势获得较高的阿尔法收益,从而跑赢大市。从国内的经验来看,以下几方面常常存在阿尔法机会。

1. 基金组合

国外很多关于阿尔法策略的研究中,一般都是通过基金和衍生品的组合来构造阿尔法组合,这是因为基金较易获得超额收益。国内的研究[如何龙灿和顾岚(2003)、王晓国和王国顺(2005)]同样表明,我国基金的业绩存在一定的延续性。

以沪深 300 指数(或上证 50 指数、中证 500 指数)作为市场基准收益,计算基金的詹森(Jensen)指标、信息比(IR)指标、夏普比(SR)指标等,通过上述指标对基金进行排序,选取表现"好"的基金,然后按照等权重或等市值权重构建基金组合。

2. 选股

选择被低估的股票。如果能够准确地寻找出这些被低估的股票,买入这些股票构建投资组合,并通过衍生品对冲组合的系统风险,就可以获得稳定的阿尔法收益。

1）传统的基本面分析选股

通过估值水平、盈利能力、盈利质量、成长能力、运营能力、负债水平等方面来综合评价上市公司，筛选出具有超额收益的股票。

2）动量策略

物理学上，运动的物体停止受力后，因为存在动量，仍会在原有的轨道上运行一段距离。金融市场同样存在类似的动量效应（momentum effect）。在一定时间内，如果某只股票或者某个股票组合在前一段时期表现较好，那么，下一段时期该股票或者股票组合仍将有良好表现，这就是金融上的动量效应。以此为基础，拓展阿尔法动量策略、信息比动量策略等，据此挑选股票。

3）波动捕获策略

在效率相对较低的市场，某些个股会有比市场指数更高的波动性。波动捕获策略就是寻找波动性大且相关性低的股票，构建组合，获取阿尔法收益。

3. 行业阿尔法

由于个股的数量大、波动性大，在寻找阿尔法时往往比较复杂。另一种思路是寻找行业阿尔法，国内外很多基金的大部分收益都来源于正确的行业配置。类似地，在寻找行业阿尔法方面，同样既可以从基本面角度来分析特定行业的运行特征，也可以将单个行业看成单只股票，利用与上文类似的数量化方法进行选择。

4. 其他

此外，还可以通过股指期货套利、债券套利、ETF套利、外汇和衍生品工具以及采用对冲基金、PE甚至地产等策略来获得阿尔法收益。阿尔法的来源参见图2-6。

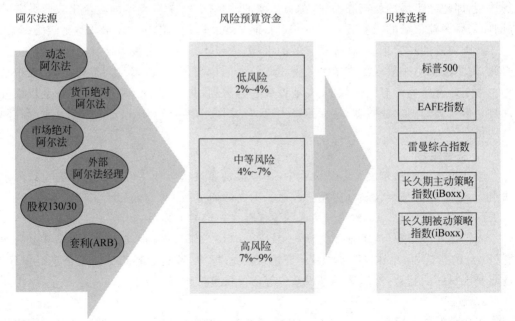

图 2-6　阿尔法的来源

资料来源：UBS，联合证券研究所。

采用金融工程手段,利用衍生品来获取超额收益是很重要的方式之一,阿尔法策略最常用的衍生工具是股指期货、互换等。采用不同方式产生的阿尔法其所蕴含的风险高低也各有不同。

(三)阿尔法策略的内容

投资者在市场中交易面临系统性风险和非系统性风险。传统阿尔法策略是在基金经理建立了 β 部位的头寸后,通过衍生品对冲 β 部位的风险,从而获得正的阿尔法收益。

阿尔法策略成功的关键就是寻找到一个超越基准(具有股指期货等做空工具的基准)的策略。比如,可以构造指数增强组合+沪深 300 指数期货空头策略。这种策略隐含的投资逻辑是择时比较困难,不想承受市场风险。

阿尔法策略成败的两个关键要素是:其一,现货组合的超额收益空间有多大;其二,交易成本的高低。两者相抵的结果,才是阿尔法策略可获得的利润空间。在股市阿尔法策略中,最考验策略制定者水平的因素在于选股方法和能力。

(四)阿尔法策略的操作流程

利用股指期货获取阿尔法的流程,大致可分为以下四步。

第一步为选择资产,即选择阿尔法的来源。

第二步为优选组合,即在资产大类中选择存在阿尔法的个别资产构成一个优选组合进行投资。首先是根据特定资产大类选择定价模型,再根据模型得到的数据由詹森阿尔法或 IR 等指标进行评判,得到合适的优选组合。

第三步为建立组合。根据上一步得到的优选组合建立头寸(一般为多头头寸),再利用合适的金融衍生品对定价模型所识别的风险因子进行对冲。常见的风险因子有市场风险因子等,分别可采用大样本股指期货对冲市场风险因子、大市值和小市值股指期货的组合对冲规模风险因子。

第四步为定期调整。由于对于某单一证券或组合而言,阿尔法并不永久存在,因此应定期对优选组合进行调整,调整期应小于或等于经检验后得到的该类资产的阿尔法平均持续期。图 2-7 为阿尔法策略的简要流程。

二、可转移阿尔法策略

(一)可转移阿尔法策略的含义

20 世纪 90 年代初,阿尔法策略逐渐被使用,而可转移阿尔法策略的广泛使用在 2000 年以后,其最早的使用可以追溯到 1985 年,Jack Coates 和其同事在 Weyerhaeuser 养老金计划中使用了可转移阿尔法策略,同时也是充分利用了阿尔法和贝塔的独立性。

可转移阿尔法策略是在维持整体投资所需系统风险暴露的前提下,获取其余与系统风险相关度较低的收益的金融工程方法。可转移阿尔法策略使投资者可以将市场的被动投资收益(贝塔)和超额收益(阿尔法)分开,在低成本获取贝塔的同时,独立地寻找和管理阿尔法。

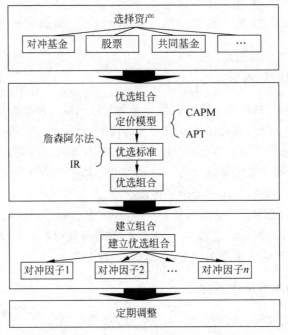

图 2-7　阿尔法策略的简要流程

CAPM 模型表明,主动管理的投资组合的期望收益率是无风险收益率加上市场风险

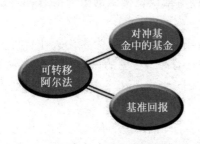

图 2-8　可转移阿尔法策略的基本模式

溢价(贝塔),再加上基于经理人技能的收益(阿尔法)。衍生金融工具允许机构投资者将收益分解成阿尔法、贝塔和无风险收益率,然后用其他方式进行重组。这个过程的关键在于将阿尔法收益从一个策略移植到另一个策略中。当机构投资者成功识别出能持续产生阿尔法收益的经理人,他们就能将经理人管理技能产生的收益与目标基准收益结合,进而实现超越市场基准的收益率,如图 2-8 所示。

(二)可转移阿尔法策略的构建

1. 阿尔法引擎

可转移阿尔法策略从选择阿尔法引擎(对冲基金母基金)开始。任何主动管理的投资管理战略都可以作为阿尔法移植策略的基础,其中最常用的阿尔法引擎之一是充分分散的对冲基金组合。该投资组合可以是单一的对冲基金、母基金或第三方专业经理人提供的基金。

母基金对许多单一对冲基金运用对冲基金策略,使不同的单一对冲基金所产生的收益之间相关性较低,与市场收益的相关性也较低。这些单一对冲基金产生的一系列收益,可以使用杠杆、卖空策略和非流动性投资等工具来增强显现收益。母基金的目标收益率通常为无风险收益率加上几百个基点的阿尔法收益率(扣除费用后),如 LIBOR＋300bps。

2. 贝塔组成

创造可转移阿尔法策略的下一步是为贝塔组成部分选择目标基准收益率。典型的基准收益率为标普 500 指数、纳斯达克 100 指数和雷曼兄弟综合债券指数等。实际上,任何流动性良好的指数都可以用来搭建可转移阿尔法策略的框架,除非需求的专业化程度较高或者阿尔法移植策略要高度定制的解决方案,一般使用交易规模较大的、流动性较高的指数来节约成本。

3. 重组各种来源的收益

可转移阿尔法策略通过利用总收益互换或者期货合约来获取贝塔。互换合约和期货合约的相对优势如表 2-9 所示。

表 2-9　互换合约和期货合约的相对优势

比较项目	互 换 合 约	期 货 合 约
条款	规模和相关日期都可定制	规模和相关日期是标准化的
合约文件	国际掉期和衍生品协会(ISDA)规定的合约文件更耗时、更复杂;需要咨询法律建议;交易双方可以协商	相对简单、直接,执行成本较低;经过标准化的合约文件
投资保障	典型的互换合约要求针对产生阿尔法收益的资产缴纳一定费用作为投资保障,但是没有较强的信用保障	要求支付保证金
信用风险	涉及金融机构的信用风险暴露(金融机构是否看重信誉资本,遵守合约按期交换现金流)	期货清算公司将所有参与者的风险都打包成池,到期担保按期偿付,担保来源于保证金的支持
合约结算	一般是现金结算,也可以选择实物合约的结算方式	有义务到期接受合约或者交割潜在资产,一般是冲销反向头寸,对净头寸用现金进行结算
持续管理	在合约期间(一般是一年)有最低管理要求	需要管理保证金账户,到期对期货合约进行展期
选择贝塔	没有限制(如果互换合约可以买卖,那么金融机构可以对冲已有头寸)	仅限于可交易的期货合约
价格	一般在一年以内价格被合约固定。场外柜台交易的互换合约允许交易双方对价格进行协商	交易所公开报价,价格随着期货市场合约价格走势变动

这些衍生工具的成本由金融机构承担潜在资产的持有成本决定。持有成本的组成成分包括购买潜在指数头寸所需承担的费用、交易对手信用风险的补偿以及金融机构的利润和税收调整。但是,当阿尔法移植策略的应用对象从一个高流动性市场转向一个供需体量较小的弱流动性市场时,阿尔法移植策略中的持有成本开始上升,最终引致定价偏误。可转移阿尔法策略框架参见图 2-9。

4. 可转移阿尔法策略的构建流程

可转移阿尔法策略构建分为以下四个流程,如图 2-10 所示。

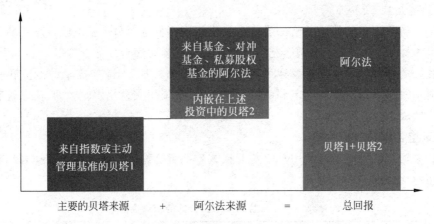

图 2-9　可转移阿尔法策略框架

资料来源：国泰君安证券研究所整理。

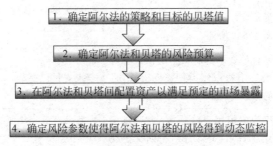

图 2-10　可转移阿尔法策略的构建流程

资料来源：国泰君安证券研究所整理。

【例 2-10】　假如社保基金拥有 1 亿元资金，其战略资产配置为：8 000 万元配置给以沪深 300 股票指数为基准的大盘股，其余 2 000 万元配置在国债市场。由于大盘股市场效率较高，投资经理在沪深 300 中获取的积极收益平均仅为 0.6%，而在中小企业板市场上，投资经理可获取平均为 4.1% 的积极收益。受政策限制，社保基金只能投资于沪深 300 股票指数成分股，而不能投资于中小企业板市场上的股票。这将极大地限制社保基金的获利能力。运用可转移阿尔法投资策略可以解决这一难题，既不影响组合的战略资产配置，又可以充分利用投资经理在中小企业板获取积极收益的能力，将该板块积极收益"转移"到组合中来。

假设目前已经推出中小企业板指数期货，保证金 10%，从 8 000 万元配置给以沪深 300 股票指数为基准的大盘股中转移出 3 000 万元用于投资中小企业板市场，进行如下操作。

首先，买入名义值为 3 000 万元的沪深 300 股指期货合约，则需要 300 万元的保证金。该项操作使组合对大盘股的市场暴露依然保持为 8 000 万元（5 000 万元的沪深 300 大盘股投资加 3 000 万元的股指期货）。

其次，将剩余的 2 700 万元配置给中小企业板投资基金，并作为建立中小企业板指数期货空头头寸的履约保证金。然后建立价值 2 700 万元中小企业板股指期货空头合约，对冲掉中小企业板投资的市场风险。

以上操作的最终结果是,既保持了原有的资产配置不变,同时又获取了中小企业板投资经理的积极收益,将原来 3 000 万元沪深 300 大盘股的投资收益转变为 3 000 万元的沪深 300 大盘股指数收益加上 2 700 万中小企业板投资的积极收益。

由于该积极收益完全来自投资经理的选股技能,与市场趋势无关,并没有增加整个组合的风险,所以不论小盘股市场是上升还是下降,可转移阿尔法策略都可以增加组合的收益(或减少组合的损失)。

可转移阿尔法策略如表 2-10 所示。

表 2-10　可转移阿尔法策略

配 置 方 式	组 合 构 成
传统配置:1 亿元资金	8 000 万元指数股票组合＋2 000 万元国债
可转移阿尔法配置	1 亿元资金
	5 000 万元指数股票组合＋3 000 万元指数期货＝8 000 万元指数股票组合
	2 700 万元(中小板基金＋中小板指数期货对冲)
效果	不改变原有配置的风险特性,增加了中小企业阿尔法收益

上述的例子是同一种资产类别之间的阿尔法的转移,不同的资产类别之间也可以进行阿尔法的转移。在上述案例中,也可以将小盘股的积极收益转移到债券投资策略之中,此时是将配置于债券的资金转移一部分进行小盘股的投资,同时买入债券指数期货合约(如雷曼综合指数期货),卖出中小企业板指数期货(或拉塞尔 2000 股指期货)合约。

在现实中,可供转移的积极收益的来源可能不止一个,不同来源的积极收益具有不同的风险特征。例如有的投资经理提供的积极收益数额较高,但波动性也大;有的投资经理提供的积极收益数额不大,但较稳定。我们可以先确定对积极风险的容忍度,再根据各种积极收益的风险收益特征及其相关性,利用均值-方差优化方法,确定最优的积极收益组合,然后根据最优组合中各种积极收益的数量,相应地实施多个可转移阿尔法策略。由于不同来源的积极收益往往受不同的因素驱动,它们之间的相关性通常不高,因此多个积极收益的组合可以充分享受分散化投资的好处,使其在对组合总体风险影响较小的情况下,显著增加组合的收益,提高组合的投资效率。

(三)阿尔法策略、可转移阿尔法策略比较

1. 阿尔法策略和可转移阿尔法策略的不同之处

阿尔法策略是设定目标资产的种类,然后选择被动指数投资或主动管理以期在这些资产上获得超额收益。例如,目标资产是股票资产,投资者会选取股票型投资基金经理;目标资产是债券类资产,投资者则会选取债券型投资经理。这样,投资者的选择局限于某几类资产,而流失了广泛获得阿尔法的机会。但可转移阿尔法策略则将资产种类选择和投资经理选择分开,即分离了市场收益和由基金经理投资才能产生的收益,同时分配了大部分的基金主动管理风险在阿尔法上。

2. 阿尔法策略、可转移阿尔法策略适用性不同

阿尔法策略、可转移阿尔法策略的不同构造方法,使之收益-风险特征存在很大差异,

适宜于不同的市场态势和投资者。表 2-11 为阿尔法策略、可转移阿尔法策略比较。

表 2-11　阿尔法策略、可转移阿尔法策略比较

比 较 层 面	阿尔法策略	可转移阿尔法策略
市场环境	熊市,或市场下跌阶段	牛市,或市场上涨阶段
投资者风险偏好	低风险偏好	高风险偏好
期货部位	空头	多或空头,依比较基准而定
收益性质	绝对回报	相对回报
比较基准	无风险收益	设定基准(如基准指数)
贝塔部位灵活性	较严格,完全对冲现货风险	比较灵活,风险敞口可调整

资料来源:国泰君安证券研究所。

(四) 可转移阿尔法策略相对于阿尔法策略的优势

可转移阿尔法策略能在保持组合所需的贝塔的前提下提供一系列阿尔法来源。尽管可转移阿尔法策略给投资管理的实践带来了新的要求和挑战,但这种策略与传统的阿尔法策略相比,还是具有一些显著的优势。

(1) 更广泛的投资领域。投资者不必拘泥于从其原始目标资产类别中寻找阿尔法,可以选择在更广阔的领域中得到阿尔法,如特定类别的对冲基金、私人股权投资、房地产以及部分传统投资策略。

(2) 更适度的风险暴露。通常情况下,有效程度最低的市场往往能够提供最好的超额收益来源,但这会给投资者带来很高的系统风险。可转移阿尔法策略使得投资者能对冲掉不需要的市场风险暴露,使整体组合风险更为适度。

(3) 更大的灵活性。投资者可以使资产组合的风险特征与其风险目标更匹配,来降低组合风险。比如,削减权益资产上的暴露,同时增加固定收益产品和其他结构性产品的头寸,从而使资产与负债更合理匹配,在维持甚至提高组合潜在收益的前提下降低整个组合的波动性。

(4) 增强的有效性。可转移阿尔法策略可以分离获取阿尔法的投资管理人与他们所管理的资产类别。产生阿尔法的各种策略之间通常相关系数较低,将这些策略结合起来,可构成非常有效且风险控制良好的组合。

(5) 更低的风险。通过将阿尔法与贝塔分离,可以对这两部分分配不同数量的风险预算。例如,阿尔法部位的头寸可大可小,而这与产生阿尔法的资产的数量无关。当阿尔法累积起来后,对阿尔法部分初始的小额分配也随之增大,而该部位风险较低,从而整体组合风险要低于传统投资。

(6) 更低的费用。在可转移阿尔法策略中,投资者通常仅对带来阿尔法的基金经理支付较高的费用,而对跟踪贝塔暴露的基金经理人只需支付较低的费用。

(五) 可转移阿尔法策略的局限性

尽管可转移阿尔法策略具有众多优势,但它也有一定的局限。

首先,并非每一种积极收益都能被转移。如果投资经理操作的资产类别不存在相应

的金融衍生品,且该资产类别不能用一个证券篮子来近似地复制,无法对冲掉投资中的市场风险,则该积极收益难以转移。另外,如果积极收益中隐含的市场风险经常变化,该积极收益也难以转移。例如某投资经理采用选时策略,在市场上升时组合的 β 大于1,市场下降时组合的 β 小于1,导致投资中的市场风险不能有效对冲,积极收益也难以转移。

其次,实际中的积极收益可能并非"纯粹的"积极收益,该收益中可能包括一部分来自隐含市场暴露的市场收益,因而该积极收益与市场收益具有一定的相关性。例如采取市场中性战略的对冲基金,其投资往往做不到 β 中性,1994年至2003年的数据表明,代表市场中性对冲基金平均收益率的CSFB市场中性指数,与标普500股票指数的相关性高达0.4。

这样的积极收益转移到组合中来,会使组合承担非意愿的市场风险,偏离战略资产配置。

对冲基金组合＋标普500指数投资实例

某基金经理所管理的投资组合拟采用可转移阿尔法策略,以实现高于标普500指数的收益率。假定他所投资的对冲基金组合的收益(扣减费用之后)为伦敦同业拆借利率＋300基点,利用互换交易投资标普500指数的成本为伦敦同业拆借利率＋15基点,互换合约收益为标普500指数收益率,其具体投资策略如下。

步骤1:将90%的现金投资于母基金组合,获得伦敦同业拆借利率加上300基点的总收益率。

步骤2:用余下的现金买入指数期货,从金融机构手中获取目标基准收益率。或者进入总收益互换合约,支付伦敦同业拆借利率＋15基点的合约成本,获得基准收益率。这样该基金经理的净收益为标准普尔500指数收益率＋285基点。

这里暂时没有考虑管理可转移阿尔法策略涉及的成本和风险,包括以下方面。

(1)研究和尽职调研的成本,这些成本源自选出单只对冲基金或母基金前的研究和调研工作。

(2)法律费用,与金融机构磋商文件的耗时。

(3)互换合约中金融机构的信用风险。

(4)期货合约展期操作和期货清算公司对抵押品的要求。

(5)持续的管理和风险策略报告的成本。

(6)管理货币风险。

当评估整套策略产生正收益的概率时,母基金的标准差也应该纳入考虑范围。

管理应用于组合的可转移阿尔法策略的成本和复杂程度可能较高,但是相应的收益也较高,包括以下方面。

(1)增强型组合收益——目标是"指数加成"。

(2)收益上有更高的持续性——一个母基金提供充分分散化的具有阿尔法收益的投资组合,阿尔法收益来源于不同的投资经理人,减少了对个别经理人技能的依赖,进而阿尔法收益可以被剥离出来并加到指数收益率上。

(3)更有效率的风险管理——不同策略之间的相关性较低,每一单位风险有更高的期望收益。

（4）更有效的资产负债匹配——拓展投资范围，允许经理人从另类投资中获取阿尔法收益。

第四节　指数化投资与股指期货

一、合成指数基金

1. 合成指数基金的原理

合成指数基金（synthetic index fund）是指仅包括股指期货多头头寸和现金，而不包括指数成分股，但以跟踪基准指数为投资目标的指数基金。

合成指数基金（前提是该指数基金必须有对应的股指期货）构造原理其实很简单。假设没有交易成本，且股指期货的市场价格等于理论价格，通过持有合约面值等于基金规模的股指期货合约与管理剩余现金，即可跟踪标的指数表现。

假设当前股指点位为 I_0，合约乘数为 δ（沪深 300 股指期货的 $\delta=300$），无风险年利率为 r_f（单利计息，应用于合约保证金收益和现货市场收益），距离股指期货到期日时间为 T（年），年分红率为 d，则股指期货的无套利价格为

$$F_0 = \delta I_0[1 + T \times (r_f - d)]$$

为简便起见，假设基金规模正好为 1 张股指期货合约的面值，即 δI_0。产品建仓期，购入 1 张股指期货合约，部分现金作为保证金，剩余现金投资于货币市场，两部分现金都能够获得无风险收益。股指期货合约和现金构成了所需要的投资组合。

在交割日，指数变为 I_1，对应的无套利合约价格为 $F_1 = \delta I_1$。对基金组合而言，如果此时平仓的话，合约收益为 $(F_1 - F_0)$，现金的利息收益为 $\delta I_0 \cdot T \cdot r_f$，基金净值为

$$(F_1 - F_0) + \delta I_0(1 + T \cdot r_f) = \delta I_1 + \delta I_0 T d$$

而如果将 δI_0 全部用来购买股票，则在交割日，股票的价值变为 δI_1，分红收入为 $\delta I_0 T d$。两种投资方式的收益一致，即期货加现金的组合复制了指数收益。

值得注意的是，虽然股指期货的保证金制度释放了大量的现金头寸，但是这一部分现金头寸不能随便处理，并不是免费的午餐。实际上，只有在这部分现金头寸能够以期货定价的利率（理论上采用无风险利率）进行投资，才能使得整个组合的收益与指数相匹配。而如果试图战胜指数，那么现金头寸就必须获得比该利率更高的回报。这就是合成指数基金的现金管理问题。

2. 合成指数基金的优势

传统指数基金的投资通过按该指数中权重比例购买该指数中所有的股票，或者购买数量较少的一揽子股票来近似模拟市场指数。个股的股本变动、股利发放、股票分割、资产剥离或并购等均会影响股票组合对标的股指的跟踪误差。其他诸如投资组合的规模、流动性、指数成分股的调整、即时平衡持股交易等也会增加经理人对标的指数的跟踪难度。相对而言，合成指数基金具有成本低廉、收益增强以及跟踪误差小的比较优势。

1）成本低廉

传统指数基金通过复制指数成分股进行指数跟踪，而合成指数基金只需持有股指期

货合约和现金。两者相比,合成指数基金节省了大量成本,具体原因有三个。

首先,合成指数基金维护的交易费率较低。中金所规定股指期货的交易手续费为万分之零点五,考虑期货公司佣金,一次买卖的总手续费约为万分之三。而股票交易,考虑证券公司佣金和单边卖出千分之一的印花税,一次买卖的总手续费约为千分之二,约为股指期货交易的 7 倍。

其次,合成指数基金维护的交易量较低。一方面,指数的编制规则确保了指数点位在指数成分股调整的时候能够保持连贯,而套利机制保证股指期货合约点数能持续跟踪指数表现,所以应用股指期货合约跟踪指数的合成指数基金在指数调整时无须操作。另一方面,每当指数调整(成分股调整和权重调整),采用成分股复制原理的传统指数基金必须跟随调整,进而产生交易成本。图 2-11 是合成指数基金与传统指数基金的运作对比。

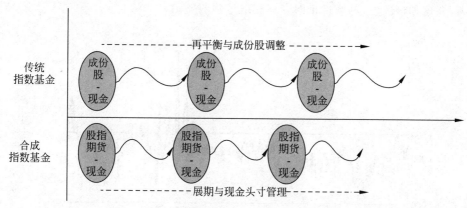

图 2-11　合成指数基金与传统指数基金的运作对比

资料来源:华泰联合证券研究所。

最后,合成指数基金维护的冲击成本较小。传统指数基金管理数量可观的成分股,面对较大比例的成分股调整、权重再平衡、申购和赎回,市场冲击成本可能显著减少基金收益,是基金运行维护中的难点。而合成指数基金只需在申购和赎回时调整合约数量,考虑股指期货市场良好的流动性,冲击成本可以忽略不计。

表 2-12 是合成指数基金和传统指数基金的成本对比。

表 2-12　合成指数基金和传统指数基金的成本比较

交 易 成 本	合成指数基金	传统指数基金
经纪佣金	典型万分之零点五	典型万分之五
再平衡成本	无	有
印花税	无	卖出千分之一
展期成本	有,通过现金收益补偿	无

资料来源:华泰联合证券研究所。

2) 增强收益

传统指数基金实现指数增强,通常基于选股或者择时。受成分股复制高仓位限制,收益增厚能力较弱且风险较大。合成指数基金增强收益的独特方式包括套利股指期货定价错误和积极管理现金头寸(cash plus)。

首先,套利股指期货定价错误是无风险地增强指数合成基金收益的方式。股指期货的市场价格应该等于其理论价格,但是供需关系、市场情绪等都有可能使得期货价格偏离其无套利价格区间。当此种情况出现时,合成指数基金的管理者可以进行类似于期现套利的操作将这种定价错误锁定成利润。具体而言,如果当前股指期货价格高出无套利价格区间,管理者可以卖出股指期货购入现货头寸;待股指期货价格重新进入无套利价格区间,管理者再卖出现货而恢复期货头寸。

图 2-12 为 2014 年 1 月—2015 年 6 月沪深 300 股指期货主力合约期现价差比率曲线。由图 2-12 可知,其间期现价差比率多次出现大于 2% 的情形(通常认为,基差/现货指数的绝对值大于 2% 是一个很好的期现套利机会,被称为最优套利点),期现价差发生较大偏离,在这种情况下,可通过正向套利获取增强收益。

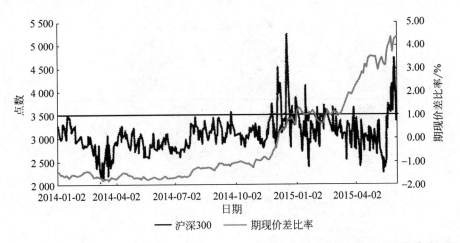

图 2-12　2014 年 1 月—2015 年 6 月沪深 300 股指期货主力合约期现价差比率曲线
资料来源:Wind 广发期货发展研究中心。

其次,积极管理现金头寸是指数增强的另一个重要来源。因为股指期货合约实行保证金交易,合成指数基金的管理者在购买基金规模对应的期货合约之后还会剩余大量现金。这部分现金可以投资于流动性好、低风险的资产,产生额外收益。此类资产可以是期限较短或者评级略低于最高级的债券类产品。

和传统指数基金的现金管理相比,合成指数基金的现金管理更加复杂。由图 2-13 可知,合成指数基金的现金使用分为三部分:保证金及保证金备用,赎回备用,固定收益投资。对于初期现金分配,一方面预留现金应满足期货盯市的保证金需求和赎回需求,另一方面过多的现金将稀释组合收益。

3. 合成指数基金实践

产品实践中,由于合成指数基金的结构特殊,投资组合涉及较多资产种类,以及风险管理复杂,它的规模和数量相对传统指数基金偏小。

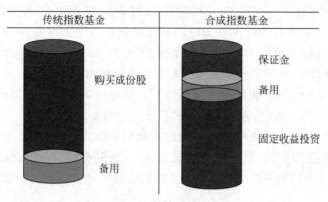

图 2-13　合成指数基金和传统指数基金的现金应用差异

资料来源：华泰联合证券研究所。

表 2-13 是使用 Bloomberg 查询到的基于美国市场的合成指数基金不完全列表[①]。

表 2-13　美国的合成指数基金不完全列表

代　　码	名　　称	成立日期	规模/百万美元
PSTKX US	PIMCO StockSPLUS FUND-INSTL	1993 年 5 月	857.62
PRRSX US	PIMCO REALESTATEREALRET ST-I	2003 年 10 月	486.92
PSLDX US	PIMCO StockPLUS LONG DUR-INS	2007 年 8 月	417.09
ROYURIX CN	RBC US IDX CURRENCY NEUTRL-A	1998 年 10 月	222.30
PSPTX US	PIMCO StocksPLUS TOT RET-I	2002 年 6 月	211.88
OIQAMER CN	FERIQUE AMERICIAN FUND	1999 年 10 月	131.21
PSCSX US	PIMCO SMALL CAP STOCKPLUS-IS	2006 年 3 月	124.28
PFPIX US	PIMCO FUNDAMENTAL INDEXPL-I	2005 年 6 月	101.80
FCDNUSEI CN	BMO US EQTY INDEX FUND-A	1991 年 1 月	68.10
DXFTX US	FINANCIAL TRENDS STRATEGY-IV	2009 年 3 月	15.52
NATINDRS CN	ALTAMIRA US INDEX FUND-INV	1999 年 1 月	11.96
MWATX US	METROPOLITAN WEST AL T 500 M	1998 年 6 月	11.28

资料来源：Bloomberg,华泰联合证券研究所。

从表 2-13 可知,合成指数基金的数量较少,参与的公司不多,其中美国的 PIMCO 公司是此领域的佼佼者。PIMCO 公司先后推出了 6 只基于衍生品的合成指数产品,形成 StockPLUS 系列基金。该系列基金通过持有期货多头,并对现金头寸的积极管理(主要是持有债券等),实现对指数的复制和增强。

StocksPLUS 基金由 S&P 500 股指期货和短久期固定收益组合构成。基金管理者通过股指期货跟踪 S&P 500 走势,同时积极管理固定收益组合,按照期货定价原理,如果固定收益组合的收益率高于期货价格所隐含的借贷成本,该组合的收益率就会超越指数。StocksPLUS 的持仓组合非常复杂,主要体现于固定收益组合。2010 年 6 月 30 日的季报

[①]　使用 Bloomberg 的 FSRC 基金检索投资于美国的开放式资产分配基金,简介包含 derivative,index,并逐一剔除明显不是合成指数基金。

显示,该基金持有多达 459 种资产,包括期货、政府债券、抵押债券、外汇产品等。

【例 2-11】　保险公司和低风险偏好的基金及银行理财如何利用股指期货进行指数化投资。假设某保险公司拥有一个指数型基金,规模 20 亿元,跟踪的标的指数为沪深 300 指数,为简单起见,其投资组合权重分布与现货指数相同。

方案一:现金基础策略构建指数型基金。直接通过买卖股票现货构建指数型基金,获得资本利得和红利。其中,未来 6 个月的股票红利为 1 195 万元。

方案二:运用期货加现金增值策略构建指数型基金。将 18 亿元左右的资金投资于政府债券(以年收益 2.6％计算),同时 2 亿元(10％的资金)左右买入跟踪该指数的沪深 300 股指期货头寸。当时沪深 300 指数为 2 800 点,6 个月后到期的沪深 300 指数期货的价格为 2 996 点。

沪深 300 股指期货合约规模＝2 996 点×300 元/点＝898 800(元/张)

每张保证金＝898 800×10％＝89 880(元/张)

现在应购买的 6 个月后交割的沪深 300 期货合约张数:

N＝200 000 000÷89 880＝2 225(张)

所用资金＝89 880 元/张×2 225 张＝199 983 000 元＝19 998.3(万元)

投资政府债券资金＝1 800 000 000＋7 000＝1 800 007 000(元)

假设 6 个月后指数为 3 500 点,忽略交易成本和税收等,并且整个期间指数的成分股没有调整。

方案一的收益:

股票资本利得＝20 亿元×(3 500－2 800)÷2 800＝5(亿元)

红利终值＝1 195×1.013≈1 211(万元)

总增值＝51 211(万元)

方案二的收益:

政府债券的收益＝1 800 007 000×2.6％÷2＝2 340(万元)

期货盈利＝(3 500－2 800)×300×2 225＝46 725(万元)

总增值≈49 065(万元)。

二、期现互转套利策略

期现互转套利策略是利用期货对于现货出现一定程度的价差时,期现进行转换的套利操作策略。这种策略的目的是使总报酬率除了复制原来指数的报酬之外,还可以套取期货低估价格的报酬。

这种策略本身是被动的,当低估现象出现时,进行头寸转换,该策略执行的关键是准确界定期货价格低估的水平,并精确测算每次交易的所有成本与收益。

其基本操作模式是:用股票组合来复制标的指数,当标的指数和股指期货出现逆价差并达到一定水平时,将股票现货头寸全部出清,将 10％左右的资金转换为期货,其他约 90％的资金可以收取固定收益,待期货的相对价格高估,出现正价差时再全部转回股票现货。另外,当期货各月份出现可套利的价差时,也可以通过跨期套利来赚取利润。期现互转套利策略如图 2-14 所示。

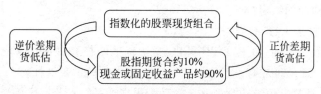

图 2-14　期现互转套利策略

该策略在操作上的限制是股票现货头寸的买卖,大量卖出股票组合对股票现货市场有冲击,从而产生冲击成本。这个成本的计算受股票现货仓位的大小、交易时机等因素影响。

【例 2-12】 假如 20××年 6 月 18 日中证 500 股指期货 09 合约指数 5 400 点,中证 500 指数 5 600 点,同期 3 月国债利率 2%,融券利率 9%,拥有现金 60 万元,那么买入一手 IC09 合约,卖出 100 万的 ETF 的收益是多少?

理论套利价差收益:40 000 元[(5 600−5 400)×200(IC 每个点 200 元)],60 万 3 个月成本:3 000 元(600 000×2%×0.25),10 万买入一手 IC09,50 万融券卖出 100 万 ETF 成本:1 000 000×9%×0.25=22 500 元。

其他成本理论假设均为 0:买卖 ETF 的佣金;买卖 ETF 的冲击成本;指数期货的交易成本;买卖指数期货合约的冲击成本。

理论收益 40 000−3 000−22 500=14 500 元

综合年化收益:14 500/600 000×4×100%=9.667%(但在实际应用中往往受流动性、融券券源、期限等限制。)

三、反向及杠杆型 ETF 基金

(一)反向及杠杆型 ETF 概述

1. 反向及杠杆型 ETF 的概念

反向及杠杆型 ETF 是对传统 ETF 的一种创新。传统 ETF 通常是指完全被动追踪目标指数、追求与目标指数相同回报的交易型开放式指数基金。指数上涨时 ETF 价值上涨,指数下跌时 ETF 价值下跌。经过 10 余年迅速发展,传统 ETF 已经趋于成熟。在传统 ETF 的基础上,境外市场率先发展出能够在市场下跌时上涨或者能够在市场上涨时放大收益的新型 ETF,即反向及杠杆型 ETF。

杠杆 ETF(leveraged ETF),又称做多或看多 ETF(bull ETF),是通过运用股指期货、互换合约等杠杆投资工具,实现每日追踪目标指数收益的正向一定倍数(如 1.5 倍、2 倍甚至 3 倍)的交易型开放式指数基金;当目标指数收益变化 1% 时,基金净值变化可以达到合同约定的 1.5%、2% 或 3%。当杠杆倍数为 1 倍时,杠杆 ETF 实际上就相当于传统 ETF。

反向 ETF(inverse ETF),又称做空 ETF 或看空 ETF(short ETF 或 bear ETF),是通过运用股指期货、互换合约等杠杆投资工具,实现每日追踪目标指数收益的反向一定倍数(如−1 倍、−2 倍甚至−3 倍)的交易型开放式指数基金;当目标指数收益变化 1% 时,基金净值变化达到合同约定的 -1%、-2% 或 -3%。

2. 反向及杠杆型 ETF 的类型

根据杠杆倍数的不同,杠杆 ETF 可以分为 1.5 倍杠杆、2 倍杠杆、2.5 倍杠杆以及 3 倍杠杆等;反向 ETF 通常有 -1 倍杠杆、-1.5 倍杠杆、-2 倍杠杆、-2.5 倍杠杆以及 -3 倍杠杆等。上述杠杆倍数通常由基金管理人根据产品特点及市场接受的程度来确定。

根据目标指数类型的不同,反向及杠杆型 ETF 又可以分为全市场股票指数类 ETF、风格指数类 ETF、行业指数类 ETF、国际指数类 ETF、固定收益类 ETF、商品指数类 ETF 以及货币类 ETF 等。

3. 反向及杠杆型 ETF 的优势

2005 年 2 月,瑞典发行其首只反向 ETF 即 XACT Bear 基金。该基金跟踪 OMXS30-index 指数,在斯德哥尔摩股票交易所上市,并追求每日获得与指数变化相反的大约 1.5 倍的收益。美国的反向及杠杆型 ETF 始于 2006 年 6 月。当时 ProFunds 公司在美国股票交易所接连推出了 8 只 Proshares 系列反向及杠杆型 ETF,受到投资者的热捧。此后,反向及杠杆型 ETF 很快风靡全球,美欧发达市场纷纷发行其反向及杠杆型 ETF。

反向及杠杆型 ETF 在境外快速发展的原因主要是:第一,反向及杠杆型 ETF 是对传统策略的超越,是 ETF 与杠杆投资技术的成功结合。第二,反向及杠杆型 ETF 与股指期货等衍生品各有其特色和适合的投资者,并具有股指期货等衍生品所不具有的一些优势。如:反向及杠杆型 ETF 比股指期货的风险低,且不用缴纳保证金,投资者无须直接承担杠杆,其最大损失也不会超过投资者投入的资金。同时,在相同的市场条件下,它又比传统 ETF 收益高;在相反的市场中,反向 ETF 可以获得正向收益,也可以被用来对冲风险。

(二) 股指期货与杠杆型 ETF 的投资管理

1. 杠杆型 ETF 的投资目标

杠杆 ETF 通常追求每个交易日基金的投资结果在扣除费用前达到目标指数每日价格表现的正向一定倍数,如 1.5 倍、2 倍甚至 3 倍,但通常不追求超过一个交易日达到上述目标。这意味着超过一个交易日的投资回报将是每个交易日投资回报的复合结果,这将与目标指数在同时期的回报不完全相同。

2. 杠杆型 ETF 的投资对象

杠杆 ETF 主要投资于目标指数组合证券和金融衍生工具,其他资产通常投资于国债及高信用等级和高流动性的债券等固定收益产品。以 ProShares 系列为例,其杠杆 ETF 可以投资的证券及金融工具有:股票类证券,包括普通股、优先股、存托凭证、可转换债券和权证;金融衍生工具,包括期货合约、期货期权、互换合约、远期合约、证券和股票指数期权等;国债、债券和货币市场工具;融资融券、回购等。

3. 杠杆型 ETF 的投资策略

为了达到投资目标,基金管理人通常采用数量化方法进行投资,以确定投资仓位的类型、数量和构成。基金管理人在投资时不受其本身对市场趋势、证券价格观点的影响,在任何时候均保持充分投资,而不考虑市场状况和趋势,也不在市场下跌时持有防御性仓位。

4. 杠杆型 ETF 的组合管理

杠杆 ETF 的组合管理主要包括目标指数证券管理和股指期货管理两种。

1）目标指数证券管理

目标指数证券管理是指杠杆 ETF 将基金净资产的至少 80％投资于目标指数成份证券,以保持与目标指数的相同特征。这种复制方法与传统 ETF 基本相同,典型的是选择目标指数的一个代表性抽样,以保持与指数的高相关性。抽样方法主要包括完全复制法和抽样复制法等。采用何种抽样方法由基金管理人决定。

使用目标指数证券组合的好处在于,既可以保持与目标指数的相同或相近的特征,又可以提高组合的流动性,还可以适当降低使用金融衍生工具的比例,从而降低费用。在投资需要或市场不便时,基金也可以买入目标指数证券以外的部分证券,持有成份证券的权重也可以高于或低于目标指数的权重。

2）股指期货管理

股指期货管理是杠杆 ETF 投资的核心技术之一,即在缴纳一定比例（通常为股指期货合约总额的 5％～20％）的保证金的基础上,基金将按正向建立相当于基金净资产一定倍数的股指期货合约头寸。由于杠杆 ETF 通常持有 80％以上的目标指数组合证券,相当于已经复制了目标指数的接近 1 倍,因此,股指期货合约总额相当于基金杠杆倍数的 $(X-1)$ 倍。

采用股指期货方式的杠杆 ETF,其现金主要用于向交易所（或结算公司）缴纳保证金。保证金的比例通常保持在基金净资产总值的 5％～20％之间,视市场的要求而定。基金买卖股指期货合约的数量就取决于保证金的数量。保证金以外的资金,主要用作备用保证金,随时准备弥补保证金账户的不足,其余资金以银行存款或国债、债券等形式保存,以获得部分固定收益,弥补基金运营的支出。

以双倍杠杆 ETF（ultra ETF）为例,假设有 1 000 万元资金,其中 80％用于投资目标指数组合证券,股指期货的杠杆为 10 倍,构建双倍杠杆 ETF 的过程如图 2-15 所示,即通过股指期货的多头操作,就可以用 1 000 万元的资金构建 2 000 万元的指数投资项目。该组合的 β 为 2。

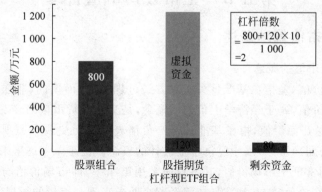

图 2-15　利用股指期货构建双倍杠杆 ETF 的过程

资料来源:国金证券研究所。

（三）股指期货与反向杠杆型 ETF 的投资管理

1. 反向 ETF 的投资目标

反向 ETF 通常追求每个交易日基金的投资结果在扣除费用前达到目标指数每日价格表现的反向一定倍数,如−1.5 倍、−2 倍甚至−3 倍,但通常不追求超过一个交易日达到上述目标。这意味着超过一个交易日的投资回报将是每个交易日投资回报的复合结果,这将与目标指数在同时期的回报不完全相同。

2. 反向 ETF 的投资对象

与杠杆 ETF 不同的是,反向 ETF 不投资于目标指数证券组合,而主要投资于:金融衍生工具,包括股指期货、期货期权、互换合约、远期合约等;融资融券、回购等金融工具;国债、债券和货币市场工具等。对于投资于金融衍生工具以外的资产,反向 ETF 可以将其投资于到期日在一年以内的国债、高信用等级的企业债券和货币市场工具等,以提高基金收益,抵消费用。

3. 反向 ETF 的投资策略

为了达到投资目标,基金管理人通常采用数量化方法进行投资,以确定投资仓位的类型、数量和构成。基金管理人在投资时不受其本身对市场趋势、证券价格观点的影响,在任何时候均保持充分投资,而不考虑市场状况和趋势,也不在市场下跌时持有防御性仓位。

4. 反向 ETF 的组合管理

反向 ETF 的组合管理主要为金融衍生工具管理,通常不包括目标指数证券组合管理。金融衍生工具主要包括股指期货和互换合约。

股指期货组合管理即在缴纳一定比例(通常为股指期货合约总额的 5%～20%)的保证金的基础上,基金将按反向建立相当于基金净资产一定倍数的股指期货合约头寸。股指期货合约的名义总额相当于基金净资产的反向杠杆倍数。保证金以外的资金主要用作备用保证金,随时准备弥补保证金账户的不足。其余资金以银行存款或国债、债券等形式保存,以获得部分固定收益,弥补基金运营支出。

第五节　上市公司市值管理

一、上市公司市值管理概述

1. 上市公司市值的概念

市值即市场价值,是指在基准日买卖双方经过理性的、谨慎的、非强迫的讨价还价后评定的股票交换价值,属于经济学上价格的概念,是交易的货币量的表现。与市场价值相关的指标有:一是账面价值,指在基准日资产负债表中以历史成本原则反映的属于股东的资产价值,即公司净资产,属于经济学上会计的概念。由于未考虑未来资金流入和时间价值,账面价值通常低于市场价值,其差异通常用市净率,即市场价值与账面价值的比率来衡量。二是内在价值,指在基准日持续经营企业未来现金流量的折现值,属于经济学上价值的概念,与是否交易可能无关。在成熟资本市场上,市场价值通常反映内在价值,是动态的内在价值;在弱式有效或次弱式有效的市场环境中,市场价值通常偏离内在价值。

2. 上市公司市值管理的内涵

市值管理是上市公司基于公司市值信号,有意识和主动地运用多种科学、合规的价值经营方法和手段,以达到公司价值创造最大化、价值实现最优化的战略管理行为。

广义上,对公司股价可能产生重要影响的因素,都可以纳入市值管理的范畴,如成功的战略决策、合理的商业模式、具有核心竞争的产品、良好的公司治理、充分的信息披露、优化的股本结构等。图 2-16 所示为市值管理内涵,其包含价值创造、价值经营和价值实现。

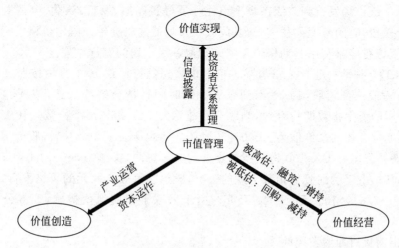

图 2-16 　市值管理内涵

价值创造是市值管理的核心。价值创造要立足于提高公司核心竞争力,通过优化经营和管理,增强公司盈利能力。

价值经营是市值管理的手段。上市公司和股东通过运用资本市场一系列手段和工具,比如再融资、并购、股权激励、股份回购、股份增持、股份减持、利用金融衍生品等,合理配置资源,实现企业可持续发展,实现市值最大化。

价值实现是市值管理的目的。通过提高信息披露质量、改善投资者关系等方式,增强投资者对公司内在价值的认识,推动股价回归其内在价值。

3. 市值管理主要工具

市值管理往往源于一些特定的、阶段性的需求和目标,如通过市值管理提升企业在行业中的地位、增强企业的收购与反收购能力、降低上市公司或上市公司股东的融资或再融资成本、提升股东权益、实现股东财富增值等。根据不同的需求和目的,上市公司往往会选择多种工具和模式来进行市值管理,如资产重组、定向增发、股权激励、大宗交易、融资融券、股指期权、转融通等。

利用金融衍生品(股指期货、期权)对市值进行套期保值、对冲风险,相较于传统的市值管理模式,是一种市值管理模式的创新。由于股票价格波动取决于上市公司自身的内在价值和整体市场波动,上市公司可以通过完善公司治理、加强管理、推进技术创新等手段来创造公司内在价值。而对于股票价格中的市场系统性风险,可以运用股指期货和期权进行管理。

利用金融衍生品(沪深 300 股指期货和股票期权)套期保值、对冲风险进行市值管理相比市值管理的其他手段有显著特点:一是合法,被滥用的风险小;二是公开透明,不存在灰色地带;三是可量化可监测,具有可操作性。

二、股权融资与股指期货

1. 股指期货对冲股票发行风险

新股从一级市场发行到二级市场上市往往要经过路演、发行、认购、申请上市和挂牌上市这几个阶段,时间跨度往往较长,其间股票市场低迷将会带来既定价格发行困难的局面,因此投资银行经常利用套期保值策略来规避一级市场的发行风险。

【例 2-13】 香港一证券公司与某一拟上市公司签订协议,3 个月内按照 8 港元的价格包销 100 万股该公司股票。考虑到今后一段时间行情会持续低迷,该证券公司卖出 100 份 3 月期的恒生指数期货合约,当时合约指数点为 1 000,每个指数点代表 50 港元,100 份恒指期货合约的总价值为 1 000×50×100＝500 万元。3 个月后,股价指数下跌到 950 点,该证券公司再买入 100 份恒指期货合约进行对冲,获利(1 000−950)×50×100＝25 万元。同时,由于受到股价指数下跌的影响,股票以每股 7.6 元的价格发行,证券公司共损失了(8−7.6)×100 万股＝40 万元。由于采取了套期保值措施,证券公司只损失 15 万元。

2. 股指期货对冲增发风险

1) 对冲弱市下发行风险

增发和配股是上市公司最重要的再融资手段。成功的增发和配股对公司的稳定与大规模扩张具有决定性作用。事实上,资本市场上的大公司几乎都是通过资本扩张发展起来的。错过了增发、配股,有的公司有时甚至无法弥补资金链条的断裂而陷入困境。如曾经在行业中运行良好的科利华被旗下控股的钢铁公司坏账拖累,2001 年推出增发方案,在即将实施时方案被否决,后来一直因缺乏资金而无法扭转局面,最后被迫退出市场。而在随后的 2003—2004 年,中国钢铁业迎来了全面繁荣。

上市公司增发成功与否受制于二级市场行情,在牛市行情中,增发、配股容易顺利进行。如中信证券 2006 年利用市场转好时机成功实施增发,以几乎高于 2005 年二级市场最低价格一倍的价格融得 46 亿元巨大资金,为未来快速增长奠定了良好的基础。但当市场处于弱市态势下,公司增发与配股再融资就较为困难,再融资风险加大且融资规模受限。以 2010 年为例,上证综指从 2009 年 11 月的 3 300 点滑落至 2010 年 2 月的 3 000 点,在个股市值缩水的同时,部分公司的定向增发计划也陷入窘境。统计显示,27 家公司 2 月 4 日的收盘价低于定向增发预案中的增发价格。由于发行难度增加,部分公司修改了发行方案。如万方地产拟 2009—2010 年度发行数量不超过 15 000 万 A 股,增发价格 14.12 元/股(2009 年 9 月至 11 月其股价均在 14.5 元左右,而到 2010 年 2 月 1 日当天收盘价为 11.25 元。)。如果 2010 年 2 月 1 日实施增发,则该公司将少融资 43 050 万元 (14.12−11.25)×15 000 万＝43 050 万元,约占总融资计划的 20.3%。

　　在没有股指期货的情况下,这样的增发计划只能变更或失败,而股指期货可以用来规避增发所面临的系统性风险。当发行或增发计划已经确定后,为防止届时出现市场系统性的下跌,影响预期的融资规模和计划甚至融资失败,上市公司可以与承销商在发行价格确定时,卖空股指期货,避免增发风险。

　　具体操作:如 A 公司定于 20×× 年 × 日在上海 A 股市场增发 3 000 万流通股,而此时的 A 股正处于熊市当中,如果增发当天股市整体大幅下跌,则增发的价格将大打折扣,预计的增发融资量将大大降低,导致增发失败。为了避免增发时的熊市风险,上市公司可和券商合作在增发前几日先卖空股指期货,等到增发当日,即使股市大跌,融资量减少,但在股指期货上的盈利可弥补因熊市减少的融资量。

$$卖空股指期货合约的数量 = \frac{预计增发的融资规模}{当日\ 300\ 指数的点数 \times 300} \times 本公司股票\ \beta\ 值$$

　　2)定向增发套利

　　定向增发是指向特定投资者(包括大股东、机构投资者、自然人等)非公开发行股票的融资方式。我国《上市公司证券发行管理办法》第三十八条规定,定向增发的股份自发行结束之日起,6 个月内不得转让;控股股东、实际控制人及其控制的企业认购的股份,18 个月内不得转让。作为对上述流通限制的补偿,定向增发的股份通常会折价发行,图 2-17 是 2006—2010 年定向增发折溢率分布。

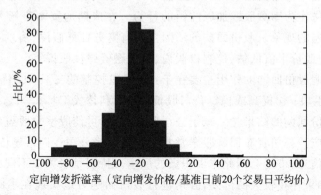

图 2-17　2006—2010 年定向增发折溢率分布

　　由于锁定期内市场及个股的走势难以预料,投资者往往会面临两方面的风险,一是市场波动风险,二是定向增发个股的非系统性风险。为了规避上述风险,以较大概率获得由折价带来的超额收益,可以借助股指期货实施定向增发套利,具体策略为:①利用股指期货进行套保,对冲市场风险。②购买一揽子股票,分散投资,减少个股非系统性风险带来的不确定性。

　　【例 2-14】　2008 年 4 月 29 日,双鹤药业(600062)以 19.01 元的价格向包括大股东和机构投资者在内的不超过 10 家特定投资者增发 3 533.76 万股,锁定期为一年,发行当日该股收盘价 29.05 元,折扣率 34.56%。2009 年 4 月 30 日,本次定增部分(非大股东持有)限售股份上市流通。当天开盘价为 26.60 元,若当日以均价 26.09 元卖出,每股可获得 7.08 元的收益。

　　其间若采用股指期货对冲市场风险,可以规避锁定期间由于市场下跌带来的损失。

图 2-18 是沪深 300、股票组合以及股票＋期货组合收益率曲线比较,股票＋期货组合收益率明显高于股票组合、沪深 300 的收益率。

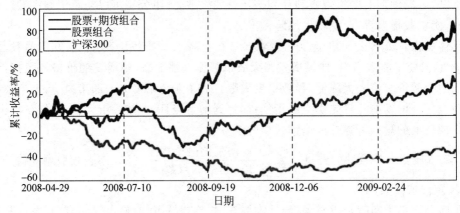

图 2-18　双鹤药业累积收益率比较

三、股份回购与股指期货

上市公司股份回购是指上市公司通过公开市场收购、要约收购以及其他方式购买公司发行在外的股份作为库藏股或加以注销的行为。在成熟的资本市场上,上市公司股份回购是一种很普遍的现象。股份回购的动因主要有财务杠杆假说、信息不对称假说、经理人股票期权、企业股价市值低估、控制权假说、企业融资弹性假说等。

市场实践表明股份回购的作用主要在于:①股权控制的工具;②优化公司的资本结构;③股权激励手段;④提高或稳定公司股价;⑤股利替代工具。

上市公司股份回购的结果是缩减了公司股本总额,可使股票每股盈余增加,实现了每股盈余的自展效应。公司宣布回购股票常常会被理解为公司在向市场传递其认为自己股票被市场低估的信息,市场会因此作出积极的反应。特别是股票在不同的、被分割的市场中进行交易时,如果存在较大的价差,公司进行股份回购可以实现在不同市场间的套利,从而提高公司市场价值。因此,在公司宣布回购计划后,股票价格一般会上涨。

在上市公司实施股份回购的过程中,可以借助股指期货降低回购股票的成本。

如果市场持续走弱,在回购公司股票的同时,可以卖空股指期货,增持回购股票的损失因股指期货的盈利得到一定程度的补偿。相反,若市场走势较好,因回购计划宣布,公司股价随同大盘上涨,在回购股份的同时可以适度做多股指期货,分批、择机回购公司股份,以减少集中、大批量回购股份对公司股价上涨的冲击。回购结束后,若股份作为库藏股,可以根据市场走势进行适度保值。

四、股份减持与股指期货

《中华人民共和国公司法》《中华人民共和国证券法》以及证监会的相关规定对上市公司发起人、控股股东、持股 5％以上的股东、上市公司董事、监事、高级经理人员持有的股份明确规定了转让限售期限,前述持有人在限售期内转让所持有的股份将受到一定的限制。如果限售期内持有人所持有股份或大盘上涨到了理想价位,其后所持股份或大盘将可能出现较大幅度调整,为规避股价或大盘调整,保住所持有股份理想收益,可适当卖空股指期货(假定所持股份与股指相关性较大),当股价或大盘调整到位,或者限售股解禁出售时,对股指期货进行对冲平仓。

【例 2-15】 国内 A 股市场自 20××年 10 月至 20××年 6 月中旬出现了大幅度上扬,沪深 300 指数上涨到了一个较高的水平,假定 A 上市公司的部分限售流通股将在 20××年 8 月上市,并且假定 A 上市公司的股价和沪深 300 指数存在较高的相关性,而其限售股的股东担心 8 月份股市出现较大幅度的调整,A 上市公司的部分限售流通股就可以利用股指期货市场在沪深 300 指数较高点位开好空仓,到 8 月份,市场果真出现较大幅度下跌,虽然限售流通股以较低价格进行了减持,但其通过对先前所建立的空仓的低位平仓所取得的收益在一定程度上弥补了因减持价格下跌而造成的损失,确保了一定的收益。

五、大股东增持与股指期货

当大股东为了提振市场的信心,又或者为了战略上的投资,就会进行增持,但是一般来说从拟订增持计划起,到真正实施增持行为之间会有一段时间,如果这段时间增持的标的股票出现上涨,就会增加股东的增持成本。利用衍生品市场,做多股指期货或者买入认购期权就能够在市场上涨的情况下盈利,对冲掉部分增加的成本。

六、战略投资与股指期货

股票价格的短期波动一般不是战略投资者关注的重点,然而遇到市场系统性下跌,有时所持股票市值也会遭受严重缩水的风险。股指期货和股指期权这两种风险管理工具,大大降低了战略投资者的"后顾之忧"。投资者只需卖空对应数量的股指期货合约,或者买入认沽期权,就可以在不减少持股比例的情况下,利用期货期权市场上的盈利来弥补股票市值的损失。

七、股权投资与股指期货

对于有进行股权投资尤其是长期股权投资的上市公司,即使在市场下跌的环境下,在相对较短的时间内也很少减持所持有的股份。在熊市中,所投资公司的股价下跌会导致上市公司资产缩水,因此进行股权投资的上市公司十分适宜利用股指期货进行空头套期保值操作,从而规避市场系统性下跌风险,起到维护上市公司市值的作用。进行股权投资的上市公司一般会持有多家上市公司的股票,因此利用股指期货进行套期保值管理市值更有优势。一揽子股票往往比单一公司的 β 值更稳定且与沪深 300 指数的相关性更强。

八、公司并购与股指期货

兼并、收购和公司重组是企业发展的重要方式之一,企业可以通过并购重组得到创建、扩张、收缩和终结。西方发达国家的实践证明,大型企业和跨国公司的成长主要通过两个过程即兼并和收购来完成。诺贝尔经济学奖获得者乔治·J. 斯蒂格研究指出:几乎没有一家公司是靠内部扩张成长起来的,兼并和收购是企业实现最佳规模和最大实力的最有效方式。

上市公司并购重组不仅是其战略管理的重要组成部分,也是并购后获得预期战略价值的重要途径之一。在成熟有效的资本市场,无论上市公司并购基于何种目的,都应该能够给其带来未来企业价值的增长,并最终体现为市值的增加。

从资本市场投资者的角度看,上市公司任何一项战略举措都会在市场上引起反应,而并购活动作为企业战略管理的一项重要举措,也必然会引起投资者对上市公司未来市场价值的预判,并直接反映为上市公司股票价格的涨跌以及市场价值的增减。

在并购过程中,当事人针对股价及市场的波动,可以有效运用股指期货规避相应风险。

在敌意收购中,目标公司会采取一些主动的反收购措施,常见的措施如绿票讹诈、白衣骑士、白衣护卫、股票回购等,其目的是增加收购方收购成本,阻止收购方达到所能控制目标公司股票的数量;极端措施如反噬防御,目标公司对收购方提出反收购要约。增持大量自身股票或收购方股票,持有者将面临系统性风险。在买进股票的同时,卖出适量的股指期货合约,一定程度上能够回避持股可能带来的巨大风险。

如果市场出现持续下跌行情,因目标公司(或收购方)股票有大量买进,较整个市场表现更为抗跌。这样股票持仓的损失会小于股指期货盈利,或两者盈亏大体平衡。

如果市场出现震荡攀升行情,通常因为购并事件,目标公司股票涨幅大于市场整体水平。这样股指期货的亏损将小于持有股票的盈利,或两者盈亏大体相当。这样,在避免大量持股可能带来巨大风险的同时还可能在不确定的行情中保持盈利状态。

在资本运作手段中,利用股指期货进行市值管理,主要起到对冲系统性风险的作用,其运作步骤如图 2-19 所示。

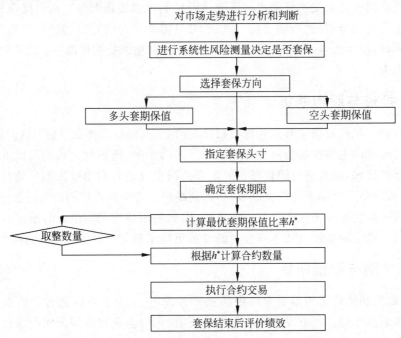

图 2-19　利用股指期货进行市值管理的运作步骤

本章小结

（1）股指期货可应用于投资组合的资产配置。资产配置是指资产类别选择、投资组合中各类资产的适当配置以及对这些混合资产的实时管理，分为战略性资产配置、动态资产配置和战术性资产配置三种类型。在战略性资产配置中，股指期货可构成投资组合中的一种资产；对于以大类资产配置为核心策略的基金，股指期货提供了一个获得股票市场敞口的有效工具。在动态资产配置中，股指期货应用于固定比例投资组合保险策略，替代（或部分替代）风险资产，使策略管理更为灵活自如。在战术性资产配置中，股指期货用于管理申赎资金、管理海外市场头寸以及实施资产配置再平衡。

（2）股指期货可以用来管理投资组合的系统性风险。通过组合成分股及其权重变换调整 β 系数以及借贷资金并买卖股票是传统的系统性风险管理方法，这些方法易因流动性不足造成冲击成本以及无法按照无风险利率借贷资金。股指期货在投资组合风险管理中可以完全对冲系统性风险或部分对冲系统性风险增加组合收益。与传统风险管理方法相比，股指期货可以克服传统方法的不足，提高组合应对系统性风险的能力，提高投资组合的资产配置效率。

（3）股指期货可应用于阿尔法策略。阿尔法主要来源于定价效率不高的市场，常用的阿尔法策略包括：选股，择时，投资债券、外汇和衍生品工具以及采用对冲基金、PE，甚至地产等。阿尔法策略的操作流程为：选择阿尔法来源的资产；优选组合；建立组合，包括建立头寸，利用股指期货对定价模型所识别的风险因子进行对冲；定期对优选组合进行调整。可转移阿尔法策略的构建步骤为：确定阿尔法的策略和目标的贝塔值；确定阿尔法和贝塔的风险预算；在阿尔法和贝塔间配置资产以满足预定的市场暴露；确定风险参数使得阿尔法和贝塔的风险得到动态监控。

（4）股指期货可应用于指数化投资。一是合成指数基金。合成指数基金是指仅包括股指期货多头头寸和现金，而不包括指数成分股，但以跟踪基准指数为投资目标的指数基金。合成指数基金相对传统指数基金具有成本低廉、收益增强的比较优势。产品实践中，由于合成指数基金的结构特殊，投资组合涉及较多资产种类，以及风险管理复杂，它的规模和数量相对传统指数基金偏小。二是进行互转套利。期现互转套利策略是利用期货对于现货出现一定程度的价差时，期现进行转换的套利操作策略。这种策略的目的是使总报酬率除了复制原来指数的报酬之外，还可以套取期货低估价格的报酬。三是在反向及杠杆型 ETF 基金中的应用。反向及杠杆型 ETF 基金是对传统 ETF 的一种创新，它能够在市场下跌时价值上涨或者在市场上涨时放大收益。其核心技术是在缴纳一定比例的保证金的基础上，基金按正向（或反向）建立相当于基金净值一定倍数的股指期货合约头寸。

（5）股指期货可应用于上市公司市值管理。所谓的市值管理，就是上市公司基于公司市值信号，有意识和主动地运用多种科学、合规的价值经营方法和手段，以达到公司价值创造最大化、价值实现最优化的战略管理行为。在上市公司股权融资、股份回购、股份减持、大股东增持、战略投资、股权投资、公司购并中，股指期货可以规避持股面临的系统性风险，锁定股份增持成本，为上市公司及股东保值、增值，实现价值最大化。

关键术语

资产配置　战略性资产配置　动态资产配置　战术性资产配置　资产配置再平衡
对冲基金　阿尔法策略　可转移阿尔法策略　合成指数基金　杠杆 ETF　反向 ETF
市值管理　股份回购

复习思考题

1. 动态资产配置中如何运用股指期货？
2. 股指期货在战术性资产配置中有哪些应用？
3. 传统方法如何调整投资组合 β 值？
4. 如何利用股指期货调整投资组合 β 值？
5. 如何实施阿尔法策略？
6. 如何实施可转移阿尔法策略？
7. 解释合成指数基金原理。
8. 合成指数基金有哪些优势？
9. 什么是期现互转套利策略？
10. 简述股指期货在反向及杠杆型 ETF 基金中的应用。
11. 如何运用股指期货进行上市公司市值管理？

即测即练

第三章

国 债 期 货

本章学习目标

通过本章学习，学员应该能够：

1. 掌握国债期货套期保值比例计算方式（修正久期法、基点价值法）、套期保值比例的调整、转换因子、最便宜可交割债券发挥的作用、套期保值计算的局限性等；

2. 了解利率债套期保值、信用债套期保值的区别，了解套期保值相关风险；

3. 熟悉基差套利、跨期套利、跨品种套利、蝶式套利等套利方式的理论基础、损益来源、交易方式等；

4. 了解国债期货在资产配置、久期管理方面的应用方式和特点。

【本章导读】

国债期货是指买卖双方通过有组织的交易场所，约定在未来特定时间，按预先确定的价格和数量进行券款交收的国债交易方式。国债期货具有交易成本低、流动性高、信用风险低的特点。国债期货使用实物交割，但合约标的是名义标准券，通过预先计算得出的转换因子，来得到国债期货空头选择不同债券交割时，国债期货多头应支付的交割货款。

国债期货在实际应用中地位十分重要。首先，在现券市场卖空较为困难的情况下，国债期货成为规避利率上行风险的重要工具。其次，国债期货往往包括多个品种，每个品种又有多个合约，而每一合约又有多只现券可供交割，因此套利机会和策略也较为丰富。最后，国债期货作为一种金融产品，一方面本身可以作为投资者表达对利率走势看法的工具，另一方面作为资产组合的一部分也有其重要功能。本章将逐一介绍国债期货作为套期保值工具、套利工具、投机工具的相关知识。

本章知识结构图

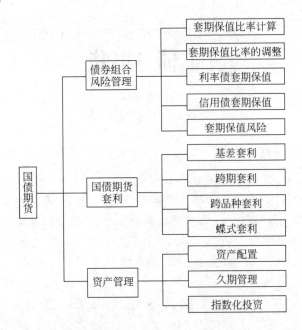

引导案例：疫情下金融机构利用国债期货赚取收益

2020 年新冠肺炎疫情在全球范围内全面暴发，并对全球经济形成沉重打击。全球经济在一、二季度遭遇重创，主要经济体一、二季度经济负增长。全球经济面临短期休克以及长期衰退的压力。为应对疫情对实体经济以及金融市场的影响，2020 年全球央行开启新一轮降息潮和量化宽松政策，释放流动性，稳定金融市场。美国连续两次紧急降息至零利率，并启动"无限量 QE"政策。华尔街金融机构分析认为货币政策和经济预期将大幅压低短端与中长端收益率水平，资金疯狂涌入美债市场，现券市场建仓非常"拥挤"，难以以较好的成交价格获得仓位。债券基金经理迅速调整思路，通过美国国债期货进行建仓，由于国债期货流动性非常好，基金经理快速获得了所需的仓位和久期。2020 年 8 月初，10 年期美债收益率降至 0.5% 左右的历史低位，该投资经理将所持国债期货进行平仓，实现大幅盈利。

第一节　债券组合风险管理

一、套期保值比率计算

为规避债券现货市场风险，套期保值者在建立交易头寸时需要确定适当的参与保值交易的期货合约数量。因此，确定合适的套期保值比率是减少套期保值风险，达到最佳套期保值效果的关键。

（一）套期保值比率

套期保值比率（hedge ratio）是指债券现货组合价格变动与一张期货合约价格变动的

比例。由于各种债券对利率变动的敏感程度不相同,在运用国债期货对固定收益债券进行套期保值时,固定收益债券现货的价值与所需国债期货合约的价值之间并不是 1∶1 的关系。在完美套期保值下,由于利率波动引起的现货价格波动的损失应正好被期货头寸的盈利冲抵,即

$$债券组合价格变化 = 每个期货合约价格变化 \times 套期保值比率$$

由此可得套期保值比率的计算公式为

$$套期保值比率 = \frac{债券组合价格变化}{每个期货合约价格变化}$$

(二)套期保值比率的计算

确定国债期货套期保值比率最重要的因素是现货债券与国债期货合约价格变化的计算。在债券分析中,衡量债券价格对利率变化的指标主要有久期和基点价值,相应地,国债期货套期保值比率的计算方法有修正久期(modified duration)法和基点价值法(basis point value,BPV)等。

1. 修正久期法

久期度量了债券价格随利率变动时的波动特征,因此可以用来计算国债期货套期保值比率。根据国债期货定价公式

$$F_t = \left[\frac{(P_{ctd} + AI_t)\left(1 + r \times \frac{T-t}{365}\right) - AI_T}{CF} \right]$$

在合约临近交割时,应计利息的变化程度非常小,可以忽略,所以

$$\Delta F_t \cong \left[\Delta P_{ctd} \times \frac{1 + r \times \frac{T-t}{365}}{CF} \right]$$

由于临近交割,T 和 t 较为接近,将持有成本影响忽略后进一步化简可以得到

$$\Delta F_t \approx \frac{\Delta P_{ctd}}{CF}$$

即在交割日附近,国债期货合约价格约等于最便宜可交割债券价格除以转换因子,也就是说,国债期货的价格变动近似等于最便宜可交割国债的价格变动。由此,我们进一步可以推得

$$\frac{\Delta F_t}{F_t} \approx \frac{\Delta P_{ctd}}{CF \times F_t} \approx \frac{\Delta P_{ctd}}{P_{ctd}}$$

即期货价格变化百分比近似等于最便宜可交割国债价格变化的百分比。由于国债久期就是其价格对收益率变动一个百分点的百分比变化,因此国债期货合约的修正久期可以用最便宜可交割债券的修正久期替代。

如果我们利用债券久期确定套期保值比例,可以计算出最优的套期保值比率:

$$h = \frac{S_t}{S_{CTD}} \times \frac{D_m}{D_{CTD}}$$

其中,S_t 为现货债券价格;S_{CTD} 为最便宜可交割债券价格;D_m 为现货债券修正久期;

D_{CTD} 为最便宜可交割债券修正久期。

【例 3-1】　3 月份,某养老基金经理决定在 5 月中旬用价值 10 000 000 元的短期存款购买债券组合,由于预计利率会下降,从而造成债券价格上涨,因此决定用国债期货进行套期保值,将债券价格锁定在目前的价格水平上。3 月份市场情况见表 3-1。

表 3-1　3 月份市场情况

套保组合相关指标	参 数 数 值
债券组合市场价值/元	10 000 000
CTD 价格/元	102.16
国债期货合约价格/元	120.50
债券组合修正久期	5.96
CTD 修正久期	5.98
CTD 转换因子	1.029 4

利用修正久期法计算得套期保值比率:

$$h = \frac{10\ 000\ 000}{102.16 \times 1\ 000} \times \frac{5.96}{5.98} = 97.56$$

因此该基金经理在 3 月中旬以 120.50 元的价格买进 98 张国债期货合约。到 5 月中旬,市场利率果然下降,债券价格上扬(表 3-2)。于是该基金经理以每张合约 123.27 元的价格将持有的国债期货合约平仓,并在债券市场上买回价值 10 210 000 元的债券组合。结果该基金经理在期货市场上所获利润不仅弥补了在债券上的亏损,而且有盈余 61 460 元,套期保值是成功的(表 3-3)。

表 3-2　5 月份市场情况　　　　　　　　　　　　　　　　　　　　　　元

套保组合相关指标	参 数 数 值
债券组合市场价值	10 210 000
CTD 价格	105.03
国债期货合约价格	123.27

表 3-3　交易策略与结果表

日　　期	债券组合现货	期　　货
3 月 15 日	市场价值 10 000 000 元	以 120.50 元的价格买进 98 张国债期货合约
5 月 15 日	市场价值 10 210 000 元	以 123.27 元卖出 98 张国债期货合约
交易结果	亏损 210 000 元	盈利 271 460 元

2. 基点价值法

除了久期外,另一种衡量债券价格波动性的指标就是基点价值,即债券收益率变化一个基点(0.01 个百分点)时,债券价格的变化幅度(这里的变化幅度指的是价格的变动额,而不是百分比),即

$$债券基点价值 = \frac{债券价格变化幅度}{收益率变化幅度}$$

利用债券的基点价值，也可以计算出对债券进行套期保值的套期保值比率。根据公式有

$$套期保值比率 = \frac{债券价格变化}{期货合约价格变化}$$

$$= \frac{债券价格变化}{收益率变化} \bigg/ \frac{期货合约价格变化}{收益率变化}$$

$$= 债券\,BPV\,/\,期货合约\,BPV$$

由于在交割日，国债期货合约价格近似等于最便宜可交割债券除以转换因子，因此国债期货合约的基点价值近似等于最便宜可交割债券的基点价值除以其转换因子，即

$$期货合约\,BPV = \frac{CTD\,债券\,BPV}{转换因子}$$

因此，

$$套期保值比率 = CTD\,转换因子 \times \frac{债券\,BPV}{CTD\,债券\,BPV}$$

事实上根据公式，可以发现债券 BPV 与久期是密切相关的，即

债券 BPV ≈ 债券修正久期 × 债券价格 × 0.000 1

对照公式计算，可以发现用基点价值法计算的套期保值比率与用修正久期法计算的套期保值比率是较接近的。

【**例 3-2**】 在 7 月份，某机构投资者持有价值 10 000 000 元的债券组合，并决定在 2 个月后进行减持。7 月份市场情况见表 3-4。如果市场利率上扬，那么该投资者将会有债券价格下跌的风险，为消除这一担心，该投资者决定用国债期货合约进行套期保值，以锁定价格，规避利率风险。

表 3-4　7 月份市场情况　　　　　　　　　　　　　　　　　　　　　　　元

套保组合相关指标	参 数 数 值
债券组合市场价值	10 000 000
CTD 价格	97.88
国债期货合约价格	100.72
债券组合基点价值	45 900.00
CTD 基点价值	0.0414
CTD 转换因子	1.0086

利用基点价值法计算，可得套期保值比率：

$$h = \frac{45\,900}{0.041\,4 \times 1\,000} \times 1.008\,6 \approx 1\,118.2$$

因此，该投资者持有债券组合可以通过在 7 月份以 100.72 元的价格卖出 1 119 张国债期货合约即可达到保值的目的。到 9 月份，利率果然上涨，债券组合价格下跌，9 月份的市场情况见表 3-5。于是该投资者卖出所持有的债券组合，同时以 97.73 元买进 1 119 张国债期货合约，将持有的期货合约对冲。该投资者在债券价格上的损失在期货市场上得到了弥补，见表 3-6。

表 3-5　9 月份市场情况　　　　　　　　　　　　　　　　　　元

套保组合相关指标	参 数 数 值
债券组合市场价值	9 016 000
CTD 价格	95.10
国债期货合约价格	97.73

表 3-6　交易策略与结果表

日　　期	债券组合现货	期　　货
7 月 15 日	市场价值 10 000 000 元	以 100.72 元的价格卖出 1 119 张国债期货合约
9 月 15 日	市场价值 9 016 000 元	以 97.73 元买进 1 119 张国债期货合约
交易结果	亏损 984 000 元	盈利 3 345 810 元

多年来业内一直依赖上述修正久期法和基点价值法来决定套期保值比率,这两种经验法则都是建立在期货价格受最便宜可交割国债价格驱使的基础上。经验法则背后的原因相对简单和直接,但两条经验法则给出的比例有时并不完全一致,这是因为使用修正久期法和基点价值法计算公式在推导与化简时,化简和近似的程度有所不同,但两种方法都能够给出较为接近的结果。

二、套期保值比率的调整

值得注意的是,修正久期法和基点价值法都是建立在期货价格与最便宜可交割国债价格存在联动的基础上进行化简的结果,在利率变动时,被套期保值债券和国债期货的收益率变化幅度是相同的,其隐含假设是国债收益率曲线是平行移动的。另外,在上面的分析中没有考虑各种被保值债券自身的其他特点,如不同债券的信用等级、利率水平、期限特征等都会不同,这使得被保值债券和国债期货最便宜可交割券的收益率并不会同步变化。

在实际应用中,国债期货价格可能不一定跟随最便宜可交割国债的价格而平行变动,不同期限的国债收益率并不总是平行升降的。相反,随着收益率上升,收益率曲线倾向于变得平坦;随着收益率下降,收益率曲线倾向于变得陡峭,较短期限国债的收益率常常要比较长期限国债的收益率上升或下降的幅度大。所以为了达到较好的套期保值效果,需要根据利率水平、收益率曲线扁平或陡峭的程度等对前面计算得到的套期保值比率按照被保值债券进行适当调整,常用的方法就是收益率 β 系数法。

为了计算套期保值比率时正确使用收益率贝塔,套期保值者必须紧密关注其要套期保值的国债与参考国债(最便宜可交割国债)之间的关系。参考国债(最便宜可交割国债)被用来捕捉期货合约价格/收益率的表现。其具体做法是,用历史数据,建立被保值债券收益率与参考国债(最便宜可交割债券)收益之间的回归方程:

$$r_b = \alpha + \beta \times r_{CTD} + \varepsilon \tag{3-1}$$

其中,r_b 为被保值债券的收益率;r_{CTD} 为期货对应 CTD 的收益率;ε 为误差项;α 和 β 分别为截距和回归系数。

利用回归分析可以得到系数 β 的估计值,称为收益率 β(yield beta),表示被保值债券与 CTD 收益率间的相对变动率,即 CTD 收益率变动 1% 时,被保值债券收益率变动

$\beta\%$。进而,利用收益率 β 对套期保值比率进行调整,以消除被保值债券因信用风险等因素而造成的与 CTD 收益率之间的差异:

$$h' = h \times \beta \tag{3-2}$$

其中,h' 表示调整后的套期保值比率;h 表示用修正久期法或基点价值法计算的套期保值比率。

（一）转换因子的作用

国债期货是以名义标准券作为标的。例如中国金融期货交易所 5 年期国债期货的合约标的是面值为 100 万元人民币、票面利率为 3% 的名义中期国债。但在交割时,有一系列到期日、票面利率和付息频率都不同的债券都是可交割国债,如上述 5 年期国债期货,可交割国债包括了合约到期月份首日剩余期限为 4~5.25 年的记账式附息国债,因此当 5 年期国债期货合约 TF2109 上市时,中金所公布了 4 只可交割国债以及各自的转换因子。由于合约和国债的相关日期在合约和国债上市之时就全部确定,票面利息等参数在债券发行之后也已确定,因此根据确定的转换因子计算公式,转换因子的值也是确定的,新国债上市后中金所也会公布新的转换因子。

转换因子具有如下特点:对每个交割月份的国债期货合约,每个可交割债券有单独的转换因子。转换因子在国债期货合约的存续期间保持不变。转换因子被用来计算交割时的发票价格。如果可交割债券的票面利率大于 3%（中国国债期货虚拟标准券的票面利率）,则转换因子大于 1。如果可交割债券的票面利率小于 3%,则转换因子小于 1。

我们可以考虑上述 4 只可交割国债中的一只,即 2020 年记账式附息（十三期）国债（以下简称 200013）,这只债券对 TF2109 的转换因子是 1.0007。我们再考虑另外一只可交割国债,即 2018 年记账式附息（二十八期）国债（以下简称 180028）,这只债券对 TF2109 而言转换因子是 1.0086。转换因子不同,意味着对于两个持有同样数量 TF2109 空头 A 和 B 而言,如果 A 用 180028 交割,而 B 用 200013 交割,那么 A 和 B 在 TF2109 到期时收到的付款不同。A 将收到较多的钱（TF2109 交割结算价 × 1.0086＋应计利息）,B 将收到较少的钱（TF2109 交割结算价 × 1.0007＋应计利息）。

我们立刻就会注意到,转换因子的存在会把国债期货的价格变动在现券能换到的现金数量上放大或缩小。对国债 180028 而言,它的转换因子 1.0086 比国债 200013 的转换因子 1.0007 要大,因此在 TF2109 到期时会产生一个由转换因子不同导致的不同补偿。例如 TF2109 在到期前的价格上涨 1 元,则对于 A 而言,他会发现多头要多给他 1.0086 元来买 100 元面值的国债 180028,而对于 B 而言,他会发现多头只会多给他 1.0007 元来买 100 元面值的国债 200013。如果没有转换因子的"帮助",或者说转换因子都是 1,我们会看到 A 和 B 面对的就是同样的 TF2109 价格变动,多头只会因 TF2109 上涨 1 元而给 A 和 B 各自 1 元,不会有差异。

我们设想,A 和 B 在上述交割之前就各自平仓了而不是进入交割环节,而 TF2109 的价格变动在平仓与交割两个情况下相同,则尽管 A 和 B 持有的债券并不相同,但由于没有转换因子造成的现金流差异,A 和 B 从国债期货价格变动中得到的现金流就都是 1 元,而不是 1.0086 元或 1.0007 元。或者说,如果考虑一个投资者 C,他持有的债券不是可交割债,那么他能够做的就是在 TF2109 到期前平仓,因为如果 C 做空的话在合约到期时无法交割。但显然,尽管 C 持有不同的债券,但国债期货的波动对 C 持有的所有债券来说是一样的,也就是国债期货自己的价格波动。

因此,对于通过价差变动套期保值而不是通过交割套期保值的套期保值者而言,针对要套期保值的不同债券,套期保值者需要自己提供转换因子在交割时可以提供的"帮助"。也就是说,对于 180028 的持有者而言,它需要卖空 1.008 6 手国债期货合约来套期保值,而对于 200013 的持有者而言,它需要卖空 1.000 7 手国债期货合约来套期保值。于是我们看到,在考虑套期保值比例的时候,首先要考虑转换因子的因素。

(二) 最便宜可交割券的作用

在现实的金融市场当中,债券的价格是买卖双方交易的结果,背后体现了买卖双方在一系列问题上的看法和制约因素。同时,国债期货和国债现货市场间的关系未必是非常紧密的,两个市场间套利的力量未必在两个市场中起到支配的作用。在现货市场,很大一部分债券是用来持有到期而不是用来买卖的,而在期货市场,最终用于交割的持仓只是该到期合约所对应的可交割券的一小部分。因此,国债期货和国债现货价格的走势,并不是非常贴合的。

上述"不贴合"的具体表现,就是在任一时刻,不同可交割券在某个合约上的内部收益率(IRR)不同。例如对 T2109 这一合约而言,200006 这一可交割券的 IRR 是 2.613 2%,190015 这一可交割券的 IRR 是 1.74%。IRR 代表了一种交易策略,同时也是很多市场指标共同作用的结果,但这里面最重要的指标乃是债券价格与期货合约价格的关系。

下面通过实例计算 IRR。2021 年 7 月 13 日,投资者看到 TF2109 合约和债券 180028。期货价格 100.73 元,配对缴款日是 2021 年 9 月 14 日,最后交割日是 2021 年 9 月 15 日;债券 180028 的净价是 101.745 9 元,起息日为 2018 年 12 月 6 日,票面利率 3.22%,每年付息一次,转换因子 1.008 6,如何计算这一债券的 IRR?

首先计算发票价格。发票价格是期货价格×转换因子+应计利息。在 9 月 14 日最后缴款的时候,期货多头需缴付债券从上次付息以来的全部利息。由于每年付息,上一次付息是在 2020 年 12 月 6 日,从这天到 2021 年 9 月 14 日有 282 天,2020 年 12 月 6 日到 2021 年 12 月 6 日有 365 天,因此应付利息是 3.22×282÷365=2.48 元。故发票价格= 100.73×1.008 6+2.48=104.076 3 元。注意,这里的利息计算是用计息天数÷365。

在 2021 年 7 月 13 日这天,买入这只债券 180028 需要支付的金额为净价和利息的加总。净价是 101.745 9 元,从上一次付息的 2020 年 12 月 6 日到 2021 年 7 月 13 日共计 219 天,但由于在债券市场,应计利息是实际天数÷365,因此应计利息是 3.22×219÷365= 1.932 元,全价是 101.745 9+1.932=103.677 9 元。这相当于是期货空头为了最后交割出券而提前买入所需要的现金流出,相当于最开始的投资支出。

有了 7 月 13 日的投资支出以及到期时多头付款收入,就能计算出空头的收益。2021 年 9 月 14 日缴款时,空头会收到 104.076 3 元,而 2021 年 7 月 13 日空头需要支付 103.677 9 元,从 7 月 13 日到缴款日 9 月 14 日有 63 天,如果计算规则按实际天数算,那么 2021 年实际天数是 365 天,IRR 是(104.076 3-103.677 9)÷103.677 9×365÷63=2.23%。

需要注意,上面计算发票价格的时候,用的是今天的期货价格,而不是期货到期日的期货价格,而到期日的期货价格和今天的期货价格会有差异。比如到期日期货价格高于今天的期货价格 1 元,那么空头在期货上亏损 1 元,而不是乘以转换因子之后的 1.008 6元。对于这一问题,理解关键在于到期的时候,保证金由于期货价格变动导致的盈亏就没有了,期货空头通过交割现券来体现自己的盈亏,或者说这时候转换因子的"帮助"就体现出来了,期货空头通过期货价格乘以转换因子来体现自己的盈亏。因此,对于期货空头来说,如果它要交割,那么它的损益其实从进入期货合约一开始就应该让期货价格变动乘以转换因子,从而其最后的损益就和此前的一系列损益接续。当然,市场的习惯并不是真的这样。

而之所以考虑上述的 IRR,乃是和最后的交割以及最便宜可交割券有关。国债期货合约在到期时由空头选择交割的债券,而由多头按照发票价格付款。对于空头而言,他会考虑交割一只最便宜的债券。在最简单的情况下,如果空头在交割的时候没有券,他就需要去债券现货市场购买。当期货交割价出来之后,每个可交割券的发票价格也就全部确定,也就是说期货空头交割出券的收益在每个现券上是确定的,那么他所需要做的就是到市场上观察现券价格,计算买券后买券成本和交割后按照发票价格收到的付款,能够实现最大利润或者最小损失。

国债期货空头将因交割国债现货而收到:多头付款＝期货价格×转换因子＋债券自上次付息以来的应付利息,而空头购买现券时支付的金额是:空头购券款＝债券净价＋债券自上次付息以来的应付利息。所以空头在交割日实现利润最大化的交割方式,就是购买一只能使下述利润最大或损失最小的现券,即空头利润＝期货价格×转换因子－债券净价。如果把上述操作扩展到交割日之前,那么上述最大利润或最小损失的计算,就体现为 IRR,而正 IRR 最大或负 IRR 最小的那只债券,就是 CTD。

如果考虑交割日前的一段时间,在这段时间里,人们都知道 CTD 就是某券 T,而其他的券都不具备撼动 T 作为 CTD 的条件,那么对于这一准备到期的国债期货合约和这一CTD 券 T 的价格关系,就会非常紧密。因此,可以从 CTD 的价格反推期货价格,但这里有一个重要的假定,就是占用资金的成本,或者说把现在的现金流折到未来交割时的折现率。

再来回顾国债期货的定价。2018 年 12 月 10 日发行的 2018 年记账式附息(二十八期)国债票面利率为 3.22%,一年付息一次,付息日为每年的 12 月 6 日,到期日为 2025年 12 月 6 日。其距离 TF2109 合约月份交割首日剩余期限约为 4.41 年,符合可交割国债条件,对应 TF2109 合约的转换因子为 1.008 6。2021 年 7 月 13 日,该国债现货报价为101.87 元,TF2109 期货报价为 100.72 元。假设市场利率 $r=3.5\%$,2018 年记账式附息(二十八期)国债为 TF2109 的最便宜可交割国债,则 TF2109 的理论价格为多少?

2018 年记账式附息(二十八期)国债上一次付息日为 2020 年 12 月 6 日,至 7 月 13日,应计利息＝已计息天数÷365(天)×票面利息＝219÷365×3.22＝1.932 元。而 7 月13 日,以 101.87 元价格购入 2018 年记账式附息(二十八期)国债,国债现货的全价为:CP＝101.87＋1.932＝103.802 元。

计算出上述全价,就可以知道资金的占用成本。由于 TF2109 合约最后交割日 2021年 9 月 15 日,持有国债到交割期间资金占用成本为:$C=CP\times(T-t)\div365\times r=$

$103.802 \times 64 \div 365 \times 0.035 = 0.637$ 元。注意这里的市场利率 3.5% 是假定的。同时,知道持有期间国债利息收入是 $64 \div 365 \times 3.22 = 0.5646$ 元,这一数值并不需要假设,而是从利息累积直接可以算出。

最后计算 7 月 13 日 TF2109 合约的理论价格。2018 年记账式附息(二十八期)国债为 TF2109 的最便宜可交割国债,由其决定了 TF2109 合约的理论价格。TF2109 的理论价格 = 1 ÷ 转换因子 × (债券现货净价 + 资金占用成本 − 国债期货空头持有债券期间暨持有国债期货空单期间的债券利息收入) = $1 \div 1.0086 \times (101.87 + 0.637 - 0.5646) = 101.0732$ 元。

上面的计算公式中没有考虑债券在交割前付息的情况,以及上述计算都是在假定 CTD 不会变化的前提下进行的,或者说市场上只有 1 种可交割券的前提下进行的。如果有多个可交割券,还会有因可交割券的可能变化而导致的期权价值。

(三)基点价值视角与修正久期视角的套期保值比率

上面的计算中,资金占用成本和空头持有债权期间的债券利息收入会相互抵消掉一部分,并且自身的金额也比较小,所以会有一个比较近似的公式,即期货价格 ≈ CTD 价格 ÷ 转换因子。而如果考虑到期货在 1 基点(0.01%)收益率变化下的价格变化(以下称为基点价值或 DV01),得到:期货基点价值 ≈ CTD 基点价值 ÷ 转换因子。

如果把上式改写成:期货基点价值 × 转换因子 ≈ CTD 基点价值 × 1,就会意识到,在这里转换因子意味着期货合约的数量,而右边的 1 则意味着 CTD 的数量。由于 1 手期货合约意味着 100 万元面值的国债,因此当右边 CTD 的数量是 100 万元面值时,就需要通过转换因子那样多手的国债期货来对冲。

而如果考虑期货的修正久期,即期货价格的百分比变动 ÷ 债券利率的变动,首先会意识到,国债期货合约本身并不直接对应任何利率。但由于国债期货的理论价格和 CTD 价格有联系,因此,期货基点价值 ÷ 期货理论价格 ≈ (CTD 基点价值 ÷ 转换因子) ÷ (CTD 价格 ÷ 转换因子)。

此处,转换因子相互消去,也就有:期货价格百分比变动/利率变化 ≈ CTD 价格百分比变动/利率变化,即期货修正久期 ≈ CTD 修正久期。之所以这里面没有了转换因子,是因为考虑的是百分比的变化,而不是绝对的人民币价值。在绝对价值上,期货价格需要转换因子的放大才能和现券价格等价,同时这也意味着期货价格的变化需要转换因子的放大才能和现券价格等价。如果考虑百分比,在转换因子大于 1 的情况下,国债期货价格较小但同样利率变化导致的价格波动的金额也小,现券价格较大但同样利率变化导致的价格波动的金额也大,因此国债期货与现券的百分比变动反而是一样的。

从基点价值的视角看,套期保值比率 ≈ 现券基点价值 ÷ 期货基点价值。其中:现券基点价值是由需要套期保值的现券或现券组合自己的情况决定的,而期货基点价值则会有前面提到的与 CTD 的联系,即期货基点价值 ≈ CTD 基点价值 ÷ 转换因子。而从修正久期的视角看,套期保值比率 ≈ (现券修正久期 × 头寸价值) ÷ (期货修正久期 × 期货价值),其中:期货修正久期 ≈ CTD 修正久期。

例如:考虑如下 CTD、国债期货合约和债券头寸。CTD:转换因子 = 1.0771;0.01% 收益率变化带来的价格变动 = 0.00113 元/每 1 元面值;百分比久期(修正久期)＝10.01。期货合约：0.01％收益率变化带来的价格变动＝0.001 13÷1.077 1＝0.001 049 1元/每1元面值；百分比久期(修正久期)＝CTD的百分比久期(修正久期)＝10.01；目前期货价格＝102.031 25元。

需要套期保值的债券头寸：全价＝100.369 6元；百分比久期(修正久期)＝11.66；0.01％收益率变化带来的价格变动＝0.001 170 3元/每1元面值。对上述的情况来说，价格变动视角的套期保值比率＝0.001 170 3÷0.001 049 1＝1.116，如果债券的面值是10亿元(相当于1 000个100万元)，考虑到期货1张合约的面值是100万元，那么需要1 116手合约来对冲。

其次，修正久期视角下的套期保值比率＝(100.369 6×11.66)÷(102.031 25×10.01)＝1.146，如果债券面值是10亿元(相当于1 000个100万元)，考虑到期货1张合约的面值是100万元，那么需要1 146手合约来对冲。

在上述计算中，在修正久期的视角下，计算需要套期保值的债券头寸时需要考虑全价，因为修正久期本身就是全价的变动对全价的百分比。上述两种视角得出的套期保值比率不同，一个原因乃是期货的基点价值本身是基于净价的，CTD的基点价值也是基于净价的，但修正久期用全价作为计算百分比的分母。

(四) 基点价值视角与修正久期视角的局限性

上述使用CTD计算期货价格的方法，忽视了可能的CTD的变化，也就是CTD从债券A变为债券B。考虑下面的情况。

初始时：CTD券A的基点价值是0.000 929 6元/每1元面值，转换因子是0.945 3，此时需要套期保值的债券的基点价值是0.001 057 6元/每1元面值。不久后：CTD变成了B，其基点价值是0.001 141 1元/每1元面值，转换因子是1.364 9，此时需要套期保值的债券的基点价值是0.001 086 4元/每1元面值。如果考虑套期保值比率，初始套期保值比率为0.001 057 6÷(0.000 929 6÷0.945 3)＝1.075手合约/100万面值债券，而在不久后，套期保值比率为0.001 086 4÷(0.001 141 1÷1.364 9)＝1.300手合约/100万面值债券。两者的差距就比较明显了。

在这种情况下，期货基点价值需要包含CTD变化所导致的期货价格变化，而由于CTD会变化的根本原因在于国债期货空头有权利选择交割的国债，因此包含CTD变化导致的价格变动的期货基点价值被称作国债期货的含权基点价值，于是也会有国债期货的含权修正久期。上述含权的基点价值与修正久期和不含权的基点价值与修正久期会有较大差别。上述导致CTD切换的利率水平被称作穿越收益率(crossover yield)。

除此之外，资金占用成本的变化也会对期货价格产生影响，因为这会影响持有现券的成本。资金占用成本一方面被看作购买债券而没有进行其他投资的机会成本；但另一方面在现实操作当中，交易员借入资金买入债券，资金占用成本直接就是借入资金所需要支付的利息。

三、利率债套期保值

在中国，利率债指国债、政策性金融债、地方政府债券和央行票据。从交易或者套期保值的角度讲，国债指记账式国债，而不包括电子式或凭证式的储蓄国债。政策性金融债指的是由 3 家政策性银行（国家开发银行、中国进出口银行、中国农业发展银行）发行的债券。地方政府债券和央行票据则是分别由省级地方政府和中国人民银行发行的债券。

影响利率债价格的因素除了期限、票面利率、付息频率等因素外，很重要的一点是流动性。不是所有的利率债都有很高的交易量，因此债券的价格以及与之相关的到期收益率会受到流动性报价的影响。流动性较好的债券买卖价差较小，而流动性不好的债券买卖价差较大。因买卖价差导致的成交价格的变化，完全可以和利率水平变化导致的成交价格波动旗鼓相当。

因此对于一个债券投资组合而言，如果使用国债期货作为套期保值工具，需要考虑投资组合中的债券是否具有充足的流动性。如果没有充足的流动性，在卖出债券时会有因流动性造成的跌价，而这一跌价并不是国债期货能够对冲的。而如果因为没有足够的流动性而持有到期，则又失去了套期保值的意义，因为债券价格会还原到面值，而国债期货合约早已到期。

此外，债券市场作为场外市场，价格本身取决于交易双方的情况，如果换了一个交易对手价格就会变化，这和国债期货市场等场内市场不同。在国债期货市场里，价格是系统撮合买卖单和报价的结果，并不取决于交易对手的情况，因此在使用国债期货进行对冲的时候，要注意国债期货无法对冲场外市场交易中受交易条件影响导致的价格波动。交易条件影响价格归根结底的原因，还是因为交易量不够，因此不能产生足够多的按照稳定条件成交的价格。由于上述问题的存在，市场在为自己的债券头寸做估值的时候会考虑使用一些机构的估值，如中央国债登记结算有限责任公司对很多债券都进行了估值，而市场参与者每天计算自己的债券头寸价值时也使用这一估值作为标准。

这样会有两个体系，一个是公允价值体系，即债券持有者在公平交易和自愿的情况下确定债券价格；一个是历史成本体系，即债券交易者买入债券和卖出债券到底用了多少现金。产生上述两个体系的差异，根本的原因还是在于流动性不够好，成交量不够大，使得需要产生一个估值机构专门发布每只债券的估值，而不是直接使用市场成交价格作为估值依据。

对国债期货而言，利率债分为可交割债券和不可交割债券两类，其中可交割债券当然都是国债，每只国债都有自己的转换因子，新发行的国债如果符合可交割券的要求，也会被交易所宣布为可交割券，并且有对应的转换因子。不可交割债券当然就包含了其他不符合交割条件的国债，以及地方政府债、政策性金融债和央行票据。可交割国债和国债期货由于交割和转换因子的存在而产生了一定联系，但这种联系未必是很紧密的，套利的力量要和国债期货市场的其他投资者以及现券市场的其他投资者较量，而最后的结果很可能是落败的，也就是套利的力量无法影响价格。

以可交割国债为例。2021 年 7 月 13 日，10 年期国债期货一共有 33 只可交割券，相当于银行间、上海证券交易所和深圳证券交易所各有 11 只，对应了 10 年期国债的 3 个合约，不同 10 年期国债期货合约对应的可交割券，范围和种类都有所不同。此外，上述 33 只券的活跃程度也是不同的。例如，从 2021 年 6 月 15 日到 7 月 12 日，共有 20 个交易日，但是在上述 20 个交易日中每天有成交的 10 年期国债期货可交割债券只有 7 只，分别是 200006、190015、200016、190006、210007、210009、180027。有 15～19 天成交的可交割债券有 2 只,有 11～14 天的可交割债券有 1 只,不足 10 天的可交割债券有 5 只。在上述 15 只券当中,4 只券在上海证券交易所交易,11 只券在银行间交易。

即使是最活跃的债券,其各自的日内交易情况也并不一样。以 2021 年 7 月 12 日为例,对 200016 而言,102.35 元恐怕是一个异常的价格,除此之外,我们也会发现成交的信息太少。国债期货几乎每秒都会有成交以及成交价格,因此期货和现货的价格关系并不非常紧密。

如果不考虑日间而考虑日末收盘的情况,使用国债期货的结算价以及国债的中债估值作为考察损益以及套期保值效果的依据。可以发现,即使对于可交割国债而言,简单使用转换因子那样多手的期货合约也并不能充分对冲风险。以银行间交易的 10 年期国债 190015 和 10 年期国债期货 T2109 套保为例,190015 的转换因子是 1.009 3,套保区间是 2020 年 9 月 15 日到 2021 年 7 月 13 日所有两产品均有交易的交易日,其中 T2109 使用结算价,190015 使用中债估值净价。如果直接使用 1.009 3 手国债期货来对冲 190015 的价格变动风险,除了走势上和 190015 存在基差之外,在变动上也无法完全与 190015 的日间变动契合。

如果追求更为贴合的走势,一种方法显然是改变持有的国债期货数量。但需要注意的是,由于基差以及基差的不断缩小在理论上反映了债券票面利息与融资成本的差异(后面关于国债期货套利的部分会提到),因此把 190015 和 T2109 的走势用增加的国债期货数量来调整,刻意追求贴合,其实是人为地把基差给消除了,这恐怕也是套期保值者所不愿意看到的。

此外,由于 190015 本身并非一直是 T2109 的 CTD,因此 T2109 的走势本来也和 190015 的走势缺乏直接的定价关系。由于 CTD 也会因现券和期货价格变化而变化,因此 190015 和 T2109 之间的走势出现分离也并不意外。如果考虑其他的利率债,如国开债,尽管国开债和相应期限的国债有着相同期限,如国开债 190215 和国债 190015 都是 10 年期利率债。但国开债毕竟不是国债,不存在交割带来的价差收敛,价格走势之间的差异也就更大。

四、信用债套期保值

信用债套期保值较为复杂。在中国,信用债主要指企业债、公司债、短期融资券、中期票据等非金融主体发行的债券。信用债除了前面利率债的一些注意事项外,其和利率债的主要差异在于加入信用利差的因素。换言之,相对于利率水平的波动,信用利差的变化是信用债的特色,也是投资者所关注的重点。发行人的信用资质随着经营状况的好坏而波动,而债券价格也会因此有所波动。因此,信用债与国债期货之间的差距,可以理解为包含信用债与国债的利差以及国债与国债期货的利差。

对于信用风险的管理,通常有三种方法:卖出债券资产对冲,购买 CDS 和买入其他资产对冲。第一种方法在债券市场流动性不好的情况下很难实施,因此可以考虑卖出国债期货进行替代;第二种方法虽然会获得良好的信用风险管理效果,但成本较高,而且需要承受交易对手风险;而第三种方法中,对其他资产要求较高,资产收益率波动和信用债利差要负相关,并且相关系数要足够大才有效。

一般来讲,在宏观经济形势转差的情况下,信用债券违约可能性增大,信用利差有变宽趋势,与此同时国债收益率下行可能性较大。而在宏观经济形势向好的情况下,信用债券违约率降低,信用利差将减小,同时国债收益率走高,即信用债利差和国债收益率之间理论上应该存在一定的负相关关系。

例如 2021 年 5 月青岛市即墨区城市旅游开发投资有限公司发行的 21 即墨旅投 MTN001(102100984),期限为 5 年,而 2020 年 10 月发行的 200013 期限同为 5 年。但仔细观察 2021 年 6 月中旬到 7 月中旬的价格走势,可以发现 102100984 一开始的价格高于 200013,但此后一度缩窄,并在再度扩大后重新收窄。而对于 TF2109 而言,其走势与 200013 也有差异,因此使用 TF2109 来对冲 102100984,就更要有比较多的动态调整。

用矢量图表示风险更直观一些,矢量方向表示两类风险相关关系,矢量长度表示风险大小。若信用风险和利率风险大小相同方向相反,也即两类风险完全负相关,则总风险为零,参见图 3-1。

图 3-1　信用风险和利率风险完全负相关

但是在实际情况中,基本不会出现信用风险和利率风险完全负相关的情形。一般形式如图 3-2 所示。

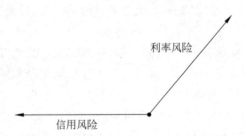

图 3-2　信用风险和利率风险一般负相关

当然,在某些特殊状态下,信用风险和利率风险可能出现完全不相关甚至正相关关系。同样可以用矢量图来表示二者的关系。如图 3-3、图 3-4 所示。

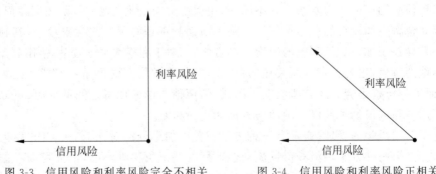

图 3-3　信用风险和利率风险完全不相关　　　　图 3-4　信用风险和利率风险正相关

现在考虑一般情况,信用风险和利率风险负相关,根据矢量图可以得出信用债总体风险,其长度表示整体风险的大小,方向偏向哪一方代表总风险是偏向利率风险还是信用风险,如图 3-5 所示。

由此不难想到,若要完全规避信用风险,需要使总体风险与信用风险呈现完全不相关状态,用矢量图表示为总风险与信用风险相互垂直。也就是说要调整利率风险的大小,使得利率风险的投影线与信用风险大小相等、方向相反,即信用风险水平＝利率风险水平×相关系数。这样就将信用债的信用风险转化成了利率风险,随后我们就可以直接利用国债期货对利率风险进行对冲,如图 3-6 所示。

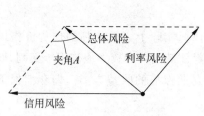

图 3-5　信用风险和利率风险负相关

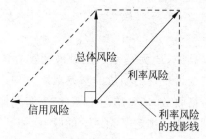

图 3-6　利率风险调整对冲信用风险

应该注意的是,信用风险和利率风险的相关性是一个变量,所以信用风险折算的利率风险需要动态调整。前面我们也提到,对于利率风险的管理我们还要面临流动性和期限等因素的制约,所以就市场现状而言,利用场内工具对信用债的对冲效果表现一般。

五、套期保值风险

基差即现货与期货价格的差异,其对套期保值的效果起到十分关键的作用,套期保值的风险也最终会表现为基差的风险。在现实的操作中,完美的套期保值往往是不存在的,投资者应该尽量避免基差风险,降低套期保值的不确定性。

现货价格就是在现货市场中买卖商品的成交价格,期货价格就是未来交易的商品成交价格。理论上讲,期货价格是市场对未来现货市场价格的预估值。期货价格与现货价格之间有着密切的联系,这种密切的联系表现在期货价格或未来市场的现货价格是以当前市场的现货价格为基点而变化的。由于各种因素的影响,期货价格或低于现货价格,或高于现货价格,或大致等于现货价格。

现货价格与期货价格之间的关系变化是以基差的形式表现出来的。所谓基差,是指某一特定地点某种商品的现货价格与同种商品的某一特定期货合约价格间的价差。对于利率期货而言,基差就是用适当的转换因子调整后的利率期货合约价格与相应的现货价格间的差额,即

$$基差＝现货价格－期货价格（经适当的转换因子调整）$$

其中的期货价格应是离现货月份较近的期货合约的价格。基差是期货价格与现货价格之间实际运行变化的动态指标。

这里以对债券进行买入套期保值为例,套期保值策略的收益可以表示为

$$(S_1 - S_2) - (F_1 - F_2) \times HR = (S_1 - F_1 \times HR) - (S_2 - F_2 \times HR) \quad (3-3)$$

其中,S_1、F_1 为期初的国债现货与期货价格;S_2、F_2 为套期保值结束时的国债现货与期货价格;HR 为套期保值比率。

可见,当套期保值者追求稳定收益、风险最小时,由于$(S_1 - F_1 \times HR)$是已知的,他需要做的是选择套期保值比率 HR,以降低$(S_2 - F_2 \times HR)$的不确定性,使$(S_2 - F_2 \times HR) = 0$。

当该债券为最便宜交割券时,在交割日 $F_2 \times CF = S_2$,HR = CF,CF 为该券的转换因子,此时$(S_2 - F_2 \times HR) = 0$,则套期保值策略的收益可以替换为

$$(S_1 - S_2) - (F_1 - F_2) \times CF = (S_1 - F_1 \times CF) - (S_2 - F_2 \times CF)$$
$$= B_1 - B_2 = B_1 \quad (3-4)$$

其中,B 为基差。在对最便宜券进行套期保值时,实际上之前面临的现货价格风险已转变为现货与期货的基差风险。理论而言,在交割日最便宜券较多地被用于交割,期现货价格收敛,基差趋近于零,结束套期保值时,此时套期保值的收益为 B_1,即套期保值者在期初即已锁定了无风险的收益。

可以看出,在套期保值中基差起到了关键的作用。套期保值者将绝对现货价格风险管理转变为相对的基差风险管理。在实际中,完美的套期保值往往是很难达成的。这是由于基差风险会来自以下几个方面:一是需要对冲价格风险的资产与期货合约的标的资产可能并不完全一致,资产收益率变动存在着诸多不确定性因素;二是套期保值者可能并不确定资产买入及卖出的时间;三是套期保值者可能需要在期货到期月之前将期货进行平仓。

就第一点而言,国债现货的损益主要包含三个部分:价格变化、利息收入和融资费用。如果实际拥有某种国债,随着国债价格上升或下降会产生损益,而且随着时间的推移,国债持有人所拥有的息票收入也会不断增加。如果是通过借入资金购买国债,那么还要从这两者之和中扣除融资购买国债的融资成本。或者,如果直接购买国债,则要扣除这些资金如果没有购买国债时的收益。无论采用哪种方式,国债所有收益都应反映这三个方面。相反,期货合约的损益只有一个部分:价格变化。持有一份期货合约就像通过杠杆持有国债头寸;既没有任何利息收入,也没有任何融资成本。因此,对于套期保值者来说,套期保值头寸的净损益应该反映出四个要素:国债现货和期货的价格变化,票息收入和融资费用。

为了尽量规避基差风险,套期保值者在选择期货合约时,还需要考虑交割的月份。具体来说,首先如果被对冲资产刚好与期货标的资产吻合,那么下一步就需要确定哪一种可以使用的期货合约与被对冲资产的价格有最密切的相关性。如果需要套期保值的时间与期货交割月份一致,就应直接选择该交割月份的期货合约。在实际操作中,套期保值者也可以选择一个随后月份交割的期货合约,这是为了避免交割月份期货价格的不稳定,以及期货多头在交割月份持有合约而面临不得不接受资产交割的风险。如果需要套期保值的时间与期货交割月份并不一致,则尽量选择与需要套期保值时间最接近的交割月份合约。

第二节 国债期货套利

套利是指投资者利用不同资产之间的价差,同时买入定价偏低资产,卖出定价偏高资产,待价差回归合理后进行平仓了结,从而获取无风险收益的交易行为。

对于国债期货而言,所谓的不合理价差关系包括多种情况。第一种情况是同种国债期货与现货间的不合理价差;第二种情况是同一市场、同种国债期货合约在不同交割月之间的不合理价差;第三种情况是同一市场、同一交割月的不同国债期货合约之间的不合理价差;第四种情况是不同市场、同一种国债期货合约之间的不合理价差。所有这些不合理的价格关系一般只存在于一个较短的时间中,通过套利者的套利活动,这些不合理的价格关系将很快地得到矫正或拉平。相应地,套利交易通常也分为四种类型:基差套利(basis spreads)、跨期套利(calendar spreads)、跨品种套利(intercommodity spreads)、蝶式套利。

一、基差套利

(一)基差的理论值

基差=债券净价-国债期货价格×转换因子,相当于一个国债期货空头购入现券并交割的成本,也相当于国债期货多头收到交割国债卖出的收益。如果到期时基差为负,意味着债券净价低而国债期货价格×转换因子高,投资者可以买入现券并做空国债期货然后交割获取收益。如果基差为正,意味着债券净价高而国债期货价格×转换因子低,投资者可以在国债期货上收到交割现券后卖出获取收益。当然,上面的策略有很多假定,包括立刻交割以及交割同一只债券等,但这是讨论基差的一个好的起点。

如果考虑上述国债期货空头不是在交割日当天采取买入现券并做空国债期货的策略,而是在之前一段时间采取这个策略,那么该国债期货空头肯定要衡量在该基差下采取上述策略的成本。如果做空国债期货所包含的保证金相关成本被忽略不计,那么剩下的成本就是借钱买入现券带来的套息/利差。如果套息为正,相当于国债期货空头买入现券并持有可以挣到正套息,这个时候如果基差为零,那么市场参与者会不停地借钱买现券并且做空国债期货,直到基差变为正值且足以抹去套息带来的收益。如果套息为负,相当于投资者卖空国债并把得到的钱借出去能够产生正收益,如果此时基差为零,投资者会不停地买入国债期货并卖空现券,直到使得"基差变为负值且足以抹去套息带来的收益"。由国债期货定价公式知,在无套利时,理论价格×转换因子=债券现货净价+资金占用成本-国债期货空头持有债券期间暨持有国债期货空单期间的债券利息收入,因而得出,套息就是:国债期货空头持有债券期间暨持有国债期货空单期间的债券利息收入-资金占用成本。因此有:基差=债券现价净价-理论价格×转换因子=套息。

上面的基差和套息都是一个金额,用元表示,因此就涉及时间段的长度。距离到期时间越近,套息的收入或成本的金额就越少,因此基差也会较小。此外,上面的讨论中没有考虑到CTD换券等因素,更没有考虑到保证金等相关的问题,只是为了体现基差形成的原因。

如果基差交易者并不打算等到交割日,而是提前通过平仓的方式来进行基差交易,因为:基差＝债券净价－国债期货价格×转换因子,所以对于100万元面值的债券,就要交易与转换因子相同数量手数的国债期货合约。这样,债券头寸价值减去国债期货合约价值×转换因子所代表的手数之后,可以得到基差。换言之,正如本章第一节第一部分提到的,没有了转换因子在交割时提供的"帮助",投资者就要自己提供"帮助",体现为交易与转换因子相同数量手数的国债期货合约。

事实上,基差和套息之间往往还存在差异,期货价格时常会过分低,也就是债券多头/国债期货空头的套息收入不足以弥补基差的损失,债券空头/国债期货多头或者说基差收入过度弥补了套息成本。其中的原因,在于期货空头认为有其他好处能够弥补自己基差的损失,或者在于期货多头认为有可能的损失需要用基差收入来另外弥补。这里期货空头的好处在于期货空头具有选择交割券的品种和交割时间的权利,或者说对多头的不利在于不合适的时候收到不合适的交割债券产生损失。

(二)影响基差的因素

对于国债期货而言,基差就是用适当的转换因子调整后的国债期货合约价格与相应的现货价格间的差额,它是期货价格与现货价格之间实际运行变化的动态指标。

基差 ＝ 现货价格 － 期货价格(经适当的转换因子调整)

在不考虑交易成本的情况下,基差应该等于持有成本(即拥有可交割债券而所得票面利息与筹措这项投资的成本之间的净利息差额)与交割期权价值之和。影响国债期货基差的因素非常复杂。因为基差决定于现货价格与期货价格,凡是可以影响这两者的因素最终都会影响基差,一般包括可交割债券近期、远期的市场供需状况、距期货合约到期期限、持有成本变化、市场预期、政策因素等。

具体来说,可交割债券特别是最便宜可交割债券的供求关系是影响国债期货合约基差的重要因素。这是因为市场上短期利率水平与长期利率水平的关系经常会出现变动,使得交割债券供求关系出现变化,从而影响不同期限可交割债券的持有成本。期货合约到期期限也是影响基差的一个重要因素。至合约到期的时间越长,持有成本越大,反之则越小,因此到期期限较长的期货合约的基差也往往较大。而随着合约到期日的临近,持有成本逐渐降低,基差也逐渐缩小。当非常接近期货合约到期日时,期货市场对应的现货价格应与最近期的期货价格接近,持有成本等于0,基差亦缩小至0,即所谓的基差收敛。

投资者观察基差变化,当发现其偏离合理价位时,即可进行买入低估基差或卖出高估基差的交易,从而进行期现套利。

(三)基差套利交易的损益来源

基差交易中,做多基差意味着做多现券做空国债期货,在基差由大负值变小负值、由负转正、由小正值变大正值中获利;做空基差意味着做空现券做多国债期货,在基差从大正值变小正值、从正变负、从小负值变大负值中获利。除了基差自身变动之外,由于做多基差者还面临融资买入现券的操作,做空基差者还面临卖空现券借钱出去的操作,因此,基差交易参与者还能够从套息的交易中获得损益。

也就是说,对于一个做多基差但并不打算交割的交易者,在最后计算损益的时候,要考虑:

(1) 转换因子那样多手的国债期货空头损益情况;

(2) 做多国债现券净值变动损益情况;

(3) 国债现券票面利息收益情况;

(4) 买入国债现券的融资成本情况。

而对于一个做空基差但并不打算交割的交易者,在最后计算损益的时候,则要考虑:

(1) 转换因子那样多手的国债期货多头损益情况;

(2) 做空国债现券净值变动损益情况;

(3) 偿付国债现券借出方的票面利息情况;

(4) 借出资金的收益情况。

交易者其实就是需要考虑:

(1) 基差变动;

(2) 套息损益。

需要注意,借出资金的收益和融入资金的成本未必相同,而且由于抵押债券的不同,资金成本也会有差异,因此会影响做多基差者和做空基差者的损益。

(四) 基差套利交易方式

基差套利交易方式主要包括买入基差(long the basis)交易和卖出基差(short the basis)交易两种。

1. 买入基差交易

当投资者预期国债基差要扩大时,可进行买入基差交易。买入基差,是指同时购买现货国债并卖出总值等于现货国债量乘上转换因子的国债期货,待基差如期扩大后再进行平仓。一般来说,国债收益率曲线向上倾斜,买入国债就相当于拥有了国债的正持有收益,而期货卖方拥有交割选择权,因此,买入基差的利润来源于国债的持有期收益和收益率波动带来的交割期权价值升高。

【例3-3】　假定在2020年4月6日,2020年6月到期国债期货的交易价格为105元。同时,息票率为7.5%、到期日为2020年11月的国债交易价格为125元,基差为0.05元,该券的转换因子为1.199。这个时候你可能认为在交割周期中0.05元是一个很窄的基差,基差的多头很有可能获得收益。假定11月17日息票率7.5%的债券的回购利率为4.5%,要采取的交易将是:

在2020年4月6日(结算日2020年4月7日)

以125元的价格买入1亿元国债,息票率为7.5%,到期日为2020年11月;

以105元的价格卖出120份2020年6月期货合约;

基差=−0.895元。

在4月20日,你想了结交易头寸。相关的结清交易如下:

在2010年4月20日(结算日2010年4月21日)

以120元的价格卖出1亿元国债,息票率为7.5%,到期日为2020年11月;

以100元的价格买入120份2020年6月期货合约;

基差＝0.1元。

盈亏

国债现货：

以125元的价格买入1亿元国债，息票率为7.5%，到期日为2020年11月；

以120元的价格卖出1亿元国债，息票率为7.5%，到期日为2020年11月；

损失＝(5 000 000)元。

国债期货：

以105元的价格卖出120份2016年6月合约；

以100元的价格买入120份2016年6月合约；

收益＝6 000 000元。

获取的利息收入(14天)：

100 000 000×(0.075/2)×(14/181)＝ 290 055.25元

支付的回购利息(14天)：

125 000 000×0.045×(14/360)＝(218 750)元

总盈亏

息票率为7.5%的国债价格	(5 000 000)元
2020年6月期货价格	6 000 000元
利息收入	290 055.25元
回购利息支出	(218 750)元
合计	1 071 305.25元

另一种总盈亏计算方法

从上述例子可以看出，即使在国债现货和期货交易中遭受损失，但是仍可以从整个交易中获取收益。换句话说，即使在国债基差变化中遭受损失，也能从持有交易收益更大的正向变动中获得弥补。可以发现采用两部分法的方式重新计算基差交易的盈亏效果不错，相关的两个部分是基差的变化和持有收益。对前述交易来说就是：

基差变化的收益	1 000 000元
持有收益	71 305.25元
总收益	1 071 305.25元

其中基差变化产生的收益就是把在息票率为7.5%的国债上赚取的收益和在2020年6月期货合约上损失的相加求和，而持有收益就是收到的利息与支出的回购利息之和。

只要粗略地看一下构建的交易，就可以对从国债现货和期货的价格关系变化中实现的收益和应该获取的收益做一比较。由于变化的幅度为0.995，基差从－0.895增大为0.1。因此，从基差的相关变化中获取的收益就是1 000 000。理论价值和最终实现的价值之间的差异主要是由于买卖合约数目的四舍五入问题。由于只可能交易整数合约，所以只能卖出120份合约，而不是119.9份合约，而120份合约是复制国债基差所必需的精确合约数量。

2. 卖出基差交易

当投资者预期国债基差将要缩小时,可进行卖出基差交易。卖出基差,是指同时卖出现货国债并买入总值等于现货国债量乘上转换因子的国债期货数量,待基差如期缩小后再进行平仓。由于当国债收益率曲线向上倾斜时,卖出国债就要付出国债正的持有成本,而期货买方相当于卖出交割选择权,因此,卖出基差的利润来源于交割期权费减去付出的国债持有收益,风险来自收益率波动带来的交割期权价值升高。

【例 3-4】 相对于息票率为 4%国债的基差,息票率为 7.5%、到期日为 2040 年 2 月 15 日、转换因子为 1.2 的债券基差在 4 月 5 日可能会较大,而且在随后的几天中基差将缩小,足以抵消基差空头头寸的负持有收益。假定其逆回购利率为 4.5%,要采取的交易将是:

在 2021 年 4 月 5 日(结算日 2021 年 4 月 6 日)

以 125 元的价格卖出 1 亿元国债,息票率为 7.5%,到期日为 2040 年 2 月;

以 105 元的价格买入 120 份 2021 年 6 月份期货合约;

基差 = −1 元。

在 4 月 19 日之前,基差已经缩得足够小,以清算这个头寸。其交易为:

在 2021 年 4 月 19 日(结算日 2021 年 4 月 20 日)

以 121 元的价格买入 1 亿元国债,息票率为 7.5%,到期日为 2040 年 2 月;

以 100 元的价格卖出 120 份 2021 年 6 月期货合约;

基差 = 1 元。

盈亏

国债现货:

以 125 元的价格卖出 1 亿元国债,息票率为 7.5%,到期日为 2040 年 2 月;

以 121 元的价格买入 1 亿元国债,息票率为 7.5%,到期日为 2040 年 2 月;

收益 = 4 000 000 元。

国债期货:

以 105 元的价格买入 120 份 2021 年 6 月份期货合约;

以 100 元的价格卖出 120 份 2021 年 6 月份期货合约;

损失 = (6 000 000)元。

利息支出(14 天):

$100\,000\,000 \times (4.5\%/2) \times (14/181) = 174\,033.149\,2$ 元

获取的逆回购利息(14 天):

$125\,000\,000 \times 0.045 \times (14/360) = 218\,750$ 元

总损益

息票率为 7.5%的国债价格:	4 000 000 元
2020 年 6 月国债期货价格	(6 000 000 元)
利息支出	(174 033.149 2 元)
逆回购利息收入	218 750 元
总收益	(1 955 283.149 2)元

另一种总收益/损失

基差的变化	(2 000 000)元
持有收益	44 716.850 8 元
总收益	(1 955 283.149 2)元

特别需要指出的是,由于在我国当前市场上,债券借贷等业务尚未充分开展,债券卖空操作难以进行,因而难以进行卖出基差的操作。

3. 套息利差方式

在交割当日,国债期货空头可以考虑现场买入国债现券并用于交割。在这一买入现券并交割的系列操作中,国债期货空头从多头处的现金收入是:空头交割现金收入=期货价格×转换因子+应付利息。而空头买入债券,除了支付净价之外,还有应付利息,所以:空头买入债券支出=债券净价+应付利息。由此得出:基差=空头买入债券支出-空头交割现金收入=债券净价-期货价格×转换因子。

也就是说,基差是国债期货空头买入债券并交割的操作成本,也是国债期货多头买入期货后把交割所得债券卖出的收益。而基差交易指的是同时或接近同时交易债券现货和国债期货,以期在基差变动当中获得收益。

但现实当中,空头不会都采取这种策略,而是会在更早的时候买入现券,因此会持有债券一段时间。这段时间当中,空头因持有债券而获得了一部分债券利息,同时也因为占用资金而产生了占用资金的成本,或者说因为借钱买入债券而产生了利息成本。上述的债券利息与融资成本之间的差异,就是所谓的套息或者利差,即:套息=债券票面利息在持有期间的利息收入-融资在持有期间的利息成本。

由于计算的是收入和成本的差,因此套息在这里是一个资金额而不是利率。计算利息收入时需要考虑到债券的付息频率以及付息期间的长度,计算利息成本时要考虑债券的全价,以及采取适用于自身的利率水平。如果是使用自有资金买入债券,计算利息成本的利率应该是可能的借出资金的收益率,而如果是借入资金买入债券,则计算利息成本的利率应该是融入资金的利率。

【例 3-5】 2020 年 10 月 21 日发行的 2020 年记账式附息(十三期)国债,票面利率为 3.02%,一年付息一次,付息日为每年的 10 月 22 日,到期日为 2025 年 10 月 22 日,该国债是 TF2109 合约的指定的交割券之一。2021 年 7 月 13 日,现货报价为 100.226 元,假设市场利率 $r=3.5\%$,若投资者在 7 月 13 日买入该国债现货,在 9 月 11 日交割,那么持有期间的套息收入/支出是多少?

首先,2020 年记账式附息国债上一次付息日为 2020 年 10 月 22 日,至 2021 年 7 月 13 日,应计利息=票面利率÷365(天)×已计息天数×面值=3.5%÷365×264×100=2.531 5 元。而 7 月 13 日,以 100.226 元价格购入 2020 年记账式附息(十三期)国债,国债现货的全价为:CP=100.226+2.531 5=102.757 5 元。

由于 TF2109 合约最后交割日为 2021 年 9 月 15 日,因此,持有国债到交割期间资金占用成本为:$C=CP\times(T-t)\div365\times r=102.757\ 5\times64\div365\times0.035=0.630\ 6$ 元;持

有期间国债利息收入为：$64 \div 365 \times 3.42 = 0.5997$ 元。投资者的套息收入为 $0.5997 - 0.6306 = -0.0309$ 元，相当于产生了损失。需要注意的是，由于利率市场计算利息的习惯有差别，可能会出现债券利息计算和融资利息计算使用的计息日习惯不同的情况。

在通过融资来购买现券时，投资者事实上进入一个回购交易，而出资方可能会要求抵押品，并且抵押品的价值要高于某一固定水平。于是，当国债期货和债券价格下降时，出资人会要求融资人提供抵押品，提高融资成本，而当国债期货和债券价格上升时，出资人会允许融资人借出抵押品，从而降低融资成本。但是，由于基差交易中，国债期货的损益和债券产生的损益相反，即债券价值下跌时国债期货价值会有所提高，债券价值上升时国债期货价值有所降低，因此上述提供抵押品与借出抵押品带来的损益会被国债期货带来的损益对冲掉一部分。

二、跨期套利

跨期套利是套利者在同一交易所，利用同一期货品种不同交割月份合约之间价差变化进行交易获取利润的交易方式，是套利交易中最为普遍的一种套利交易策略。以下主要介绍跨期套利的原理和类型。

（一）跨期套利的原理

国外各期货交易所进行交易的国债期货的交割月份一般是 3、6、9、12 四个季月。跨期套利就是利用远期与近期的价差变化在期货市场上同时买、卖两个不同月份的同一品种期货合约，利用价差的扩大和缩小来赚取利润。在跨期套利中，客户一般不用关注单一月份期货合约的涨跌，而只需关注合约之间价差的变动。

根据前面的分析，国债期货合约的均衡无套利价格应该等于用转换因子调整之后的最便宜可交割债券的价格加上持有净成本，债券持有净成本等于购买债券的短期融资利息成本与债券利息收入的差额。由于债券利息收入一般都是固定的，因此短期融资利息成本即市场短期利率是影响债券持有成本的主要因素。投资者可以根据市场短期利率以及由此决定的最便宜可交割债券的持有成本的可能变动方向进行跨期套利。

（二）跨期套利的类型

跨期套利一般有两种类型：买入跨期套利和卖出跨期套利。

1. 买入跨期套利

买入跨期套利又称牛市套利，在正向市场上，如果供给不足，需求相对旺盛，则会导致近期月份合约价格的上升幅度大于远期月份合约，或者近期月份合约价格的下降幅度小于远期月份合约。如果交易者预期在看涨的市场行情中近期期货合约涨幅大于远期合约涨幅或近期合约跌幅小于远期合约，则可以买入近期月份合约的同时卖出远期合约。

【例3-6】 一位美国金融市场的投资者，在对联邦国债市场进行了长期研究之后发现，在 4 月中旬，芝加哥期货交易所 7 月份交割的长期国债期货合约价格为 70.10 美元，10 月份合约价格为 70.03 美元，价差为 7 美分。该投资者预计，由于美国经济增长速度放缓，信贷需求压力减小，因此，美联储可能会降低利率，以提振美国经济，利率下降，长期国债和长期国债期货价格将上涨,并且7月至10月间的国债期货合约之间的价差可能会进一步扩大。也就是说,7月份期货合约的价格涨幅将大于10月份合约的价格涨幅,并且净持仓费用将降低。因此,该投资者决定进行跨期套利交易,即买入2张近期月份期货合约,同时卖出2张远期期货合约。结果,到6月份,美联储果然下调利率,国债期货价格出现上涨,到6月10日,长期国债期货7月份合约价格上涨至75.16美元,10月份合约价格涨至74.10美元,两种合约价差扩大到1.06美元,在此价格水平上,该投资者进行了对冲平仓(表3-7)。

表3-7 买入跨期套利交易结果 美元

日期	7月份合约	10月份合约	价 差
4月15日	70.10(买入)	70.03(卖出)	0.07
6月10日	75.16(卖出)	74.10(买入)	1.06
盈亏	5.06	−4.07	0.99

在该例的长期国债买入跨期套利交易中,近期月份期货价格涨幅超过了远期月份期货合约价格,因此套利者能够从中获取利润。如果投资者单独买入7月份长期国债期货合约,并在6月10日对冲平仓,他可以获得更大利润。但是,假如该投资者判断失误,美联储为抑制战争可能带来的通货膨胀压力反而提高了联邦利率,那么国债期货价格将会出现与该投资者预期相反的走势,在这种情况下,单独买入7月份长期国债期货合约将造成很大损失,而进行跨期套利交易虽然使投资者的预期利润降低,但也有效减少了投资者判断失误所招致的损失,提高了投资者的风险承受能力。

2. 卖出跨期套利

卖出跨期套利又称熊市套利,是与买入跨期套利正好相反的一种套利交易方式,投资者根据期货市场价格变化情况,卖出近期月份的期货合约,同时买进远期交割的期货合约,当近期合约价格下跌幅度超过远期合约下跌幅度或近期合约上涨幅度低于远期合约上涨幅度时,卖出跨期套利将获利。

【例3-7】 某期货合约交易者注意到,在5月份至8月份之间,美国市场短期利率低于长期利率,并且相当平稳。但至8月末,市场短期利率上扬并高于长期利率,受此影响,在芝加哥期货交易所交易的10年期国债期货近期合约(12月份)的交易对远期期货合约(3月份)交易出现价格贴水,价差为0.14美元。此种现象一直维持到10月份,价差缩小至0.05美元。该交易者预期,由于经济形势看好,对短期信贷增加,短期利率将会进一步上扬,因此,国债期货价格将会下跌,且近期月份合约跌幅会大于远期合约跌幅,价差将会继续扩大,期货持仓费用将上升。于是该投资者决定做卖出跨期套利,并按72.13美元的水平买进两张3月份交割的10年期国债期货合约,同时按72.08美元的水平卖出两张12月份交割的10年期国债期货合约。随着时间的推移,至10月中旬,债券价格果然下跌,致使12月份合约与3月份合约的价差明显扩大,及至11月中旬,价差已扩大到3.31美元,于是该投资者进行了对冲平仓。

在该跨期套利交易活动中,由于国债期货远期合约价格跌幅小于近期合约跌幅,投资者对国债期货市场价格走势及不同月份合约间价差变化作出了正确的判断,因此他能够获取卖出跨期套利利润。如果投资者仅卖出 12 月份合约,他虽然能获取更高的利润,但也将自己置于很大的风险中,如果他判断失误,国债期货价格不跌反升,那么他将遭受很大损失。进行跨期套利虽然冲销了部分利润,但同时也降低了可能面临的风险(表 3-8)。

表 3-8　卖出跨期套利交易结果　　　　　　　　　　　　　　　美元

日期	12 月份合约	3 月份合约	价　差
10 月 15 日	72.08(卖出)	72.13(买入)	0.05
11 月 15 日	67.15(买入)	70.46(卖出)	3.31
盈亏	4.93	−1.67	3.26

三、跨品种套利

在跨品种套利方面,10 年期国债期货和 5 年期国债期货相同到期日合约的价差总体上反映了收益率曲线的变动情况。例如 2016 年 5 月和 6 月间,10 年期国债和 5 年期国债的收益率差距较大,受此影响,10 年期国债和 5 年期国债的价差也处于较大水平。7月,上述价差一度有所收窄,在国债期货方面价差也出现下跌。进入 9 月之后,5 年期国债和 10 年期国债受到市场追捧,利差收窄,5 年期国债期货和 10 年期国债期货的价差也收窄。可以看出,套利者将国债期货合约价格和现券价格约束在一起,因此,不同期限现券收益率的差异以及相应的价格差异也通过套利反映到国债期货不同品种的同期限合约的价差变动当中。

国债期货的跨品种套利则是指投资者买进或卖出一个国债期货合约,同时卖出或买进另外一个不同品种的国债期货,利用这两个不同品种国债期货合约价差变化获取利润的交易方式。

(一)跨品种套利的原理

套利者进行跨品种套利交易时,着眼点不在于债券现货市场上涨或下跌的整体运动方向,而在于债券收益率的形状变化或品种间利差的变化。随着市场收益率的变动,债券收益率曲线并非都是呈现平行移动,在某些时候,收益率会出现平坦或陡峭的变化。不同品种之间的利差也可能存在不同幅度的变化,表现为该国债期货合约相对于另一种期货合约,价格存在高估或低估,此时即为投资者带来跨品种套利的机会。

对信用级别相同或相近的债券品种期货而言,跨品种套利的交易策略主要是利用不同期限债券对市场利率变动的不同敏感程度而制定的。一般来讲,期限长的债券对利率变动的敏感程度要大于期限短的债券对利率变动的敏感程度。也就是说,当市场利率上升或下跌时,长期国债价格的下跌或上涨幅度将大于短期国债价格的下跌或上涨幅度。依据投资者对市场利率变动趋势的预测,投资者可以选择买入或卖出长期国债期货合约,同时卖出或买入短期国债期货合约,等到市场利率出现预期变动时,再对冲获利。

(二)跨品种套利的类型

跨品种套利的关键在于捕捉不同品种期货间的价格差异,大体可分为针对收益率曲线形状变化的套利交易(yield curve trading),针对不同品种之间的信用利差(如国债和金融债)套利交易,针对国债和其他利率衍生品的套利交易(国债期货与利率互换)等类别。

在芝加哥期货交易所,国债期货的跨品种套利交易是非常流行的,其中最为普遍的是以10年期的中期国债与长期国债期货间的跨品种套利交易(NOB)、5年期的中期国债与长期国债期货间的套利交易(FOB)、10年期的中期国债与5年期国债期货间的套利交易以及市政债券期货与长期国债期货间套利交易(MOB)等。

【例 3-8】 5年期国债期货与长期国债期货之间的套利。这种套利交易旨在利用5年期国债期货合约与长期国债期货合约之间的价差变化来获利。其具体做法有两种形式。

(1)当预期5年期国债期货合约价格上涨幅度将大于长期国债期货时,或5年期国债期货合约价格下跌幅度将小于长期国债期货时,买进5年期国债期货,卖出长期国债期货。

(2)当预期长期国债期货价格上涨幅度将大于5年期国债期货合约时,或长期国债期货价格下跌幅度将小于5年期国债期货合约时,卖出5年期国债期货,买进长期国债期货。

譬如,某年第一季度以来,某投资者认为美国联邦储备局可能会进一步降低利率以抵制潜在的通货紧缩,引起中长国债价格的大幅波动,使得5年期国债和长期国债价差扩大,于是该投资者决定在5年期国债期货和长期国债期货之间进行跨品种套利交易,他在4月中旬买进一份9月份交割的长期国债期货合约,同时卖出一份9月份交割的5年期国债期货合约。到6月26日,美联储果然宣布将利率降低25个基点,5年期国债期货合约价格上涨幅度明显低于长期国债期货价格上涨幅度,价差缩小。于是该投资者在6月底将所持有的国债期货合约对冲获利,套利结果见表3-9。

表 3-9　国债期货跨品种套利交易结果　　　　　　　　　　　　　美元

日期	5年期国债期货合约	长期国债期货合约	价　差
4月15日	111.10(卖出)	103(买入)	8.10
6月28日	123.19(买入)	118(卖出)	5.19
盈亏	−12.09	15	2.91

【例 3-9】 市政债券期货与长期国债期货之间的套利。这种套利交易旨在利用市政债券指数期货合约与长期国债期货合约之间的价差变化来获利。其具体做法可以分为两种形式。

(1)当预期市政债券期货价格上涨幅度大于长期国债期货时,或市政债券期货价格下跌幅度小于长期国债期货时,买进市政债券指数期货,卖出长期国债期货。

(2)当预期长期国债期货价格上涨幅度大于市政债券期货时,或长期国债期货价格下跌幅度小于市政债券期货时,卖出市政债券指数期货,买进长期国债期货。

譬如,某投资者预期市政债券期货对政府长期国债期货的价差会缩小,于是决定做跨品种套利交易。他在8月中旬按87.18美元的价格卖出2张12月份交割的市政债券指数期货合约,同时以 79.15 美元的价格水平买进 2 张 12 月份长期国债期货合约,此时两合约价差为 8.03 美元。到 10 月中旬,行情发展如其所料,市政债券期货指数合约和长期国债期货合约价格均上扬,而且长期国债期货合约价格上涨幅度

拓展阅读 3-1　海外市场国债期货利差交易策略案例分析

大于市政债券指数上涨的幅度,二者价差缩小至 6.19 美元,于是该投资者将所持市政债券指数期货合约和长期国债期货合约同时对冲平仓,参见表 3-10。

表 3-10　债券期货跨品种套利交易结果　　　　　　　　　　　美元

日期	市政债券指数期货合约	长期国债期货合约	价　差
8 月 15 日	87.18(卖出)	79.15(买入)	8.03
10 月 15 日	89.29(买入)	83.10(卖出)	6.19
盈亏	−2.11	3.95	1.84

四、蝶式套利

蝶式套利涉及一个品种的多个合约。对于一个国债期货品种有三个合约,蝶式套利需要做多(做空)两倍的远月合约,并反向做空(做多)各 1 倍的近月合约和隔月合约。如果说跨品种套利其实是对利率期限结构的判断,那么蝶式套利就是对同一品种国债期货不同到期日的价格结构的判断。当然,蝶式套利还是受到可交割券范围变化的影响。总体上来看,蝶式套利是一个较为频繁回归中值的策略,但需要考虑的是流动性因素,特别是隔月合约。比如某一年 5 月,当年 6 月到期的合约成交量已经开始下降,但当年 12 月到期的合约成交量仍不超过千手。

【例 3-10】　某投资者跟踪某 5 年期国债期货蝶式套利机会,长期研究后发现蝶式套利的成本具有均值回归的特性,即做多(做空)两倍的次季合约,并反向做空(做多)各 1 倍的当季和远季合约,差值总是围绕均值波动,因此,投资者根据均值与标准差设置置信度为 90% 的蝶式套利置信区间,参见图 3-7。

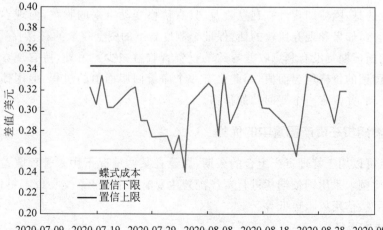

图 3-7　置信度下的蝶式套利区间

2020 年 8 月 4 日,该曲线波动出下边界,投资者以 123 美元的价格买入两份 5 年期国债期货 2012 合约,同时以 121 美元的价格卖出一份 5 年期国债期货 2009 合约,以 124 美元的价格卖出一份 5 年期国债期货 2103 合约,构建蝶式套利组合。2020 年 8 月 8 日,该曲线迅速回归,并接近上边界,投资者对蝶式套利组合进行平仓操作。2012、2009、2103 合约平仓价格分别为 121.5、121.4、120 美元,参见表 3-11。

表 3-11　国债期货蝶式套利交易结果　　　　　　　　　　美元

日期	2009 合约	2012 合约	2103 合约	蝶式成本
8 月 4 日	121(卖出)	123(买入×2)	124(卖出)	1
8 月 8 日	121.4(买入)	121.5(卖出×2)	120(买入)	1.6
盈亏	−0.4	−3	4	0.6(总盈亏)

第三节　资产管理

一、资产配置

国债期货的价格变动和 CTD 的变动存在关系,因此持有国债期货事实上使投资者得以获取对国债价格变动的风险敞口。在中国,由于债券市场分割成银行间市场与交易所市场,而交易所市场的现券流动性不佳,因此国债期货成为投资者赚取收益率变动带来的价差变动的良好工具。特别是对于中小投资者而言,使用国债期货使之得以交易非常重要的投资品种,即利率产品。

除了流动性之外,相比购买现券,期货投资的保证金制度和杠杆交易,使投资者可以使用较少的资金获得较大的波动率。债券价格和国债期货价格的日度波动都很有限,10 年期国债期货日度波动如果达到 0.5% 就已经是比较大的波动了,而股票市场 5% 的波动都很正常。如果持有现券,意味着投资者的波动率敞口非常有限。而使用保证金交易,可以让投资者获取更大幅度的波动,并且将节省出来的资金用于其他投资渠道。

需要注意的是,国债期货没有利息收益,只有价格变动带来的收益,而现券本身具有利息收益。当然,如果和现券比较的话,保证金制度省下的资金获取的利息收益可以在一定程度上抵消国债期货没有利息收益导致的投资者收益减少。另外,持有现券可以持有到期,而到期国债的价格均为面值,因此会有一个净价回归面值的过程,但国债期货不会有这样一种变动,并没有一个要回归的价格。

(一)国债期货在资产配置中的优势

国债期货可以用于管理资产组合的久期,以及在某些情况下用来管理收益率曲线风险、调整资产比例。采用国债期货进行资产配置主要有以下优点:交易成本更低、保持核心资产组合不变、信用风险更低等。

1. 交易成本更低

除了新发行和刚刚发行过的中长期国债之外,期货交易成本都要低于现货。表 3-12

反映了多个市场上,政府债券现货和 10 年期国债期货的标准买卖价差。四个主要市场上,期货合约的买卖价差都低于现货市场的标准价差,均不高于 0.02％。

表 3-12　各个政府债券市场的买卖价差　　　　　　　　　　％

种　类	现　货		期　货
	新发行债券	其他	
美国国债	0.031	0.047	0.016
英国金边国债	0.130	0.130	0.020
德国长期国债	0.060	0.060	0.010
日本政府债券	0.160	0.150	0.010

注：与其他国家不同,英国 10 年期国债的剩余期限是 12 年。

资料来源：东方汇理金融公司(Calyon Financial),2013 年 10 月。

2. 保持核心资产组合不变

对于债券市场参与者来说,经常会因为各种因素需要保持资产组合不变,或者受到交易限制。例如,因为某些原因不愿立即卖出一份债券;承销商需要管理新发行证券的分销;由于税务方面的原因而不愿卖出证券;现货市场流动性差(与期货市场相比),无法卖出现货;为找到资产组合中的中长国债期货券进行了大量的研究。在此情况下,只需要卖出国债期货,就能在保持资产组合不变的同时,更细致地管理组合久期,提高交易效率。

3. 信用风险更低

部分债券子市场拥有十分完善的远期交易机制,但即便这样,期货交易的信用风险还是要低于远期交易。交易所作为交易的中央对手方,也作为市场的管理者,提供的一整套严谨的风险管理机制,可以有效降低信用风险。

(二)利用国债期货进行资产管理

正如前面讨论的那样,一份国债期货合约即使没有票息率、没有本金、没有收益或面值,也能计算久期。之所以这样,是因为收益率的变化引起了国债期货可交割券价格的变化,进而引起了相关期货合约价格的变化。那么,期货合约的有效久期就可以简单地表示为由债券现货每 100 个基点收益率的变动而引起期货价格变化的百分比。这样的定义类似债券现货的修正久期——度量的是价格对潜在收益率变化的相对敏感程度。下面首先演示如何计算含有期货合约组合的久期,然后给出利用国债期货管理资产组合达到目标久期的例子。

1. 计算含有期货合约组合的久期

只要能计算出期货合约的有效久期,就可以很容易地计算含有期货的资产组合的久期。需要记住的是,期货只表示净价格头寸,对资产组合的净市值没有影响。

例如,假设一个资产组合含有债券、票据和现金,则修正久期的标准定义如下：

$$
组合\,MD = \frac{MD(债券) \times MV(债券) + MD(票据) \times MV(票据) + MD(现金) \times MV(现金)}{组合\,MV = MV(债券) + MV(票据) + MV(现金)}
$$

(3-5)

分子为资产组合中各项资产的修正久期(以下用 MDs 表示)按其投资额的加权平均值。组合市值(以下用 MV 表示)指的是完整市值,包括所有应计利息。分母为资产组合的净市值。所以,资产组合的修正久期就表示为组合中各类资产按市值的加权平均修正久期。

现在如果在资产组合中加入期货,分子就要加上净价格头寸,保持分母不变。新的久期计算公式如下:

$$\text{新组合 MD} = \frac{\text{组合 MD} \times \text{组合 MV} + \text{期货 MD} \times \text{期货 PEV}}{\text{组合 MV}} \qquad (3\text{-}6)$$

其中,PEV 代表期货头寸对等的资产组合价值。

2. 含有期货的资产组合久期管理实例

假设某资产管理机构持有市值 10 亿美元的资产组合,修正久期 10.00%,为了调整资产组合久期,该机构买入 1 000 份长期国债合约。这些合约的理论价格是 103.781 25 美元,PEV 为 103 781.25 美元(=1 000×103.781 25)。期权调整后的每基点的美元价值为 122.42 美元(和最便宜可交割债券收益率的变动有关),与之相对应的期权调整后的有效久期为 11.80%[=100×(100 基点×122.42)/103 781.25]。那么整个头寸的修正久期为

$$\text{新组合 MD} = \frac{10.00\% \times 1\,000\,000\,000 \text{ 美元} + 11.80\% \times 103\,781\,250 \text{ 美元}}{1\,000\,000\,000 \text{ 美元}} = 11.22\%$$

这充分说明了运用国债期货交易的优势。如果在这份价值 10 亿美元、久期为 10.00%的资产组合中,加入价值 103 781.250 美元、久期为 11.80%的债券现货,分母上也增加相应的价值,那么最终资产组合加权平均久期仅为 10.17%。

利用上述方法,可以实现任何久期目标。假设资产组合市值为 10 亿美元、修正久期为 3.0%,并希望在不减持中长国债期货券现货的情况下,将其久期降低到 2.00%。假设 5 年期中期国债期货交易价格为 105.687 5 美元,对应的 PEV 是 105 687.50 美元(=1 000×105.687 5)。期权调整后这份合约的 DV01 为 43.20 美元,则有效久期为 4.09%[=100×(100 基点×43.20)/105 687.50]。

给定这些条件后,根据含期货的资产组合久期的定义,就可以计算出需要多少 5 年期中期国债期货才能使得组合的久期等于 2.00%。

$$2.00\% = \frac{(3.00\% \times 10 \text{ 亿美元}) + 4.09\% \times \text{期货合约份数} \times 105\,687.5 \text{ 美元}}{10 \text{ 亿美元}}$$

也就是说,

$$\text{期货合约份数} = \frac{-1.00\% \times 1\,000\,000\,000 \text{ 美元}}{4.09\% \times 105\,687.50 \text{ 美元}} = -2\,313$$

即需要 5 年期中期国债期货的空方头寸 2 313 张。

(三)利用国债期货控制收益率曲线风险

资产组合管理者也会关注收益率曲线斜率和形状的变化所带来的风险。大多数可赎回债券的价值都对收益率曲线的斜率变动十分敏感。或许一份组合的资产可能更集中在收益率曲线的某一部分上。如果这样的话,管理者就可以在依据收益率曲线所划分的短、

中、长期期货品种之间选择。

试想某位管理者的组合中，大部分资产是长期国债。他希望收益率水平下行，但又担心收益率曲线斜率增大。收益率曲线的下调会增加资产组合的价值，但如果曲线变陡，债券组合的业绩会差于久期相同的中期债券组合。

那么，管理者需要解决的问题就是，如何在保持资产组合整体久期不变的前提下，降低长期国债的头寸，并增加中期或短期国债的头寸。通过卖出长期国债期货并同时买入相应的中期国债期货就可实现该目标。买卖的数量一定要适当，才能保持整个资产组合的久期不变。

（四）调整资产配置比例

资产组合管理者进行股票买卖大都是为了进行资产配置。除了传统的分散化策略之外，他们往往会采用一种名为策略性资产配置（tactical asset allocation）的方法。这种方法需要根据市场价格变化预期，调整组合种各类资产的比例。比如，许多资产组合管理者面临的一个长期问题就是，如何在一个资产组合中分配股票、债券和现金的比例。还有一种方法被称为动态资产配置策略（dynamic asset allocation），即增加价格上涨资产的头寸，减少价格下跌资产的头寸。资产配置还会涉及在两个或多个国家的债券间的比例分配问题。

使用期货合约可以达到上述所有目的。例如，资产组合管理者可以卖出债券期货，买入股指期货，代替卖出债券和买入股票；由于国债期货具有更好的流动性、更高的杠杆水平，通过国债期货代替现券，可以在实现交易目的的同时显著降低交易成本。

利用国债期货进行资产配置所需要的计算过程同解决套期保值问题所运用的一样。唯一的差别在于可能需要了解更多的期货种类。

二、久期管理

修正久期描绘收益率曲线平行变动时债券价格变动相对债券价格的百分比。在国债期货中，由于采取保证金和名义标准券的设计，因此国债期货的价格变动和"债券价格"的百分比并不存在，因为没有真实存在的债券。如果考虑国债期货价格变动导致的保证金损益状况，那么在百分比的角度上，保证金损益百分比取决于保证金的比例。如果100万元国债期货的交易对应了100万元的保证金，那么国债期货价格变动对于保证金的影响的百分比，就是损益/100万元。但如果保证金仅有10万元，那么损益百分比等于损益/10万元，后者的百分比就要比前者大。

对于现券多头投资者，由于现券的久期存在，利率水平变动时现券价格也会变动。如果这一投资者同时做多国债期货，那么当利率水平变动时，除了现券会产生价格变动以及相应的损益之外，国债期货也会因利率水平变动产生价格变动以及相应损益，而上述损益的总和，从现券和国债期货这一组合的角度观察，就代表了现期资产组合对利率变动的修正久期。由于保证金本身毕竟不是债券，只是用来结算每日盈亏的工具，因此考虑现券和国债期货组合规模时，加入国债期货可以使得整个现期组合在利率变化时，同时因现券和国债期货而具有两部分损益，但作为计算久期的分母的资产组合规模里面只考虑现券，因而现券组合的久期因国债期货的加入而得到调整。

从另外的角度来看,中国金融期货交易所已经允许投资者使用国债作为交易保证金。在这种情况下,计算修正久期所用的资产规模就是现券自身,但是整个资产组合的损益来自现券和国债期货这两部分损益。这样可以更好地看出国债期货对于现券组合的修正久期的影响。如果希望加大久期,做多现券的投资者可以同时做多国债期货。如果希望缩短久期,做多现券的投资者可以同时做空国债期货。

期货的应用体现在投机、套利与套期保值,国债期货的功能也无外乎这三类。国债与其他品种不一样的地方,在风险管理中,套期保值只是作为久期管理的特例,当组合久期为零,便实现了利率风险对冲,即套期保值。更为经常性的做法是国债期货作为久期管理中的工具,调节组合久期到预期值即可。本部分重点分析国债期货在久期管理中的策略、做法以及注意事项。

(一)国债期货的久期

国债期货的风险测量实际包括基点价值和久期,这里从定义、经验法则和二者对冲方法比较做进一步解析。

国债期货基点价值(DV01)是指对应 CTD 收益率变化一个基点时,期货价格的变化。国债期货久期是衡量对应 CTD 收益率变化 100 个基点(即 1%)时,期货价格变化的百分比。与基点价值相比,久期概念更看重收益率变化时,债券价格变化的百分比,而不是价格的绝对值。

国债期货价格是净价,而基点价值与久期定义是依据债券全价,二者并不对等,因此有下面的经验法则。

第一,国债期货的 DV01 等于 CTD 的 DV01 除以转换因子 CF。

第二,国债期货的久期等于 CTD 的久期。两个法则的原理实际上并不复杂,在期货到期日,根据国债期货定价容易得到

$$期货价格 \approx \frac{CTD\ 价格}{转换因子\ CF} \tag{3-7}$$

这里的误差主要源于 Carry 和隐含期权。而由式(3-7)又可以得出

$$久期\ F = \frac{\Delta F}{F} = \frac{\dfrac{\Delta CTD}{CF}}{\dfrac{CTD}{CF}} = \frac{\Delta CTD}{CTD} = 久期\ CTD \tag{3-8}$$

【例 3-11】 2021 年 7 月 12 日,10 年期国债期货 T2109 合约的最便宜可交割券为银行间市场 2020 年 5 月 25 日上市的 10 年期付息国债 200006,其转换因子为 0.975 7,修正久期 7.777 0,债券价格 96.955 9 元,CTD 的 DV01 为 757。因此期货 T2109 久期为 7.777,DV01 为 775.85。

实际上,债券行业在久期管理中,基于基点价值的对冲方法和基于久期的对冲方法都是常用的办法,至今仍广为流行,但是二者从应用效果上略有不同。

1. 基点价值(DV01)对冲方法

基点价值对冲,顾名思义,是分别计算组合的 DV01 与期货合约的 DV01,从而得到

对冲比例。

$$期货合约数量 = \frac{债券组合\,DV01}{期货合约\,DV01} \tag{3-9}$$

其中，

$$期货合约\,DV01 = \frac{CTD\,券\,DV01}{转换因子\,CF} \tag{3-10}$$

2. 久期对冲方法

久期对冲是通过分别计算债券组合久期与期货合约久期，从而得到对冲比例。

$$期货合约数量 = \frac{债券组合久期 \times 债券组合市值}{期货合约久期 \times \dfrac{期货价格}{100} \times 期货合约面值} \tag{3-11}$$

其中，期货合约久期为 CTD 久期。

3. 二者应用比较

从公式上看，DV01 对冲方法与久期对冲方法可能会出现不一致性，其原因主要是期货合约久期与 CTD 久期相同，而期货价格和 CTD 价格有转换因子连接，在转换的过程中有损耗，因此会产生误差。

【例 3-12】 假设某长期债券组合市场价值 1 亿元，久期 5.8，如预期利率上升，可卖出国债期货 TF2109 进行对冲，期货价格为 100.855 元，CTD 180028 的久期为 4.101 3，DV01 为 414，转换因子为 1.008 6。该债券组合 DV01 为 58 000，由此比较两种对冲方法如下。

基点价值对冲方法：

$$DV01(TF2109) = \frac{414}{1.008\,6} \approx 410$$

$$期货合约数量 = \frac{58\,000}{775.85} \approx 74.76(张)$$

$$期货合约数量 = \frac{58\,000}{410} \approx 141(张)$$

久期对冲方法：

$$期货合约数量 = \frac{1\,亿 \times 5.8}{4.101\,3 \times (100.855/100) \times 100\,万} \approx 140(张)$$

（二）组合的久期

在进行久期管理过程中，操作往往是针对组合的久期，这里对组合久期的计算和特点进行总结。

1. 计算

久期是指标的债券收益率变化 1%，标的债券价格变化的百分比，组合久期也不例外，只是这里需要对组合中的各个债券的久期进行市值加权处理，其计算如下：

$$组合久期 = \sum_{j} \frac{债券\,j\,的市值}{债券组合市值} \times 债券\,j\,的久期 \tag{3-12}$$

加入期货后的债券组合久期计算如下:

$$组合久期 = \sum_j \frac{债券\ j\ 的市值}{现券组合市值} \times 债券\ j\ 的久期$$

$$+ \sum_i \frac{期货\ i\ 的市值}{现券组合市值} \times 期货\ i\ 的久期 \qquad (3\text{-}13)$$

【例 3-13】 假设某债券组合的构成如表 3-13 所示。

表 3-13　债券组合的构成

债券信息	价格/元	久　　期	市值/元	市值比例
10%,5 年	100	3.861	4 000 000	0.42
8%,15 年	84.627 5	8.047	4 231 375	0.44
14%,30 年	137.859	9.168	1 378 590	0.14

则该组合久期为:

组合久期＝0.42×3.861＋0.44×8.047＋0.14×9.168＝6.446

如果加入期货合约 T2109 进行对冲,构造新的债券组合如表 3-14 所示。

表 3-14　债券组合的构成(加期货)

债券信息	价格/元	久　　期	市值/元	市值比例
10%,5 年	100	3.861	4 000 000	0.42
8%,15 年	84.627 5	8.047	4 231 375	0.44
14%,30 年	137.859	9.168	1 378 590	0.14
空头,T2109	99.635	7.96	996 350	0.10

组合久期＝0.42×3.861＋0.44×8.047＋0.14×9.168－0.10×7.96＝5.65

2. 特点

组合债券相对单一债券在计算过程中更为复杂,主要体现在动态的期限结构变化以及多样的工具特征。

第一,组合久期计算是假设组合内的不同期限债券的到期收益率是同时平行移动。组合中的债券并不单一,期限、票息、到期收益率往往都不相同,这点在现实中并不完全合理。假设整条曲线发生平行移动,即所有期限的利率变化幅度相等,当利率期限结构非平行化严重时,可信度将大大下降。因此,该计算方法只是一个近似值。

第二,利率互换是债券组合中最重要的例子之一,利率互换通过资产固定利率和浮动利率的互换来达到管理风险的目的。更进一步,利率互换的久期特征体现在固定端的久期与浮动端的久期。

$$互换久期 = 固定端久期 \times \frac{固定端市值}{互换市值} + 浮动端久期 \times \frac{浮动端市值}{互换市值} \qquad (3\text{-}14)$$

这里,互换市值＝固定端市值＋浮动端市值。由于互换操作是一买一卖,因此互换市值往往较小,互换久期较大,互换敏感性也较大。

（三）组合久期的管理策略

久期风险管理从工具的角度来说是通过国债期货提高或降低现券组合的久期，从而达到风险管理的目的；从形式上看，它分为预期收益率变动调整、目标久期调整和套期保值三类。

1. 控制收益率曲线变动风险

如果预期未来利率上升或下降，可通过卖出或买入国债期货进行久期管理。操作上，可以部分或完全地对冲久期风险。

【例3-14】 某债券组合市场价值1亿元，久期5.8，如预期利率上升，通过卖出国债期货 TF2109 进行部分对冲，期货价格为 100.855 元，CTD 180028 的久期为 4.101 3，DV01 为 414，转换因子为 1.008 6。可选择对冲市值 5 000 万元，这时有

$$期货合约数量 = \frac{5\,000 万 \times 5.8}{4.101\,3 \times (100.855/100) \times 100 万} \approx 70（张）$$

2. 利用目标久期控制利率变动风险

将组合久期 D_1 调整为目标久期 D_2，从而达到风险控制的目的。

$$期货合约数量 = \frac{(D_1 - D_2) \times 债券组合市值}{期货合约久期 \times \dfrac{期货价格}{100} \times 期货合约面值} \tag{3-15}$$

其中，期货合约久期＝CTD 久期。当然，这里也可以使用 DV01 的方法。

【例3-15】 沿用【例3-14】，当投资者希望把组合久期由 5.8 调整到 3，这时候需要卖空国债期货：

$$期货合约数量 = \frac{1亿 \times (5.8 - 3)}{4.101\,3 \times (100.855/100) \times 100 万} \approx 68（张）$$

（四）久期管理的注意事项

在久期的风险管理中，债券的复杂性导致了诸多的计算细节，只有熟知各种场景下的可能走势，才能在风险管理中临危不惧、应对自如。本部分对可能影响久期管理效果的对冲比率，回购 DV01 和隐含期权 DV01，收益率的波动性与旋转，久期管理流程作出归类研究，一方面完善了久期管理的细节，另一方面梳理各种场景下久期管理需要注意的问题。

严格而言，基点价值的匹配和对冲都是瞬时概念，当利率波动剧烈、CTD 发生变动等情况，HR 需要动态调整。针对收益率变化特征和规律，现实操作中研究了对对冲比率的修正。为了方便比较，首先给出简单的 DV01 方法。

$$HR = \frac{DV01_B}{DV01_F} \tag{3-16}$$

这里 $DV01_B$ 指债券组合的基点价值，$DV01_F$ 指期货合约的基点价值。该方法的目的是使当前时刻对冲组合的基点价值为零。

1. 修正比例法对冲

修正比例法指简单地根据期货和对冲标的的波动情况进行对冲比率的修正。

$$\text{HR} = \frac{\text{DV01}_B}{\text{DV01}_F} \times \frac{\sigma_B}{\sigma_F} \tag{3-17}$$

其中，σ_B 为债券组合收益率的标准差；σ_F 为期货 CTD 收益率的标准差。该方法的目的是使预期对冲组合的基点价值为零。

2. 贝塔法对冲（最小方差法对冲）

贝塔法对冲，是根据贝塔修正后调整对冲比率。该方法的目的是使对冲组合的预期方差最小化。

$$\text{HR} = \frac{\text{DV01}_B}{\text{DV01}_F} \times \frac{\sigma_B \rho_{BF}}{\sigma_F} \tag{3-18}$$

其中，ρ_{BF} 为债券组合与期货 CTD 收益率的相关系数。推导可由以下步骤得到。

$$
\begin{aligned}
\text{Var}(\Delta P) &= \text{Var}(\Delta B - h\Delta F) \\
&= \text{Var}(\Delta B) + h^2 \text{Var}(\Delta F) - 2h \text{Cov}(\Delta B, \Delta F) \\
&= (\sigma_B)^2 + h^2 (\sigma_F)^2 - 2h\rho_{BF}\sigma_B\sigma_F
\end{aligned} \tag{3-19}
$$

式中，Var 为方差；Cov 为协方差；h 为对冲比率。

式(3-19)对 h 求导，可得

$$\frac{\partial \text{Var}(\Delta P)}{\partial h} = 2h(\sigma_F)^2 - 2\rho_{BF}\sigma_B\sigma_F \tag{3-20}$$

令其等于 0，可得

$$h = \frac{\sigma_B \rho_{BF}}{\sigma_F} \tag{3-21}$$

3. 德尔塔法对冲

与贝塔法不同，德尔塔法对冲将相关系数调到分母。该方法和贝塔法区别在于，德尔塔法将债券组合变动设为自变量，国债期货作为因变量，对冲比例的设定以债券组合的变动为基准，这与贝塔法正好相反。

$$\text{HR} = \frac{\text{DV01}_B}{\text{DV01}_F} \times \frac{\sigma_B}{\sigma_F \rho_{FB}} \tag{3-22}$$

其中，$\rho_{FB} = \rho_{BF}$。

4. 对比分析

归纳以上三种对冲比率 HR 的算法各有特点，实际应用时应明确对冲目的，选择合适算法，如表 3-15 所示。

表 3-15　对冲比率 HR 算法及应用场景

方　　法	公　　式	对　冲　目　的
简单对冲	$\text{HR} = \dfrac{\text{DV01}_B}{\text{DV01}_F}$	使当前时刻对冲组合的基点价值为零

续表

方　　法	公　　式	对冲目的
修正比例对冲	$HR = \dfrac{DV01_B}{DV01_F} \times \dfrac{\sigma_B}{\sigma_F}$	使预期对冲组合的基点价值为零
贝塔对冲	$HR = \dfrac{DV01_B}{DV01_F} \times \dfrac{\sigma_B \rho_{BF}}{\sigma_F}$	使对冲组合的预期方差最小化
德尔塔对冲	$HR = \dfrac{DV01_B}{DV01_F} \times \dfrac{\sigma_B}{\sigma_F \rho_{FB}}$	使预期对冲组合的基点价值为零

【例 3-16】　对比不同对冲比率的算法,利用国债期货对某国债组合进行风险对冲,相关参数如下:

$DV01_B = 3\,960.6$,$DV01_F = 580.29$,$\sigma_F = 0.146\,3$,$\sigma_B = 0.114\,0$,$\rho_{FB} = \rho_{BF} = 0.892\,7$。

对冲比率如表 3-16 所示。

表 3-16　对冲比率 HR 算法实例

方　　法	公　　式
简单对冲	$HR = \dfrac{3\,960.6}{580.29} = 6.82 \approx 7(张)$
修正比例对冲	$HR = \dfrac{3\,960.6}{580.29} \times \dfrac{0.114\,0}{0.146\,3} = 5.31 \approx 5(张)$
贝塔对冲	$HR = \dfrac{3\,960.6}{580.29} \times \dfrac{0.114\,0 \times 0.892\,7}{0.146\,3} = 4.74 \approx 5(张)$
德尔塔对冲	$HR = \dfrac{3\,960.6}{580.29} \times \dfrac{0.114\,0}{0.146\,3 \times 0.892\,7} = 5.95 \approx 6(张)$

5. 回购的 DV01 和隐含期权的 DV01

由国债期货的定价可知最便宜可交割券和期货价格有如下关系:

$$期货价格 = \frac{最便宜可交割券价格 - 持有成本 - 隐含期权价值}{最便宜可交割券转换因子}$$

因此,在用国债期货对某个组合进行对冲的时候,细节还需考虑到持有成本和隐含期权价值,二者分别对应了回购 DV01 和隐含期权 DV01 的度量。

1) 回购 DV01

持有成本一般指债券的利息收入与回购融资费用间的差额,回购利率的变化导致持有成本的变化,进而影响期货价格的变化。这部分目的在于测算回购利率对期货价格的影响,引入 DV01 概念首先需要写出期货表达式,同时假设期货价格中不含隐含期权价值。考虑持有债券的时间内(图 3-8),存在利息支付的情况。

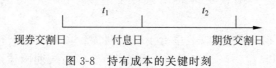

图 3-8　持有成本的关键时刻

由卖方支付现金流原理,其中 R 为回购利率,F 为现券远期价格,CF 为现券转换因子,C 为一年两付息的年票息,可得

$$期货回购 \text{DV}01 = \frac{现券回购 \text{DV}01}{转换因子} = \frac{\mathrm{d}F}{\mathrm{d}R} \times \frac{1}{\text{CF}} \times \frac{1}{10\ 000} \tag{3-23}$$

现券远期价格 F 又可以在现券交割日时表示为

$$F = 现券全价 \times \left[1 + R \times \left(\frac{t_1}{365}\right)\right] \left[1 + R \times \left(\frac{t_2}{365}\right)\right] - \frac{C}{2}$$

$$\times \left[1 + R \times \left(\frac{t_2}{365}\right) + \left(\frac{t_2}{184}\right)\right] \tag{3-24}$$

将 F 表达式代入期货回购 DV01 表达式,可得

$$期货回购 \text{DV}01 = \frac{1}{\text{CF}} \times \frac{1}{10\ 000} \times \left\{ 现券市值 \times \left[\left(\frac{t_1 + t_2}{365}\right) \right. \right.$$

$$\left. \left. + 2R \times \left(\frac{t_1}{365}\right)\left(\frac{t_2}{365}\right)\right] - \frac{C}{2} \times \left(\frac{t_2}{365}\right) \right\} \tag{3-25}$$

如果没有利息支付,式(3-25)可以简化为

$$期货回购 \text{DV}01 = \frac{1}{\text{CF}} \times \frac{1}{10\ 000} \times 现券市值 \times \left(\frac{t_1 + t_2}{365}\right) \tag{3-26}$$

与即期利率的增加会导致远期价格下降,从而导致期货价格下降不同,回购利率的上升会导致远期价格上升,从而导致期货价格上升。

【例 3-17】　对于 TF2109 合约,7 月 13 日,对应 CTD 180028 的转换因子 1.008 6,全价 103.802 0 元,期货交割日为 2021 年 9 月 10 日。因此其期货回购 DV01 可以计算。

期货回购 DV01 = $(1/1.008\ 6) \times (1/10\ 000) \times 1\ 038\ 020 \times (60/365) = 16.92$(元)

这意味着回购利率变动一个基点,期货的基点价值变化 16.92 元。

2) 隐含期权 DV01

由于标的物是名义标准券,而实际可交割券是满足一定条件的国债集合,空头方有权选择最便宜可交割券进行交割,因此国债期货价格中隐含期权价值。根据交易所的制度安排,国债期货通常赋予空头方两类交割期权,即选择最优债券进行交割与选择最佳时机进行交割的权利。前者一般被称作转换期权(quality option),而后者被称作时机期权(timing option)。在实践中,这两类期权常常相互结合以不同的形式存在,如百搭牌期权(wild card option)、月末期权(end-of-month option)。

【例 3-18】　中金所 5 年期国债期货,若空头方欲进行滚动交割,需要在意向申报日上午 11:30 之前提出交割申请,而此时期货交易并未结束,因此空头方不具有百搭牌期权。滚动交割结束后,在最后交易日仍未平仓的头寸进入集中交割。由于最后交易日后一个工作日即为交券日,且空头方需要在交券日上午 11:30 前申报交券信息和交券量,真正留给空头方选择交割券的时间不足一天,月末期权的行使时间极为短暂,月末期权价值较小。因此,整体隐含交割期权更多表现为转换期权。这里主要讨论转换期权对期货 DV01 的影响。

经验法则告诉我们,当到期收益率低于国债期货名义票面利率时,选择低久期国债期货券为 CTD;当到期收益率高于名义票面利率时,选择高久期国债期货券为 CTD。转换期权正是在高久期国债期货券与低久期国债期货券的转换过程中产生的。

由图 3-9 可看出,当到期收益率低于名义票面利率,理论期货价格曲线斜率高于低久期国债转换价格曲线斜率,经验法则产生的对冲比率过高;当到期收益率高于名义票面利率,

理论期货价格曲线斜率低于高久期国债转换价格曲线斜率,经验法则产生的对冲比率过低。

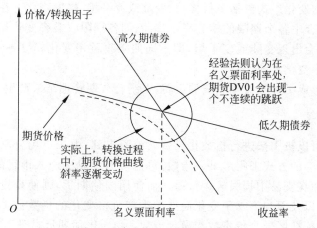

图 3-9 隐含期权调整期货 DV01

因此,当到期收益率通过名义票面利率这个点时,从高(低)久国债期货券转换到低(高)久期就会显得很突然,一个基点的变化可能会导致对冲比率发生较大变化。

6. 影响风险管理的因素分析

在做组合久期管理时,还应注意到期收益率的波动性情况与收益率曲线的旋转。

1)收益率波动性

在做组合久期管理时,债券组合的 DV01 与期货的 DV01 对冲后,只是相当于对冲掉了一阶久期风险,但是一般债券凸性大于期货凸性,因此二阶凸性风险依然残留。

对于一个多债券、空期货的策略来说,这等价于跨式期权组合,即做多波动率,波动率增加,对冲组合盈利增加;波动率减小,对冲组合盈利减少。

由于国债期货的对冲需动态调整,因此当波动超过一定额度时,由债券波动产生的收益将不能弥补由动态对冲所产生的对冲比例变化引起的损失,这时将优先进行动态对冲比例的调整。根据经验,一般利率变动超过 20bp 时才做动态调整。收益率变动对组合权益影响参见图 3-10。

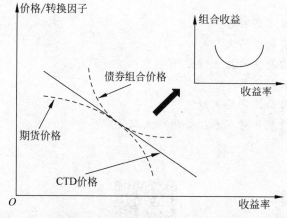

图 3-10 收益率变动对组合权益影响

2）收益率曲线旋转

收益率曲线的变化形式包括平行移动、变陡或变平坦、蝶形变化。在前面的组合久期管理中,均假设组合中各个期限的债券平行移动,即各期限收益率变化相同的基点。实际中,收益率曲线还会出现变陡或变平坦,即不同期限收益率变化幅度不一致;蝶形变化,即不同期限收益率变化方向不一。

这两种情况形成了对收益率曲线的旋转,对组合久期管理结果产生一定影响。

三、指数化投资

国债期货也可以被用来进行指数化投资。前面提到,由于市场分割和流动性方面的原因,通过买卖现券的方式来跟踪某一指数,可能会遇到无法进入市场的问题,也可能会因为流动性较差而在交易中损失较大价差。而使用国债期货,则使得投资者可以方便地追踪国债类指数,以及因利率水平变化而产生类似价格变化的指数波动情况。需要注意的是,债券类指数往往区分全价指数和净价指数。由于国债期货本身不提供利息,而全价指数包含利息收入,因此使用国债期货进行指数化投资会无法包含全价指数中的一部分波动来源。

本章小结

国债期货是重要的利率类衍生品,与权益类衍生品存在较大的差异。在第一部分的债券组合风险管理中对套期保值比率、利率债套期保值和信用债套期保值进行了案例分析和公式推导。在第二部分的国债期货套利中分别对基差套利、跨期套利、跨品种套利和蝶式套利进行了大量案例分析。在第三部分的国债期货资产管理中对资产配置和久期管理详细地展开分析,尤其是对久期管理的组合策略、注意事项等进行案例分析。

关键术语

国债期货　转换因子　套期保值比率　利率债　信用债　基差套利　蝶式套利　久期管理

复习思考题

1. 什么是最便宜可交割券?
2. 如何计算国债期货的久期?
3. 如何计算国债期货的基点价值?
4. 什么是国债基差交易?
5. 国债套期保值面临哪些风险?
6. 如何利用国债期货对现券组合进行久期管理?

即测即练

第四章

外 汇 期 货

本章学习目标

通过本章学习,学员应该能够:

1. 了解进出口业务中的外汇风险,掌握企业如何利用外汇衍生品进行风险管理的操作;

2. 了解企业境外投融资业务及其风险,学会根据业务风险特征选取适当的衍生品进行风险管理;

3. 了解汇率波动会对国际工程承包业务造成哪些影响,学会对冲工程承包业务中的内部风险,并利用衍生工具管理剩余风险头寸;

4. 了解金融机构如何利用外汇衍生品管理外汇风险,参与外汇市场交易。

【本章导读】

实体经济和金融业的市场主体经常会涉及国外业务、外汇交易以及汇率风险。本章将阐述进出口业务、投融资业务和工程承包业务当中的外汇风险,以及相应的一些套期保值和风险对冲手段。

对于进出口业务的外汇风险来说,汇率风险来源于价格因素和数量因素。价格和数量的变动会引发外汇头寸价值的变化。在进行外汇管理分析时,首先要确定汇率变动的方向对进出口企业是否有利,会对企业的资产端还是负债端产生影响。要注意区分并熟练掌握进出口企业在利用外汇期货进行外汇风险管理的操作方向。

企业进行海外投资,往往同时伴随着海外融资。单就数额而言,投资和融资同时进行可以抵消部分外汇风险。但是投资和融资的时间跨度往往并不相同,这就使得虽然投资和融资的金额相似,但企业仍然面临外汇风险。应熟练掌握时间维度的外汇风险管理,并根据时间特征选取适当的衍生品。

工程承包一般同时涉及多种收支,外汇头寸来源也更为繁复。对于复杂的收支结构,首先要判断能否进行内部对冲,大小相等、方向相反、期限一致的头寸可以相互抵消。无法进行内部对冲的外汇头寸,再考虑选取适当的外部市场工具进行风险管理。

商业银行基于外汇头寸管理和作为汇率类衍生品做市商的需要,有开发外汇衍生品业务、参与外汇市场交易和提供汇率避险工具的动机。商业银行运用外汇远期、互换、外汇期货、外汇期权能够有效管理外汇头寸风险。

本章知识结构图

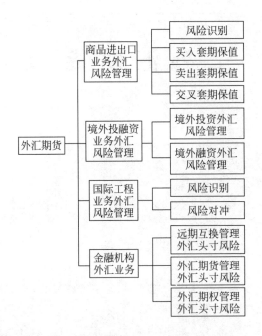

引导案例：北京房山某机械厂汇率风险案例

北京房山某机械厂 2008 年 8 月 1 日签订了一笔液压支架的出口合同，交付期在 2008 年 10 月 31 日，金额 100 万欧元，8 月 1 日欧元人民币即时汇率为 10.655 9，企业担忧汇率风险。后经公司专家团队合议后，认为其交易过程十分简单，建议该企业与银行签订远期结汇业务比较合适。实际操作过程："在企业提交该笔业务相关资料后，我公司为其填写了《远期结汇售汇申请书》并提交到合作银行。申请书约定：期限三个月，固定交割日为 10 月 31 日；远期结汇汇率为：EUR/CNY＝10.442 8。到期日 10 月 31 日按约定远期结汇汇率：EUR/CNY＝10.442 8 交割。"10 月 31 日，EUR/CNY 即期汇率为 8.725 4，如果企业没有做远期结售汇，将以欧元人民币 8.725 4 把欧元换成人民币。由于企业做了远期结售汇，所以企业是按与银行约定的价格 10.442 8 结汇。企业实际规避汇率风险：1 000 000×(10.442 8－8.725 4)＝171.74 万元人民币，该远期结售汇业务为企业规避汇率风险约为 17%。

第一节　商品进出口业务外汇风险管理

一、风险识别

企业经营蕴含风险，因此会产生套期保值需求。但选用套期保值工具的前提，是正确识别企业面临的风险。由于涉及外币的结算，进出口企业的外币资产或负债头寸会随着汇率的波动而波动。汇率的变动方向有时对进出口企业有利，导致外币资产（负债）头寸的增加(减少);有时汇率的变动方向对进出口企业不利,导致外币资产(负债)头寸的减少(增加)。所以在对汇率进行风险管理之前,首先要进行风险识别。通常,进出口企业会面临价格和数量两个方面的外汇相关的风险。

在价格方面,出口商出口商品收入外币货款。在签订出口合约时往往确定了价格,而收到货款进行结汇是在签订出口合约之后一段时间。这段时间汇率出现变动就会对出口商的实际人民币收入产生影响。因此当外币对人民币贬值或者人民币对外币升值时,出口商的外币收入尽管有固定的外币金额,但是结汇收到的人民币金额会因汇率变化而减少,从而导致出口商收入减少。由于出口商的收入中扣除成本之后才是自身利润,而成本仍然以人民币计价,因此外币收入整体因外币贬值导致的人民币结汇金额减少,会对出口商的利润造成冲击。这在目前出口竞争激烈、出口商利润微薄的情况下,会造成比较大的影响。

相反,进口商进口商品支付外币货款。由于支付货款时的汇率并不确定,因此当外币对人民币升值或者人民币对外币贬值时,进口商的外币支出尽管有固定的外币金额,但是购汇所需要的人民币金额因汇率变化而增加,从而导致进口商成本增加。和出口商一样,进口商的利润也很薄,成本因汇率变动增加会使进口商利润受到冲击。

除了收入流和成本流等损益表方面的数据之外,资产负债表方面也会因为汇率的变化产生损益。例如,进出口企业往往会有存货以及应付费用等负债,而上述资产和负债有可能以外币计价。当外币相对人民币升值时,外币计价存货的人民币值下降,企业面临账面的损失。但相反,外币计价的负债的人民币值上升,企业又有了账面的盈余。

在上述价格因素之外,数量因素也是进出口企业面临的风险,典型的就是外汇管制方面的风险。出口商的客户可能会因为外汇管制而无法支付货款,进口商自身也可能因为本国的外汇管制而违反付款合同的约定。而从更大范围来讲,外汇管制的风险只是经济风险的一种,而经济风险还包括经济崩盘、大量失业、过度投资等,从商业上也会对企业造成影响。

二、套期保值

套期保值的目的就是缓释上述各类风险,帮助企业专注于自身业务。当然,套期保值不是机械地操作,企业需要根据自己对宏观经济的判断,以及金融市场和工具的情况进行判断、策略制定和执行。

前面我们提到,对于出口企业而言,面临的主要外汇风险是本币升值,即在结汇时相同金额的外币换取了更少的本币。因此,出口企业是天然的本币多头套期保值者,在外汇市场的操作应该是买入本币外汇期货合约。

【例 4-1】　某中国公司向美国出口产品,订单价值 100 万美元。约定 3 个月后付汇,签约时人民币汇率为 1 美元＝6.471 8 元人民币。

此时出口企业面临人民币升值风险,3 个月内人民币有可能出现明显的升值。因此为了规避汇率风险,出口企业可以在期货市场根据外汇敞口的大小,进行买入人民币/美元期货的操作。假设在 CME 期货交易所进行交易,成交价位 0.146 89(表 4-1)。

表 4-1　买入套期保值计算

项　目	买入套期保值计算
期货合约面值	100 万元人民币
保证金比例	2%
风险敞口	100 万美元
买入规模	100 万美元/0.146 89/100 万人民币＝6.81≈7 张
保证金	7×100 万人民币×0.146 89×0.02＝20 564.6 美元

3 个月后，人民币即期汇率升值至 1∶6.349 0，那么该企业将外汇期货头寸进行平仓，成交价格为 0.151 37（表 4-2）。

表 4-2　买入套期保值效果评估

套期保值效果评估	损　益　计　算
现货市场损益	100 万美元×(6.349 0−6.471 8)＝−122 800 元人民币
期货市场损益	7×100 万人民币×(0.151 37−0.146 89)＝31 360 美元； 31 360 美元×6.349 0＝199 104.64 元人民币
总损益	199 104.64−122 800＝76 304.64 元人民币

可以看出，3 个月后人民币升值，对于出口企业有不利影响，若不采取风险管理措施，出口企业将面临 122 800 元的损失，而通过在期货市场的买保，出口企业在外汇期货市场获得 199 104.64 万元的收益，期货市场和现货市场的损益实现了互补，出口企业利用外汇期货对冲了美元外汇风险敞口。

与出口企业相对应，进口企业面临的主要外汇风险是本币贬值，即在结汇时相同金额的外币需要支付更多的本币。因此，进口企业是天然的本币空头套期保值者，在外汇市场的操作应该是卖出本币外汇期货合约。

【例 4-2】　某中国公司向德国购入生产设备，订单价值 100 万欧元。约定 3 个月后付汇，签约时人民币汇率为 1 欧元＝7.631 5 元人民币。

此时进口企业面临人民币贬值风险，并且该企业预期 3 个月内人民币会出现明显的贬值。因此为了规避汇率风险，该进口企业可以在期货市场根据外汇敞口的大小，进行卖出人民币/欧元期货的操作。假设在 CME 期货交易所进行交易，成交价位 0.117 72（表 4-3）。

表 4-3　卖出套期保值计算

项　目	卖出套期保值计算
期货合约面值	100 万元人民币
保证金比例	2%
风险敞口	100 万欧元
卖出规模	100 万欧元/0.117 72/100 万人民币＝8.5≈9 张
保证金	9×100 万人民币×0.117 72×0.02＝21 189.60 欧元

3 个月后，人民币即期汇率变为 1∶8.520 4，那么该企业将外汇期货头寸进行平仓，

成交价格为 0.105 02(表 4-4)。

表 4-4　卖出套期保值效果评估

套期保值效果评估	损 益 计 算
现货市场损益	100 万欧元×(7.631 5－8.520 4)＝－888 900 元人民币
期货市场损益	9×100 万人民币×(0.117 72－0.105 02)＝ 114 300 欧元； 114 300 欧元×8.520 4＝973 881.72 元人民币
总损益	973 881.72－888 900＝84 981.72 元人民币

可以看出,3 个月后人民币汇率变动方向不利于进口企业,人民币贬值使得进口企业面临汇率风险。若不采取风险管理措施,进口企业将面临 888 900 元的损失,而通过在期货市场的卖保,进口企业在外汇期货市场获得 973 881.72 元的收益,期货市场和现货市场的损益实现了互补,进口企业利用外汇期货对冲了欧元外汇风险敞口。

事实上,当今外贸型企业往往面临更为复杂的外汇风险。很多外贸企业往往同时涉及进口和出口,如加工型外贸企业会进口生产设备和原材料并用一种外币结算,同时出口产成品并用另外一种外币进行结算。

【例 4-3】　国内某高铁制造商于 5 月 1 日向美国进口了价值 1 000 万美元的零件,约定 3 个月后支付货款。同时,将于 7 月 1 日收到一笔 150 万欧元的出口货款,8 月 1 日收到另外一笔 1 500 万美元的出口货款。即期汇率分别为 1 美元＝6.471 8 元人民币,1 欧元＝7.631 5 元人民币。

这时就面临较为复杂的情况,在企业的外贸收支中,支出项只有美元,而收入项同时存在美元和欧元。虽然对于美元来说,同时存在支出和收入并且时间匹配,但金额并不对等,美元头寸存在 500 万元的净头寸,这一部分净头寸存在风险敞口。该企业经分析认为,人民币兑美元存在温和升值趋势,但近期波动剧烈,甚至出现数次跌停,因此决定对应收账款进行风险管理。而欧元方面,市场存在强烈的人民币对欧元升值预期,这对该企业不利,因此决定同时对欧元的应收账款进行风险管理。

该企业决定利用人民币/欧元期货进行多头套期保值,以规避人民币兑欧元升值预期,同时利用人民币/美元期货进行空头套期保值,用以规避人民币兑美元贬值风险。

多头套期保值:该企业在 5 月 1 日买入 CME 期货交易所的 RMB/EUR 期货的远月合约,成交价 0.113 55(表 4-5)。

表 4-5　买入套期保值计算

项　　目	买入套期保值计算
期货合约面值	100 万元人民币
保证金比例	2%
风险敞口	150 万欧元
买入规模	150 万欧元/0.113 55/100 万人民币＝13.21≈13 张
保证金	13×100 万人民币×0.113 55×0.02＝29 523 欧元

7 月 1 日,人民币汇率变为 1 欧元＝7.366 5 元,该企业对期货头寸进行卖出平仓,平均成交价为 0.116 82(表 4-6)。

表 4-6　买入套期保值效果评估

套期保值效果评估	损 益 计 算
现货市场损益	150 万欧元 × (7.366 5 − 7.631 5) = −397 500 元人民币
期货市场损益	13 × 100 万人民币 × (0.116 82 − 0.113 55) = 42 510 欧元； 42 510 欧元 × 7.366 5 = 313 149.915 元人民币
总损益	313 149.915 − 397 500 = −84 350.085 元人民币

可以看出,7 月 1 日人民币兑欧元汇率变动使得该企业应收账款头寸缩水,若不对这一部分头寸进行风险管理,该企业将面临 397 500 元人民币的损失。但该企业通过买入 RMB/EUR 期货合约,在外汇期货市场上获得了 313 149.915 元的收益,基本弥补了该企业的损失,实现了对冲欧元外汇风险敞口的目标。

空头套期保值:该企业在 5 月 1 日卖出 CME 的 RMB/USD 期货主力合约进行卖出套期保值,成交价 0.168 82(表 4-7)。

表 4-7　卖出套期保值计算

项　　目	卖出套期保值计算
期货合约面值	100 万元人民币
保证金比例	2%
风险敞口	500 万美元
卖出规模	500 万美元/0.168 82/100 万人民币 = 29.62 ≈ 30 张
保证金	30 × 100 万人民币 × 0.168 82 × 0.02 = 101 292 美元

8 月 1 日,人民币汇率变为 1 美元 = 6.474 2 元,该企业对期货头寸进行买入平仓,平均成交价为 0.168 89(表 4-8)。

表 4-8　卖出套期保值效果评估

套期保值效果评估	损 益 计 算
现货市场损益	500 万元 × (6.474 2 − 6.471 8) = 12 000 元人民币
期货市场损益	30 × 100 万人民币 × (0.168 82 − 0.168 89) = −2 100 美元； −2 100 美元 × 6.474 2 = −13 595.82 元人民币
总损益	−13 595.82 + 12 000 = −1 595.82 元人民币

可以看出,人民币兑美元汇率并没有如预期般贬值,反而延续了温和升值的趋势。最终导致应收账款项有 12 000 元人民币的外汇收益,而期货头寸遭受了损失,损失金额 13 595.82 元。虽然最终总损益出现 1 595.82 元的亏损,但是数额较小,对总头寸影响微小,并且在套期保值过程中规避了由于波动幅度较大可能出现的损失,同样实现了对美元外汇风险敞口进行管理的目标。

案例分析 4-1 华菱钢铁集团进出口业务外汇风险现状分析

另外,在实际贸易中,外贸企业需要对冲的币种往往无法找到直接对应的期货品种。比如在对新西兰的国际贸易中,由于国际市场上没有 RMB/NZD 的期货合约,所以无法直接利用外汇期货品种实现套期保值。这时就可以通过交叉套期保值来进行外汇风险管理,即选用种类不同但价格走势趋同的相关期货品种进行操作,如对新西兰元进行的套保可以选用 RMB/USD 合约进行操作,但首先需要将新西兰元头寸的价值转换成美元头寸进行计算,来确定所需要的合约数目。

第二节　境外投融资业务外汇风险管理

一、境外投资外汇风险管理

境外投资一般来说包括直接投资和间接投资。直接投资指投资者直接开厂设店从事经营,或者投资购买企业相当数量的股份,从而对该企业具有经营上的控制权的投资方式。间接投资是指投资者购买债券或公司股票等各种有价证券,以预期获取一定收益的投资,也被称为证券投资。

境外直接投资中,企业往往需要专注于投资项目自身的运作,本身并不专注于外汇市场的投机。而在境外间接投资中,投资者往往希望获得特定的风险敞口(美国股市、欧洲债市等),并不希望因为汇率的波动而受到不必要或者不希望的影响。在这种状况下,直接投资的企业和间接投资的机构都会希望控制外汇风险。

在直接投资中,投资项目的不确定性也是风险源之一。投资项目不能立项、中标以及面临可能的提前或者延迟收益都可能使企业在对外投资中遭受不必要的损失。此外,外汇管制带来的数量上的风险也可以被看作一种外汇风险。投资目的国的外汇管制,导致投资者不能够将自身投资的本金或利润跨境使用,而投资者可能需要这笔资金偿还贷款和支付成本。不能按期偿付和支付会导致投资者的违约,而违约会导致投资者陷入诉讼当中,有可能需要支付赔偿。由于外汇管制是由目的国政府作出,企业往往缺乏与之相抗衡的能力,因此需要企业提前在现金管理方面采取分散措施,提前预防和应对。

投资企业在对外投资时,不同的投资类型面临着不同的外汇风险。有些公司是拓展海外市场或以获取一定时间内的资本收益为目的,这些公司更侧重对于到期收益的外汇风险管理;当有些公司涉及海外的长期项目投资时,则更注重对长期汇率风险的规避。

【例 4-4】　国内某金融公司的部分业务是投资海外债券市场,但投资计划风格要求保持较高的流动性,因此只能投资短期债券。投资决策委员会认为未来美国债券市场和欧洲债券市场即将复苏,分别购买了面值为 100 万美元和 100 万欧元的 6 个月后到期的零息债券。但是由于担心人民币短期反弹,其投资收益在汇兑上遭受一定程度的损失,因此决定通过外汇衍生品来进行风险管理。

在风险管理工具的选取上,我们首先想到了外汇期货,即建立覆盖期限为 6 个月、规模分别为 100 万美元和 100 万欧元的美元/人民币空头头寸和人民币/欧元的多头头寸。前面我们通过案例了解了,采用外汇期货可以规避本币升值带来的投资收益减少的风险。

除外汇期货之外,还可以选择美元/人民币和欧元/人民币的远期合约。分别签订期限为 6 个月、以约定汇率卖出 100 万美元和 100 万欧元、买入对应金额的人民币的远期合约,锁定远期汇率,规避外汇市场的波动风险。

第三种方案是签订欧元/美元的互换合约,即期买入 100 万欧元,根据即期汇率卖出相对应的美元,同时约定 6 个月后以约定汇率卖出 100 万欧元获得相应美元,将欧元汇率风险转移到美元上,并通过美元/人民币的远期或期货合约统一对美元的外汇风险进行对冲,锁定远期结汇的汇率。

在上述三种方案中,外汇期货为标准化合约,操作简单、流动性好,并且极大地降低了违约风险,但缺点是与风险敞口的匹配度一般。而远期和互换等场外衍生品可以针对自身的风险敞口设计个性化合约,但相对来说费用更高、流动性较差,同时存在一定的违约风险。在选择对冲方式的时候,投资方可根据自身的财务能力、抗风险能力以及对外汇风险预估程度等方面进行考量。

二、境外融资外汇风险管理

对外投资和融资一般来说是伴生的。一些对外投资项目金额巨大,单独靠经营企业或机构很难直接提出巨额现金进行支付,只能借助各种融资手段完成投资。而当境外资金成本较低时,跨国企业也更乐于在境外进行融资。所以在境外融资中,融资人借入外币进行投资或者转换为本币或其他外币进行投资。对于融资企业来说,利息偿付和本金偿付的头寸会在负债端对其公司财务产生影响,因此稳定的汇率对他们来说极其重要。在本币融资中,融资人将资金用于兴建工厂或进行金融投资,需要关注的是投资的回报超过融资成本,以期得到投资利润,也就是回报和融资成本之间的差额。而在境外融资中,外币升值作用于全部的融资额,而投资利润是回报和成本的差额,因此较小的外币升值有可能抹去全部的投资利润。在融资风险管理中,对于时间跨度较短的融资,多以外汇期货或期权等场内工具进行对冲,而对于长期融资而言,采用场外的衍生品工具更为合适。

【例 4-5】 我国某有色金属加工企业的海外业务包括在各个国家或地区进行贸易、项目开发,公司的主要收入为美元。该公司近期同澳大利亚合作开发一矿产资源项目,前期投入约 400 万澳元,6 个月内付清,后续投入预计达到 600 万澳元。经过测算,该项目投产后,可为公司节约 10%～15% 的原料成本。近期公司整体现金流较为紧张,故寻求与澳洲国民银行(NAB)合作。融资分为两笔,第一笔为金额 400 万澳元、期限 6 个月、利率 2.2% 的债券;第二笔为金额 600 万澳元的贷款,期限 5 年,利率为 3.1%,一年付息一次。外汇市场中,澳元对美元呈现连续升值的趋势,而人民币对澳元的走势并没有明确的方向,并且波动率处在历史高位。所以公司担心支付利息或到期还款时由于汇率波动带来财务损失,故寻求风险管理帮助。

方案:对第一笔 400 万澳元的头寸的外汇风险,利用外汇期货进行对冲,即买入 6 个月后到期、规模为 400 万澳元的澳元/美元期货,随后买入相同到期时间、相同规模的人民币/美元期货。对第二笔 600 万澳元的头寸,介入澳元/人民币的外汇互换条约,互换本金和利息。

若 5 年期人民币贷款利率为 4.8%,即期人民币兑澳元汇率为 1 澳元＝4.834 4 元人民币,则互换结构如表 4-9 所示。

表 4-9　外汇互换结构

项　目	加工企业	金融机构
期初：本金等额交换	支付 600 万澳元，收到等额人民币	收取 600 万澳元，支付等额人民币
互换期内：利率互换	支付人民币利率 4.8%	支付澳元利率 3.1%
	收到澳元利率 3.1%	收到人民币利率 4.8%
期末：本金等额交换	收到 600 万澳元，支付等额人民币	支付 600 万澳元，收取等额人民币

通过外汇互换协议，企业将澳元负债转化成了人民币负债，通过利率互换将每年付息时的汇率波动风险规避。而在期末，再次互换本金意味着长期澳元/人民币汇率也锁定在期初水平，长期的汇率也得以锁定。

案例分析 4-2
1. 中化公司汇率风险管理
2. 南方航空公司外汇风险管理

第三节　国际工程承包业务外汇风险管理

一、风险识别

工程承包一般同时涉及多种收支，外汇汇率波动也从多个渠道对国际工程承包企业造成影响。

首先，汇率波动影响国际工程承包企业的成本。国际工程承包企业的出口产品成本包括生产成本、加工成本、采购成本。其中，生产成本指生产工厂制造产品过程中支出的金额，通常包括原材料、人工工资、管理费用等支出；加工成本指加工厂对于半成品进行加工所支出的金额；采购成本指总承包企业向国内供货商采购商品所付的价格。如果本币升值，则相应增加总承包企业的出口产品成本，但会降低从第三国采购部分的进货成本。如果本币贬值，则相应减少总承包企业的出口产品成本，但会提高从第三国采购部分的进货成本。

其次，汇率波动会影响国际工程承包企业的收入。若国际工程以客户所在国的货币计价，则本币对该外币升值，意味着企业若希望保证原有利润水平需要提高价格，或者维持所在国货币计价不变但接受自身利润水平下降的后果。提高报价将削弱企业在国际市场的竞争力，意味着业务量的减少和总收入的下降，而维持外币价格尽管在短期内维持了市场竞争力，但意味着企业的利润减少，低价策略的持续性堪忧。

二、风险对冲

由于工程承包同时涉及多种收支，因此对于工程承包企业来说，首先可以考虑的是在上述收支内部进行风险对冲。例如，如果原材料可以在当地购买，企业只负责中间加工环节，则原材料购入价格和加工后材料价格之间受到汇率影响的部分只剩下加工环节，与从本国购买本币计价原材料相比，减少了风险敞口。其次，由于承包方和客户间存在诸多条款，因此可以与客户进行多方面的协商减小汇率风险，或者在维持原有汇率风险不变情况下争取其他方面的好处。例如，承包方和客户共同采取一揽子货币计价、承包方争取本币结算、把汇率变动的风险全部或部分计入工程总价当中、适当提高以可能贬值的货币计价结算的工程价格等。

案例分析 4-3
中国电建外汇风
险管理策略的应
用及分析

除了通过实际业务的安排以及和客户的沟通来降低外汇风险之外,承包企业可以使用金融工具从外部降低外汇风险。金融市场的发展,给涉外经营企业提供了多种交易工具和风险规避平台,使得涉外经营企业在一定程度上锁定汇率。锁定汇率是指通过购买金融产品把汇率固定,而达到消除汇率变化的影响,在支付结算时,相当于以固定的汇率水平交易,把汇率风险转移给了外汇市场的其他主体。由于不需要业主的利益让渡或妥协,因此可以增强承包方在合同谈判中的主动性。

第四节　金融机构外汇业务

随着市场中衍生品类型的不断扩充,汇率类衍生品交易逐渐发展成熟。商业银行基于外汇头寸管理的需要和作为汇率类衍生品做市商的需要,有开发外汇衍生品业务、参与外汇市场交易和提供汇率避险工具的动机。

一、远期互换交易外汇头寸管理

在进出口商等客户通过外汇交易规避或转嫁风险时,商业银行与客户进行期汇和现汇交易产生的外汇总头寸会带来汇率变动风险。因此,商业银行为了平衡其持有的外汇头寸,会对不同期限、不同货币头寸的盈缺进行抛补。

(一)外汇远期

商业银行利用外汇远期管理外汇头寸风险。

【例 4-6】　假设某银行某日开盘时卖给某企业 200 万欧元的远期外汇,买进相应的英镑。即期汇率为 GBP 兑 EUR＝1.164 5;3 个月远期汇率为 GBP 兑 EUR＝1.159 9。

如果这家银行的欧元头寸不足,那么在卖出 3 个月远期的 200 万欧元后,应该补回 200 万欧元的远期外汇,以平衡欧元的头寸。如果该银行没有立即补回,而是延至当日收盘时才成交,若此时英镑兑欧元的即期汇率变为 GBP 兑 EUR＝1.141 5,3 个月远期汇率为 GBP 兑 EUR＝1.138 0,那么该银行就要损失$(0.878\,7-0.862\,1)\times2\,000\,000=3.32$ 万英镑$(0.878\,7$ 是按 GBP 兑 EUR＝1.138 0 汇率买入 3 个月欧元的价格,$0.862\,1$ 是按 GBP 兑 EUR＝1.159 9 汇率卖出欧元的价格)。

(二)外汇掉期

商业银行可以进行外汇掉期交易管理外汇头寸风险。

【例 4-7】　若美国某银行在 3 个月后应向甲公司支付 100 万英镑,同时,在一个月后又将收到乙公司另一笔 100 万英镑的收入,此时,外汇市场汇率如下。

即期汇率:1 英镑＝1.596 0/1.597 0 美元(银行的买价/银行的卖价,下同)

一个月远期:1 英镑＝1.586 8/1.588 0 美元

三个月远期:1 英镑＝1.572 9/1.574 2 美元

那么,该银行应如何利用掉期交易进行套期保值?

（1）进行两次"即期对远期"的掉期交易。先在远期市场上买入 3 个月后应支付的英镑（期限 3 个月，汇率 1.574 2 美元），再在即期市场上将其卖出（汇率为 1.596 0 美元）。这样，每英镑可得收益 0.021 8 美元。同时，将一个月后要收到的英镑先在远期市场上卖出（期限一个月，汇率为 1.586 8 美元），并在即期市场上买入（汇率为 1.597 0 美元）。这样，每英镑须贴出 0.010 2 美元。两笔交易合计每英镑可获得收益 0.011 6 美元。

案例分析 4-4　美元远期与超远期结汇业务

（2）直接进行远期对远期的掉期交易。买入 3 个月的远期英镑（汇率为 1.574 2 美元），再卖出一个月期的远期英镑（汇率为 1.586 8 美元），每英镑可获净收益 0.012 6 美元。可见，这种交易比上一种交易更有利。

二、外汇期货交易管理外汇头寸风险

外汇期货合约由于其流动性强、交易费用低廉、一般不受时间限制的特点，成为一种典型的标准化型汇率金融衍生工具，商业银行经常用外汇期货合约管理外汇风险。

【例 4-8】　A 银行的负债全部为美元，但资产的 40% 以外币形式表示，资产和负债的存续期完全匹配。其简化的资产负债表见表 4-10。

表 4-10　A 银行的资产负债表

资　　产	负债和所有者权益
一年期 3 亿美元贷款（利率为 3%） 一年期相当于 2 亿美元的人民币贷款（利率为 5%）	一年期 5 亿美元存款（利率为 1%）

年初现货和期货市场的汇率分别为

$$1RMB = 0.15USD \quad 1RMB = 0.16USD$$

年末现货和期货市场的汇率分别为

$$1RMB = 0.16USD \quad 1RMB = 0.17USD$$

人民币期货合约单位为 10 万美元，试问 A 银行如何通过外汇期货交易来实现套期保值，并分析套期保值的效果。

1 年后该银行将收到 $200\ 000\ 000/0.15 \times (1+5\%) = 14$ 亿元人民币。

银行要对其 14 亿元人民币套期保值，年初卖出、年末买入 $1\ 400\ 000\ 000/64.5 = 21\ 705\ 426$ 份人民币期货合约。

年末结算，此时：

现货市场获利：14 亿元 $\times (0.16 - 0.15) = 1\ 400$ 万元

期货市场亏损：14 亿元 $\times (0.17 - 0.16) = 1\ 400$ 万元

由此可知，期货对现货市场汇率波动进行了有效对冲。

【例 4-9】　B 公司是一家跨国企业，美国的分公司可以独立地进行生产经营。2021 年 3 月 10 日，由于其经营需要向国外某银行借款 1 000 万美元，借款期限为 1 年，期末还本付息。该公司预计 2022 年 3 月 10 日到期时美元外汇不足，需要用人民币兑换成 200 万美元来偿还借款，已知 2021 年 3 月 10 日，美元兑人民币的汇率为 6.485 5，美元和人民币 1 年期无风险利率分别为 0.1% 和 3%。

下面通过分析说明如何利用外汇远期合约和外汇期货合约对汇率风险的管理,来规避由于美元兑人民币汇率上下浮动带来的汇率风险。

1. 利用外汇远期合约

根据风险套汇原理推出的远期外汇合约的定价公式如下:

$$F = S \times \frac{1 + r_B \times D/T_B}{1 + r_T \times D/T_F}$$

其中,F 为远期汇率;S 为即期汇率;D 为即期日到远期开始日的天数;T_B 为本币的计算天数惯例,天;T_F 为外币的计算天数惯例,天;r_B 为本币的无风险利率;r_F 为外币的无风险利率。

在满足利率平价理论的条件下,理论上 1 年后的美元兑人民币汇率应为 6.673 39。

如果该公司与某外汇银行或某公司签订远期外汇买卖协议,同意 1 年后以 6.673 39 买入 200 万美元用于偿还到期借款,则该银行就可以事前锁定 1 年后的汇率,从而消除汇率变动带来的不确定性风险。

2. 利用外汇期货合约

外汇期货合约的定价公式如下:

$$F = S e^{(r_B - r_F)(T-t)}$$

其中,F 为外币期货价格;S 为现行即期汇率;r_B 为本币的无风险利率;r_F 为外币的无风险利率;$(T-t)$ 为合约期限。

由定价公式得出:2021 年 3 月 20 日,1 年期外汇期货合约价格 $F = 6.485\ 5e^{(3\% - 0.1\%)} = 6.676\ 3$。现将一年后人民币兑美元升值或贬值分两种情况进行讨论,具体如下。

第一种情况,假设 2022 年 3 月 20 日美元对人民币贬值,汇率为 1 美元 $=6.380\ 0$ 元人民币,一年期人民币兑美元期货价格 $F = 6.380\ 0e^{(3\% - 0.1\%)} = 6.567\ 7$。

第二种情况,假设 2022 年 3 月 20 日美元对人民币升值,汇率为 1 美元 $=6.640\ 0$ 元人民币,一年期人民币兑美元期货价格 $F = 6.640\ 0e^{(3\% - 0.1\%)} = 6.835\ 3$。套期保值效果如表 4-11 所示。

表 4-11　外汇期货合约套期保值

外汇现货市场		外汇期货市场	
卖出 200 万美元,汇率 1 美元 $=6.485\ 5$ 元人民币,收入 1 297.1 万元人民币		买入 1 年期总价值为 1 335.26 万元人民币兑美元期货合约,货价格 1 美元 $=6.676\ 3$ 元,无现金收入	
第一种情况: 美元兑人民币汇率贬值到 1 美元 $=6.380\ 0$ 元人民币,买入 200 万美元,支付 1 276 万元人民币。 **盈　利** $1\ 297.1 - 1\ 276 = 21.1$ 万元人民币	第二种情况: 美元兑人民币汇率升值到 1 美元 $=6.640\ 0$ 元人民币,买入 200 万美元,支付 1 328 万元人民币。 **亏　损** $1\ 328 - 1\ 297.1 = 30.9$ 万元人民币	第一种情况: 期货价格 6.567 7,卖出持有的总价为 1 313.54 万元人民币兑美元合约。 **亏　损** $1\ 335.26 - 1\ 313.54 = 21.72$ 万元人民币	第二种情况: 期货价格 6.835 3,卖出持有的总价为 1 367.06 万元人民币兑美元合约。 **盈　利** $1\ 367.06 - 1\ 335.26 = 31.8$ 万元人民币

由上述讨论可知,第一种情况,当美元兑人民币贬值时,通过外汇现货市场和期货市场的套期保值,B公司将亏损21.72－21.1＝0.62万元;第二种情况,当美元兑人民币升值时,通过外汇现货市场和期货市场的套期保值,B公司盈利31.8－30.9＝0.9万元。通过分析计算,我们不难发现,通过在外汇现货市场和期货市场的一系列操作,B公司有效规避了汇率波动对公司日常经营所造成的不利影响,将汇率风险锁定在一个很小的范围。由此可见,当对未来汇率走势不能准确地预测的时候,外汇期货合约是一种比较可取的套期保值方式。

三、外汇期权管理外汇头寸风险

假设B公司选择利用看涨期权对冲汇率变动风险,买入执行汇率为6.485 5的美元看涨期权,通过查表4-12可知,期权费为0.032 54,总计0.032 54×200×6.485 5＝42.207 6万元。

表4-12 不同执行汇率下外汇期权的价格

执行汇率	看涨期权	看跌期权	执行汇率	看涨期权	看跌期权
K	C	P	K	C	P
7.412 0	0.042 606	0.018 155	7.434 5	0.030 191	0.027 420
7.414 5	0.041 101	0.019 059	7.437 4	0.028 778	0.028 802
7.417 0	0.039 628	0.019 994	7.439 5	0.027 782	0.029 829
7.419 5	0.038 185	0.020 96	7.442 0	0.026 626	0.031 082
7.422 0	0.036 733	0.021 958	7.444 5	0.025 501	0.032 366
7.424 5	0.035 393	0.022 986	7.447 0	0.024 409	0.033 683
7.427 0	0.034 045	0.024 047	7.449 5	0.023 348	0.035 031
7.431 5	0.031 698	0.026 036	7.452 0	0.022 319	0.036 411
7.429 5	0.032 728	0.025 139	7.454 5	0.021 321	0.037 822
7.432 7	0.031 090	0.026 584	7.457 0	0.020 355	0.039 264

(1) 若1年后,美元兑人民币贬值,汇率变为6.237 5,此时B公司选择放弃执行看涨期权,直接从外汇市场购入美元,总计花费6.237 5×200＝1 247.5万元。相比于1年前初始汇率节约6.485 5×200－1 247.4＝49.7万元。我们把购入看涨期权的期权费用成本42.207 6万元考虑进去,此时仍相比1年前汇率节约7.492 4万元。

(2) 若1年后,美元兑人民币升值,汇率变为6.736 0,此时B公司选择执行看涨期权,以6.485 5×200＝1 297.1万元的价格买入200万美元的外汇,相比于市场价格6.736 0×200＝1 347.2万元的成本,节约了50.1万元,我们扣除42.207 6万元的期权费用成本,利用敲入看涨期权这一金融工具,使成本降低了7.892 4万元。

(3) 通过计算,买入看涨期权的盈亏平衡点汇率约为6.696 5,当美元兑人民币汇率大于6.485 5时,选择执行买入期权,否则选择放弃执行看涨期权。如图4-1所示。

由以上分析结合图4-1可知,通过买入看涨期权B公司将汇率波动最大亏损有效锁定在42.207 6万元,而盈利空间是向上敞开的,通过买入看涨期权B公司相当于买入一份可选择执行的保险,保费约为3.3%,这对于风险厌恶的B公司而言是可以接受的。

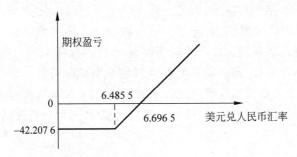

图 4-1　美元兑人民币汇率看涨期权收益曲线

因此,我们发现利用货币期权这一更为灵活的金融衍生工具来管理汇率风险,有着期货和远期所不具备的优势。无论人民币兑美元汇率怎样贬值,买入方都可以得到无限的保护;同样,无论人民币兑美元汇率怎样升值,买入方收益也是无限的。

期权还有着更为高效的运用,如商业银行作为风险管理者,其固然需要期权提供的保护,但不是提供无限多的保护,因为受到的保护范围越大,支付的权费也就越高,其保值成本也越高。商业银行可以根据自己对美元外汇市场的预期,把部分盈利能力让渡给愿意接受它的第三方,这就在一定程度上降低了保值成本。构造这种结构,需要组合使用期权等衍生产品构建更为复杂的衍生工具的组合。

本章小结

(1) 由于涉及外币的结算,进出口企业的外币资产或负债头寸会随着汇率的波动而波动。通常,进出口企业会面临价格和数量两个方面的外汇相关的风险,所以在对汇率进行风险管理之前,首先要进行风险识别。

(2) 对于出口企业而言,面临的主要外汇风险是本币升值,即在结汇时相同金额的外币换取了更少的本币。因此,出口企业是天然的本币多头套期保值者,在外汇市场的操作应该是买入本币外汇期货合约。

(3) 进口企业面临的主要外汇风险是本币贬值,即在结汇时相同金额的外币需要支付更多的本币。因此,进口企业是天然的本币空头套期保值者,在外汇市场的操作应该是卖出本币外汇期货合约。

(4) 对冲无法找到直接对应的期货品种时,往往采用交叉套期保值来管理外汇风险。

(5) 对外投资和融资一般来说是伴生的,在对外币投融资进行外汇风险管理时,要注意投资头寸和融资头寸能否内部抵消。内部对冲要注意头寸大小是否匹配、期限是否相同等问题。对于无法内部对冲的投融资头寸,则要根据期限、自身承受能力等因素选取合适的工具。

(6) 国际工程承包业务的外汇风险管理牵扯的项目更为繁杂,更需要检查是否存在内部对冲机会。

(7) 商业银行基于外汇头寸管理的需要和作为汇率类衍生品做市商的需要,有开发外汇衍生品业务、参与外汇市场交易和提供汇率避险工具的动机。商业银行运用外汇远期、互换、外汇期货、外汇期权能够有效管理外汇头寸风险。

关键术语

买入套期保值 卖出套期保值 交叉套期保值 境外投资 境外融资 外汇远期
外汇互换 外汇期权

复习思考题

1. 对于进口企业来说,汇率的怎样变动会对公司产生不利影响,应采用买入套保还是卖出套保?

2. 对于出口企业来说,汇率的怎样变动会对公司产生不利影响,应采用买入套保还是卖出套保?

3. 境外投资的外汇头寸应采用何种方式进行外汇风险管理?

4. 在进行外汇风险管理时,有哪些常用的风险管理工具,各具备哪些优缺点?针对一个持有 100 万美元、3 个月到期的负债头寸,应采用何种工具?

5. 在国际工程承包业务中,若国际工程以客户所在国的货币计价,本币对该外币升值,则承包企业面临何种风险,应采取何种对策?

即测即练

第五章

金融期权

本章学习目标

通过本章学习,学员应该能够:

1. 掌握如何利用金融期权进行资产组合管理,包括对冲资产组合风险以及提供组合投资收益;

2. 充分认识波动率的含义,理解期权波动率交易策略的主要类型、特征以及应用方式;

3. 掌握期权做市的基本策略,理解 Delta、Gamma、Vega 风险暴露的含义及对冲方式;

4. 理解如何利用金融期权进行产品设计和风险对冲。

【本章导读】

期权交易的参与者可以分为两类,即期权需求者和期权生产者。

期权需求者通常是金融市场投资者,其基本目的可以概括为通过承担有限的风险来实现投资收益最大化。通过合理搭配期权与其他投资工具,投资者能够提高其实现投资目的的可能性。以此为切入点,本章将介绍如何将期权应用于金融资产组合的管理,通过期权的交易来提高资产组合风险管理的精确度和投资收益;此外,本章还介绍如何利用期权进行波动率交易。在金融市场中,金融资产的价格和波动率并称为两个基本的维度。大多数金融资产的交易都只适合基于价格预期的交易。基于波动率预期的交易最适合用期权来实现。

期权生产者在期权市场中承担的角色是期权使用者的交易对手方,最主要的组织形式是期权做市商,包括场内期权的做市商和场外期权的做市商。做市商开展期权做市业务,其核心内容是如何构建和调整期权及其标的资产的组合,用合理的成本将业务风险控制在可承受范围之内。因此,本章着重介绍了期权做市业务中 Delta、Gamma 和 Vega 风险的管理方法。该方法既适用于场内期权的做市业务,也适用于场外期权的做市业务。然而,场外期权业务还有另外一个重点,即期权合约的设计。本章从识别约束条件、明确需求和设计具体条款三个步骤,详细解释了场外期权设计中所涉及的各类问题。

本章知识结构图

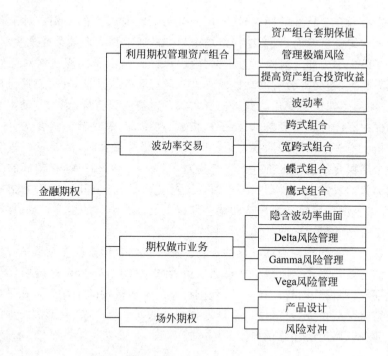

引导案例：国内首个指数期权品种上市

2019 年 12 月 14 日，中国金融期货交易所发布了沪深 300 股指期权合约及超 10 项相关规则，标志着沪深 300 股指期权合约及规则准备工作正式完成。上述规则也将于沪深 300 股指期权 12 月 23 日上市日开始实施，我国资本市场首个上市的指数期权产品来了。

在业内人士看来，沪深 300 股指期权的上市将开启我国期权市场指数期权发展的序幕。股指期权是管理资本市场风险的重要工具，相当于是对金融市场的一个"保险"，股指期权的上市有利于完善我国资本市场风险管理体系，丰富"避险"工具。

在股指期权上市之前，我国已经上市了 ETF 期权，包括上证 50ETF 期权和沪深 300ETF 期权。ETF 是指在交易所公开交易的指数基金。由于 ETF 是投资于股指的工具，所以相应的 ETF 期权也可视作为股指期权。同一个股票价格指数可以由不同的基金公司开发出不同的 ETF，而不同的 ETF 则可以衍生出不同的股指期权。所以，同一个股指上可以有不同品种的期权。

有了股指期权之后，就可以充分发挥其在管理资产组合、波动率交易和场外产品设计等方面的功能，本质上是发挥股指期权在波动率交易上的独特功能。

在一个品种繁多、流动性充足的金融期权市场，金融期权可以在风险管理、资产管理等业务中发挥重要的作用。金融期权最初被引入交易所场内进行交易时，主要功能是让交易者可以通过交易期权来将其所面临的价格风险部分或全部地转移到交易对手中。在此意义上，期权类似于期货。期权与期货的最大差别，在于期权的买方有履约的权利，无履约的义务,而期货合约的买卖双方都有履约的义务。期权的这个特征使其在功能上更加接近于保险合约。

不同的交易者在交易金融期权时,所用的交易策略有较大的差别。对于利用金融期权进行风险管理的交易者而言,在期权市场中的交易通常是买入某个或某些期权合约,以转移现有资产组合中的部分风险。对于部分投机者而言,由于期权价格对标的资产价格的波动性较为敏感,若交易者对波动性的未来变动有明确的预期,则可以通过构建合适期权组合,并在波动率如预期变化时获得投资收益。这类期权组合,称为波动率交易策略。

期权的标的资产可以是股票、股票价格指数、利率、汇率或者期货合约。一个标的资产之上可以衍生出多个不同的期权合约。期权合约总量较大时,需要有一些专门的金融机构来为各个期权合约提供报价并充当交易对手,才能使期权市场有较好的流动性。这类金融机构称为期权做市商。期权做市商在交易金融期权时,其所使用的交易策略也有其独特性,突出表现在如何灵活构造和调整期权以及标的资产的组合,以确保期权的各个风险指标处于合理的范围之内。

场内交易的金融期权均为标准化的合约。标准化的合约条款在某些情况下无法满足部分交易者的个性化需求。金融机构根据投资者的个性化需求,设计出场外交易的非标准化的金融期权,即场外期权。在场外期权业务中,金融机构的工作重点在于如何根据特定的市场行情状况和投资者的需求,设计出相应的场外期权产品,并形成合理的风险对冲策略以对冲业务开展后所面临的风险。

第一节　利用期权管理资产组合

一、资产组合套期保值

利用期权对资产组合进行套期保值,是指选择合适的期权合约并建立起合适的期权头寸,以使当资产组合的价值下跌时,期权头寸能带来一定的盈利并弥补资产组合价值的损失。资产组合的特征体现为持仓方向、市值、组合构成、持仓时间以及收益率分布等。不同的资产组合具有不同的特征,从而需要不同的期权组合才能实现套期保值。

资产组合管理人在利用期权对资产组合进行套期保值之前,需要明确一系列问题,包括期权品种、期权类型、期权行权价格、期权到期时间、套期保值比率等。

(一)确定期权品种

期权品种的选择,关键在于确保套期保值所用期权合约的标的资产价格变动与资产组合的价值变动有较强的相关性。在一个成熟和完善的金融市场中,大多数的基础类金融资产,如股票及其价格指数、债券、利率、汇率,甚至信用利差、波动率等都衍生出期权合约。如果资产组合中只有一项资产,且该资产对应的期权合约在交易所内公开交易,流动性良好,那么该期权合约可以用于该资产组合的套期保值。如果资产组合中的资产数量较为庞大,则与该资产组合密切相关的指数期权合约可能是

拓展阅读 5-1
国内股指期权
简介

最合适的套期保值工具。虽然资产组合中的各个资产的期权也可以作为套期保值的工具,但是交易数量众多且品种不同的期权合约,往往不如交易指数期权更便捷和有效。

(二)确定期权类型

由于持有资产组合相当于持有多头头寸,因此套期保值操作应该在资产组合中加入一定的空头头寸,以对冲资产组合价值下跌的风险。具体而言,通过买入并持有看跌期权,或者通过卖出看涨期权,都可以在资产价格下跌时从期权头寸获得一定的盈利来弥补资产组合价值的下跌。然而,买入并持有看跌期权比卖出看涨期权更符合套期保值的本义。如图 5-1 所示,通过买入并持有看跌期权,可以把资产价格下跌的风险锁定在一定的水平,使得资产组合的价值不会随着资产价格大幅度的下跌而出现大幅度的下滑。而用卖出看涨期权的方式来进行套期保值,其保值效果主要体现在通过权利金的收取来实现资产组合盈亏平衡点的降低,并没有把资产价格跌破某个水平后的风险完全对冲掉。随着资产价格跌破既定的水平(即盈亏平衡点),资产组合的价值将出现下跌,而非锁定在一定的水平。

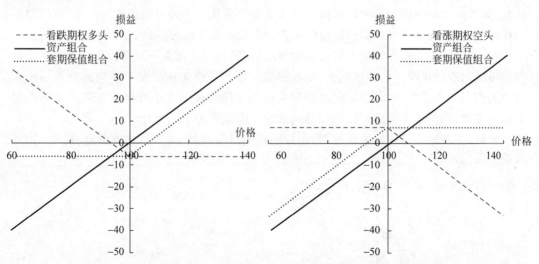

图 5-1　看跌期权多头与看涨期权空头在资产组合套期保值中的效果比较

(三)确定期权行权价格

套期保值操作时所选期权的行权价格的确定,与资产组合管理人对资产组合价值损失的承受能力有密切的关系。为了对资产组合进行套期保值,应该选择买入并持有看跌期权。看跌期权为资产组合提供的保护程度,与该期权的行权价格相一致。具体而言,如果将行权价格确定为期权标的资产的当前价格,即选择使用平值看跌期权进行套期保值,则该看跌期权将能够对冲资产组合的绝大部分价格下跌风险。如果将行权价格确定为低于期权标的资产当前价格的水平,即选择使用虚值看跌期权进行套期保值,则该看跌期权只能对冲资产组合的一部分风险;看跌期权的虚值程度越高,其为资产组合提供的保护就越低。例如,行权价格等于标的资产现价 90% 的看跌期权,其为该标的资产构成的资产组合提供的保护,要低于行权价格等于标的资产现价 95％的看跌期权所提供的保护。具体而言,在暂不考虑期权费的情况下,若用行权价为资产现价 90％的看跌期权,则当其资产价格下跌到现价的 92％时,资产组合并未获得保护,价值损失了 8％;若用行权价格为标的资产现价 95％的看跌期权,则虽然资产价格下跌了 8％,但是看跌期权能提供 3％的盈利,从而将资产组合的损失控制在 5％的水平。

期权行权价格的选择还应该考虑到期权费用高低。利用看跌期权为资产组合进行套期保值,需要支付一定的资金作为期权费。看跌期权的一个基本特征在于其他条件相同的情况下,看跌期权行权价格越高,其价格也会越高。综合而言,利用高行权价格的看跌期权虽然可以为资产组合提供更高程度的风险对冲,但是所需要付出的成本也将提高,从而提高了包含期权在内的整个资产组合的盈亏平衡点。

(四) 确定期权到期时间

套期保值的期限,实则为确定作为套期保值工具的看跌期权的期限。在期权市场中,同时交易的看跌期权有不同的到期期限。有的比较短,如一个星期或者更短;有的相对较长,如有的看跌期权的到期期限可长达 1 年甚至更长。作为套期保值的工具,期权的剩余期限的长短,应尽量与被套期保值的资产组合的持有期限相一致。

在有些情况下,资产管理人需要长期持有资产组合,又需要利用期权来对冲资产组合价值短期下跌的风险。这种情况下,期权到期时间的选择应该与资产管理人对市场未来走向的判断相一致。例如,如果资产管理人认为市场在未来 3 个月将会有较大可能出现大幅度下跌,那么所买入的看跌期权的到期时间应该不短于 3 个月。

此外,在其他条件相同的情况下,期权的到期时间越长,则其价格通常越高,如图 5-2 所示。

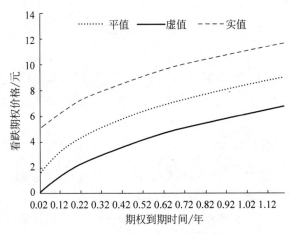

图 5-2 看跌期权价格与期权到期时间的关系

因此,若选择到期时间较长的期权进行套期保值,则会比用期限较短的期权付出更高的成本,从而提高了包含期权的资产组合的盈亏平衡点,降低了期权给资产组合带来的保护。图 5-2 还显示出期权价格与到期时间的另外一个特征,即 2 个到期时间均为 t 的期权的价格之和,大于 1 个到期时间为 $2t$ 的期权的价格。换言之,若需在特定期限内用期权对资产组合进行套期保值,相比于在该期限内多次利用短期限的期权持续进行套期保值,成本更低的方法是利用相应到期时间的期权进行一次性的套期保值。

(五) 确定套期保值比率

套期保值比率是指为了对冲 1 单位被套期保值的资产所需要的期权合约的量。给定资产组合的市值,期权套期保值比率主要取决于期权的合约价值,即

$$期权合约数量 = \frac{资产组合市值}{期权合约价值} \tag{5-1}$$

其中,期权的合约价值等于期权标的资产的价格乘以期权的合约乘数。例如,上海证券交易所上市的 50ETF 价格是 2.5 元,以 50ETF 为标的的期权合约乘数是 10 000,则该期权的合约价值是 25 000 元。在实际的市场交易中,资产组合的实值有可能不等于期权合约价值的整数倍。这时可以采用四舍五入的规则来确定所需期权合约的数量。例如,一个只包含 50ETF 的资产组合的市值为 3 260 万元,若在 50ETF 价格为 2.5 元时以看跌期权进行套期保值,则所需的期权合约数量约等于 130 张。

资产组合中标的资产的构成以及所选的期权品种也会影响到套期保值比率的确定。具体而言,资产组合价值变动对期权标的资产价格变动的敏感度会影响到套期保值比率大小。若敏感度较高,需要较多数量的期权合约才能实现套期保值;反之,则可用较少数量的期权合约。例如,若用上海证券交易所上市的 50ETF 期权为某个包含多只 A 股股票的资产组合进行套期保值,则该资产组合价值变动对期权标的资产价格变动的敏感度相当于该股票组合对 50ETF 基金价格的 β 系数。具体而言,所需期权合约数量的计算公式是

$$期权合约数量 = \frac{资产组合市值 \times \beta}{期权合约价值} \tag{5-2}$$

假设该股票组合的市值为 3 260 万元,对 50ETF 基金价格的 β 系数为 1.24,若在 50ETF 价格为 2.5 元时用看跌期权进行套期保值,则所需的期权合约数量约等于 162 张。

期权的套期保值比率受资产组合的市值、β 值和标的资产价格的影响。这三个指标均会随着市场行情的变化而变化。为了确保套期保值的有效性,资产管理者需要根据市场行情的变化来估算这三个指标的值,进而确定合适的期权持仓数量。如果该持仓数量与现有持仓数量不吻合,则需要及时地开展期权交易,调整期权的持仓。

二、管理极端风险

资产组合的极端风险,是指资产组合的价值在短时间内发生极大幅度下跌的风险。金融资产的收益率呈现出一定的分布特征,即围绕均值形成一个类似钟形的分布。这意味着金融资产收益率偏离其平均值的幅度过大的概率是比较低的。通常情况下,若某个时期金融资产的收益率超过其平均值的幅度大于其分布的 3 倍标准差,则称该金融资产发生了极端事件。这类极端事件对应的风险,即为极端风险。由于极端事件发生时金融

资产的收益率处于其分布函数的两侧较远的位置,相当于分布图形的尾部,所以与此相应的极端风险也被称为尾部风险(tail risk)。

金融资产的收益率分布呈现出较为显著的尖峰厚尾特征,即收益率在平均值附近有较高频率的聚集,在尾部区域也有较高频率的聚集,明显区别于正态分布的特征。例如,图 5-3 是上证综指的历史收益率的频率分布,与之相对比的是与上证综指有着相同均值和相同方差的正态分布的概率密度函数。通过图 5-3 可以发现,在分布图形的两侧,即收益率大于 5% 或小于 −5% 的区间上,历史分布的概率要高于正态分布所显示的概率,此即厚尾分布特征的体现。

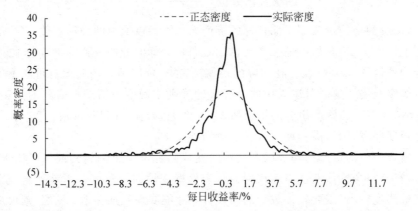

图 5-3   上证综指历史收益率的频率分布与相应的正态分布的对比

若将左侧尾部的图形放大,则可以更加清楚地看到厚尾分布的特征,如图 5-4 所示。在图 5-4 中,可以明显看到上证综指发生大幅下跌(跌幅超过 5%)的概率远远大于正态分布所显示的概率,即上证综指的尾部风险较大。

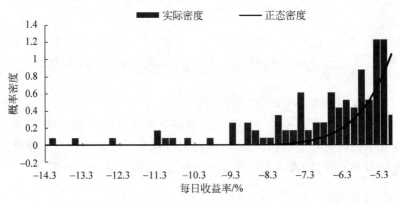

图 5-4   上证综指的极端风险

极端事件发生的概率如此之高,以至于资产组合的管理人必须有一定的策略或工具来管理该风险。在众多可选的金融工具中,深度虚值看跌期权是被广泛应用的工具之一。深度虚值看跌期权是指该看跌期权的行权价格远远小于其标的资产当前的市场价格。例如,行权价格为标的资产价格的 70% 或者更小。深度虚值看跌期权的价格比较低,但是在极端事件发生时能够为资产组合提供一定的保护。由于极端风险是时刻都存在的,所以一些资产管理人特别是股票组合管理人会滚动地买入深度虚值看跌期权来对冲尾部风险。

在具体的操作中,与资产组合的期权套期保值类似,资产管理人为了用深度虚值看跌期权来管理尾部风险,也需要确定期权的品种、行权价、到期时间和持仓数量等。例如,某个包含多只 A 股股票的资产组合的市值是 3 260 万元,对 50ETF 基金价格的 β 系数为 1.24,当前 50ETF 的价格为 2.5 元;若用行权价格为 1.7 元的 ETF 看跌期权来管理极端风险,该期权的 Delta 为 $-0.006\,7$,剩余期限为 4 个月。资产组合管理人买入 38 万张看跌期权合约,所需费用约为 65 万元。

由于深度虚值的看跌期权的 Delta 值比较接近于 0,所以,若要把资产组合的 Delta 调整到接近于 0,则需要比较大量的期权合约。深度虚值看跌期权的价格相对较低,但是持有数量过大,也会使资产组合的净值被削弱。此外,在较为成熟的金融市场中,数量庞大的金融机构利用深度虚值看跌期权对冲资产组合的极端风险,使得这类期权的需求较高,并把这类期权的价格支撑在较高的水平。这是期权市场中隐含波动率出现负偏特征的一个原因。考虑到这些因素的影响,资产管理人通常不会利用深度虚值看跌期权来将其资产组合的 Delta 调整为 0,而是交易相对少量的期权合约。在上一段的例子中,资产管理人的期权头寸只有资产组合零 Delta 所需期权头寸的 1/6,但是成本已经接近于资产组合市值的 2%。

在实际操作中,若利用深度虚值看跌期权来对冲极端风险,则需要注意这类期权的价格变化规律。由于深度虚值看跌期权的价格较低,所以其带来的杠杆效应较为显著,即当标的资产下跌较大的幅度时,该看跌期权价格的相对涨幅会比较大,甚至会在短时间内出现数倍乃至数十倍的上涨。从这一点来看,这类期权的确适合于用来对冲资产组合价值大幅下跌这类极端风险。然而,深度虚值看跌期权的价值全都由时间价值构成,其内在价值为零。所以,随着期权剩余时间的缩短,这类期权的价值将会以越来越高的速度萎缩。若资产管理人在期权到期前没有将其平仓,而到期时虽然标的资产价格发生大幅度下跌且资产组合市值也出现大幅度下滑,但是该期权依然处于虚值状态,则从效果上看,该期权并没有真正发挥对冲极端风险的作用,反而由于期权费用的损失而进一步降低了资产组合的价值。

此外,鉴于深度虚值看跌期权的价格相对较高,为了降低极端风险的对冲成本,一些资产组合管理人会在买入深度虚值看跌期权的同时卖出一定量的深度虚值看涨期权,利用卖出看涨期权所获得的期权费用收入来充抵买入看跌期权的部分成本。简而言之,期权的组合,能在一定程度上既实现对冲极端风险的目的,又可能把成本控制在合理的范围之内。

三、提高资产组合投资收益

当资产组合中资产的价格在较长时期维持窄幅波动,没有明显的上升和下降趋势,但是资产管理人由于法律、合规或监管等方面的原因而不能调整资产组合的构成时,通过适当的期权交易策略,可以提高投资的收益。该期权交易策略,称为备兑开仓策略。

备兑开仓策略是指在持有标的资产的同时卖出相应数量的看涨期权并收取期权费用的策略。期权费用的收取能够提高资产组合的总市值，从而提高投资的收益。应用备兑开仓策略的一个前提是资产组合管理人认为标的资产的价格在未来一段时间内不会出现明显的上涨，或者在这段时间内不会涨过一定的幅度。如果标的资产的价格正如预期那样波动，那么卖出的看涨期权在到期时将不会被行权，而期权费用的收入则提高了资产组合的总体收益率。相比于仅持有资产组合本身，备兑开仓策略将有更高的投资收益。

然而，如果资产价格未来的走势偏离预期，那么备兑开仓策略所具有的不足将体现出来。具体而言，若标的资产价格持续上升，并且突破了所卖出的看涨期权的行权价格，则该看涨期权被行权，导致资产价格上涨所带来的收益被期权上的亏损部分地抵消，最终的效果是整个投资组合的实值仍有一定的上涨，但是上涨幅度不如标的资产价格上涨幅度那么高。例如，对一个跟踪上证 50 指数的股票资产组合进行备兑开仓交易，所卖出的 50ETF 看涨期权的行权价格为当前 ETF 价格的 110%。若期权到期时上证 50 指数已经上涨了 20%，那么很有可能 ETF 本身也上涨了 20%，该期权被行权。综合起来，资产管理人通过持有股票资产组合而获得 20% 的盈利，在期权上的亏损则是 10%，备兑开仓策略的净收益率为 10%，落后于指数的涨幅。

若标的资产的价格在期权剩余期限内没有出现上涨，反而出现下跌，则备兑开仓策略有可能不出现亏损。是否出现亏损，取决于看涨期权的价格以及标的资产价格的下跌幅度。例如，对于一个跟踪上证 50 指数的股票资产组合进行备兑开仓交易，所卖出的 50ETF 看涨期权的价格相当于当时 50ETF 价格的 4%。若期权到期时上证 50 指数下跌幅度不超过 4%，则资产组合价值的下跌亏损将被卖出看涨期权所收入的期权费抵消，而整个组合的市值将不会出现下跌。若期权到期时上证 50 指数下跌幅度超过了 4%，则整个组合的市值将出现下跌，但是其下跌幅度比上证 50 指数的下跌幅度小 4%。从这个意义上看，在持有资产组合的基础上利用看涨期权做备兑开仓交易，可以降低投资的盈亏平衡点。

以上解析可以用图 5-5 来表示。

图 5-5 中横坐标表示标的资产价格在期权到期时相对于卖出时的涨跌幅，纵轴表示资产的收益率。持有由标的资产构成的资产组合可以表示为穿过原点的直线，即该资产组合的价值涨跌幅度与标的资产价格的涨跌幅度相同。看涨期权空头可以用圆点虚线表示。若标的资产价格下跌，则看涨期权空头带来的收益是固定的。若标的资产价格上涨并且涨幅超过了该看涨期权的价格，则看涨期权空头带来的收益是负的。但是负的收益在一定程度上被标的资产的正的收益所抵消，导致当标的资产价格上涨时，备兑开仓策略的收益率是固定的，并等于该看涨期权的价格。横坐标的左侧，标的资产价格下跌之后，只要没有跌破看涨期权的价格，则备兑开仓策略的收益率依然大于零；如果继续下跌，则备兑开仓策略开始产生亏损。

备兑开仓策略的实施，依然涉及如何选择看涨期权的品种、行权价格以及期限等问题。期权品种的选择仍然遵循高度相关性的准则，即应确保期权标的资产的价格与资产组合的价值波动有较强的相关性。在行权价格的确定方面，不同的行权价对应不同的投资效果。对于看涨期权而言，在其他条件相同的情况下，行权价越低的看涨期权其价格越

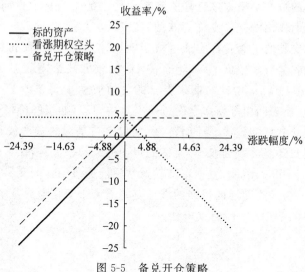

图 5-5　备兑开仓策略

高。所以,为了提高备兑开仓策略的投资收益率,需要通过卖出期权获得更高的期权费用收入,从而应该选择较低行权价格的看涨期权并卖出。然而,行权价越低,该期权在到期时被行权的可能性就越高,即期权卖方收益降低甚至亏损的可能性就越大。因此,行权价的选择应该充分考虑潜在收益与风险权衡。期权到期时间的选择与行权价格的选择比较类似。具体而言,在其他条件相同的情况下,到期时间越长,看涨期权的价格越高,通过卖出看涨期权而获得的期权费收入也会越高,从而提高备兑开仓策略的潜在收益率。然而,若到期时间较长,则标的资产价格就有较长时间进行调整,到期时涨过行权价格的可能性也越大,即看涨期权卖方在期权上的收益降低甚至亏损的可能性也越大。因此,期权到期时间的选择也应该充分考虑潜在收益与风险的权衡。

通过备兑开仓策略来提高标的资产组合的投资收益,这在成熟的金融市场中已经是投资者认可度较高的策略,以至于某些金融机构还根据该策略的基本规则构造了一个市场指数,且有数百亿美元的资金在跟踪该指数。例如,芝加哥期权交易所 2002 年就开发了一个指数 BXM[1],该指数是一个策略指数,跟踪的是买入标准普尔 500 指数并卖出标准普尔 500 指数期权这个备兑开仓策略的投资收益的指数。

第二节　波动率交易

在期权价格的众多影响因素中,期权的行权价格和到期时间都是确定的,而标的资产价格、波动率和无风险利率则随着市场行情变化而发生变化。其中,标的资产价格和波动率是影响期权价格的重要因素。基于期权价格与标的资产价格及其与波动率的关系,投资者可以在对标的资产价格或波动率的未来变化形成一定判断的基础上,构建合适的期权组合;若标的资产价格或波动率的未来变化符合预期,则所构建的期权组合将带来一

---

① 参考网址 http://www.cboe.com/micro/bxm/introduction.aspx.

定的收益。基于标的资产价格未来走势的判断而作出的交易称为方向性交易,而基于波动率未来走势判断而作出的交易则称为波动率交易。

　　期权的波动率交易的显著特征是通过恰当地构建期权组合,使得标的资产的方向性变化对期权组合的收益影响较低,期权组合的 Delta 较低甚至接近于 0,即期权组合基本处于 Delta 中性状态。Delta 中性的期权组合的价值波动主要来源于波动率的变化。在股票、债券、期货、互换和期权等众多金融资产类型中,只有期权的价格与波动率的关系有较为明确且获得经验支持的规律。简而言之,期权价格是标的资产波动率的单调递增函数。无论是看涨期权还是看跌期权,只要标的资产的波动率上升,在其他条件不变的情况下,期权的价格都会上升。因此,波动率交易通常只能通过期权的交易来实现。波动率交易的基本步骤有二,一是测度标的资产的波动率并对未来变化形成基本判断,二是构建符合波动率变化预期的 Delta 中性期权组合。

一、波动率

　　金融资产价格的波动率是无法直接观测的指标,需要一定的统计或数学算法并基于市场行情数据进行度量。常用的度量指标包括收益率标准差、波动率的计量模型和期权隐含波动率。

(一)收益率标准差

　　收益率标准差是最简单的波动率度量指标。其基本算法是根据金融资产的价格序列算出收益率序列,再以该收益率序列为样本算出标准差。利用收益率标准差来度量波动率并用于期权交易时,通常根据期权的标的资产每日收盘价格序列来计算,再通过乘以每年交易日数量的算术平方根将每日波动率转换为年度波动率,进而将其用于期权定价中。例如,根据沪深 300 指数某年 2 月 18 日至当年 5 月 18 日的每日收盘价,可以算得收益率序列的标准差为 1.49%,若将每年的交易日确定为 245 日,则沪深 300 指数的年化波动率就是 23.40%。

　　在计算收益率标准差前,需要确定两个参数。一个是价格序列的长度,如 1 个月、3 个月或者半年;另一个则是两个相邻价格之间的时间长度,如每小时、每日或者每周。根据不同的价格序列长度采样并计算收益率标准差,通常会得到不一样的结果。价格序列长度较长,则该标准差更接近于波动率的平均值。相反,若价格序列较短,则更易于反映波动率的短期异常变动。两个相邻价格之间的时间长度的确定对波动率度量的影响并不明显。每日波动都比较大的证券,其每周变动或者每月变动通常也会比较大。

　　在利用波动率标准差来度量波动率时,随着新行情数据的到来,应把新数据放入样本序列中,并剔除旧的数据,确保样本数量保持不变。这就是波动率的移动度量。新数据的加入和旧数据的提出将改变标准差计算的样本,从而改变标准差。由此可以看到,用标准差度量的波动率呈现出时变性和一定的随机性。

(二)波动率的计量模型

　　用计量经济学的方法来度量波动率,是指假设金融资产的收益率服从一定的计量经济学模型,且模型中收益率的标准差或方差服从一定的条件分布,在设定模型之后,再根据金融资产的历史收益率来估计模型的参数,进而通过模型的结构而得到波动率。比较典型的波动率计量模型是广义自回归条件异方差模型(GARCH),其结构如下。

用 y_t 表示金融资产在 t 时刻的收益率,x_t 是与金融资产收益率有关系的一系列变量构成的向量,假设它们服从如下的回归模型:

$$y_t = x'_t \boldsymbol{b} + \varepsilon_t$$

其中,$\boldsymbol{b}$ 为一个参数向量,而 ε_t 则是回归模型的残差。该方程通常被称为均值方程。在给定历史信息 ψ_t 的条件下,ε_t 的条件分布是一个零均值的正态分布,即 $\varepsilon_t | \psi_t \sim N(0, \sigma_t^2)$,其中 σ_t 是残差 ε_t 的条件标准差,代表金融资产的波动率。波动率的度量,就是要估计出 σ_t。GARCH 模型假定 σ_t 具有如下的动态结构:

$$\sigma_t^2 = \omega + \sum_{i=1}^{q} \alpha_i \varepsilon_{t-i}^2 + \sum_{j=1}^{p} \beta_i \sigma_{t-i}^2$$

即当前波动率的平方既受到过去 q 期的残差平方的影响,也受到过去 p 期的波动率平方的影响,而且影响方式均为线性影响。该方程通常被称为波动率方程,其中 ω、α_i 和 β_i 均为需要估计的参数。在估计出模型的参数后,就可以根据该波动率方程及其历史数据来计算当前的波动率水平。

在 GARCH 模型的基础上,还衍生出一系列类似的模型以反映波动率所呈现的某些特征。这些模型包括 NGARCH、TGARCH、IGARCH、EGARCH 以及 GJR-GARCH 等。

在 GARCH 模型及其衍生的模型结构中,波动率并不是一个随机的变量,即在 t 时刻金融资产的波动率 σ_t 可由当期可观测到的 σ_{t-1} 和 ε_{t-1} 所决定。如果把 t 时刻金融资产的波动率 σ_t 设定为随机变量,就得到了随机波动率(stochastic volatility,SV)模型。随机波动率模型把 σ_t 设定为一个随机过程,该随机过程与金融资产价格所服从的随机过程有可能存在相关性,也有可能不存在;相关性的设定取决于随机波动率模型的设定。在随机波动率模型下,任何时间点上的波动率不再是一个确定的数值,而是一个随机变量。因此,波动率的度量需基于其所服从的概率分布进行。

(三)期权隐含波动率

前面两类波动率度量指标都是基于金融资产本身的价格数据进行估计或度量的,并没有用到期权市场中的数据;得到波动率后可将其代入期权定价公式中算出期权的价格。期权隐含波动率的度量与前述两种方法有较大差别。期权隐含波动率是指"隐含"于期权价格中的波动率,即该波动率是基于期权价格而得到的,而且标的资产价格作为输入变量参与计算。具体而言,隐含波动率是指给定一个期权的价格后,根据 Black-Scholes 期权定价公式的逆函数。

用 C_t 表示普通欧式看涨期权的价格,标的资产的当前价格为 S_t,期权的行权价是 K,到期时间是 T,无风险利率为 r,波动率为 σ_t。根据 Black-Scholes 期权定价公式,有

$$C_t = S_t N(d) - K \cdot e^{-r(T-t)} \cdot N(d - \sigma_t \sqrt{T-t}) \qquad (5\text{-}3)$$

其中,

$$d = \frac{\ln\left(\frac{S}{K}\right) + \left(r + \frac{\sigma_t^2}{2}\right)(T-t)}{\sigma_t\sqrt{T-t}}$$

在该期权定价公式中,保持 $S_t, K, T-t$ 和 r 不变,则期权价格 C_t 是波动率 σ_t 单调递增函数。因此,给定期权价格 C_t,依赖一定的数值求根算法,就可以得到 σ_t。期权价格 C_t 是可以观测得到的。给定一个期权价格,就可以测算出相应的波动率,即隐含波动率。同理,根据普通欧式看跌期权的 Black-Scholes 定价公式,也可以倒算出相应的隐含波动率。

由于 Black-Scholes 期权定价公式中期权价格与波动率存在单调递增的函数关系,所以期权的隐含波动率与期权价格是一一对应的;对同一个期权,不同的价格可以测算出不同的隐含波动率。此外,具有相同标的、相同到期时间但是行权价格不同的期权(包括看涨期权和看跌期权),其测算出来的隐含波动率也有可能不同。这是期权市场存在的特征现象,充分展示了期权市场的特征。原因在于,既然这些行权价格不同的期权都具有相同的标的资产,而波动率本身就是标的资产波动程度的度量,所以一个标的资产在任意一个时刻应该只有一个波动率;实际情况则是相同标的资产和到期时间的期权只因行权价的差别而有不同的隐含波动率。从这一点上来看,似乎隐含波动率并不是标的资产波动率的合适度量指标。事实刚好相反,隐含波动率的计算既使用标的资产的行情信息,也使用期权市场的信息,能够更加全面而有效地反映市场的状态,所以是更加合适的波动率度量指标。若把不同的行权价格及其对应隐含波动率用图形来表示,就可得到隐含波动率曲线,并可看到著名的"波动率微笑"(volatility smile)效应,如图 5-6 所示。

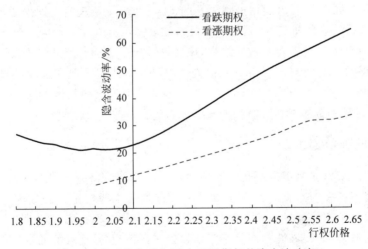

图 5-6　某日收盘后上证 50ETF 期权的隐含波动率

在图 5-6 中,看跌期权的隐含波动率曲线呈现出较为明显的"微笑特征",而看涨、看跌期权的隐含波动率曲线都表明不同行权价格的期权即使有相同的标的资产,也有可能测算出不同的隐含波动率。

在实践中,隐含波动率已经在一定范围内成为期权交易的基础。交易员若需了解某个特定的期权的价格,通常只需了解相应的隐含波动率即可。例如,假设沪深 300 指数的波动与 50ETF 基金的波动长期保持一致。某个以沪深 300 指数为标的资产的看涨期权的价格为 45.2 个指数点,对应的隐含波动率为 23.4%。在同一时刻,某个以 50ETF 为标的资产的看跌期权的价格为 0.256 7 元,对应的隐含波动率为 28.76%。通过比较这两个期权的隐含波动率,可以发现 50ETF 期权的隐含波动率较高,由此可以判断此时该 50ETF 期权的价格相对沪深 300 期权而言偏高了。在这个例子中,沪深 300 期权的报价单位为指数点,50ETF 期权的报价单位为元。量纲的差别使得交易者无法根据其价格来判断两个期权在价值上的高低。但是可将价格转换成为隐含波动率,由于波动率是无量纲的,所以可以用来比较不同品种的期权之间的定价差异。如果该定价差异偏离了长期的平均水平,则可以据此开发出相应的套利策略。

(四) 波动率的基本特征

无论是基于收益率标准差、计量经济学模型,还是基于隐含波动率,所计算出来的波动率时间序列都呈现出一些共同的特征。特征之一,波动率聚类。波动率聚类是指当期的波动率有较大的概率保持在前一期波动率水平附近;如果前一期波动率水平较低,则当期波动率有较大的概率保持在较低的水平;相反,如果前一期波动率水平较高,则当期的波动率有较大的概率维持在较高的水平。特征之二,波动率的均值回归。波动率时间序列呈现出较为显著的波动率均值回归特征,即当波动率水平偏离了长期均值,无论是过高还是过低,都有较大的概率回归到其长期均值。

图 5-7 所展示的是芝加哥期权交易所发布的波动率指数(VIX)自 1990 年 1 月至 2016 年 5 月这段时间每个交易日的值[①]。该波动率指数是利用在 CBOE 内交易的标准普尔 500 股票价格指数期权的隐含波动率所构造的。从该指数的时间序列可以直观地看到波动率所具有的两个特征,即聚类和均值回归。

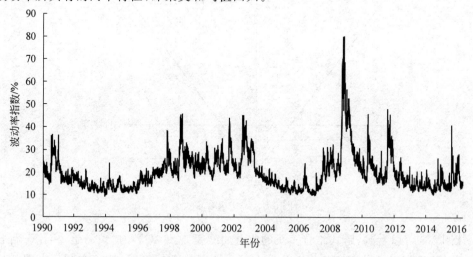

图 5-7　芝加哥期权交易所发布的波动率指数(1990 年至 2016 年)

---

① 网址 https://www.cboe.com/micro/VIX/vixintro.aspx.

除了以上两个主要特征外,波动率还呈现出长记忆、与收益率负相关、与交易量正相关等特征。其中,长记忆特征是指波动率的历史序列具有周期较长的自相关性,而其与收益率的负相关性是非对称的,即负的收益率将使波动率迅速上升,但是正的收益率使波动率下跌的幅度却不大——非对称相关在股票市场中尤其明显。此外,波动率的概率分布接近于对数正态分布。

基于波动率的特征,可以根据当前的波动率水平来推断未来波动率水平的变化,进而设计和构建相应的期权波动率交易策略。这些交易策略,基本上可以分为两大类型,即做多波动率以期在波动率上升或保持高位时获利,以及做空波动率以期在波动率降低或保持低位时获利。在不同的类别下面,基于期权类型、行权价、数量、交易方向的组合,可以形成多样化的期权波动率交易策略。

二、跨式组合

期权的跨式组合(straddle)由标的资产、交易方向、合约数量、到期时间和行权价格均相同的看涨期权和看跌期权构成。跨式组合多头,即做多波动率,是指同时买入相同数量的看涨期权和看跌期权;跨式组合空头,即做空波动率,则是指同时卖出相同数量的看涨期权和看跌期权。

以上证 50ETF 期权为例,若要建立跨式组合多头,则可以同时买入行权价格均为 2.10 元、到期时间均为 2016 年 7 月的看涨期权和看跌期权各一张。假设看涨期权的价格是 0.023 9 元,看跌期权的价格是 0.055 0 元。据此可以画出该跨式组合多头在到期的收益图形,如图 5-8 所示。

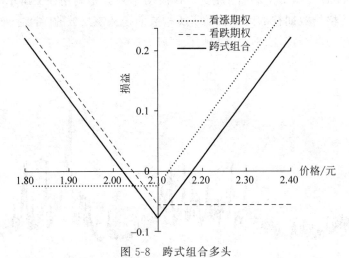

图 5-8 跨式组合多头

从图 5-8 可以看到,跨式组合多头的收益曲线呈现出 V 形,其含义是,相比于行权价格 2.10 元,到期时标的资产价格无论是大幅上涨还是大幅下跌,该组合都能获得相应的投资收益;然而,如果持有期间及到期时标的资产的价格没有明显偏离于所选择的期权行权价格 2.10 元,那么该交易策略将带来亏损。跨式组合多头的最大亏损是买入看涨期权和看跌期权所支付的期权费用总额,最大盈利则没有限制。在图 5-8 所示的例子中,买入一张看涨期权和一张看跌期权,总的期权费用是 0.079 8 元。据此可以计算出该组合的盈亏平衡点是行权价格±期权费用,即两个盈亏平衡点,分别为 2.178 9 元和 2.021 1 元,而相应的涨跌幅则是 0.079 8/2.10 = 3.8%。

用类似的方法可以建立起跨式组合空头,例如,同时卖出行权价格均为 2.10 元、到期时间均为 2016 年 7 月的看涨期权和看跌期权各一张。跨式组合空头的收益曲线相当于跨式组合多头的收益曲线以横轴为轴心进行 180 度的旋转后得到,如图 5-9 所示。

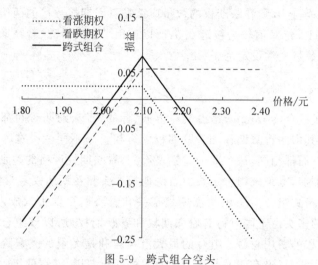

图 5-9　跨式组合空头

图 5-9 所示的跨式组合空头的盈亏平衡点与图 5-8 中的跨式组合多头具有相同的盈亏平衡点,差别在于盈利的来源不同。跨式组合空头盈利的前提是标的资产在到期时保持在期权行权价格 2.10 元附近,即不超过由两个盈亏平衡点所构成的区间(2.178 9,2.021 1)。

跨式组合多头之所以属于波动率交易策略,是因为该组合获得盈利的前提是组合持有期间标的资产价格波动率变大或者保持在高位水平。只有波动率水平较高,标的资产的价格才有更高的概率出现大幅度的上涨或者下跌,从而使该期权组合在到期时产生盈利。跨式组合空头之所以属于波动率交易策略,是因为该组合获得盈利的前提是组合持有期间标的资产价格波动率变小或者保持低位水平。波动率水平较低,标的资产价格在期末时处于盈利区间的概率才比较高,该期权组合盈利的可能性也更大。

跨式组合属于波动率交易策略的另外一个重要原因,在于到期时标的资产价格的涨跌方向对组合的盈利没有明显影响。为了达到该效果,除了在交易方向上保证看涨期权和看跌期权相一致之外,还需要注意期权行权价格的选择以及看涨、看跌期权建仓数量的配比,合适的配比才能使跨式组合接近于 Delta 中性,即对标的资产价格的方向性变化的敏感性较低,从而成为真正的波动率交易策略。对于跨式组合而言,组合的 Delta 等于组合内各个期权的 Delta 的和,即

$$\text{Delta}_{组合} = 数量_{看涨} \times \text{Delta}_{看涨} + 数量_{看跌} \times \text{Delta}_{看跌} \tag{5-4}$$

若需通过跨式组合的方式实现 Delta 中性,则行权价的选择将会影响到看涨、看跌期权建仓数量的配比。这是因为相同行权价的看涨、看跌期权的 Delta 有可能在绝对值上差异较大。在其他条件相同的情况下,行权价格越高,看涨期权的 Delta 越接近于 0,而看

跌期权的 Delta 则越接近于 −1；相反，行权价格越低，看涨期权的 Delta 越接近于 1，而看跌期权的 Delta 则越接近于 0。对于平值的看涨期权和看跌期权，其 Delta 的绝对值均比较接近于 0.5。因此，如果确定用一个实值的看涨期权作为跨式组合的一边，该期权的 Delta 大于 0.5，则意味着所需的看跌期权是虚值期权，该期权的 Delta 小于 0 且大于 −0.5。为保证组合的 Delta 接近于零，看涨期权和看跌期权的持仓数量的比率就有可能不是 1∶1。例如，如果看涨期权的 Delta 为 0.6，看跌期权的 Delta 是 −0.3，那么为了使跨式组合的 Delta 等于 0，则看跌期权的数量应该是看涨期权数量的两倍。由于平值的看涨、看跌期权的 Delta 绝对值较为接近 0.5，所以若用平值的看涨、看跌期权来构造跨式组合，则两类期权的数量通常设定为 1∶1。

三、宽跨式组合

期权的宽跨式组合(strangle)是由交易方向、标的资产、到期时间都相同的看涨期权和看跌期权构成，其中的看涨期权和看跌期权的行权价是不同的。宽跨式组合与跨式组合的构造在许多方面都相同，最主要的差别是看涨、看跌期权价格的差别。

与跨式组合类似，宽跨式组合多头由看涨期权多头和看跌期权多头构成，用途是做多波动率。相反，宽跨式组合空头由看涨期权空头和看跌期权空头构成，用途是做空波动率。宽跨式组合的多头由于同时持有看涨期权和看跌期权，所以该组合的最大风险是确定的，即为买入期权的费用总额；组合的最大潜在盈利是无限的。宽跨式组合的空头的盈亏情况则与多头相反，潜在收益是确定的有限的期权费用，潜在的风险是无限的损失。

以上证 50ETF 期权为例，若要建立宽跨式组合多头，则可以同时买入行权价格为 2.2 元的看涨期权和行权价格为 2.0 元的看跌期权和看跌期权各一张，期权的到期时间都相同。看涨期权的价格为 0.020 0 元，看跌期权的价格为 0.045 0 元。据此可以画出该宽跨式组合多头在到期时的收益图形，如图 5-10 所示。

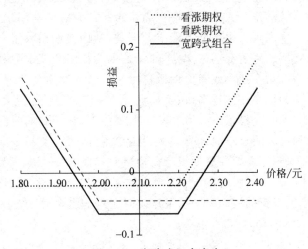

图 5-10　宽跨式组合多头

从图 5-10 的形状上来看，宽跨式组合多头与跨式组合多头的明显差别在于宽跨式组合收益曲线的底部是一条水平的线段，其意义是如果到期时标的资产价格处于两个期权的行权价格所构成的区间,即(2.0,2.2),那么宽跨式组合将带来最大的损失。如果标的资产价格突破了该区间,则宽跨式组合的损失将会降低甚至带来盈利。由于两个期权的总费用为0.065元,所以该宽跨式组合的盈亏平衡点分别是1.935元和2.265元。因此,如果到期时标的资产价格突破了(1.935,2.265)这个区间,无论是向上突破还是向下突破,该宽跨式组合多头都将带来盈利。由此可以发现,无论到期时标的资产价格相对于目前的价格是涨是跌,只要变化幅度大并突破了两个盈亏平衡点所限定的区间,宽跨式组合多头就能带来盈利。而当标的资产价格的波动率持续提高或者保持在高位水平时,该区间被突破的可能性才会提高。从这一点上来看,宽跨式组合的确属于波动率交易策略。

用类似的方法可以建立宽跨式组合的空头,即同时卖出行权价格为2.2元的看涨期权和行权价格为2.0元的看跌期权和看跌期权各一张,期权的到期时间都相同。由此构建的宽跨式组合空头可以用图5-11表示。

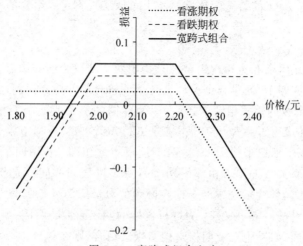

图5-11　宽跨式组合空头

从图5-11可以直观地发现,宽跨式组合空头的最大盈利是做空看涨和看跌期权所获得的期权费用收入,而组合的潜在损失则是无限的。

相比于跨式组合多头,在宽跨式组合中,标的资产价格需要突破的价格区间更加宽才能使该宽跨式组合盈利。从这一点上来看,宽跨式组合带来盈利的概率低于相应的跨式组合。另外,宽跨式组合相比跨式组合的优点,在于构建宽跨式组合所需的成本要低于构建相应的跨式组合的成本,即宽跨式组合多头的风险相对较小。在例子中,如跨式组合多头的构建成本是0.079 8元,而宽跨式组合的构建成本则是0.065元。宽跨式空头也具有类似的特征,即标的资产价格需要突破更大的价格区间才能使得该组合亏损,而更大的价格区间意味着标的资产价格突破该区间的概率相对较低,由此可以推导出宽跨式组合空头获利的概率要高于相应的跨式组合获利的概率。然而,由于宽跨式组合空头所卖出的两个期权的价格较低,所以宽跨式组合的最大获利额度要低于相应的跨式组合空头的最大获利。

通过比较跨式组合和宽跨式组合的盈利概率和最大盈利空间,可以发现盈利空间与盈利概率之间存在一定的替代。即如果一笔交易有很大的盈利空间,则获得如此大盈利的概率应该相对较低；相反，如果一笔交易的最大盈利空间相对较小，则只有较大的盈利概率才能吸引投资者实施这笔交易。然而，在实际的交易中，交易者通常基于对标的资产价格变动的判断来决定相应概率，然后再选择既定概率下盈利可能性最高的策略。在这个过程中，投资者资金的限制或者风险额度的限制也将影响到如何在跨式组合和宽跨式组合中选择其一进行交易。

与跨式组合类似，构建宽跨式组合同样面临着在众多行权价格不同的期权中选择合适期权的问题。在通常情况下，宽跨式组合的构建可以使用虚值期权，即行权价格较高的看涨期权和行权价格较低的看跌期权。无论是看涨期权还是看跌期权，都是虚值程度越高，其价格就越低，到期行权的概率也越低。宽跨式期权作为虚值看涨、看跌期权的组合，其盈利概率和成本也存在如此的替代。在数量配比上，若使用虚值期权构建宽跨式组合，而且两类期权的虚值程度相近或相同，那么它们的 Delta 的绝对值通常情况下会比较接近。因此，通常只需 1∶1 的持仓配比就基本上可以实现宽跨式组合的 Delta 中性。

四、蝶式组合

前文介绍的跨式组合和宽跨式组合都只用了两个期权合约来构造。如果将期权合约的数量扩大到三个或四个，通过合理设计这几个期权合约的持仓比例，就可以构造成蝶式组合（butterfly）。期权的蝶式组合中，到期时间相同的三个或四个期权合约的行权价格各不相同，分别将其记为 K_1、K_2 和 K_3，满足 $K_1 < K_2 < K_3$。其中以 K_2 为行权价格的期权有两个，若用三个期权来构造，则这两个期权类型相同；若用四个期权来构造，则看涨和看跌各一个。蝶式组合要求相邻的两个行权价格之间的间距是相同的，即有 $K_2 - K_1 = K_3 - K_2$。此外，蝶式组合中四个期权合约的数量比例也有明确的要求，即以 K_2 为行权价格的期权数量是以 K_3 或 K_1 为行权价格的期权数量的两倍。

在期权类型方面，如果用三个期权来构造蝶式组合，则在组合中应该均用看涨期权或者看跌期权。具体而言，若用三个看涨期权来构造蝶式组合，则应买入行权价格为 K_2 的看涨期权两张，同时卖出行权价格为 K_1 和 K_3 的看涨期权各一张，或者反方向交易，即卖出行权价格为 K_2 的看涨期权两张，同时买入行权价格为 K_1 和 K_3 的看涨期权各一张。类似的构造也可以通过看跌期权来实现。

若用四个期权来构造蝶式组合，则行权价格为 K_1 的期权应为看跌期权，行权价格为 K_2 的两个期权分别为看涨期权和看跌期权，行权价格为 K_3 的期权则应为看涨期权。下面将重点阐述和分析用四个期权来构造的蝶式组合。

蝶式组合也有多头与空头之分。做多蝶式组合，相当于买入行权价格为 K_2 的看涨期权和看跌期权各一份，同时卖出行权价格为 K_1 的看跌期权和行权价格为 K_3 的看涨期权各一份。做空蝶式组合，则交易方向相反，即卖出行权价格为 K_2 的看涨期权和看跌期权各一份，同时买入行权价格为 K_1 的看跌期权和行权价格为 K_3 的看涨期权各一份。

例如，某日上海证券交易所挂牌交易的四个 50ETF 期权合约如表 5-1 所示。

表 5-1　某日上海证券交易所上市交易的四个 50ETF 期权合约　　　　　元

代码	期权类型	行权价格	期权费用
P_1	看跌期权	2.0	0.021 1
P_2	看跌期权	2.1	0.066 4
C_2	看涨期权	2.1	0.025 5
C_3	看涨期权	2.2	0.006 0

基于这四个期权合约,可以构造出蝶式组合。以蝶式组合多头为例,买入一张 P_2 和一张 C_2,同时卖出一张 P_1 和一张 C_3,就可以得到一个蝶式组合多头,所花费的成本为 0.064 8 元。将该蝶式组合多头在到期时的收益画成图形,得到图 5-12。

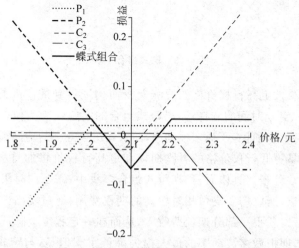

图 5-12　蝶式组合多头

从图 5-12 可以看到,如果标的资产价格在期权到期时处于 K_1 和 K_3 之间,即例中的 (2.0, 2.2),那么蝶式组合与行权价格为 K_2 的跨式组合多头具有相似的收益曲线形状,但是,若标的资产价格跌破了最小的行权价 K_1 或涨过了最高的行权价 K_3,则蝶式组合的收益曲线成为一条水平的直线。蝶式组合多头的最大亏损是期权费的净支出,即 $P_2 + C_2 - P_1 - C_3$,在例子中,期权费的净支出为 0.064 8 元。在当标的资产大幅偏离行权价 K_2 时,蝶式组合多头逐渐产生盈利。但是,该组合的最大盈利是有限的。

根据相同的构建原则,可以构建出蝶式组合空头,即同时卖出行权价格为 K_2 的看涨期权和看跌期权各一张,并同时买入行权价格为 K_1 的看跌期权和行权价格为 K_3 的看涨期权各一张。以上一个案例中的期权所构建出来的蝶式组合空头是由卖出一张 P_2 和一张 C_2,同时买入一张 P_1 和一张 C_3 得到的。该蝶式组合空头在到期时的收益图形如图 5-13 所示。

从结构上来看,蝶式组合是在跨式组合的基础上变化而来的,即在跨式组合的基础上用更低行权价格的看跌期权和更高行权价格的看涨期权的反方向交易而实现的。对于蝶式组合多头,其构造方式是在跨式组合多头的基础上卖出更低行权价的看跌期权并卖出更高行权价格的看涨期权。而蝶式组合空头则是在跨式组合空头的基础上买入更低行权

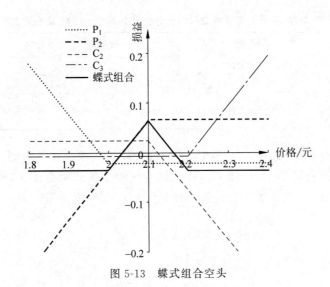

图 5-13　蝶式组合空头

　　价格的看跌期权并买入更高行权价格的看涨期权而构造得到的。因此,蝶式组合的交易实施,包括行权价格、到期时间的选择等,与跨式组合的实施较为类似;二者的功能也基本一致,即蝶式组合多头的功能在于做多波动率,而蝶式组合空头的功能则在于做空波动率。

　　通过反方向交易更低行权价格的看跌期权和更高行权价格的看涨期权,蝶式组合调整了跨式组合的盈亏分布。具体而言,在跨式组合多头中,需要同时买入相同行权价格的看涨期权和看跌期权,所以需要支付相对较高的期权费用,通过卖出虚值程度更高的看跌期权和看涨期权,可以获得一部分期权费收入,从而在一定程度上降低了做多波动率所需要支付的总期权费,即把做多波动率的最大损失降低了。但是,与跨式组合多头相比,蝶式组合多头在降低最大损失幅度的同时,也降低了策略的最大盈利幅度:跨式组合多头的潜在盈利空间是无限的,但是蝶式组合多头的盈利空间则是有限的,表现为当标的资产价格跌破最低的行权价格或者涨过最高的行权价格之后,蝶式组合多头的盈利是确定不变的,在收益图形上表现为水平的射线。蝶式组合空头也同样改变了跨式组合空头的盈亏分布,即当标的资产价格跌破最低的行权价格或者涨过最高的行权价格之后,蝶式组合空头的最大亏损是有限的,不像跨式组合空头那样面临可能无限扩大的损失,但是由于蝶式组合空头买入虚值程度更高的看跌期权和看涨期权,从而降低了组合带来的期权费收益,即降低了组合的最大盈利。

五、鹰式组合

　　前面已表明,在跨式组合的基础上通过反方向交易虚值程度更高的看涨期权和看跌期权可以获得蝶式组合。按照该思路,在宽跨式组合的基础上通过反方向交易虚值程度更高的看涨期权和看跌期权,所获得的期权组合称为鹰式组合(iron condor)。

　　鹰式组合也用到四个行权价格各不相同的期权,分别将这四个行权价格记为 K_1、K_2、K_3 和 K_4,它们满足 $K_1 < K_2 < K_3 < K_4$,相邻行权价格的间距也是相等的。在鹰式组合中,四个行权价格对应的期权的数量是相同的,即数量配比为 $1 : 1 : 1 : 1$。具体而

言,鹰式组合多头的构建方式是买入行权价格为 K_2 的看跌期权和行权价格为 K_3 的看涨期权各一张,同时卖出行权价格为 K_1 的看跌期权和行权价格为 K_4 的看涨期权各一张。

例如,某日上海证券交易所的四个 50ETF 期权合约如表 5-2 所示。

表 5-2　某日上海证券交易所上市交易的四个 50ETF 期权合约　　　　　　元

代码	期权类型	行权价格	期权费用
P_1	看跌期权	1.9	0.005 8
P_2	看跌期权	2.0	0.021 9
C_3	看涨期权	2.1	0.020 9
C_4	看涨期权	2.2	0.005 5

构建鹰式组合多头的方式是买入 P_2 和 C_3 各一手,同时卖出 P_1 和 C_4 各一手。将该鹰式组合多头在到期时的收益画成图形,如图 5-14 所示。

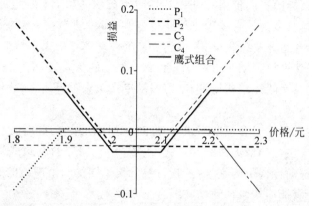

图 5-14　鹰式组合多头

从图 5-14 可以看到,鹰式组合多头的最大盈利和最大亏损都是有限的。在例子中,鹰式组合多头的最大亏损是期权费的净值出,即买入 P_2 和 C_3 所需费用减去卖出 P_1 和 C_4 所获得的收入,净额为 0.031 5 元。若到期时标的资产价格处于中间两个行权价格 K_2 和 K_3 之间,则鹰式组合多头将带来最大的损失;反之,到期时的最大盈利则是当标的资产价格跌破最小的行权价格 K_1 或涨过最大的行权价格 K_4,两种情况下的最大盈利都相同,在例子中为 0.068 5 元。

根据类似的方式,可以构造出鹰式组合空头,即买入行权价格为 K_1 的看跌期权和行权价格为 K_4 的看涨期权各一张,同时卖出行权价格为 K_2 的看跌期权和 K_3 的看涨期权各一张。利用上例中提到的期权构建鹰式组合空头,即买入 P_4 和 C_4,同时卖出 P_2 和 C_3,其在到期时的收益图形如图 5-15 所示。

鹰式组合空头同样有着有限的最大盈利和最大亏损,但是其盈亏状况与鹰式组合多头的盈亏状况恰好相反,若到期时标的资产价格跌破了最低的行权价格 K_1 或者涨过最高的行权价格 K_4,鹰式组合空头将带来最大的亏损;相反,若到期时标的资产价格处于中间两个行权价格 K_2 和 K_3 之间,则该组合将获得最大的盈利。

从图 5-14 和图 5-15 可以直观地看到,若标的资产的波动率水平在未来保持在高位

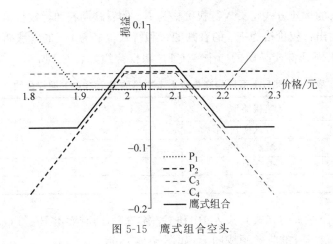

图 5-15　鹰式组合空头

或者持续走高,那么标的资产价格在期权到期时突破 K_1 和 K_4 限定的价格区间的可能性就比较大,鹰式组合多头就有较大概率获得盈利,即波动率在未来上涨时,鹰式组合多头是做多波动率的合适策略。相反,若标的资产的波动率在未来保持低位或者持续走低,那么标的资产价格在期权到期时留在 K_2 和 K_3 限定的价格区间内的概率就比较大,鹰式组合空头就有比较大的概率获得盈利,即波动率在未来下降时,鹰式组合空头是做空波动率的合适策略。

鹰式组合是由宽跨式组合演变而来的,通过在两端反向交易虚值程度更高的看跌期权和看涨期权,鹰式组合的最大盈利和最大亏损都小于相应的宽跨式组合。在实际交易中,通常以平值期权的行权价为基准,选择行权价格不同的两个虚值的看跌期权和行权价格不同的两个虚值看涨期权来构建鹰式组合。

以上介绍的四个波动率交易策略:跨式组合、宽跨式组合、蝶式组合以及鹰式组合,其共同的特征在于通过合理配置组合内期权的类型和数量配比,使得组合接近 Delta 中性,从而让组合的价值变动主要来自标的资产的波动率的变化。如果预期波动率将上升,则应该买入这些组合,建立相应的组合多头头寸;反之则应该卖出这些组合,建立组合空头头寸。在形成波动率未来走势的判断后,如何在上述四类波动率交易策略中择一进行交易,主要取决于交易者的风险偏好以及市场的价格水平。如果交易者风险偏好程度较高,则可以选择跨式组合,次之则为宽跨式组合,这类组合价格较高;相反,风险程度偏好较低的交易者可以选择蝶式组合甚至鹰式组合,这类组合价格较低。期权交易中风险与收益有着基本稳定的平衡,潜在收益较高的策略将有较高的风险或成本,而选择成本或风险较低的策略进行波动率交易,其潜在收益也将降低。

第三节　期权做市业务

期权做市业务是指为上市交易的期权合约持续提供双边报价且准备以该价格交易期权的业务。从事期权做市业务的机构或个人称为期权做市商。期权做市商报出期权价格后,如果其他交易者认可该价格,即通过交易指令与做市商达成期权交易。对一个期权合约,做市商同时报出买价(bid)和卖价(ask),两个价格之间的差异,即买卖价差,是期权做市商业务收入的重要组成部分。如果做市商在连续进行的期权做市业务过程中不能在买入某个期权合约的同时将期权卖出,或者在卖出某个期权合约的同时将其买入,那么做市商在这段买卖不平衡的时间内将承受市场行情变化的风险,因此风险的度量和对冲变得异常重要。

　　期权市场中同时交易的期权合约通常数量庞大,一个标的资产上衍生出来的期权合约数量是行权价格数量、到期时间数量和期权类型(看涨、看跌)数量的乘积。由于多个期权同时交易,期权做市商需要明晰、直观的工具来监控期权价格的变化,同时也需要合理的风险度量指标来综合反映其在业务开展中所面临的各项风险,进而采用相应的交易策略把风险控制在既定的范围内。本节先介绍期权的隐含波动率曲面作为期权市场行情变化的监控指标,然后介绍期权做市商所面临的 Delta 风险、Gamma 风险以及 Vega 风险的度量和对冲策略。

拓展阅读 5-2　期权做市制度

一、隐含波动率曲面

　　若以期权的行权价格和到期时间分别作为三维坐标系中的 X 轴和 Y 轴、以该期权的隐含波动率作为 Z 轴,将既定时刻期权交易所中具有相同标的资产的所有期权合约的隐含波动率在该坐标系中呈现,即可得到隐含波动率的一个曲面。若将看涨期权和看跌期权区别对待,则可以得到看涨期权的隐含波动率曲面和看跌期权的隐含波动率曲面。在实际交易中,交易者通常用特定的算法将看涨期权和看跌期权的隐含波动率曲面综合成为一个曲面,以便直观地观察期权市场行情的基本形势。

　　图 5-16 所示是标准普尔 500 指数期权在某日的隐含波动率曲面[①]。

　　从图 5-16 中可以看到期权的隐含波动率所呈现的一些经典的特征,包括隐含波动率"微笑"效应和隐含波动率的期限结构。对于到期时间较近的期权,"微笑"效应更加明显,即在远离平值期权行权价格的两端,隐含波动率水平相对较高。此外,行权价格较低的期权的隐含波动率水平也相对较高。这些特征不仅仅在某一个时刻出现,而是长期存在于期权市场中,只不过市场行情的变化会让该曲面的局部特征发生改变,如总体水平走高或走低、某个到期时间对应的隐含波动率曲线陡峭程度发生变化或者某个行权价格对应的隐含波动率期限结构发生变化等。但是,由于不同期权合约之间存在明确的套利关系,如期权平价公式要求的无套利约束或者期权价格与行权价格之间的凸性关系等,使不同期权的价格波动有很强的相关性;由于隐含波动率是期权价格的逆函数,所以不同期权的隐含波动率之间也具有很强的相关性。该相关性约束着隐含波动率曲面的变化。

　　隐含波动率曲面作为反映期权市场价格变化的指标,比期权价格本身更能直观地反映期权市场的变化和不同期权合约之间的价格关系。原因在于隐含波动率将期权价格重新定标,将有量纲的价格转化为无量纲的波动率,从而可以直接比较不同期权合约的价格

---

　　① CME 集团会定时发布其交易所内交易的股指期权的隐含波动率曲面,可从以下网址中查询最新的数据:http://www.cmegroup.com/trading/equity-index/options-volatility-surface-report.html。

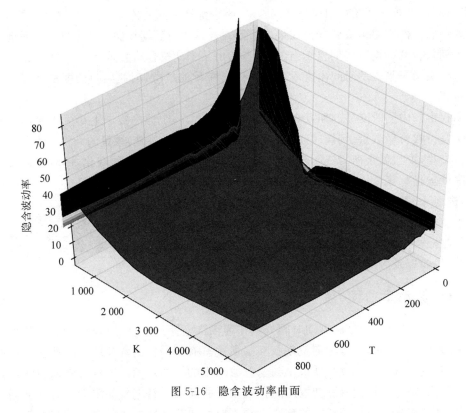

图 5-16　隐含波动率曲面

差异。因此,期权的隐含波动率曲面成为期权交易者特别是期权做市商观察市场并作出交易的重要参考。

对于期权做市商而言,由于必须同时为多个期权合约提供双边报价,同时要根据市场短期的供求来及时调整报价,所以反映市场供求的指标成为合理报价的关键之一。因此,期权做市商通常根据自有的数理模型和计量模型为隐含波动率曲面建模,并在此基础上发现市场行情的差异,进而适当地调整期权的报价。

二、Delta 风险管理

期权做市商在买入或者卖出一个期权之后,如果在一段时间内必须持有该期权,那么当这段时间内期权的标的资产价格发生变化时,期权做市商所持有的期权的价值将会发生变化,并有可能使做市商蒙受损失。这个损失的可能是由于标的资产价格的涨跌所导致的,所以也称为方向性风险或者 Delta 风险。为了有效管理期权的 Delta 风险,期权做市商需准确地度量风险的大小,并交易适当数量的其他金融工具或合约来实现风险对冲。

期权的 Delta 风险的度量是考察标的资产价格发生 1 单位变化时期权价格所发生的变化。在数学上,该风险度量指标相当于期权价格对标的资产价格的一阶偏导数。用 δ 表示期权的 Delta 风险度量,C 表示期权价格,S 表示标的资产价格,Δ 表示差分符号,则 Delta 风险的表达式是

$$\delta = \frac{\Delta C}{\Delta S}$$

在 Black-Scholes 期权定价模型中,普通欧式看涨期权的 Delta 的计算公式是

$$\delta_c = N(d_1) \tag{5-5}$$

$$d_1 = \frac{\ln S/K + (r + \sigma^2/2)(T-t)}{\sigma\sqrt{T-t}}$$

其中的 $N(\cdot)$ 是标准正态分布函数,而普通欧式看跌期权的 Delta 的计算公式则是

$$\delta_p = N(d_1) - 1$$

根据以上 Delta 风险指标的计算公式,可以得出期权 Delta 风险的度量。Black-Scholes 期权定价公式的前提假设与实际的市场情况有较大的差距,而据此计算出来的期权 Delta 风险可能无法准确地度量真实的风险水平。因此,在期权做市业务开展过程中,做市商通常会在 Black-Scholes 期权定价公式的基础上开发自用的期权定价和 Delta 风险度量公式,并以此建立 Delta 风险对冲策略。

若期权做市商同时持有多个期权,则该期权组合的也有一定的 Delta 风险。期权组合的 Delta 风险,等于组合内各个期权的 Delta 风险的加权平均,权重为各个期权的持仓数量。在计算期权组合的 Delta 时,需要注意多空持仓对加权平均的影响。若某个期权的持仓处于多头,则其 Delta 风险可以直接加到组合的 Delta 中;若某个期权的持仓处于空头,则其 Delta 风险应从组合的 Delta 中减去。例如,期权做市商持有 3 张行权价格为 100 的看涨期权多头和 4 张行权价格为 95 的看跌期权空头,两个期权的 Delta 分别为 0.5 和 −0.4,则该期权组合的 Delta 的计算方式应是

$$3 \times 0.5 - 4 \times (-0.4) = 3.1$$

由此可以看到,当标的资产的价格上涨 1 单位时,该期权组合的价值将上涨 3.1 单位。

总体而言,欧式看涨期权的 Delta 风险在 0～1 之间,而相应的看跌期权的 Delta 在 −1～0 之间。对于行权价格相同的欧式看涨期权和看跌期权,根据期权平价公式,看跌期权的 Delta 应等于看涨期权的 Delta 与 1 的差。欧式期权的 Delta 的这两个特征是普遍存在的,并不依赖于特定的期权定价模型。这两个特征也为期权的 Delta 风险对冲交易提供了明确的指导。

为了对冲期权的 Delta 风险,期权做市商最常用的两类金融工具是期权标的资产本身以及相同标的资产的其他期权合约。

若通过交易标的资产来对冲期权的 Delta 风险,则标的资产的持仓风向应与期权组合的 Delta 的正负号相反。具体而言,如果期权组合的 Delta 大于 0,则应该卖空标的资产才能实现风险对冲;相反,如果期权组合的 Delta 小于 0,则应该买入标的资产。在标的资产建仓数量方面,应与期权组合的 Delta 的绝对值保持一致。例如,在前面的例子中,期权组合的 Delta 为 3.1,意味着期权做市商应该卖出 3.1 份标的资产。在实际交易中,期权和标的资产的最小交易数量有可能相同,也有可能不一致。例如,期货期权中,一张期权通常对应着一张期货合约的买权或卖权。但是在股票期权中,一张期权合约可能对应 100 股或者 10 000 股股票的交易。所存在的不一致,则需要根据实际的情况进行调整,才能通过标的资产的交易来对冲期权的 Delta 风险。

期权做市商在开展期权做市业务时,会同时买卖多个不同的期权合约,而不同期权合

约之间的 Delta 其实可以进行一定程度的对冲。换言之,期权本身也可以成为期权做市商用来对冲期权 Delta 风险的工具。用期权来对冲期权的 Delta 风险,最简单的方式就是反向交易,即把当前的期权持仓平掉,这体现在期权做市商为期权提供的双边报价中。如果做市商以买价买入一张期权,同时以卖价卖出相同的一张期权,那么其 Delta 风险就是0。但是,期权做市商可能在卖出一张期权的同时无法同时买入相同的期权,这时 Delta 风险就不是 0。这在为一些交易不够活跃的期权做市时常会遇到。这时,做市商可以通过交易其他一些交易较为活跃的期权,通过期权之间的 Delta 风险的差异来实现期权组合的 Delta 接近甚至等于 0。例如,做市商卖出了行权价格为 110 的看涨期权 10 张,其Delta 为 0.1,这时该做市商可以买入 2 张行权价格为 100、Delta 为 0.5 的看涨期权,从而实现组合的 Delta 等于 0。

在实际的交易中,由于期权做市商可以从期权交易所获得一定的交易手续费优惠(或者返还),而且该优惠与期权的交易量有正相关性,所以期权做市商倾向于用期权的交易来对冲期权的 Delta 风险。此外,在某些国家或地区,如美国,期权的交易所有可能与标的资产的交易所不同,导致期权做市商为了对冲期权的 Delta 而交易标的资产时,需要承担较高的交易手续费。同时,标的资产本身可能无法进行信用交易或者信用交易的额度有限,也将让做市商在交易标的资产时承担较高的成本。这些外部条件也让期权做市商倾向于用期权来对冲其期权组合的 Delta 风险。而通过做市商的这些期权交易特别是风险对冲交易,不同的期权价格之间就有了比较强的相关性,使得单个或某些期权的价格不会出现明显的高估或者低估,从而提高了期权市场的价格发现效率。

在 Delta 风险的管理中,Delta 的度量是至关重要的。通常而言,Delta 本身会因为标的资产价格的变化、波动率的变化以及期权剩余时间的缩短等因素而发生变化。因此,期权做市商需要及时地根据新的行情来重新计算 Delta,并根据新的 Delta 来调整期权组合和(或)标的资产的持仓。

三、Gamma 风险管理

在期权到期之前,随着剩余时间的缩短以及标的资产价格的变化,特定的期权有可能在虚值、平值和实值之间发生状态变化,而其 Delta 也会随之发生变动,此即期权 Delta 的不平稳性。标的资产价格变化而导致的期权 Delta 的变化,称为期权的 Gamma 风险。从数学上看,期权的 Gamma 风险相当于期权价格对标的资产价格的二阶偏导数。用 Γ 来表示期权的 Gamma 风险,则期权的 Gamma 风险可以用如下的数学公式来表示:

$$\Gamma = \frac{\Delta\delta}{\Delta S}$$

期权的 Delta 度量的是标的资产价格方向性变化的风险,而期权的 Gamma 度量的则是期权的 Delta 的不平稳性所导致的风险。对于期权做市商而言,Delta 风险是最主要的风险,需要期权做市商及时而恰当地交易标的资产或者其他期权合约来保持 Delta 中性,避免受到标的资产价格方向性变化所带来的损失。Delta 的不平稳性,意味着期权做市商需要根据 Delta 的变化来调整其对冲工具的持仓,即有可能需要持续地进行新的交易。这部分交易的调整也有可能让做市商承担一定的成本或者损失。期权的 Gamma 度量的正是这个风险。例如,当标的资产价格上涨 1 单位时,某个虚值的看涨期权的 Delta 从 0.3 上升到 0.35,其中的 0.05 就是该期权在当前状态下的 Gamma。从风险对冲的角度来看,如果期权做市商持有该期权共 100 张,则需额外买入 5 份标的资产才能重新实现 Delta 中性。

在 Black-Scholes 期权定价模型中,普通欧式看涨期权的 Gamma 和看跌期权的 Gamma 相同,都可以通过以下公式进行计算:

$$\Gamma = \frac{N'(d_1)}{S\sigma\sqrt{T-t}} \tag{5-6}$$

其中的 $N'(\cdot)$ 是标准正态分布函数的导数,即概率密度函数。在实际中,Black-Scholes 模型的不足依然使 Gamma 的度量存在一定的不准确性。期权做市商同样需要开发出更适合实际情况和需求的 Gamma 度量公式,以获得更加准确的 Gamma 风险度量,进而开展相应的风险对冲操作。

与期权组合的 Delta 的计算方式类似,期权组合的 Gamma 也等于组合内各个期权的 Gamma 的加权平均,权重是期权组合的数量。例如,某个期权组合中包含 5 张看涨期权和 8 张看跌期权,看涨期权和看跌期权的 Gamma 分别为 0.05 和 0.02,则该期权组合的 Gamma 的计算方法是

$$5 \times 0.05 + 8 \times 0.02 = 0.41$$

因此,当标的资产的价格上升 1 个单位时,期权的 Delta 将会上升 0.41 个单位。

不管利用何种模型,期权的 Gamma 都存在两个重要的特征。期权的 Gamma 的特征之一在于看涨期权和看跌期权的 Gamma 都是正数且相等,即如果期权做市商持有期权多头,则其 Gamma 风险是正的,标的资产价格的上升将使其期权组合的 Delta 上升;相反,如果持有期权空头,则其 Gamma 风险为负数,标的资产价格的上升将使期权组合的 Delta 下降。期权的 Gamma 的特征之二是平值期权 Gamma 的绝对值最大,而虚值期权和实值期权的 Gamma 的绝对值都偏小。利用这两个特征,期权做市商可以做出一定的交易策略来对冲期权组合的 Gamma 风险。

为了对冲期权的 Delta 风险,期权做市商通常只能使用相同标的资产的其他期权合约。这是因为标的资产的 Delta 是常数 1,再对其求导则得到 0,即标的资产的 Gamma 是 0。这种情况下,无论如何调整标的资产的持仓量,都无法在标的资产价格未发生变化前使包含标的资产和期权的组合的 Gamma 成为 0,即无法对冲组合的 Gamma 风险。

利用期权来对冲期权的 Gamma 风险,即构建一个期权组合,使得其 Gamma 为 0。期权做市商在期权做市业务开展过程中,持有了 Gamma 为 0.03 的 A 期权 m 张多头,拟通过 Gamma 为 0.02 的 B 期权的交易来获得一个 Gamma 为 0 的组合,那么 B 期权所需要交易的数量 n 须满足以下方程:

$$0.03m + 0.02n = 0$$

由此可以计算得到 $n = -3m/2$,其中的负号表示做市商需要做空 B 期权。

通过做空 n 张 B 期权并实现 Gamma 风险对冲之后,期权做市商的期权组合可能并非 Delta 中性的,因为做空 n 张 B 期权将改变期权组合的 Delta。对于期权做市商而言,保持 Delta 中性是尤为重要的。因此,在实现 Gamma 风险对冲之后,期权做市商还需要

做出额外的交易来保证 Delta 中性。

在实际中，期权做市商为了实现 Delta 中性和 Gamma 对冲，通常的做法是先实现 Gamma 对冲，然后计算 Gamma 对冲的期权组合的 Delta 并进行 Delta 对冲。这个阶段的 Delta 对冲通常只能用标的资产来进行，其原因可以通过以下计算进行解释。延续前面的例子，通过做空 $n = -3m/2$ 张 B 期权并实现 Gamma 风险对冲之后，若用 δ_A 和 δ_B 分别表示这 A、B 两个期权的 Delta，则 Gamma 对冲后形成的期权组合的 Delta 是

$$\text{Delta} = \delta_A \cdot m - \delta_B \cdot \frac{3}{2}m$$

可以发现，在该等式中，δ_A 和 δ_B 都是通过期权定价模型计算得到的给定的数，m 是在期权做市业务开展中产生的，而非做市商主动选择的。因此，该等式中的三个变量都是外生变量，不受期权做市商控制，而这三个变量构成的上述公式恰好等于 0——从而实现 Delta 中性的可能性是很低，甚至不会发生。对于这个通常不为 0 的 Delta，期权做市商基本上只能用标的资产的交易来实现 Delta 中性。

当然，期权做市商也可以通过引入与期权 A 和 B 都不同的第三个期权来同时实现 Gamma 对冲和 Delta 中性，用 X 来表示这个期权，其交易数量为 h。但是，引入新的期权 X 之后，该期权的 Gamma 又使得整个期权组合的 Gamma 不为 0，这时需要重新调整期权 B 的数量。总而言之，用另外两个期权 B 和 X 来同时实现 Gamma 对冲和 Delta 中性，需要根据以下的方程组：

$$\begin{cases} m\Gamma_A + n\Gamma_B + h\Gamma_X = 0 \\ m\delta_A + n\delta_B + h\delta_X = 0 \end{cases} \tag{5-7}$$

来计算对冲策略。其中，n 和 h 是两个未知数，通过两个方程可以解出这两个未知数的值，并据此进行相应的期权交易。

拓展阅读 5-3
期权 Gamma 交易

通过上述计算，可以发现用期权来对冲期权的 Gamma 时，两个期权各自的 Gamma 是决定对冲比率的主要参数。与 Delta 类似，期权的 Gamma 也会受到标的资产价格、波动率和时间变化的影响并发生变化。变化后的 Gamma 可能会使 Gamma 对冲比率发生变化，从而导致期权组合和标的资产持仓的调整，以重新实现 Gamma 对冲。

四、Vega 风险管理

波动率交易部分已经阐明，标的资产价格和波动率是影响期权价格的最主要的两个维度。因此，即使标的资产价格没有发生变化，期权的价格也会因为波动率的变化而发生变化，从而给期权做市商的期权持仓带来一定的风险。这个风险称为 Vega 风险。具体而言，期权的 Vega 风险是指在其他条件不变的情况下，标的资产波动率变动一个百分点导致的期权价格的变化。从数学上看，Vega 风险相当于期权价格对标的资产波动率的一阶偏导数再除以 100。

在 Black-Scholes 期权定价模型中，普通欧式看涨期权和看跌期权的 Vega 是相同的，用 v 表示，其计算公式是

$$v = SN'(d_1)\sqrt{T-t} \tag{5-8}$$

其中的 $N'(\cdot)$ 是标准正态分布函数的导数,即概率密度函数。在实际中,Black-Scholes 模型的不足依然使 Vega 的度量存在一定的不准确性。期权做市商同样需要开发出更适合实际情况和需求的 Vega 度量公式以获得更加准确的 Vega 风险度量,进而开展相应的风险对冲操作。

期权组合的 Vega 同样等于组合内各个期权的 Vega 的加权平均,权重是期权持仓的数量。例如,某个期权组合包含 Vega 为 0.21 的期权 3 张和 Vega 为 0.13 的期权 5 张,则该组合的 Vega 的计算方法是

$$0.21 \times 3 + 0.13 \times 5 = 1.28$$

即当标的资产的波动率上升 1 个百分点的时候,在其他条件不变的情况下,该期权组合的价值将提高 1.28 个单位。

期权的 Vega 的特征类似于期权 Gamma 的特征。首先,无论是看涨期权还是看跌期权,多头的 Vega 都是正数,这是因为期权多头具有损失有限而盈利无限的特征,而波动率的变大,即使标的资产价格变化方向不明确,期权多头获利的可能性也会增加,从而导致其价格的提高。其次,平值期权的 Vega 通常高于虚值期权和实值期权的 Vega,高出的程度随着期权到期时间的临近而越来越明显。这两个特征也有助于期权组合 Vega 风险对冲策略的构建。

由于股票、利率、汇率和期货等标的资产的价格与其波动率之间没有明确的关系,所以,若要对冲期权的 Vega 风险,通常只能通过其他期权的交易来实现。

对于 m 张期权 A,若要对冲其 Vega 风险,所需的另外一个期权 B 的数量取决于期权 B 的 Vega,即要保证

$$m \cdot v_A + n \cdot v_B = 0$$

由此可以算出 B 的数量为 $n = -m \cdot v_A / v_B$。由于期权的 Vega 都是正数,所以要对冲 Vega 风险,新加入的期权的交易方向必须与原有期权的持仓方向相反。

对于期权做市商而言,Vega 对冲是工作中关键的一部分,但是并非全部。总体而言,期权做市商需要通过期权组合的构建来同时实现 Vega、Gamma 的对冲,然后还要保持 Delta 的中性。

要同时实现 Vega、Gamma 的对冲,必须使用两个不同的期权。假设它们为 B 和 X,所需的持仓量分别是 n 和 h。为计算出 n 和 h,需要解出以下两个方程构成的方程组:

$$\begin{cases} m \cdot v_A + n \cdot v_B + h \cdot v_X = 0 \\ m \cdot \Gamma_A + n \cdot \Gamma_B + h \cdot \Gamma_X = 0 \end{cases} \tag{5-9}$$

可以发现,加入 B 和 X 这两个期权,整个期权组合的 Delta 也成为一个全部由外生变量所决定的数,期权做市商基本上无法通过调整 n 和 h 同时实现 Vega、Gamma 风险的对冲并保持 Delta 中性。要保持 Vega、Gamma 风险对冲后的期权组合的 Delta 中性,期权做市商只能通过标的资产的交易来实现。

当然,如果加入三个不同的期权,就有可能同时实现 Vega、Gamma 风险的对冲并保持 Delta 中性。假设第三个加入的期权为 Y,其数量为 g,则新加入的三个期权 B、X 和 Y

的数量 n、h 和 g 必须满足如下三个方程：

$$\begin{cases} m \cdot v_{\mathrm{A}} + n \cdot v_{\mathrm{B}} + h \cdot v_{\mathrm{X}} + g \cdot v_{\mathrm{Y}} = 0 \\ m \cdot \Gamma_{\mathrm{A}} + n \cdot \Gamma_{\mathrm{B}} + h \cdot \Gamma_{\mathrm{X}} + g \cdot \Gamma_{\mathrm{Y}} = 0 \\ m\delta_{\mathrm{A}} + n\delta_{\mathrm{B}} + h\delta_{\mathrm{X}} + g\delta_{\mathrm{Y}} = 0 \end{cases} \qquad (5\text{-}10)$$

通过解这三个方程构成的方程组，就可以算出新加入的三个期权的持仓和交易方向，从而形成相应的交易策略以同时实现 Vega、Gamma 风险的对冲并保持 Delta 中性。

总体而言，在期权做市业务中，期权自身的一些特征被隐去，如品种、行权价、期权类型和交易方向和价格等。做市商通过隐含波动率以及包括 Delta、Gamma 和 Vega 在内的众多风险敏感度指标来将期权持仓进行抽象，并以此指导进一步的交易。

第四节　场 外 期 权

场外期权是在交易所之外交易的非标准化的期权。这类期权的合约条款通常由合约双方相互协商确定。场外期权市场作为场外衍生品市场的一部分，其在交易规模上所占比例相对于场外互换、场外远期等较低。但是在绝对数量上，场外期权市场的规模却很庞大。

场外期权的参与者包含多种多样的经济实体，其中的金融机构包括投资银行、商业银行、保险公司、基金等。此外，实体企业是场外期权的主要需求者，其在投资、融资和主营业务发展过程中都在一定程度上需要金融机构设计的场外期权来对冲风险。

相对于场内交易的标准化的期权而言，场外期权的最大特点就是非标准化。场外期权的非标准化体现在多个方面。首先，合约标的资产可以是基础类的金融资产及其组合，也可以是其他金融衍生品甚至期权本身；其次，合约的行权时间可以是欧式的，也可以是美式的或者百慕大式的；在期权到期收益的计算公式上，场外期权可以在行权价格上作出多样化的调整，同时可以加入障碍水平、时变性以及非连续性等特征。场外期权通常是一对一的交易，交易双方经过深度协商后达成场外期权交易协议。因此，场外期权的交易者对其交易对手的情况有基本的把握。与此相比，场内期权的交易者通常不知道其真正的交易对手是谁。

场外期权的特征使其相比于场内期权有一定的优点。首先，场外期权的交易所需要的资金投入可能更加少，这是因为在交易中双方可以根据对方的情况而通过授信或者多样化的资产作为履约的保证，而非现金。其次，一对一的交易使得场外期权的交易具有较高的保密性，当需要建立规模较为庞大的期权头寸时，保密性显得至关重要。从风险管理的角度，定制化的场外期权产品与风险管理目标更吻合，所以能更有效地实现风险管理的目标。从投资的角度，场外期权产品也可以通过多样化的设计和结构来满足特定投资者的个性化的投资目标与需求。场外期权的主要不足在于一对一的交易使得合约的流动性较差，同时存在违约风险。

场外期权业务的买方和卖方分别对应场外期权产品的需求方与供应方，与期权的多空持仓并不完全一致。场外期权的需求方基于其风险管理或者投资的需求而存在特定的期权头寸的需求，该需求既可以是买入特定期权，也可以是卖出特定期权。而该特定期权在场内市场通常没有交易,所以需要场外期权业务的卖方设计并"生产"出来以满足买方的需求。所以,场外期权业务的卖方通常是金融机构,利用其在场外期权领域的经验或优势,通过设计出特定的场外期权并充当该期权的交易对手,以服务于场外期权业务的买方。下面将从作为场外期权业务的卖方金融机构角度,阐述如何根据客户特定的要求设计场外期权,以及在场外期权成交后如何对冲期权头寸的风险。

一、产品设计

场外期权的设计可以分为三个基本步骤,分别是识别约束条件、明确市场需求和设计具体条款。场外期权设计的本质,在于根据期权定价理论分析各个约束条件和产品条款的调整如何改变期权的到期盈亏特征,并通过给定约束条件下不断调整产品的条款以实现用合理的成本(价格)"生产"出满足客户特定需求的期权产品。

(一)识别约束条件

场外期权设计的约束条件基本上可以分为四个类别。

第一类约束条件是金融市场的基本变量或金融市场行情,其中市场利率和波动率尤为重要。从场外期权卖方的角度,场外期权业务相当于利用场内金融工具的组合来构建出场外期权,即场外期权基本上是通过系统地交易场内金融工具而得到的。场外期权业务的卖方作为场外期权的交易对手,并不会主动地承担场外期权头寸所带来的市场风险;随着场外期权头寸的建立,卖方需要通过场内外金融工具的交易来对冲场外期权头寸所存在的市场风险。场内金融工具的交易策略,即市场风险的对冲策略,应该在进行场外期权设计的同时进行开发和测试,确保其蕴含的市场风险基本上可以通过场内金融工具的交易进行对冲。如果相应的风险对冲策略无法通过场内金融工具的交易来实施,那么该场外期权基本上无法完成设计。风险对冲策略的实施所产生的成本和无法对冲的风险,则需要反映在卖方对买方所收取的费用上。简而言之,场外期权设计的关键在于其风险对冲策略,而风险对冲策略的成本和潜在的无法对冲的风险,与金融市场尤其是场内市场的行情有密切的关系。例如,场外期权业务的卖方设计了一款以某股票价格指数为标的的欧式看涨期权,该股票价格指数并没有对应的 ETF 或者期货等场内金融工具。那么,为对冲期权头寸的风险,卖方需要投入一部分资金在场内进行股票价格指数成分股票的动态交易,以保持其期权头寸的 Delta 中性,即实施动态 Delta 对冲。动态 Delta 对冲需要一定的资金投入,而资金的投入将产生机会成本,即资金的利率;所投入资金的规模,与当时市场的波动情况密切相关。较高的波动率,将会导致较高的对冲比率,从而需要投入较多的资金。利率水平和波动率水平是不可调整的外生变量,给卖方对冲策略的成本带来约束。

第二类约束条件是可交易的金融资产及其交易成本和交易的便利程度。如果场外期权的标的资产是不可交易的资产,则卖方的对冲策略在实施时需要交易的场内金融工具应该是与期权标的资产波动密切相关的金融工具或者资产组合。在前述的例子中,股票价格指数无法直接交易,卖方需要通过指数成分股票的交易来对冲风险。相反,如果场外期权的标的资产在场内市场可以直接交易,那么卖方可以通过直接交易该标的资产来实现风险对冲。不同的场内金融资产的交易成本和交易便利程度存在一定的差别,并将会反映到风险对冲交易策略的成本上,进而反映到场外期权的价格上。延续前述例子,如果股票价格指数无法直接在场内进行交易,则需要通过交易指数成分股来对冲风险,而直接交易股票指数,相比于直接交易该指数的期货或者 ETF 而言,通常需要更高的成本,导致场外期权的价格提高。此外,在某些情况下,场内金融工具能否做空,也是影响到场外期权设计的约束条件。这是因为某些场外期权头寸的风险对冲策略需要动态地做空对应的场内金融工具,当卖方的场外期权头寸使其面临大于零的 Delta 时,通常需要在场内做空 Delta 大于零的金融工具。

第三类约束条件是场外期权业务中买方的预算。买方作为以场外期权为形式的金融服务的需求方,通常需要向卖方支付一定的费用。该费用大小的最主要决定因素是卖方风险对冲策略的成本和无法对冲风险的大小。如果该费用超过了买方的预算,那么卖方只能调整场外期权的设计和相应的风险对冲策略,降低成本和风险,来满足买方的需求。

第四类约束条件是制度和机制,主要是指场外期权业务的结算和清算相关的制度与机制。在场外期权业务中,交易双方进行一对一的交易,存在一定的信用风险。如果没有一定的制度和机制来保证对方履约,那么信用风险也会影响到场外期权的定价。例如,场外期权业务的买方信用级别较低,而通过场外期权的交易,在未来会有对卖方的或有债务。当市场行情走势对该买方不利时,买方可能因此而违约或者破产,从而导致卖方在这项场外期权业务中遭受亏损。这类信用风险通常是难以甚至无法对冲的,卖方只能通过收取更高的费用补偿风险的承担。费用的提高可能超过买方的预算,从而导致这笔场外期权业务无法达成。但是,如果场外期权业务中存在中央结算和清算机构作为履约保证,那么信用风险的程度就会降低,场外期权服务的成本和价格也将会降低。

(二)明确市场需求

场外期权业务买方对场外期权的需求基本上可以分为两类,分别是风险管理和投资理财。

如果买方拟通过场外期权进行风险管理,则在设计场外期权时,卖方需要明确买方所面临的风险及所需的对冲程度。

分析买方所面临的风险,关键在于识别出风险因子,这里的风险因子可能只有一个,也可能有多个。例如,场外期权的买方是一家股票型基金管理公司,其买入场外期权的目的在于对冲股票价格下跌的风险,以确保基金的净值在特定时间点之前不会跌破既定的水平。这种情况下,买方所面临的风险是股票价格的下跌,而相应的风险因子则是买方股票持仓中所持有的各只股票。识别出风险因子之后,才可以确定场外期权的标的资产。延续上例,如果买方持仓中的股票构成与某个指数的成分股构成一致,那么以该指数为场外期权的标的资产对交易双方而言都可以接受。但是,如果买方的股票持仓较为特殊,不同于市场中常见的股票组合,则卖方可能需要设计出以买方所持股票组合为标的资产的场外期权。

在风险对冲程度方面,场外期权作为非线性工具,可以用确定的最大损失来博取不确定的无限制收益。场外期权与买方的现有资产持仓相对冲后,可以让客户在标的资产价格在特定的范围变化时不会蒙受损失。该特定的范围的选择通常与客户的风险管理目标相关。例如,买方认为某个指数下跌在未来半年下跌的概率为 20%,则在设计场外期权时,买方可能并愿意为对冲指数下跌超过 20% 的部分支付费用,即买方所需要的期权为其提供的风险对冲区间,最好只限于 −20%~0%,超出由买方自己承担。给出以上设定后,所设计出的场外期权在价格上通常会低于提供全面风险对冲的场外期权。

如果买方拟通过场外期权进行投资理财,则在设计场外期权时,卖方需要明确买方在资产类别、变动预期以及风险承受能力等方面的情况。

金融市场的成熟,使得各种类别的金融资产都有活跃的交易。这些资产类别主要包括股票及其价格指数、利率、汇率、大宗商品期货乃至信用等。这几类金融资产各具特征,虽有一定的相关性,但是相关程度高低各异。投资者作为场外期权业务的买方可能偏向于某个特定的资产类别,并期望通过场外期权而获得有针对性的风险暴露。这时的场外期权设计应以相应的资产类别中有代表性的资产或者投资者的具体偏好作为标的资产。标的资产的选择意味着场内市场对冲工具的选择,影响到与此相关的对冲策略的成本与风险,并反过来影响到场外期权的定价。

在标的资产波动预期方面,场外期权设计者需明确买方对标的资产在未来某段时间标的资产在方向和波动率上的走势预期。这两个预期将影响到场外期权的类型的具体设计。例如,如果投资者预期标的资产在未来一年价格会持续上升并且波动率会逐渐提高,那么将场外期权的 Delta 和 Vega 都设计为大于零的结构就更能满足投资者的需求。如果投资者对标的资产未来的变化方向没有明确预期,但是认为资产价格的波动会变大,那么卖方设计的场外期权应该注意保持较低的 Delta 甚至 Delta 中性,同时保持大于零的 Vega。

在风险承受能力方面,卖方需要明确投资者在本金损失方面的最大承受能力和偏好。如果投资者不愿意投资本金受到损失,那么场外期权的设计应该考虑加入本金保护机制,如将大部分资金投资于低风险固定收益证券中,确保到期时这部分投资本金和相应的利息可以覆盖全部本金;剩余的资金投资于场外期权,获得特定资产发生特定变化的风险暴露。如果投资者较为激进,那么保本程度可以降低,从而有更多的资金可以用来建立场外期权头寸,提高投资的杠杆和潜在收益。注意在这个过程中,市场利率水平和波动率水平直接影响到场外期权的投资比例,进而影响到投资者从场外期权中获得的潜在盈利空间的大小。

(三) 设计具体条款

设计场外期权的具体条款,在本质上相当于设计期权的收益函数。场外期权的收益函数是以标的资产价格为主要输入变量的、用以计算场外期权在到期时的收益的函数。例如,普通欧式看涨期权的收益函数是 $\max(S_T - K, 0)$,其中的 S_T 作为收益函数的输入变量,是标的资产在期权到期时的价格,而 K 则是该期权的行权价格,是收益函数的参数。所有的期权,包括场外期权,都可以抽象为一个收益函数,该收益函数限定了期权的结构。场外期权的设计,就是选择合适的输入变量(标的资产价格)及参数并用合理的数学公式或文字来表达期权的结构。期权收益函数的设计,基本上可以从六个维度展开。

第一,期权收益函数的时间齐次性。时间齐次的收益函数在期权存续期间不会因为时间的变化而发生改变。有些期权收益函数受到期权存续期间某个时间段特定事件发生的影响。例如,一个延迟确定行权价格的期权(deferred strike),其行权价格的高低将取决于给定时间段内特定事件是否发生。在确定行权价格之前,该期权的 Delta 和 Gamma 都为零,但是 Vega 非零。当确定行权价格后,该期权就成为普通的期权。这类期权就是时间非齐次的期权。其结构较为复杂,风险对冲的难度也较高。

第二,期权收益函数的连续性。期权收益函数的连续性是指期权收益在标的资产价格定义域内是否连续。普通的欧式期权、美式期权的收益函数都是连续的,而二元期权(binary option)的收益函数则是非连续的。二元期权的收益函数只有当标的资产价格处于特定区间时才等于 1,在其他区间上则等于 0。仿照二元期权的结构,可以设计出在标的资产价格定义域内多个点都不连续的期权。

第三,障碍水平(barrier)。障碍水平是指标的资产价格的某一个值,若在期权存续期间标的资产价格触及或突破该障碍水平,则期权的收益函数将发生显著的变化。期权收益函数中的障碍水平又分为敲出(knock-out)水平和敲入(knock-in)水平。敲出是指当标的资产价格触及该障碍水平时,期权将失效,即期权的收益将为零;相反,敲入是指当标的资产价格触及该障碍水平时,期权将生效,否则期权的收益为零。障碍水平的存在使得期权的收益函数在存续期间发生变化,期权的各个风险指标也不同于普通的期权,从而衍生出不同的风险对冲策略。

第四,期权收益函数的维度。期权收益函数的维度是指影响收益期权收益的变量的数量。所有的期权都受到时间变化的影响。除此之外,标的资产价格的变化也是重要的变量。在推导普通欧式期权的 Black-Scholes 偏微分方程时,其中偏导数包括对时间的偏导数和对标的资产的偏导数。因此,普通欧式期权收益函数的维度是二维。如果期权的标的资产有多个,那么期权收益函数就是一个多维的函数。最典型的多维期权是彩虹期权,其标的资产通常在两个以上,期权的收益取决于多个标的资产中涨幅或跌幅最大者。在期权到期之前,无法确定到底用哪个标的资产的价格来计算期权的收益,这时期权的收益受到多个标的资产的影响。在某些情况下,即使标的资产只有一个,该期权也有可能是多维的。例如,某个以澳元/人民币汇率为标的资产的期权,虽然只有一个标的资产,但是在建立期权的对冲策略时,考虑到澳元/人民币的市场交易不活跃,风险对冲只能通过美元/人民币和美元/澳元这两个货币对进行。这时该期权在实质上相当于多维期权。

第五,期权结构的阶(order)。期权结构的阶类似于微积分中导数的阶。若期权的标的资产为股票、债券、利率和汇率等基础类资产,则该期权只是在这些基础类资产上做一次衍生,所以是一阶期权。若期权的标的资产是一阶期权,则该期权就是二阶期权,即期权的期权,也称为复合期权(compound option)。以此类推可以定义高阶期权。由于杠杆的存在,期权价格的波动通常显著地大于标的资产价格的波动,这使得二阶期权和高阶期权的风险度量指标具有更强的时变性,相应的对冲策略也更加难以设计和实施。

第六,路径依赖。具有路径依赖特征的期权,其收益不仅取决于期权到期时标的资产或相关变量的值,也取决于标的资产价格在期权存续期间所经过路径中的一个或多个取值。根据依赖的程度不同,路径依赖又可以分为软路径依赖(soft-path-dependent)和硬路径依赖(hard-path-dependent)。软路径依赖是指期权的收益函数只依赖于标的资产价格路径中的一个价格,典型的例子就是具有一个障碍水平的障碍期权。硬路径依赖则是指期权的收益函数依赖于标的资产价格路径中的所有价格,典型的例子是亚式期权(Asian option)。亚式期权主要分为两类,一类是期权的收益等于标的资产在期权存续期间的平均价与固定的行权价格的差,另一类则是标的资产期末价格与期权存续期间标的资产平均价格的差。事实上,如果期权的结算方式是逐日盯市结算的话,所有的期权都是路径依赖的,标的资产在存续期间的特定价格会影响到期权持仓保证金的变化,从而也影响到投资者在持有期间的决策。从这个意义上讲,所有的期权都是路径依赖的。

以上述六个维度为导向去调整场外期权收益函数,可以在很大程度上解决场外期权的设计问题。场外期权设计的基础,在于对期权定价理论和经验的深刻把握,即掌握六个维度的调整对期权价格的影响。

二、风险对冲

场外期权业务的卖方根据客户的需求设计出双方都认可的期权合约并签订合约后,卖方将成为买方的交易对手并持有相应的期权头寸。该期权头寸可以是空头,也可以是多头,但在某些情况下,由于场外期权的复杂结构而难以对其头寸进行简单的多空区分。事实上,如此的简单区分对于风险对冲而言裨益甚少。在期权定价理论的指导下,所有的期权都可以进行抽象和加总,并归纳为期权的各个风险指标,如 Delta、Gamma、Theta、Vega 和 Rho 以及其他一些更高阶的指标。通过这些指标,卖方基本上可以准确地判断外部的金融市场变化对其期权头寸的价值的影响,从而采取一定的风险对冲策略来把这些风险指标调整到合适的或能承受的水平。

通常情况下,场外期权业务的卖方并不会主动地承担风险特别是来自外部金融市场的风险,所以,在场外期权成交之后,卖方会及时地实施相应的风险对冲策略。从这个意义上讲,卖方其实类似于期权做市商,只不过在场外期权业务中,卖方是在为场外期权做市。场外期权业务的卖方的风险对冲策略基本上可以分为两个类型。

第一类是利用场内的金融工具进行风险对冲。场内交易的金融工具基本上都是标准化的,具有相对较好的流动性。场外期权卖方可以根据风险指标的新变化来动态地交易场内的金融工具,从而实现场外期权头寸的风险对冲。根据场外期权的结构不同,场内金融工具的交易策略会有差异。场外期权对冲策略的建立和实施,在较大程度上与场内期权做市商的风险对冲策略类似,即场外期权的风险可以利用场内交易的标的资产及与其密切相关的其他场内金融工具进行对冲。例如,对于一个以特定股票价格指数为标的资产的场外期权而言,其风险对冲策略主要是利用场内交易的股票、股指期货、股指期权等金融工具来对冲场外期权的 Delta、Gamma、Vega 等风险。在选择场内金融工具的时候,要根据所需对冲的风险来选择合适的金融工具。例如,对冲场外期权的 Delta 风险可以利用场内交易的标的资产现货、期货和期权等工具,而对冲 Gamma 和 Vega 等风险则只能利用场内交易的同标的资产的期权。如果场外期权的标的资产在场内没有相应的金融工具,那么卖方应该在场内选择那些与该标的资产波动相关程度高的金融资产进行交易。

通过场内交易来对冲场外期权的风险,在本质上相当于将场内金融工具作为"原料"、风险对冲策略作为"生产线"而"生产"出场外期权的过程。然而,在这个比喻中,场外期权的"生产"与一般实物商品的生产的最大差别是,场外期权是在"产品"销售之后再开始生产的,而一般商品则是生产出来之后再进行销售。正因如此,风险对冲策略所"生产"出来的场外期权,可能与最初销售出去的场外期权有一定的偏差。这个偏差就是场外期权业务中卖方所面临的风险。例如,在只能利用相关金融工具而非同标的金融工具来为场外期权对冲风险时,场内交易的金融工具与场外期权的标的资产的价格相关系数可能发生变化,而且这个变化具有一定的随机性。在这种情况下,风险对冲策略可能难以复制出场外期权的收益,对冲策略的效果与场外期权的到期收益可能产生偏离。

第二类是利用场外的金融工具进行风险对冲。利用场外金融工具进行风险对冲是把场外期权头寸通过另外一笔或多笔场外衍生品业务的交易来实现对冲原有场外期权头寸风险的目标。场外对冲的方法有二,一是整体对冲,二是分拆对冲。整体对冲是指通过一笔场外业务交易将场外期权头寸整体地转移给另外一个交易对手。分拆对冲则是将场外期权头寸分拆成多个头寸,然后分别进行交易和转移。这里的分拆方法有两种,一种是简单的头寸分拆,如将名义金额为 5 000 万元的场外期权头寸分拆为 5 个名义金额为 1 000 万元的场外期权头寸,然后分别与 5 个不同的交易对手进行交易。交易对手的分散可以在一定程度上降低信用风险的程度。另一种是结构分拆,是指将复杂的期权结构分拆为较为简单的期权结构,然后分别进行交易和对冲。例如,对于具有宽跨式组合结构的场外期权,可以将其分拆为虚值看涨期权和虚值看跌期权两个头寸,然后分别进行交易和对冲。

利用场外金融工具进行风险对冲,卖方的交易对手既可以是与其经营类似业务或其他金融业务的金融机构,也可以是普通的个人投资者。场外期权市场属于场外衍生品市场的一部分,后者又是金融市场的一部分。在金融市场中,许多从事场外业务的金融机构相互之间形成了一个机构间市场。场外期权业务的卖方可以在机构间市场中通过整体或者分拆的形式把其所持有的场外期权头寸转移出去。从这个意义上看,场外期权业务的卖方只充当了场外期权的中间商或者代理人,其在这项业务中的主要功能在于识别客户的需求并设计相应的场外期权产品。个人投资者也可以作为交易对手来承接场外期权业务的卖方转移出来的头寸,其形式是卖方识别出那些对金融市场未来走势判断与该场外期权头寸盈利时对应的金融市场状态相一致的投资者,通过将卖方所持有的场外期权头寸嵌入新的投资理财产品中并向这类投资者发行,从而实现新的产品与原有的场外期权头寸相对冲。

本章小结

(1) 期权在资产组合管理中有重要的作用,基于资产组合的持仓方向、市值、构成等特征,通过恰当地选择期权组合,可以实现资产组合套期保值,也可以利用深度虚值期权来管理资产组合的极端风险,还可以通过备兑开仓策略来提高资产组合的预期收益。

(2) 期权的波动率交易策略是指基于对标的资产波动率变化预期,通过构建 Delta 中性的期权组合,使得未来波动率符合预期时,该期权组合能产生一定的投资收益,而 Delta

中性则可以保证期权组合的价值不会受标的资产价格方向性变化的显著影响。常见的波动率交易策略包括跨式组合、宽跨式组合、蝶式组合和鹰式组合。

（3）期权做市业务是指为上市交易的期权合约持续提供双边报价且准备以该价格交易期权的业务。从事期权做市业务的机构或个人称为期权做市商。隐含波动率是做市商开展期权做市业务的重要信息来源之一。做市商作为期权投资者的交易对手，在交易达成后，需要通过建立标的资产和/或期权的组合，来对冲期权头寸所具备的各类价格风险，主要包括 Delta、Gamma 和 Vega 风险。

（4）场外期权是在交易所之外交易的非标准化的期权。这类期权的合约条款通常由合约双方相互协商确定。场外期权的供应者在进行场外期权设计时，需要识别约束条件并明确市场需求，然后可以在六个维度上对期权具体条款进行调整。在场外期权交易达成后，场外期权的供应者需要对冲期权头寸所具有的各类价格风险，这项业务类似于场内期权的做市业务。

关键术语

期权套期保值比率　资产组合极端风险　备兑开仓策略　波动率交易　隐含波动率微笑　跨式组合　宽跨式组合　蝶式组合　鹰式组合　期权做市　隐含波动率曲面　场外期权

复习思考题

1. 对资产组合进行套期保值时，用看涨期权和看跌期权的差别是什么？
2. 如何利用期权来管理资产组合的极端风险？
3. 如何构造期权的备兑开仓策略？该策略的风险和收益如何度量？
4. 如何判别和度量期权波动率交易策略中的 Delta 风险？
5. 有哪些期权组合可以用来做空波动率？
6. 如何同时实现期权头寸的 Delta 和 Gamma 中性？
7. 影响场外期权设计的外部约束条件有哪些？它们如何影响期权的价格？
8. 如何对冲场外期权的价格风险？

即测即练

第六章

金融远期与互换

本章学习目标

通过本章学习,学员应该能够:

1. 理解金融远期含义,了解远期种类,掌握远期定价;

2. 理解互换的含义,掌握互换工具的应用;

3. 理解信用违约互换的含义,了解信用违约互换的应用场景,掌握信用风险的度量。

【本章导读】

金融远期和互换是全世界成交规模最为庞大的金融衍生品,远期是历史最为悠久的金融衍生品,而互换类产品也由于其灵活性好、适用性强等特点成为交易者最为关注的金融衍生品之一。信用违约互换也因其在美国次贷危机中的表现一战成名。

金融远期合约是指双方约定在未来的某一确定时间,按规定的价格买卖一定数量的某种金融资产的合约。而互换是交易双方约定在未来一定期限内,相互交换约定的交换物。二者主要目的是规避标的物价格风险,具有风险管理能力。且由于是场外衍生品,具有交易分散和非标准化两大特征。

无论是远期还是互换,其定价规则往往来源于套利。而套利的逻辑也可以有其他应用方式。所以在本章的学习过程中,要理解远期利率协议、远期汇率协议、利率互换和信用违约互换的产品结构,理解套利在各类产品价格决定中起到的作用,并能根据不同情况选择合适的产品(组合)进行风险管理。

本章知识结构图

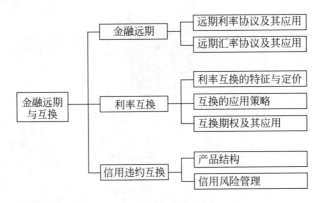

引导案例：小王如何管理汇率风险

对于国际贸易企业来讲,企业的贸易风险无处不在,经常碰到的就是汇率风险,如何通过金融工具管理汇率风险? 企业管理者小王碰到了难题,他有一笔货物将在 3 个月后交易,目前签订了贸易合同以美元计价,如何来防范可能遭遇的汇率风险呢? 你能给他一个方案吗?

第一节　金融远期

远期是衍生品家族中,形式最为基本、存在时间最为久远的品种。金融远期合约(financial forward contracts)是指双方约定在未来的某一确定时间,按规定的价格买卖一定数量的某种金融资产的合约。金融远期合约是为了规避现货价格风险而产生的,具有交易分散和非标准化两大特征。

一、远期利率协议及其应用

(一)远期利率协议概述

远期利率协议(forward rate agreements,FRA)是买卖双方同意从未来某一商定的时刻开始,在某一特定时期内,按协议利率借贷一笔确定数额、以特定货币表示名义本金的协议。

远期利率协议的买方和卖方分别是名义借款人和名义贷款人。通常意义来说,借款人担心的是利率上行,造成未来支付的利息增多,所以远期利率协议的买方订立协议的目的主要是规避利率上升的风险。而贷款人通常担心利率下降,造成未来利息收入减少,所以协议的卖方订立协议的目的主要是规避利率下降的风险。

【例 6-1】 4 月 10 日,国内某建筑企业 A 根据投资项目进度,预计在 6 个月后向银行贷款人民币 1 亿元,贷款期为半年,但目前利率水平过低,企业 A 担心 6 个月后利率有所上升,进而造成融资成本的提升,即与银行商议,双方同意 6 个月后企业 A 按年利率6.2%(一年计两次复利)向银行贷入半年 1 亿元贷款。此时,企业 A 即与银行签订了一份远期利率协议。

10 月 10 日,FRA 到期时,市场实际半年期贷款利率为 6.5%。那么此时,企业 A 可以根据 FRA 的协议价格,获得银行利息为 6.2% 的贷款。

企业 A 作为借款人,在市场利率水平提高到 6.5% 的时候,执行 FRA,可以获得银行提供的低于市场利率水平(6.2%)的贷款,达到了规避利率上行的风险,节约了 1 亿元×(6.5%−6.2%)/2=15 万元的利息支出。

上例在原理上解释了远期利率协议的流程,但是在实际操作中,FRA 往往通过现金进行结算。因为现金结算在交割时无须交易双方进行实际的本金交换,只需要在结算日根据名义本金的规模以及协议规定利率和市场参考利率的实际值之间的差额,由交易一方付给另一方结算金即可。在上例中,银行直接向企业 A 支付 15 万元的结算金,企业 A

再向市场以 6.5% 的利率进行贷款。现金结算制度在实现了对利率风险规避的同时,又极大地提高了 FRA 的便利性和灵活性。

【例 6-2】 但是假如【例 6-1】中,10 月 10 日协议到期时,市场上实际的半年期贷款利率下降到了 6%,执行 FRA,企业 A 仍需要以 6.2% 的协议利率进行贷款。这时,企业 A 发生了亏损而银行获得了盈利,具体数额为 1 亿元×(6.2%−6%)/2=10 万元。以现金结算进行交割,企业 A 需要向银行支付 10 万元结算金。

也就是说,远期利率合约有效地将未来要发生的贷款利率锁定在协议利率上。借款人,也就是利息的支付者,可以通过 FRA 规避利率的上行风险,同时要承担利率下降后的利益损失风险;而贷款人,也就是利息的获得者,则可以规避利率的下跌风险,但同时要承担因利率上升失去了利益增加的风险。

(二)远期利率协议的定价

远期定价包括两部分:远期价格的确定和远期价值。对于远期利率协议,远期价格就是远期利率协议的理论协议利率,也就是远期利率(forward interest rate)。

即期利率是指当前时刻起,一定期限的利率。远期利率则是指隐含在给定的即期利率之中,从未来的某一时点到另一时点的利率。假设现在是 2017 年 1 月 10 日,1×4 远期利率,表示 1 个月之后开始的期限为 3 个月的远期利率,即 2 月 10 日起的 3 个月的即期利率;3×6 远期利率,表示 3 个月之后开始的期限为 3 个月的远期利率,即 4 月 10 日起的 3 个月的即期利率(图 6-1)。

图 6-1　远期利率结构

事实上,远期利率是由一系列即期利率决定的。假设 1 年期的即期连续复利利率为 5%,2 年期即期利率为 5.5%,那么隐含的 1 年到 2 年的远期利率等于 6%($1×e^{0.05}×e^{0.06}=1×e^{0.055×2}$)。也就是说,按 1 年期利率投资 1 年,同时签订一份 1 年以后以远期利率投资 1 年的 FRA,应等同于一次投资两年。

由此可以推导出远期利率决定的一般形式。假设现在的时刻为 t,到期时刻 T 的即期利率为 r,T^* 时刻($T^*>T$)到期的即期利率为 r^*,则 t 时刻的 T^*-T 期间的远期利率 r_F 满足等式

$$e^{r(T-t)} × e^{r_F(T^*-T)} = e^{r^*(T^*-t)} \tag{6-1}$$

整理可得

$$r_F(T^*-T) = r^*(T^*-t) - r(T-t) \tag{6-2}$$

$$r_F = \frac{r^*(T^*-t)-r(T-t)}{T^*-T} \qquad (6\text{-}3)$$

这就是远期利率常用的计算公式。若市场出现等式不成立的情况,则说明出现了套利机会。假设 $r_F > \dfrac{r^*(T^*-t)-r(T-t)}{T^*-T}$,那么在 t 时刻,可以以 r^* 的利率借入到期日为 T^* 的贷款 X 元,再将 X 以 r 的利率贷出至 T 时刻,同时签订一份期限为 T^*-T、远期利率为 r_F、规模为 $Xe^{r(T-t)}$ 的 FRA;在 T 时刻,借出的贷款到期,可获得本息 $Xe^{r(T-t)}$,同时执行 FRA,贷出 $Xe^{r(T-t)}$;而在 T^* 时刻,FRA 结束可收回 $Xe^{r(T-t)} \times e^{r_F(T^*-T)}$,但同时需要偿还长期贷款 $Xe^{r^*(T^*-t)}$;成本为 r 和 r_F 的资金供给增多(被借出)而成本为 r^* 的资金需求增加(借入),这将导致 r 和 r_F 趋于下降而 r^* 趋于上升。

相反地,若 $r_F < \dfrac{r^*(T^*-t)-r(T-t)}{T^*-T}$,那么就可以在 t 时刻,以 r 的利率借入到期日为 T 的贷款 X 元,再将 X 以 r^* 的利率贷出至 T^* 时刻,同时签订一份期限为 T^*-T 的 FRA,约定在 T 时刻以 r_F、借入 $Xe^{r(T-t)}$ 至 T^* 时刻;在 T 时刻,获得 FRA 的款项 $Xe^{r(T-t)}$ 并全部偿还贷款;在 T^* 时刻,可以收回长期贷款 $Xe^{r^*(T^*-t)}$,并以其中一部分偿还 FRA,本息共计 $Xe^{r(T-t)} \times e^{r_F(T^*-T)}$,获得无风险收益。套利操作的结果将导致 r 和 r_F 趋于上升而 r^* 趋于下降。如表 6-1 所示。

表 6-1 利率远期套利操作

项　目	$r_F > \dfrac{r^*(T^*-t)-r(T-t)}{T^*-T}$		$r_F < \dfrac{r^*(T^*-t)-r(T-t)}{T^*-T}$	
	资金流入	资金流出	资金流入	资金流出
t 时刻	a. 借入 X 元,利率 r^*,期限 T^*			d. 借出 X 元,利率 r^*,期限 T^*
		b. 贷出 X 元,利率 r,期限 T	e. 借入 X 元,利率 r,期限 T	
		c. 签订 FRA	f. 签订 FRA	
T 时刻	b. 本息 $Xe^{r(T-t)}$			e. 还贷 $Xe^{r(T-t)}$
		c. 执行 FRA,贷出 $Xe^{r(T-t)}$	f. 执行 FRA,借入 $Xe^{r(T-t)}$	
T^* 时刻	c. 收回 FRA 贷款 $Xe^{r(T-t)}$ $\times e^{r_F(T^*-T)}$		d. 收回长期贷款 $Xe^{r^*(T^*-t)}$	
		a. 偿还 $Xe^{r^*(T^*-t)}$		f. 偿还 FRA,本息 $Xe^{r(T-t)}$ $\times e^{r_F(T^*-T)}$

续表

项　目	$r_F > \dfrac{r^*(T^*-t)-r(T-t)}{T^*-T}$		$r_F < \dfrac{r^*(T^*-t)-r(T-t)}{T^*-T}$	
	资金流入	资金流出	资金流入	资金流出
结果	获得无风险收益: $$Xe^{r(T-t)} \times e^{r_F(T^*-T)} - Xe^{r^*(T^*-t)}$$			
	r 和 r_F 趋于下降而 r^* 趋于上升		r 和 r_F 趋于上升而 r^* 趋于下降	
	$$r_F = \dfrac{r^*(T^*-t)-r(T-t)}{T^*-T}$$			

二、远期汇率协议及其应用

远期外汇合约是以某种外汇为标的资产,交易双方约定在将来某一时间按确定的远期汇率买卖一定金额的该种外汇的合约。按照远期合约开始时间的不同,远期外汇合约可以分为普通的外汇远期协议(forward exchange agreements,FXA)和远期汇率协议(exchange rate agreements,ERA)。远期外汇合约是外汇相关交易者管理汇率风险的主要工具之一。

(一)远期汇率协议概述

普通的远期外汇协议是指当前时刻由买卖双方确定未来某一时刻按约定的远期汇率买卖一定金额的某种外汇的合约。交易双方在签订合约时,就相互确定了在到期交割时的结算汇率,不论汇价如何变化,都按此汇率进行交割(图 6-2)。远期汇率协议实际上是远期的远期外汇协议,其远期外汇协议的远期期限是从未来的某个时点开始计算。与远期利率协议类似,若有 1×4 远期汇率,表示从起算日之后的一个月(结算日)开始计算的为期 3 个月的远期外汇协议。FXA 和 ERA 的实质区别在于,FXA 以远期汇率和现时汇率差额为结算基础,而 ERA 以两个远期汇率的差额为结算基础。

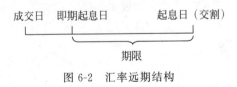

图 6-2　汇率远期结构

在实务操作中,外汇远期到期既可以进行实物交割,也可以进行现金交割。实物交割是双方在 t 时刻约定一方在结算日 T 时刻按照协议规定的结算日远期汇率 K,用本币向对手买入名义金额为 X 的外币,然后在到期日 T^* 时刻按照合约规定的到期日远期汇率 K^* 把名义金额为 X 的外币出售给对手。而在现金交割中,双方在 t 时刻约定结算日 T 时刻外币在 T^*-T 期间存在远期升贴水 W_k,双方在 T 时刻用本币按 $X(W-W_k)$ 结算外币升贴水变化带来的损益。

【例 6-3】 5 月 1 日,某内地进口商与美国客户签订总价为 300 万美元的汽车进口合同,付款期为 3 个月(实际天数为 92 天),签约时美元兑人民币汇率为 1 美元＝6.270 9 元人民币。由于近期美元兑人民币汇率波动剧烈,进口商决定利用外汇远期进行套期保值。签订合同当天,银行 3 个月远期美元兑人民币的报价为 6.265 4/6.272 1,进口商在同银行签订远期合同后,约定 3 个月后按 1 美元兑 6.272 1 元人民币的价格向银行卖出 18 816 300 元人民币,同时买入 300 万美元用以支付货款。当 8 月 1 日,即期汇率为 6.425 3,进口商若以即期汇率购买 300 万美元进行支付,则需要 19 275 900 元人民币。也就是说,进口商通过外汇远期套保,节约了 19 275 900－18 816 300＝459 600 元的支出(表 6-2)。

表 6-2 汇率远期应用对比

项 目	汇率	金额 USD	CNY
签订合同	6.270 9	300 万	18 812 700
远期交易	6.272 1	300 万	18 816 300
到期收汇	6.425 3	300 万	19 275 900

此外,在实际操作中,结算时一般采用无本金交割外汇远期(non-deliverable forward,NDF)。也就是到期时只需对远期汇率与实际汇率差额进行交割结算,结算货币一般为美元。目前,也存在人民币 NDF,即以人民币汇率为计价标准的外汇远期合约交易,但在结算时仍以美元结算,本金无须交割,交易双方也不用持人民币结算。交易双方根据确定的即期汇价和协议签订时确定的远期汇价的差额计算损益,由亏损方向收益方支付相应的美元。由于人民币属于外汇管制货币,且市场需求旺盛,所以人民币 NDF 也是很多跨国公司规避人民币汇率风险的主要手段之一。

(二)远期汇率协议的定价

由于持有某国货币能够获得该国的无风险利率,所以外汇通常被看作已知收益率的资产,并且这一收益率是该外汇发行国的连续复利的无风险收益率 r_f。那么就可以采用支付已知收益率资产远期合约的定价公式得到远期外汇协议的定价。

$$f = Se^{-r_f(T-t)} - Ke^{-r(T-t)} \tag{6-4}$$

远期汇率为

$$F = Se^{(r-r_f)(T-t)} \tag{6-5}$$

式(6-5)即为利率平价公式。若外汇的无风险利率大于本币无风险利率,则外汇的远期汇率和期货汇率应小于现货汇率,呈现远期贴水;若外汇的无风险利率小于本币的无风险利率,那么该外汇的远期汇率和期货汇率应大于现货汇率,呈现远期升水。需要强调的是,远期升贴水并不意味着外汇发生真实的升值或贬值,只是说明远期汇率与即期汇率的相对高低。

若按照实物交割,交易现金流如表 6-3 所示。

表 6-3 交易现金流

时 间	现 金 流
T 时刻	X 外币－XK 本币
T^* 时刻	XK^* 本币－X 外币

那么通过对交易者的现金流折现即可对汇率协议的价值进行计算。先将本币和外币分别按相应期限的本币和外币的无风险利率贴现成现值，再将外币现金流按 t 时刻的即期汇率 S 折算成本币。令 r_i 为 T 时刻到期的外币即期利率，r_i^* 为 T^* 时刻到期的外币即期利率，那么 ERA 价值有

$$f = XSe^{-r_f(T-t)} - XKe^{-r(T-t)} + XK^*e^{-r^*(T^*-t)} - Xe^{-r_f^*(T^*-t)}$$

$$= Xe^{-r(T-t)}[Se^{(r-r_f)(T-t)} - K] + Xe^{-r^*(T^*-t)}[K^* - Se^{(r^*-r_f^*)(T^*-t)}] \tag{6-6}$$

由于远期汇率就是使合约价值为零的协议价格，也就是说 $K = K^* = 0$，所以 T 时刻交割的理论远期汇率 F 和 T^* 时刻交割的理论远期汇率 F^* 分别为

$$F = Se^{(r-r_f)(T-t)} \tag{6-7}$$

$$F^* = Se^{(r^*-r_f^*)(T^*-t)} \tag{6-8}$$

将式(6-7)和式(6-8)代入式(6-6)，可得

$$f = Xe^{-r(T-t)}(F-K) + Xe^{-r^*(T^*-t)}(K^* - F^*) \tag{6-9}$$

若采用现金结算，有远期贴水 $W_k = F^* - F$，由式(6-7)和式(6-8)可得

$$W_k = Se^{(r^*-r_f^*)(T^*-t)} - Se^{(r-r_f)(T-t)} \tag{6-10}$$

若合约升贴水为 $K - K^*$，此时 ERA 的价值同样为

$$f = Xe^{-r(T-t)}(F-K) + Xe^{-r^*(T^*-t)}(K^* - F^*)$$

（三）远期汇率协议的应用

远期汇率协议是常用的外汇风险管理工具，一般参与外汇远期交易的目的有以下几个。

（1）规避国际贸易汇率变动风险。

（2）防止汇率变动对持有的外汇资产或负债产生不利影响。

（3）外汇银行为平衡其外汇头寸进行必要的抛补。

（4）外汇投机。

利用远期产品对冲外汇风险在第四章已经做过介绍，本节介绍远期汇率协议的另一种应用方式——外汇远期和 NDF 套利。

人民币 NDF 汇率可以反映国际市场对于人民币远期汇率的预期，是和境内人民币远期结售汇平行运行的市场，二者会相互影响。但由于两个市场的价格形成机制不同，经常会出现相同期限的远期价格并不相同，当价格差超过一定范围时，便出现了无风险套利机会。

当人民币预期升值，且境内远期结汇价高于境外远期售汇价，这时境内企业就预期中的未来收汇向银行申请远期结汇，同时境外的子公司（关联企业）向境外银行申请相同期限、相同金额的 NDF 远期购汇。到期日时境内外分别执行协议，企业相当于按 NDF 汇率决定日外管局中间价加点的优惠价格进行结汇，优惠幅度则取决于境内远期价格和境外 NDF 远期价格的价差。

【例 6-4】　当前国内远期买入价为 6.750 5,卖出价 6.760 5,6 个月 NDF 买入价 6.703 8,卖出价 6.706 8。由于 NDF 购汇价格低于国内外汇远期结汇价格,所以企业可以做一笔期限为 6 个月的远期结汇交易,同时在境外银行作为其 6 个月的购汇交易。

到期后,公司分别与境内外银行结清头寸,结汇价锁定在了到期中间价加上 437bp (6.750 5-6.706 8),即该公司在不需要承担额外风险的情况下获得了 437 个基点的收益。

和单纯只进行远期交易相比,利用 NDF 报价和境内报价的差异可以使企业获得价差收益。但是这种收益是在人民币不大幅升值的背景下才可以获得,一旦人民币升值幅度过大,升值幅度(远期价格-到期中间价)超过远期境内外价差,则交易将面临亏损。

拓展阅读 6-1　中国贸易企业如何规避汇率风险?

若 6 个月后到期时,美元/人民币中间价位 6.513 5,企业的结汇价格将减少至 6.513 5+(6.750 5-6.706 8)=6.557 2,相较于直接进行远期交易的结汇价 6.750 5,显然对企业不利。

第二节　利率互换

一、利率互换的特征与定价

利率互换(interest rate swap,IRS)是指交易双方约定在未来一定期限内,根据同种货币的名义本金交换现金流,其中一方按事先确定的某一浮动利率的支付现金流,另一方则按固定利率支付现金流。利率互换的常见期限有 1 年、2 年、3 年、4 年、5 年、7 年与 10 年,30 年和 50 年的互换也时有发生。

固定利率对浮动利率的互换是最常见的互换,也被称为标准利率互换或普通互换。交易者其中一方按照浮动利率支付,另一方按固定利率支付。现金流的支付往往以一年或半年为基础延后支付。生效日是指起息的日期,支付日指进行利息支付的日期。浮动利率依据某些特定利率重置日的即期市场利率来决定,具有周期重置性。银行同业拆借利率常常作为浮动利率的参考利率,如 LIBOR、SHIBOR 等。

ABC 公司与 XYZ 公司在去年 12 月 28 日签订利率互换协议。双方同意按 1 亿美元的名义本金进行 5 年期(2017—2021)的利率互换。其中,XYZ 公司按 4% 的固定利率每年向 ABC 公司进行支付,而 ABC 公司按照 6 月期 LIBOR 的利率的一半,每 6 个月向 XYZ 公司支付浮动利息。生效日分别为 1 月 1 日和 7 月 1 日。

从 ABC 公司的角度,发生的现金流如表 6-4 所示。

表 6-4　互换现金流

支付日期	收到固定利息/美元	LIBOR/%	支付浮动利息/美元
今年 7 月 1 日		4.25	-2 125 000
1 年后 1 月 1 日	+4 000 000	4.15	-2 075 000
1 年后 7 月 1 日		4.00	-2 000 000
2 年后 1 月 1 日	+4 000 000	4.25	-2 125 000

支 付 日 期	收到固定利息/美元	LIBOR/%	支付浮动利息/美元
2 年后 7 月 1 日		4.30	−2 150 000
3 年后 1 月 1 日	+4 000 000	4.25	−2 125 000
3 年后 7 月 1 日		4.10	−2 005 000
4 年后 1 月 1 日	+4 000 000	4.00	−2 000 000
4 年后 7 月 1 日		3.95	−1 975 000
5 年后 1 月 1 日	+4 000 000	4.00	−2 000 000
5 年后 7 月 1 日		4.00	−2 000 000

普通的利率互换的定价有两种思路。一种是将互换看作一种债券多头与另一种债券空头的组合来定价；另一种是将互换看作一系列的远期合约组合来定价。

普通的利率互换中，固定利率的支付方可以看作出售了固定利率债券的同时购买了浮动利率债券，固定利率的接收方可以看作购买了固定利率债券的同时出售了浮动利率债券。因此，很容易想到将两种固定收益证券看作一个投资组合，通过互换中产生的现金流来进行估值。但是，需要注意的是，这里的固定收益证券往往不发生期初投资和到期本金的偿还，只有利息的流动；同时，浮动利率债券的预期现金流是未知的，这需要在估值中简化模型。

假设在互换条款中，金融机构收到固定利息，同时支付浮动利息。V 表示互换价值；B_1 表示互换中固定利率债券的价值；B_2 表示互换中浮动利率债券的价值；Q 表示互换中的名义本金；R_0, R_{t_i} 是 t_i 到期的折现率；K 表示 t_i 时刻将要支付的固定利率现金流，则互换的价值可以表示为

$$V = B_1 - B_2$$

由现金流贴现可得到固定利率债券的价值 B_1：

$$B_1 = \left[\sum_{i=1}^n K \cdot e^{-r_{t_i} \cdot t_i} \right] + Q \cdot e^{-r_{t_n} \cdot t_n}$$

浮动利率债券需要不断地重新定价，但是在实际操作中，往往认为浮动利率债券的价值等于其面值。所以就可以得到 B_2：

$$B_2 = K^* \cdot e^{-r_{t_1} \cdot t_1} + Q \cdot e^{-r_{t_1} \cdot t_1}$$

式中，K^* 为第一期利息现金流。

互换刚刚开始和结束时，互换合约的价值都应等于 0，但在互换合约期内，合约价值可能是正值也可能是负值，其大小由 B_1 和 B_2 的差值决定。

【例 6-5】 一份利率互换协议中，某企业按照名义本金 1 亿美元支付 6 个月到期的 Libor，收到 4% 的固定利率。互换的剩余期限为 1.25 年。相关的 3 月期、9 月期和 15 月期的折现率分别为 5%、5.5% 和 6%，最近一个支付日的 LIBOR 为 5.1%，半年付息一次，连续复利计算。

对于固定利率端来说，$K = 200$ 万美元，那么固定利率债券价格

$$B_1 = 200 \cdot e^{-0.25 \cdot 0.05} + 200 \cdot e^{-0.75 \cdot 0.055} + 200 \cdot e^{-1.25 \cdot 0.06} + 10\,000 \cdot e^{-1.25 \cdot 0.06}$$

$$= 9\,852 \text{ 万美元}$$

对于浮动利率端，$K^* = 255$ 万美元，那么浮动利率债券价格

$$B_2 = 255 \cdot e^{-0.25 \cdot 0.05} + 10\,000 \cdot e^{-0.25 \cdot 0.05} = 10\,128 \text{ 万美元}$$

所以，对于该企业来说，互换合约此时的价值为 $9\,852 - 10\,128 = -276$ 万美元，而对于其对手来说，互换价值为 276 万美元。

不存在违约风险时，还可以将利率互换分解为远期合约的组合。具体思路与分解为债券类似，将互换分解为一个固定利率远期和一个浮动利率远期。远期的定价公式为

$$(Xe^{R(t,T,T^*) \times (T^* - T)} - Xe^{R_k \times (T^* - T)})e^{-R(t,T^*) \times (T^* - T)}$$

也就是说，远期合约 t 时刻的价值等于远期合约的约定利率 R_k 与 T 至 T^* 时刻远期利率 $R(t,T,T^*)$ 差异导致的息差现值。所以只要知道利率期限结构，找到远期利率和息差限制，就可以得到每个远期合约的价值，加总即为利率互换的价值。

同上例，那么拆解为各期利率远期的现金流如表 6-5 所示，其中，固定利率调整为连续复利利率为

$$2 \times \ln\left(1 + \frac{4\%}{2}\right) = 3.96\%$$

表 6-5　各期现金流

项　　目	贴现率	固定利率	远期利率	现金流/万美元
3 月期	5%	3.96%		$10\,000 \times (e^{3.96\% \times 0.5} - e^{5\% \times 0.5}) \times e^{-5\% \times 0.25} = -52.52$
9 月期	5.5%	3.96%	$(0.75 \times 5.5\% - 0.25 \times 5\%)/0.5 = 5.75\%$	$10\,000 \times (e^{3.96\% \times 0.5} - e^{5.75\% \times 0.5}) \times e^{-5.5\% \times 0.75} = -88$
15 月期	6%	3.95%	$(1.25 \times 6\% - 0.75 \times 5.5\%)/0.5 = 6.75\%$	$10\,000 \times (e^{3.96\% \times 0.5} - e^{6.75\% \times 0.5}) \times e^{-6.5\% \times 1.25} = -132.94$
互换价值				-273.46

这与我们在前面利用债券组合给出的利率互换价值 -276 万美元基本一致，差别是连续复利和普通复利之间转换时四舍五入导致的。

运用同样的方法，则可以解决互换合约签订当日的定价问题，即确定互换协议中的固定利率。

假定有一个 2 年期的利率互换协议，某公司支付 6 月期 Libor 的浮动利息，收取固定利息，名义本金 1 亿美元。今天的 6 个月、1 年、18 个月、2 年的零息票利率分别为 6.5%、7%、7.25% 和 7.35%，且这些利率均为有效利率。

由于期初 $V = B_1 - B_2 = 0$，也就是说固定利率端的价值等于浮动利率端的价值，那么可以得到

$$\frac{k}{2}e^{-6.5\% \times 0.5} + \frac{k}{2}e^{-7\% \times 1} + \frac{k}{2}e^{-7.25\% \times 1.5} + \left(10\,000 + \frac{k}{2}\right)e^{-7.35\% \times 2} = 10\,000$$

$$K = 734$$

也就是说，对于两年期互换，7.34% 为无套利的固定年利率。

二、互换的应用策略

利率互换的主要作用是实现固定利率和浮动汇率敞口的相互转换,甚至对更为普遍的一连串现金流之间进行转换。所以通过利率互换,往往可以实现信用套利、融资成本的管理和利率风险管理。

(一)信用套利

信用套利最初被用在解释利率互换的发生,即互换各方以各自在不同融资领域的相对比较优势为基础,进行合作与交换,可以降低融资成本,提高收益。

【例 6-6】 有 A 和 B 两个公司,其中 A 公司具有较低的信用风险,而 B 公司的信用风险较高。所以相对于 B 公司,A 公司无论在固定汇率还是在浮动汇率方面都具有绝对优势。具体信息如表 6-6 所示。

表 6-6 A、B 公司融资成本对比

项 目	固定利率	浮动利率	差 额
A 公司	3%	1 年期 LIBOR+0.25%	
B 公司	4%	1 年期 LIBOR+0.5%	
差额	1%	0.25%	0.75%

通过对比可以发现,B 公司在浮动利率借贷上具有比较优势,存在 0.75% 的信用差异。那么二者通过互换就可以利用这 0.75% 的信用差异。

首先,两家公司在各自具有比较优势的市场借贷,即 A 公司以 3% 的固定利率、B 公司以 LIBOR+0.5% 的浮动利率进行贷款。假设名义本金各为 1 亿美元,期限为 5 年。随后 A 和 B 进行利率互换,也就是说 A 向 B 支付浮动利率 LIBOR,B 向 A 支付固定利率 3%。假设一年后,1 年期 LIBOR 为 3.5%,那么此时 A 需向 B 支付 350 万美元的利息,B 向 A 支付 300 万美元,也就是发生了 A 向 B 支付 50 万美元的资金净流动。在债务核算中,A 须支付 300 万美元,而 B 须支付 400 万美元。

分别来看,A 收到 B 支付的 3% 的固定利率,并用该收入支付其自身的 3% 的固定利率贷款,同时支付给 B 按 LIBOR 计算的浮动利息。即 A 公司的实际借贷成本为浮动利率 LIBOR,相较于 A 公司自身的浮动利率成本 LIBOR+0.25%,获得了 0.25% 的利率收益。B 收到 A 支付的 LIBOR 浮动利率,同时支付给 A 公司 3% 的固定利率和 LIBOR+0.5% 浮动利率,最终 B 的实际贷款成本为 3.5%(3%+LIBOR+0.5%-Libor),相较于 B 公司自身的 4% 的固定利率,产生了 0.5% 的利率收益。

也就是说,通过互换,两个公司都降低了它们的实际借款成本,并且总的利率收益等于两个公司的信用差异。实际上,两个公司可以以不同于本例中的方式分享收益,但无论互换合约如何分配收益,二者之和总为 0.75%。

(二)融资成本和利率风险管理

对于负债端来说,若交易者持有一笔浮动利率负债,并且预期利率水平上升,那么显然上升的利率会使得交易者面临更多的利息支出。这时可以通过利率互换协议将现有的浮动利率负债转换为一个合成的固定利率负债。即在操作中,支付一个固定利率并收取浮动利率,以锁定现有较低的利率成本。

相应地,若交易者持有一笔固定利率负债,并且存在短期利率下跌预期,那么后期交易者的支付将要高于市场利率。交易者可以将现有的固定利率债务转换为一个合成的浮动利率债务。即在操作中,支付一个浮动利率而收取一个固定利率。若短期利率如预期下降,可实现降低融资成本的目的,如图 6-3 所示。

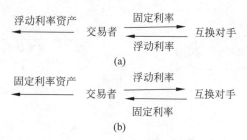

图 6-3　利率负债端互换结构
（a）浮动利率负债转换为固定利率负债；（b）固定利率负债转换为浮动利率负债

对于资产端来说,逻辑与负债端相反。如果交易者持有一笔固定利率资产,并且预期利率上升,那么可以通过进入利率互换多头使支付的固定利率与资产中的固定利率收入相互抵消,同时可以获得浮动利率收入,从而使得其资产转换为浮动利率资产,获得利率上升收益。相应地,若交易者持有一笔浮动利率资产,并且预期利率会下降,那么可以卖空利率互换,使其支付的浮动利率与资产中的浮动利率收入抵消,同时获得固定利率收入,从而使其资产转换为固定利率资产,如图 6-4 所示。

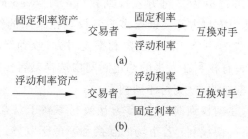

图 6-4　利率资产端互换结构
（a）固定利率资产转换为浮动利率资产；（b）浮动利率资产转换为固定利率资产

（三）投资组合管理

利率互换交易同样可以用于管理投资组合（manage investment portfolios）。比如,当到期收益率曲线的斜率为正时,可以通过一份利率互换合约,将固定利率的投资转化为浮动利率的投资。

此外,通过利率互换,可以使固定利率投资锁定收益和止损。当利率出现大幅下跌的时候,固定利率投资组合将面临收益亏损,此时投资组合的管理者可以通过与浮动利率投资的互换来锁定资本收益。

利率互换在固定利率和浮动利率投资中都可以用于提高资产组合的收益。比如,一个基金管理人持有一个浮动利率证券的投资组合(利率为 3 个月的 LIBOR 美元利率)。同时,管理人可以签订两份互换合约达到提高投资组合到期收益率的目的。第一份(原始的互换):将浮动利率(3 个月 LIBOR 美元利率)互换为固定利率(比如 10%)。第二份(反向互换):以一个更低的互换利率(9.5%)互换为相同的浮动利率(3 个月 LIBOR 美元利率)。那么在两次交易之后,新的投资组合回报率增加为 3 个月 LIBOR 美元利率+50 bp,如图 6-5 所示。

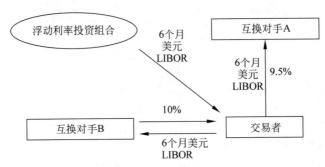

图 6-5　利用利率互换提高投资组合收益结构

三、互换期权及其应用

利率互换期权(swaption)是在互换基础上建立的期权,是由一系列现金流组合的期权。利率互换期权给予了期权多方以约定的利率和名义本金,在约定的期限内进行利率互换的权利。互换期权可以分为支付方互换期权(payer swaption)和接收方互换期权(receiver swaption)。其中支付方互换期权多头有权利在未来的约定时间内选择是否按照事先约定的固定利率成为一个互换的固定利率支付方(收到浮动利率);相应地,接收方互换期权是使得其多头有权利在未来的约定时间内选择是否按照事先约定的固定利率成为一个互换的固定利率接收方(支付浮动利率)。

以支付方期权为例,在期权到期时,当市场互换利率高于双方约定的固定利率,对于多头有利,那么多头就将行使权利;若市场的互换利率低于双方约定的固定利率,对于多头不利,那么多头将放弃行权。由此我们可以得到支付方期权多头的回报公式:

$$c(T_0) = M \times \sum_{i=0}^{N-1} [B(T_0, T_{i+1}) \times (T_{i+1} - T_i) \times \max(s_{T_0} - s_x, 0)] \quad (6\text{-}11)$$

其中,$c(T_0)$ 为支付方互换期权在 T_0 时刻的价值;M 为名义本金;N 为互换的总次数;T_i 为每次互换的时点;s_{T_0} 为互换合约的市场互换利率;s_x 为交易双方约定的互换利率。

【**例 6-7**】　一个一年后到期的支付方互换期权,标的为 2 年期、每半年互换一次、名义本金为 100 万美元的利率互换,约定执行的互换利率为 3%。若一年后期权到期时,市场互换利率为 4%。那么对于多头来说,相对于较高的 4% 的市场利率,他可以行使权利支

付约定的 3% 的互换利率。那么行权的结果是互换期限内的每半年末,期权多头都会盈利:

$$M \times (T_{i+1} - T_i) \times (s_{T_0} - s_x) = M \times \frac{1}{2} \times (4\% - 3\%)$$

若一年后到期时,市场互换利率降低至 1%,那么对于期权多头不利,其必然放弃行权,此时回报为零。最后,将每期回报贴现至 T_0 时刻,就得到了式(6-11)中的 $c(T_0)$,即支付方期权的多头回报。$-c(T_0)$ 即为支付方期权的空头损益。

同理,接收方互换期权多头回报为

$$p(T_0) = M \times \sum_{i=0}^{N-1} \left[B(T_0, T_{i+1}) \times (T_{i+1} - T_i) \times \max(s_x - s_{T_0}, 0) \right] \quad (6\text{-}12)$$

其中,$p(T_0)$ 为接收方互换期权在 T_0 时刻的价值。对比式(6-11)和式(6-12),我们会发现,当市场利率上升时,对于支付方期权的多头有利,当市场利率下降时,对于接收方期权的多头有利。所以可以理解为,支付方互换期权是互换利率的看涨期权,而接收方互换期权是互换利率的看跌期权。

第三节　信用违约互换

一、产品结构

(一)信用违约互换的定义

在传统信用工具中,尤其是公司债券,往往包含着很多不同类型的风险:货币风险、利率风险、期限风险和信用风险。信用风险自身包含两种风险:违约风险和信用等级变化导致的信用利差波动风险。虽然可以通过买入或卖出相应的债券改变投资组合的信用风险敞口,但是这些债券上依附的其他风险也随着债券的买进或卖出改变了投资组合的特征。信用违约互换可以单独将信用风险从利率风险或其他的风险中剥离出来,从而实现对信用风险的单独管理。

从形式上说,信用违约互换与利率互换类似,本质上是一个双边协议。信用保护买方为获得约定期内标的债券因发行人发生破产或债务重组等信用事件而价值受损部分的补偿,而向保护卖方支付周期性费用。其中补偿部分通常等于标的债券的面值和发生信用事件后的回收价值之间的差额,周期性费用通常被称为"信用利差",以合约名义价值的年基点表示。所以信用违约互换在经济学角度,是买方为信用事件购买的保险,即买方有权在信用事件发生时按面值出售标的债券,而存续期内没有发生信用事件,买方则要全额亏损购买费用。这一点更像是一个看跌期权,而分期支付的信用利差就是权利金。

图 6-6 展示了 CDS 的基本要素。这是一个以 HSBC Finance Corp(汇丰银行金融公司)为标的的信用违约互换合约,息票频率为 Q,即购买者要按季度向卖方支付保费;期限为 5 年,即如果 5 年内(2021 年 6 月 20 日前)发生违约事件,则购买者将停止支付保费并向卖方提出索赔要求,若 5 年内未发生违约,则购买者损失保费。2016 年 6 月 21 日,该合约报价 30 个 bp,也就是说,如果要为 HSBC 信用购买一个 5 年期价值 1 000 万美元

的保护,那么购买者需要每个季度支付 7.5 个 bp,即 1 000 万×0.075%＝7 500 美元。

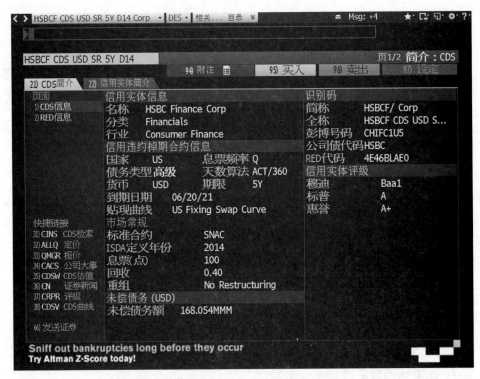

图 6-6　CDS 的基本要素

1. 信用利差

对于任何一种金融产品,最直观的要素就是价格,那么对于信用违约互换的价格——信用利差又是怎么确定的呢?

信用违约互换的设计初衷是对债券多头进行风险管理,即在最保守的情况下,信用违约互换可以将信用风险完全对冲,使得整体的投资组合等于市场的无风险利率。比如,现在投资人持有一份平价发行、收益率为 6% 的 5 年期公司债,5 年期国债收益率 4%,此时该公司债的 5 年期 CDS 报价为 200 bp。若债券发行人在时间 t 时发生违约,那么投资人将在违约前获得 4%(6%−2%＝4%)的年收益,违约发生时获得债券面值的赔付,然后以获得的本息在违约后的剩余期限内(5−t)进行无风险利率的投资;若债券发行人没有发生违约,则投资者最终收益为 4%。所以,理论上 n 年的 CDS 报价 s 是按面值出售的 n 年期公司债的收益率 y 与无风险利率 r 的差值。即

$$s = y - r$$

假设在上例中,其他条件不变,CDS 的报价为 100 bp,即 $s＝1\%$。此时可以构建这样一个投资组合进行套利:持有 CDS 的多头头寸、国债空头头寸和公司债多头头寸。如果公司债不发生违约,投资者需要支付 100 bp 的信用利差和 400 bp 的国债利息,同时可以收到 600 bp 的公司债收益;而如果公司债发生违约,那么在违约后,投资人可以获得的债券的本息投资与无风险利率产品,虽然在操作方向上相当于对国债空头头寸进行了对

冲,但在违约前,投资人获得收益为 500 bp,高于无风险利率,所以在违约后的无风险产品的多头规模要高于此前的空头规模,仍可获得超额收益。综上所述,当 CDS 报价为 100 bp 时,投资者可以通过配置套利组合在任何情况下获得超额收益。

相反,在其他条件不变的情况下,CDS 报价为 300 bp,即 $s=3\%$,此时可以构建这样一个投资组合进行套利:持有 CDS 和公司债的空头头寸与国债的多头头寸。若公司债不发生违约,投资人每年可获得收益 $300+400-600=100$ bp;若公司债发生违约,则投资人需要履行赔付本息义务,本息资金来源于国债多头头寸和违约前的利差收入,这部分资金可覆盖本息义务并有 100 bp 的超额收益。所以,同样地,当 CDS 报价为 300 bp 时,投资者可以通过套利组合在任何情况下获得超额收益。套利的存在将促使高估或者低估的价格进行回归。

当然,在现实情况中,上述套利理论假设在操作上会有诸多困难,具体有以下几方面。

(1) 该理论假设利率是常数,即按面值交易的债券价格始终维持在面值。而在现实中,几乎没有公司债会采用浮动利率发行,即公司债的价格会随着利率的变动而变动。

(2) 该理论假设投资者可以做空公司债,在现实中只能部分实现或面临较高的操作成本。

(3) 该理论没有考虑"最便宜交割券"的选择权问题,实际上买方有权在债券池中选择对自己最为有利的债券进行交割。

(4) 该理论假设套利者以无风险利率借贷,而现实中资金成本要远高于无风险利率。

(5) 实际上,CDS 买方还要承受对手违约风险。在次贷危机中,LEHMAN BROTHERS 持有高达 8 000 亿美元的 CDS 空头头寸,而这些 CDS 的买方无疑在 LEHMAN BROTHERS 倒闭时受到了波及。

2. 信用事件

CDS 的本质是对信用事件进行保险,那么对于信用事件的定义就显得尤为重要。一般来说,信用事件、偿付义务和交割机制等都是交易双方在交易前协商制定的,国际掉期和衍生品协会为了便于交易,也在标准文件中规定了以下多种触发事件。

(1) 破产(bankruptcy):参照实体无法对到期债务进行清偿。由执法或监管部门对公司无力偿债出具书面证明,则认定信用事件发生。

(2) 无法支付(failure-to-pay):参照实体在一定宽限期后,仍不能支付到期的本金或利息。若 CDS 买方损失超过规定的最低偿付金额(通常为 100 万美元),则信用事件触发。

(3) 债务加速(obligation acceleration):参照实体其他债务违约导致 CDS 相关债务在原约定的到期日之前到期,但不能支付情形除外。在债务加速到期情形中,参照实体的违约必须有相应的违约最低金额,只有超过该金额的违约行为才可能导致债务加速到期的信用事件的发生。

(4) 不履行债务(obligation default):参照实体发生违约导致债务可被宣告提前到期而参照实体未能履行债务的信用事件,但未能支付不属于该情形。需指出的是,债务加速到期一般也属于债务不履行信用事件的一种。因此,如果信用衍生交易合约中规定"债务不履行"为信用事件,那么,只有在债务加速到期的违约标准低于债务不履行的违约标准时,债务加速到期的信用事件才被考虑。

(5) 拒绝清偿或延期还款(repudiation/moratorium):参照实体撤销债务,拒绝支付利息或本金,或以其他方式拒绝清偿部分或全部债务的行为。对于该种信用事件,一般都要求最低违约金额。

(6) 重组(restructuring):债务条款结构发生了不利于债权人的改变。比如,本金或利息下调、受偿顺序的变动、还款日期推延等。

3. 交割

一旦信用事件发生并被证实,买方或卖方会发出"信用事件通知",双方认可后即可进入交割阶段,CDS 卖方将根据合约的规定,通过实物交割或者现金交割对 CDS 买方进行补偿。

(1) 实物交割(physical settlement):在信用事件之后,CDS 的卖方按照名义金额向 CDS 买方购买面值与名义金额相等的"可交付债务"。

(2) 现金交割(cash settlement):考虑到 CDS 这种双边协议的性质,交易双方通常参考多个做市商为标的债券进行的报价,确定一个该债券的市场价格,CDS 卖方直接向买方支付债券面额与市场价格的差值来结束交易。一般在没有可交付资产的情况下,投资者会选择现金交割。

【例 6-8】 投资者 X 持有 2021 年 12 月 28 日到期、利率为 7%、价值为 1 000 万美元的 Apple Inc. 的债券。她担心 Apple Inc. 信用等级会有所恶化,因此向 JP Morgan 购买了一个 5 年期、到期日为 2021 年 12 月 30 日、信用利差为 180 bp 的信用违约互换。在没有发生违约的情况下,X 每个季度需要向 JP Morgan 支付多少美元?假设回收率是 40%,若发生违约,在实物交割的情况下,双方将进行怎样的操作?在现金交割的情况下,又将进行怎样的操作?

在发生违约之前,X 每个季度需要向 JP Morgan 支付 $10\,000\,000 \times 0.25 \times 0.018 = 45\,000$ 美元。

若发生违约,在实物交割情况下,X 将价值 4 000 000 美元的债券交割 JP Morgan,同时获得 10 000 000 美元的赔付;在现金交割的情况下,JP Morgan 向 X 支付 6 000 000 美元,同时 X 需要交付违约日当天的最后一期应付保费。

(二) 其他信用违约互换产品

除了单实体的 CDS 之外,后来根据不同的标的和需求,产生了花样繁多的信用产品:CDS 期权、回收率互换、固定期限 CDS、息差互换、指数 CDS 和抵押债务证券(CDO)。本小节将介绍应用最为广泛的指数 CDS 和抵押债务证券。

1. 指数 CDS

单实体 CDS(single-name CDS)的参与者往往要面临诸多问题,为了给市场参与者提供一个成本更低、流动性更好、标的资产更为广泛的信用产品,指数发布商创造了可交易的信用违约互换指数,即 CDS 的标准化投资组合。当前市场上有两只主要的可交易指数系列:道琼斯 CDX 指数和国际指数公司 ITraxx 指数。其中 CDX 指数主要面对北美和新兴市场,ITraxx 指数主要面对欧洲和亚洲市场,如图 6-7 所示。

Markit指数		利差	变动 利差	基点	展期
1) 美洲					
10) CDX投资级	⊙	74.93	-0.13 —	-54.3	-6.5
11) CDX高收益	⊙	103.29*	+0.02 ⌐	-10.4	0.1
12) 地方债CDX	⊙	98.01	+0.00 —		3.7
13) CDX拉美	⊙				
2) 欧非中东					
20) iTraxx欧洲	⊙	71.93	-0.04 —	-99.0	0.0
21) iTraxx高波动率	⊙	73.14	+0.38 ⌐	-343.2	1.1
22) iTraxx交叉	⊙	307.15	+0.90 ⌐	87.1	-22.6
23) iTraxx高级金融	⊙	88.54	+1.05 ⌐	-57.3	5.6
24) iTraxx次级金融	⊙	201.65	+6.50 ⌐	-19.0	8.5
25) iTraxx公司债CEEMEA	⊙	299.63	+3.23 ⌐		12.4
26) iTraxx SOVX西欧	⊙	28.79	-0.29 ⌐		-12.6
27) iTraxx SOVX CEEMEA	⊙	136.42	-0.36 ⌐		20.3
3) 亚洲					
30) iTraxx日本	⊙	68.51	+0.56 ⌐	-7.3	11.6
31) iTraxx亚洲(除日本)投资级	⊙	140.70	-0.81 ⌐	-10.0	17.7
32) iTraxx澳大利亚	⊙	132.22	-0.49 ⌐	50.0	13.8
新兴市场					
40) CDX新兴市场	⊙	91.69*	+0.00	0.6	-0.3

图 6-7　主要指数 CDS

指数 CDS 有固定的参照实体和到期期限，一般情况下，现存的指数称为非当期指数（off-the-run-indices），而每 6 个月会推出一次新的指数，称为当期指数（on-the-run-indices）。当期指数流动性要好于非当期指数，每期指数成分 CDS 会有变动，成分 CDS 往往选取市场表现良好并且流动性强的单实体 CDS。分类指数通常按照信用评级、行业或地域进行分块编制。这些分类指数往往能够准确反映不同层级的信用风险，这有助于投资者发现市场隐含的关联性违约。

2. 抵押债务证券

合成抵押债务证券（synthetic collateralized debt obligation）本质是一揽子信用违约互换的变形，它将一揽子参照实体的违约风险打包，并按照投资组合的损失风险，划分为不同层级。一旦出现损失，首先受到影响的是"权益层"或"第一损失"层，然后是"中间层"，如果损失继续扩大，最后"优先层"和"超优先层"将会受到影响。标的资产组合的信用风险重新分配使得投资者可以根据自身的需求选择不同的风险和收益，层级越低，承担的损失风险越大，当然获得的风险溢价也会越高。信用分层提高了市场的有效性。

需要强调的是，虽然指数 CDS 和 CDO 同样是包含一揽子单实体 CDS，并且可以根据标的的特征进行分类，但指数 CDS 的成分标的是由做市商选取，是标准化、信息透明并具有流动性的，而 CDO 是根据终端投资者的需求，选择标的投资组合、层级金额和规模。

（三）信用违约互换的制度框架

信用违约互换作为一种场外衍生品，一般遵从 ISDA 主协议的总体框架，通过一个简短的标准化确认函进行交易。在标准化合约中，通常包括如下要素。

（1）参考实体发生信用事件的范围。

（2）合约的名义金额。

（3）交易方的权利与义务。

（4）信用事件发生后的解决程序。

在 ISDA 标准化的合约下，CDS 的参与者只需确定参照实体、到期日、信用价差等特定条款，这样使得 CDS 成交效率更高、流动性更好。此外，在 ISDA 框架下，可以最大限度减少交易对手风险。CDS 一旦发生违约，涉及金额往往会达到数十亿甚至上百亿美元，虽然这种风险很小，但一旦发生，ISDA 主协议通常会要求交易对手通过交易双方抵押品的存放来降低交易对手风险。

衍生品的另外一个特征是存在盯市制度，即必须将公允价值反映在交易方的资产负债表中，并定期公布公允价值的变动情况。

对于 CDS 的估值，通常采用未来预期现金流贴现的方法。CDS 市值＝名义本金×（合约规定的费率－当前市场费率×合约经调整后的久期）。

在刚签订的时候，互换合约价值为零。但随着时间的变化，其价值可能变成正值或负值。假设某 5 年期名义价值为 1 000 万美元的 CDS，签订时保费为 6%（600 bp），1 年后市场费率降至 5.5%（550 bp）。那么这时原始合约的卖方将有显著的浮盈。收益为每年 $(0.06-0.055)\times10\ 000\ 000=50\ 000$ 美元。那么剩余 4 年将获得名义价值为 200 000 美元的收益，但由于资金成本和信用风险的存在，真实价值将小于这一数值。类似地，对于 CDS 的买方而言，头寸表现为亏损。

二、信用风险管理

前面我们提到，信用违约互换的主要功能是对信用风险进行管理。信用风险是指交易对手在合同周期内未能履行合同义务。下面我们将主要讨论信用风险的度量以及 CDS 估值。

（一）信用风险的度量

1. 度量统计违约风险

违约风险是信用风险的重要驱动因素，所以信用风险的信用风险度量体系是将交易对手违约造成损失的风险进行量化的过程。当违约发生时，实际损失包括了违约暴露和违约损失率。对于信用风险的分布，主要受以下几个因素影响。

（1）违约（default）。违约用违约概率来表示，这是一个离散型变量。

（2）信用暴露（credit exposure）。信用暴露是指交易对手在违约时，资产的经济价值或市场价值。

（3）违约损失（loss given default）。违约损失是指因交易对手违约而损失的部分。而违约回收率（fractional recovery rate）即违约发生时刻的债券市场价格占其账面价值的比例。不同级别的债券具有不同的回收率。一般来说，违约回收率为 40%，那么违约损失为违约暴露的 60%。

度量违约风险一般有两种方法：统计精算法（actuarial methods）和市场价格法（market-price methods）。其中统计精算法一般是利用违约的历史数据，为违约概率提供相对"客观"的度量；而市场价格法是通过证券的交易价格或相关信用衍生品"风险中性"

价格来推断出市场对于违约风险的估计,这一过程和期权的风险中性定价类似。虽然风险中性定价可以根据最新的市场信息进行预测,但由于风险溢价的影响,它并不能准确地度量违约概率。所以信用评级机构通常采用统计精算法,按照借款人的信用等级进行分级,并以此来量化违约风险。

累积违约率(cumulative default rates)度量的是从初始日开始到第 T 年这段时间内发生违约的总概率,而边际违约率(marginal default rate)度量的是在 T 年内发生违约的概率。违约过程如图 6-8 所示,这里 d_1 表示第一年的边际违约率,d_2 表示第二年的边际违约率。如果违约事件发生在第二年,那么前提条件是该公司必须在第一年生存下来。因此第二年的违约概率为 $(1-d_1)d_2$。那么到第二年的累积违约率为 $C_2 = d_1 + (1-d_1)d_2$,等式变形一下可得到 $C_2 = 1 - (1-d_1)(1-d_2)$。

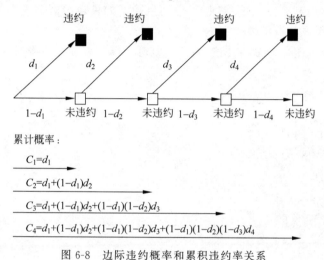

图 6-8 边际违约概率和累积违约率关系

这也就得到存续概率,即 $S_i = \prod (1-d_i)$。

2. 市场价格度量违约风险

理论上,由于金融市场拥有大量的信息,如果证券市场是有效的,那么证券的价格能反映更新、更准确的度量信用风险的标准。

假设某零息债券一期只一次性支付 100 美元,这时存在关系式

$$P^* = \frac{100}{1+y^*}$$

若债券不发生违约,则投资者可以收获 100 美元;若债券发生违约,则投资者只能收回 $f \times 100$ 美元,f 为回收率。定义 π 为这一时期的违约率。这时我们可以描述一个简化的违约过程,如图 6-9 所示。

根据风险中性定价,这时债券的价格可以用数学期望以无风险收益率折现。因此可以得到

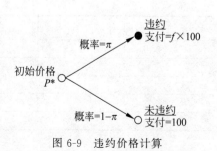

图 6-9 违约价格计算

$$P^* = \frac{100}{1+y^*} = \frac{100}{1+y} \times (1-\pi) + \frac{f \times 100}{1+y} \times \pi$$

值得注意的是,因为在风险中性估价中不存在风险溢价,所以这里折现用的是无风险收益率 y,继续整理得到

$$1+y = (1+y^*)[1-\pi(1-f)]$$

得到违约率:

$$\pi = \frac{1}{1-f}\left(1 - \frac{1+y}{1+y^*}\right)$$

如果收益率和违约概率很小,忽略二次项,则有

$$y^* \approx y + \pi(1-f)$$

也就是说,信用利差 $y^* - y$ 度量了信用风险。如果违约概率或违约损失率为 0,那么就说明不存在潜在的信用损失。

更进一步,当该债券为多期,期限为 T。复利计算利率和违约概率,π^a 表示平均年违约率,那么则有

$$P^* = \frac{100}{(1+y^*)^T} = \frac{100}{(1+y)^T} \times (1-\pi^a)^T + \frac{f \times 100}{(1+y)^T} \times [1-(1-\pi^a)^T]$$

$$(1+y)^T = (1+y^*)^T \{(1-\pi^a)^T + f[1-(1-\pi^a)^T]\}$$

代入累积违约概率:

$$\frac{1}{(1+y^*)^T} = \frac{1}{(1+y)^T} \times (1-\pi) + \frac{f}{(1+y)^T} \times [1-(1-\pi)]$$

$$\frac{1}{(1+y^*)^T} = \frac{1}{(1+y)^T} \times [1-\pi(1-f)]$$

$$y^* \approx y + \left(\frac{\pi}{T}\right)(1-f)$$

上述推导是基于风险中性来计算违约概率,但通常情况下,债券价格中还应包含风险溢价 rp:

$$y^* \approx y + \pi(1-f) + rp$$

(二) CDS 估值

假设参照实体的条件违约概率为 3%,那么可以得到表 6-7。

表 6-7　违约概率计算

时间/年	违约概率	存续概率
1	0.030 0	0.970 0
2	0.029 1	0.940 9
3	0.028 2	0.912 7
4	0.027 4	0.885 3
5	0.026 6	0.858 7

如果第一年的违约概率是 0.03,那么该实体在第一年年底不违约的概率为 0.97。第

二年的违约概率是 $0.03 \times 0.97 = 0.0291$，第二年年底不违约的概率是 $0.97 \times 0.97 = 0.9409$，以此类推便可以得到第三年及以后的违约概率和存续概率。

假设无风险利率为 2.5%，且为连续复利，则第一年的折现因子为 $\exp(-0.025 \times 1) = 0.9753$，第二年折现因子为 $\exp(-0.025 \times 2) = 0.9512$，以此类推。设 CDS 每年的保费为 s，回收率 0.4，违约只发生在每年的年中。第一年预期支付＝概率×支付＝$0.97s$，第一年的预期支付现值＝$0.97s \times 0.9753 = 0.9460s$，以此类推，那么就可以得到如表 6-8 所示的预期支付的现值，所有预期支付现值的总和是 $4.2466s$。而由于违约后不能完全回收，此时第一年的期望偿付现值为 $0.03 \times 0.6 \times \exp(-0.025 \times 1) = 0.0176$，期望偿付总现值为 0.0788（表 6-9）。

表 6-8　违约预期支付

时间/年	存续概率	预期支付	折现因子	支付现值
1	0.9700	0.9700s	0.9753	0.9460s
2	0.9409	0.9409s	0.9512	0.8950s
3	0.9127	0.9127s	0.9277	0.8467s
4	0.8853	0.8853s	0.9048	0.8010s
5	0.8587	0.8587s	0.8825	0.7578s
总计				4.2465s

表 6-9　违约预期偿付

时间/年	违约概率	回收率	期望偿付	折现因子	偿付现值
1	0.0300	0.4	0.0180	0.9753	0.0176
2	0.0291	0.4	0.0175	0.9512	0.0166
3	0.0282	0.4	0.0169	0.9277	0.0157
4	0.0274	0.4	0.0164	0.9048	0.0149
5	0.0266	0.4	0.0160	0.8825	0.0141
总计					0.0789

最后，需要计算在违约情况下的应计支付。假设第四年中发生最后一笔应计支付的概率为 0.0274，那么应计支付为 $0.5s$，期望应计支付为 $0.0274 \times 0.5s = 0.0137s$，期望应计支付总现值为 $0.0657s$（表 6-10）。

表 6-10　中途违约预期偿付

时间/年	违约概率	期望应计支付	折现因子	偿付现值
0.5	0.0300	0.0150s	0.9753	0.0146s
1.5	0.0291	0.0146s	0.9512	0.0138s
2.5	0.0282	0.0141s	0.9277	0.0131s
3.5	0.0274	0.0137s	0.9048	0.0124s
4.5	0.0266	0.0133s	0.8825	0.0117s
总计				0.0656s

因此，预期支付的现值是 $4.2466s + 0.0657s = 4.3123s$，预期偿付的现值为 0.0788，所

以可以得到 $s=0.0183$。市场利差的中间价应为每年 183 bp,在这个利差水平上的 CDS
交易双方净现值均为零。

本章小结

(1) 远期利率协议是买卖双方同意从未来某一商定的时刻开始,在某一特定时期内,
按协议利率借贷一笔确定数额、以特定货币表示名义本金的协议。

(2) 远期定价包括两部分:远期价格的确定和远期价值。对于远期利率协议,远期
价格就是远期利率协议的理论协议利率,也就是远期利率。即期利率是指当前时刻起,一
定期限的利率。远期利率则是指隐含在给定的即期利率之中,从未来的某一时点到另一
时点的利率。

(3) 远期外汇合约是以某种外汇为标的资产,交易双方约定在将来某一时间按确定
的远期汇率买卖一定金额的该种外汇的合约。

(4) 普通的远期外汇协议是指当前时刻由买卖双方确定未来某一时刻按约定的远期
汇率买卖一定金额的某种外汇的合约。远期汇率协议实际上是远期的远期外汇协议,其
远期外汇协议的远期期限是从未来的某个时点开始计算。

(5) 无本金交割外汇远期,到期时只需对远期汇率与实际汇率差额进行交割结算,结
算货币一般为美元。也存在人民币 NDF,即以人民币汇率为计价标准的外汇远期合约交
易,但在结算时仍以美元结算。

(6) 除了利用远期外汇合约进行外汇风险管理,外汇远期和 NDF 还可以组成套利组
合,以帮助企业获得优惠的结汇价格。

(7) 利率互换是指交易双方约定在未来一定期限内,根据同种货币的名义本金交换
现金流,其中一方按事先确定的某一浮动利率支付现金流,另一方则按固定利率支付现
金流。

(8) 利率互换的定价通常有两种方式:一种是将互换看作一种债券多头与另一种债
券空头的组合来定价;另一种是将互换看作一系列的远期合约组合来定价。

(9) 利率互换的主要作用是实现固定利率和浮动汇率敞口的相互转换,甚至对更为
普遍的一连串现金流之间进行转换。所以通过利率互换,往往可以实现信用套利、融资成
本的管理和利率风险管理。

(10) 信用违约互换是买方为获得约定期内标的债券因发行人发生破产或债务重组
等信用事件而价值受损部分的补偿,而向保护卖方支付周期性费用的合约。

关键术语

金融远期　远期利率协议　远期汇率协议　无本金交割外汇远期　利率互换　信用
套利　互换期权　信用违约互换　抵押债务证券　信用价差　累积违约率　边际违约率

复习思考题

1. 某做市商在 3 个月前与客户签订了一份 6×12 的远期利率协议,并持有多头头
寸,名义本金 1000 万元,协议利率为 4.8%(3 个月计息,复利)。目前,市场 3 个月和 9 个

月期的利率分别为 4.5% 和 4.6%,那么当前银行所持有的该远期利率协议头寸的价值是多少?

2. 当预期人民币小幅升值时,利用外汇远期和人民币 NDF 进行套利可以为哪些企业带来收益,为什么? 当预期人民币小幅贬值时,哪些企业又将可以利用套利?

3. 一家美国公司为了在德国建立一所研究中心,需要融资 5 000 万欧元,期限为 5 年。如果借本国货币(美元)再进行交叉货币互换的话,将有比较优势。公司从它所信赖的经纪行 Makoff 公司得到一份 5 年期货币互换的建议,可以以固定利率 3%、名义值为 5 000 万欧元的现金流,交换固定利率为 2%、名义值为 7 500 万美元的现金流。全部款项每年支付一次,按 30/360 的算法。

(1) 假设美国公司与 Makoff 经纪公司进行货币互换,以便把美元借款转换成欧元借款。它按哪个固定汇率收款,按哪个固定汇率付款? 解释为何货币互换允许公司把美元借款转换为欧元借款。

(2) 采用表 6-11,计算并列出,在(i)货币互换初期($T=0$)、(ii)货币互换中期(从 $T=1$ 到 $T=4$ 的各年)和(iii)货币互换到期 ($T=5$)三种情形下的现金流(从美国公司的角度)。T 代表年限。

表 6-11　现金流计算表

项　　目	美国公司	
	付款	收款
(i) 初始($T=0$)		
(ii) 中期(从 $T=1$ 到 $T=4$ 各年)		
(iii) 到期 ($T=5$)		

4. 某公司持有一份剩余期限 5 个月的利率互换多头,互换名义本金为 1 亿美元,互换利率 3.2%(3 个月计息一次,复利),参考浮动利率为 3 个月期的 LIBOR 利率,每 3 个月互换一次利息,若当前 LIBOR 1M、LIBOR 4M、LIBOR 7M、LIBOR 10M(连续复利)分别为 2.6%、2.7%、2.8%、3.0%,且上一个利息交换日观察到的 LIBOR 3M 为 2.8%,请分别用债券组合的方法和 FRA 的方法计算互换多头的价值。

5. 本题考查公司 A 所发行的 5 年期信用违约互换(CDS)在 2016 年 4 月到 2017 年 3 月期间的利差。

(1) 在此期间,公司 A 的 CDS 利差处于上升状态。列举导致 CDS 利差上升的两个常见因素。

(2) 2017 年 3 月,公司 A 的 5 年期公司债的到期收益率为 3%,而 5 年期国债的到期收益率为 1%。假设在当时该市场上不存在套利机会,请问公司 A 的 5 年期 CDS 利差的理论值(以百分比来表示)是多少?

(3) 给定问题(2)中的到期收益率(即公司 A 的 5 年期公司债的到期收益率为 3%,而 5 年期国债的到期收益率为 1%),如果市场上公司 A 的 5 年期 CDS 实际利差为 2.5%,那么将存在一个套利机会。请描述这一套利交易。

(4) 正如从问题(2)和问题(3)中所看到的,CDS 的理论利差和市场上的实际利差之间存在差异。在本题中,为什么会存在这种差异? 请描述三种可能的原因。

即测即练

第 七 章

结构化产品

本章学习目标

通过本章学习,学员应该能够:

1. 理解结构化产品的基本概念和市场构成;
2. 掌握各种类型的结构化产品的基本构造、风险和收益特征以及产品设计要点;
3. 充分认识结构化产品定价特征;
4. 理解金融机构开展结构化产品业务时所面临的风险以及对应的管理办法。

【本章导读】

金融创新大体可以分为制度、市场、产品、机构、资源、科技和管理七个层面的创新。其中金融产品创新是金融创新的重要组成部分。20 世纪 70 年代后,全球金融市场中的基础变量——利率、汇率以及能源类大宗商品的价格,都呈现出越来越高的波动性。在这个过程中,金融衍生品作为金融产品创新的主要体现,开始在金融市场中扮演越来越重要的角色。

随着金融衍生品市场的发展,相关的理论和技术也获得长足进步。学术界和金融业界对金融衍生品的结构有了更深层次的认识,可以越过众多金融产品纷繁复杂的条款,认清其基本构造。在此基础上,通过将金融产品的基本构造进行不同类型和比例的组合,则可以得到新的金融产品,即所谓的结构化产品。简而言之,结构化产品是在金融衍生品的基础上进行的更高层次的产品创新。

本章将介绍结构化产品的基本构造、功能及其风险-收益特征,并用案例介绍各种类型的结构化产品的构成、适用场合、交易流程和对冲方式,最后再介绍结构化产品的定价和风险评估过程中应该注意的问题。

本章知识结构图

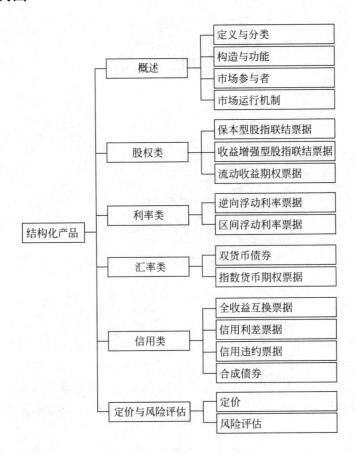

引导案例：结构化产品有更为丰富的风险-收益特征

2013 年,招商银行就推出了挂钩沪深 300 指数的"鲨鱼鳍"结构化理财产品。产品的最终年化收益率分为三种情况:第一种是沪深 300 指数下跌,那么产品保本且收益为零;第二种是沪深 300 指数涨幅在 20% 以内,那么该理财产品的年化收益率就是指数涨幅;第三种是沪深 300 指数涨幅超过 20%,那么该理财产品的年化收益率就是指数涨幅的 5%。"鲨鱼鳍"就是指以上三段式的收益结构,其基础收益有可能大于零,挂钩的指数也可以是股市之外的黄金或其他大宗商品。

结构化产品,又称结构性产品或者结构化衍生品。其在产品结构、定价和交易上与其他基础类的产品和金融衍生品具有较大差异。随着金融市场的发展,结构化产品越来越受到机构投资者和个人投资者的青睐,其市场规模也越来越大。

风险和收益是金融产品的核心属性,两个属性同属一体,相互之间存在一定的平衡。投资者希望获得一定的预期收益,就要承担一定的投资风险。传统的金融产品,包括股票、债券、外汇以及传统的金融衍生产品如期货、期权和互换等,都有其特定的风险-收益特征。然而,这些传统的产品的风险-收益特征不一定符合投资者的特定需求。某些投资者可能认为股票风险太高,债券收益太低;或者认为单纯投资金融衍生品的风险太高,而单纯投资股票等基础类金融产品时的资金使用效率太低。针对这些个性化的投资需求,结构化产品被创造出来。结构化产品的出现,使得金融市场中的金融产品大大丰富,同时丰富了金融产品的风险-收益特征,让投资者获得更多选择。

第一节 结构化产品概述

一、结构化产品的定义与分类

结构化产品通常由固定收益证券和金融衍生工具构成,是将两类金融工具组合打包而成的金融产品。投资于结构化产品,相当于投资于两类工具所构成的一个组合。不同的结构化产品,在组合内各类工具的类别和比例上存在一定的差异。

众多的结构化产品可以归纳为三个类型,分别是本金保护类、收益增强类和杠杆参与类。本金保护类结构化产品在期末的价值不低于产品的初始价值或者初始价值的某个比例,如初始价值的 80%。由于投资的本金有一定程度的保障,所以这类产品的风险比较低。收益增强类结构化产品通常没有提供本金保护功能,并通过建立期权净空头的方式,将期权费用叠加到结构化产品的利息流中,从而使产品能够提供高于市场同期的利率,即所谓的收益增强。然而,期权空头结构有可能使得产品在到期时的到期价值低于初始投资,极端情况下还可能致使到期价值为零。所以,收益增强类结构化产品的风险是比较高的。杠杆参与类结构化产品的潜在收益或者损失通常带有杠杆,且通常不提供本金保护或者仅提供部分的、有条件的本金保护。杠杆参与类产品在存续期间几乎不提供利息,发行时也没有折价,并设有参与率条款,使得投资者的收益率等于标的资产收益率乘以参与率。参与率相当于杠杆,起到放大或缩小收益的作用。在实际的市场中,任何一款产品,无论其属于以上哪个种类,均可以通过精巧构造而拥有多个风险收益属性。因此,在评估产品的各方面性质时,不应该仅凭其类型,而应该根据产品的各个特定条款。随着结构化产品市场的发展,越来越多的具有创新特征的产品被创造出来,创新体现在产品的各个条款和结构上,有些产品可能既属于本金保护类,又属于杠杆参与类。

二、结构化产品的构造与功能

结构化产品的构造,首先是明确固定收益证券部分和金融衍生工具部分的具体构成。结构化产品中的固定收益证券部分,可以是零息债券、固定利率债券,也可以是浮动利率债券或者优先股等。简而言之,大多不具有金融衍生品结构的固定收益证券都可以充当结构化产品中的固定收益证券部分。结构化产品中的金融衍生工具部分,可以是远期、期权或互换。这些衍生工具的标的资产可以是股票、股价指数、银行间同业拆借利率、互换市场利率、本币汇率、外币汇率、信用利差以及其他金融资产价格或变量。其次,产品构造时还需要充分考察固定收益证券和衍生工具的头寸比例,衍生工具买卖方向、期限、杠杆等属性都可以根据实际需要作出恰当的设计,以满足特定的投资或融资需求。

结构化产品中的固定收益证券的主要功能,在于使结构化产品在存续期间能够提供一定的利息,并确保产品到期时获得一部分或者全部的初始投资本金。金融衍生工具的主要功能则在于将标的资产价格或变量的风险,即市场风险,引入结构化产品中,让投资者通过承担一定程度的市场风险,而获得一定的风险收益。通过调整两类资产所占初始投资的比例,就能调整结构化产品的总体风险程度,从而满足具有不同风险偏好和风险承受能力的投资者的需求。

三、结构化产品的市场参与者

结构化产品的市场中主要有四类参与者,分别是产品创设者、发行者、投资者和套利者。

结构化产品创设者这个角色通常由投资银行、证券经纪商和自营商以及部分商业银行来扮演。创设者通过识别投资者的需求,进而设计出能满足投资者需求的结构化产品,并甄选合适的发行机构作为产品的发行者。此外,创设者还参与产品设计方案的实施以及风险的对冲操作,有些创设者还扮演做市商的角色以提供产品二级市场的流动性。

结构化产品发行者通常是具有较高信用评级的机构,以便能有效地将结构化产品投资的信用风险和市场风险分离开来。从以往的经验来看,结构化产品的发行者既有区域经营的,也有跨国经营的;既有商业银行,也有非银行金融机构。投资者对发行者的要求,除了高信用评级之外,还包括较高的产品发行能力、投资者客户服务能力以及融资竞争能力等。在某些情况下,结构化产品的发行者也充当着产品创设者的角色。

结构化产品投资者包括机构投资者和个人投资者,也包括金融企业和非金融企业。投资者投资于结构化产品,主要目的是通过承担金融市场风险而获得相应的预期收益。针对特定目标投资者而设计的结构化产品能够符合投资者自身的风险承受能力和风险偏好,同时能为投资者的投资提供一定程度的便利,如降低交易成本、扩大投资品种范围、降低资金要求等。

结构化产品套利者通常是投资者或者某个机构的交易员,其参与的目的在于从产品定价偏差中获得收益。结构化产品通常由几个基本的资产和证券组成。各个组成部分可能具有相应的流动性较好的二级市场。根据结构化产品的构造,就可以通过各个组成部分的二级市场价格,来计算出结构化产品的理论价格。如果理论价格偏离了结构化产品的实际交易价格,就会产生套利机会。套利者发现这样的套利机会之后,就可以通过买卖结构化产品并在各个组成部分的二级市场上做相应的对冲操作,进而获得风险很低的套利收益。套利交易策略通常要求二级市场交易较为活跃,以便发现产品定价的偏差和进行交易。但是,大部分的结构化产品通常在场外交易并持有到期,没有二级市场,产品存续期间产品估值难以确定,同时难以进行交易。这使得结构化产品的套利交易只能局限于小部分在二级市场中交易相对活跃的结构化产品。

拓展阅读 7-1
结构化理财产品
的风险与机遇

四、结构化产品市场运行机制

一个结构化产品的运行周期通常要经历创设、发行、对冲、清算这四个阶段。投资者根据其资产管理策略,需要通过承担某种类型的、某种程度的金融市场风险,以获得特定的预期收益或者调整其资产组合的结构。结构化产品的创设者根据投资者的需求而设计出满足这部分投资者需求的产品。

通常情况下,创设者并不直接向投资者发行该产品,而需要通过具有高信用评级的金融机构来发行,目的在于将结构化产品的信用风险尽量降到最低,使得产品的风险主要由市场风险组成。之所以这样设计,原因在于投资者投资于结构化产品时,其目标在于承担市场风险,而不是创设者或者发行者的信用风险。

发行者将产品发行之后,也承担了市场风险,从而需要进行相应的风险对冲操作。对冲的方式有多种,可以是发行人自有资产与结构化产品形成对冲,也可以通过在场内或场外建立相应的衍生工具头寸来进行对冲。在产品到期时,发行者根据标的资产的价格以及结构化产品合约的约定进行结算,投资者获得相应的投资收益或者承担投资亏损。

某些发行规模大、投资者规模也大的结构化产品还有二级市场,由创设者或发行者承担做市商的角色来为二级市场提供流动性。此外,信用评级机构在某些结构化产品发行时也发挥着比较重要的信用评级作用。

在结构化产品的运行周期中,创设者的价值体现在识别投资需求、产品设计以及某些情况下的风险对冲活动中。发行者的价值体现在结构化产品的信用增强和风险对冲活动中。套利者常常以投资者的角色出现,通过在二级市场中的套利交易,使得结构化产品的价格接近真实价值,同时获取一定程度的套利收益。投资者则通过投资结构化产品,承担了特定的市场风险,从而获得一定的期望收益。

由于投资者投资于结构化产品的目的在于承担市场风险及获取与之伴随的期望收益,所以结构化产品的卖方(创设者、发行者)在产品存续期间对产品的管理是被动式的。这与普通的基金、信托等产品形成差别,因为这些基金、信托等产品的卖方在产品存续期间通常需要积极主动地对产品内各种资产进行头寸调整,目标是尽量提高产品的实际收益。当然,结构化产品的卖方在产品存续期间也需要调整该结构化产品项下的资产头寸,但是其调整的对象通常是衍生工具的头寸。之所以需要调整,是因为二级市场中衍生工具的期限、规模通常无法完全匹配结构化产品所设计的期限、规模等条款。例如,某结构化产品的市场风险体现为一个期限为 3 年的欧式看跌期权,标的资产是上证 50 指数。但是,市场上并没有 3 年期的上证 50 指数欧式看跌期权,而只有剩余期限少于或等于 1 年的欧式看跌期权。因此,结构化产品的卖方就需要不断地进行合约换月调整。所以,总体而言,结构化产品的卖方承担了一定程度的跟踪误差风险。

根据结构化产品的标的资产的不同,可以将结构化产品分为股权类、利率类、汇率类和信用类[①]。下面将逐一对其进行介绍。

第二节　股权类结构化产品

股权类结构化产品,也称权益类结构化产品,是由固定收益证券和以股权类资产为标的的金融衍生工具的组合而构成的。作为衍生工具标的资产的股权类资产,可以是个股,

---

[①]　除此之外,还有以大宗商品价格、通货膨胀率、普通基金或者对冲基金净值等为标的资产的结构化产品,还有以多种类型的资产构成的组合为标的资产的结构化产品。这几类结构化产品在结构上与其他类型的结构化产品相似,但是市场规模较小。

也可以是股票市场价格指数。在结构化产品市场发展的早期,以个股为标的的股权类结构化产品比较多,如人们所熟知的可转换债券,就是典型的股权类结构化产品。随着金融市场的发展,股权类结构化产品的标的资产越来越多地倾向于股票价格指数。

股权类结构化产品的类型是多种多样的,不同的构造对应着不同的结构化产品。图 7-1 展示了股权类结构化产品的各个属性的可能构件,不同构件的组合能得到特征迥异的股权类结构化产品。

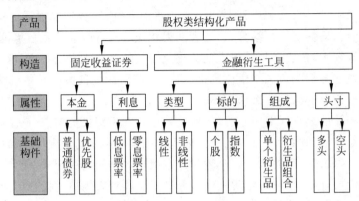

图 7-1 股权类结构化产品的各个属性的可能构件

图 7-1 所示的各个构件并不完整,只是囊括大多数股权类结构化产品的构成。当要设计、分析或投资于新的股权类结构化产品,可以此图为参照,找出该产品所含有的构件,从而对其有更加全面的认识。

下面将介绍三类典型的股权类结构化产品,分别是保本型股指联结票据、收益增强型股指联结票据和流动收益期权票据。

一、保本型股指联结票据

保本型股指联结票据是由固定收益证券与股指期权组合构成的。这类具有本金保护结构的股指联结票据通常是为那些风险厌恶程度较高、同时又愿意在一定程度上承担股票市场风险的投资者而设计的。这类产品的基本组成是固定收益证券和期权多头。产品中固定收益证券的利息通常会被剥离出来,以作为构建期权多头头寸所需的费用。因此,可将固定收益证券部分视为零息债券。用图形来表示这样的结构,如图 7-2 所示。

在图 7-2 的结构中,全部的投资本金被分成两部分,一部分用于投资零息债券,另一部分用于建立股指期权的多头头寸。其中,零息债券的面值等于投资本金,从而保证了到期时投资者回收的本金不低于初始投资本金。这就是所谓的保本结构。票据内嵌的股指期权可以是看涨期权,也可以是看跌期权。选择哪类期权要取决于投资者的需求。当票据到期时,期权的价值依赖于当时的股票指数价格,可能大幅高于初始投资的价格,可能变得一文不值。这就是投资的风险所在。

对于发行人而言,发行了股指联结票据之后,通常还需要进行进一步的对冲交易,以便把票据中来自期权的风险对冲掉。典型的对冲操作如图 7-3 所示。

在图 7-3 中,发行者通过发行产品,将资金募集后,按照预定的设计将所募资金的一

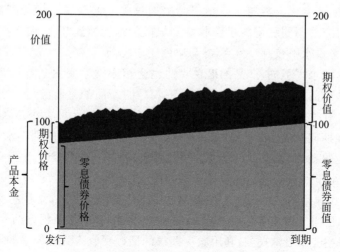

图 7-2 保本型股指联结票据的结构

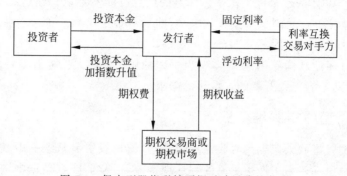

图 7-3 保本型股指联结票据对冲风险的方式

部分配置于固定收益证券中。如果所配置的固定收益证券是浮动利率债券,那么发行者还需要通过利率互换的交易,以对冲浮动利率的风险。是否选择浮动利率债券,主要取决于利率互换的价格与固定利率债券的价格。发行者通常会比较两个价格,并选择对其较为有利的价格,即较高的利率。剩余一部分资金用于买入期权,即通过期权交易商或者直接在二级市场上买入相同标的或相关标的的期权。在产品存续期间,发行者可能需要根据期权合约的到期情况而进行相应的期权仓位调整。

在实践中,股指联结票据还有其他的结构变化,使得股指联结票据的实际投资收益具有较高的复杂性。导致这些结构变化的主要因素有以下五个。

(1)投资者对产品利率的要求。

(2)投资者对标的资产的风险暴露的要求。

(3)投资者对本金保护水平的要求。

(4)市场利率水平。

(5)期权的成本。

根据上述这些因素,本金保护类型的股指联结票据就产生了以下三个方面的结构变化。

第一，参与率的变化。参与率是指产品中期权头寸的名义价值与产品本金的比率。不同的参与率对应着不同程度的投资收益和风险。参与率高于 1，说明期权头寸规模较大，产品的风险暴露水平较高；相反，参与率低于 1，表示期权头寸较小，产品风险暴露水平较低。依据暴露水平不同，产品的潜在收益也会相应发生变化。若到期时标的资产价格变化使得产品中的期权产生收益，则参与率较高的产品的总收益将大于参与率较低的产品的总收益。在本质上，参与率反映了产品中衍生工具的头寸大小。因此，参与率的大小也与息票率和期权费用的大小有关。若要提高产品存续期间的利率水平，则需将更多资金配置到固定收益中，而期权的头寸将会被降低，进而降低了产品参与率。如果期权的价格比较高，以至于债券的利息无法覆盖期权费，那么参与率也会被降低。

第二，收益封顶结构。当股指联结票据的本金保护是 100%，而且期权的参与率也是 100%，若期权的价格比较高以至于债券的利息无法覆盖，则为了获得该期权，可在更高的行权价格水平上卖空一个看涨期权，利用做空期权的期权费收入弥补原来的期权费不足。这种情况下，期权空头就会对冲掉原来的期权多头的一部分可能收益，造成收益封顶的结构。

第三，低于 100% 的本金保护水平。债券的利息可能不足以构建所需要的期权头寸。该问题的一种解决办法是降低本金保护水平，即从本金中拿出一部分来弥补期权建仓时的资金不足。这就是所谓的部分本金保护结构。

以上三个方面的结构变化，使得本金保护型的股指联结票据拥有多种多样的风险-收益特征，从而有助于满足投资者的个性化的需求。

二、收益增强型股指联结票据

收益增强型股指联结票据具有收益增强结构，使得投资者从票据中获得的利息率高于市场同期的利息率。为了产生更高的利息现金流，通常需要在票据中嵌入股指期权空头或者价值为负的股指期货或远期合约，其中期权空头结构最为常用。期权空头使得投资者获得期权费收入，将该收入叠加到票据的利息中，就产生了更高的利息流，即所谓的收益增强。

如此构建的股指衍生品头寸将直接影响到票据到期时的本金回收。由于远期类合约和期权空头的潜在损失是无限的，所以，收益增强类股指联结票据的潜在损失也可以是无限的，投资者不仅有可能损失全部的投资本金，还有可能在期末亏欠发行者一定额度的资金。为了避免后一种情况发生，收益增强类股指联结票据中通常会嵌入额外的期权多头合约，使得投资者的最大损失局限在全部本金范围内。

表 7-1 给出一款收益增强型股指联结票据的主要条款。

表 7-1　某款收益增强型股指联结票据的主要条款

项　　目	条　　款
发行者	中国香港某个信用评级为 AAA 级的投资银行
发行对象	中国境内的资产规模超过 500 万元人民币的投资者
发行规模	20 亿元人民币
票据期限	1 年
息票率	10.5%

续表

项 目	条 款
发行价格	100(百元报价方式)
标的指数	恒生指数
票据到期价值	100×[1-(指数期末值-指数期初值)÷指数期初值]
最大到期价值	100
最小到期价值	0

从票据的到期价值条款可以看出,投资者卖出了以恒生指数为标的的看涨期权,同时获得了较高的息票率。这里的看涨期权的行权价格是票据发行时恒生指数的价格。如果指数在期末时比期初时有所升值,那么投资者收回的资金就会降低。这是投资该票据的主要风险。

要注意的一点是其中的最小到期价值条款。如果到期时发生了指数大幅上涨的情况,票据的投资者不但完全失去投资本金,而且可能要承担进一步的亏损。对发行人而言,这样的情况要依赖投资者的信用状况。这样的信用风险发行人通常是不愿意承担的。所以,票据设置了最小到期价值条款,使得投资者的最大亏损止于全部的投资本金。这相当于投资者从发行人那里获得了一个行权价格为指数期初价格的2倍的看涨期权。

假设在该股指联结票据发行的时候,恒生指数的价位是21 500。根据产品基本结构,可以模拟出在到期时根据恒生指数的不同表现而得到的票据投资收益,如图7-4所示。

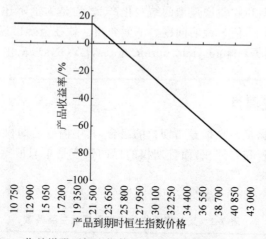

图 7-4 收益增强型恒生指数联结票据的到期收益情况模拟

通过这款票据,中国境内投资者就可以获得香港股市的风险暴露,这在一定程度上有助于投资者分散其投资组合,也有利于那些对香港股市走势有较为明确判断、期望股指下跌的中国境内投资者将其研究、期望进行资本化。

以上是从投资者的角度对该票据进行的分析。下面从发行者的角度分析该票据具备的风险-收益特征。对于发行者而言,其期权头寸是看涨期权多头。发行人在期末时要将港元转换为人民币来支付利息和本金,所以承担了人民币汇率风险。事实上,发行者既不愿意承担期权风险,也不愿意承担汇率风险。这时就要对这两类风险进行对冲。发行者进行风险对冲的基本操作包括两个部分,一是通过货币互换将汇率风险进行对冲,二是通过期权交易对冲期权风险。如图 7-5 所示。

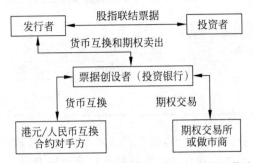

图 7-5　具有期权空头结构的恒生数联结票据运作流程

　　具体而言,发行人发行票据之后,融得了一定规模的资金,但是承担了股票市场风险和汇率风险。为了把这两方面的风险对冲掉,发行人与投资银行签订合约,将期权多头卖给投资银行,同时通过货币互换将汇率风险转移到投资银行手中。投资银行则实施进一步的风险管理,通常情况下是在金融市场中卖出其从发行人处买入的期权,同时也进行下一步的货币互换交易风险对冲。在如上的风险管理过程中,投资银行的策略是多种多样的,既可以通过场内交易将大额头寸分割成小头寸进行风险对冲,也可以在场外寻找另一家金融机构以对其大额头寸进行一次性对冲。当然,有的投资银行并不进行全额的对冲,而承担一定的风险。这与投资银行自身的经营策略有关。这就是整个风险的流转、传递过程。

　　以上介绍的保本型和收益增强型的结构化产品,均是为了阐述产品结构而虚构的例子,其结构较为简单明了,便于说明问题。下面介绍一款在金融市场真实存在的结构化产品,即流动收益期权票据(liquid yield option notes,LYONs),从中可以看出结构化产品变得相当复杂。

三、流动收益期权票据

　　流动收益期权票据是零息债券与期权的组合,其中内嵌的期权包括发行者的赎回权,也包括投资者的转换权和售回权,而且期权的标的资产是单只股票。这类票据发行的目的主要是方便发行人融入资金。

　　表 7-2 给出了一个流动收益期权票据的例子。

表 7-2　某款流动收益期权票据的主要条款

项　　目	条　　款
发行者	ABC 上市公司
发行规模	20 亿美元
票据期限	12 年
息票率	0%
发行价格	每个面值 1 000 美元的票据的价格是 485 美元
到期收益率	6.215 6%
投资者的转换权	在到期前的任何时间内,投资者都可以将每个面值 1000 美元的票据转换成为 5 份 ABC 公司的股票

续表

项 目	条 款
转换价格	在发行时确定的转换价格是每股 97 美元(等于 LYONs 的发行价格 485 美元除以转换比率 5)
投资者的售回权	从发行日开始的两年之后,每年的 6 月 30 日,投资者有权以特定的执行价格将 LYONs 售回给发行人。其中,执行价格随着到期日的临近而递增,且每年调整一次,如表 7-3 所示
发行者的赎回权	发行者有权以既定的价格提前将 LYONs 赎回,赎回价格也是随着时间递增的,如表 7-3 所示

表 7-3 LYONs 的售回价格和赎回价格

年份	售回价/美元	售回收益率/%	赎回价/美元	赎回收益率/%
1			520.97	7.415 6
2			557.52	7.215 6
3	564.27	5.175 6	594.41	7.015 6
4	598.23	5.385 6	631.36	6.815 6
5	636.75	5.595 6	668.11	6.615 6
6	680.45	5.805 6	704.33	6.415 6
7	730.01	6.015 6	739.71	6.215 6
8	785.68	6.215 6	785.68	6.215 6
9	834.52	6.215 6	834.52	6.215 6
10	886.39	6.215 6	886.39	6.215 6
11	941.48	6.215 6	941.48	6.215 6
12			1 000.00	6.215 6

从结构上来看,表 7-2 给出的 LYONs 由零息债券、债转股权、售回权和赎回权等四类资产组成。

第一,投资者买入这款产品后,未来退出市场并获得收益的方式包括将产品售回发行者、产品被发行者赎回、投资者将产品转成发行者的股票并卖出。该 LYONs 在存续期间不支付利息,投资的收益完全体现在产品的售回收益、赎回收益、转股收益上。

第二,投资者所持有的债转股权相当于普通的可转换债券。当 ABC 公司的股票价格超过债转股权的执行价时,投资者就可以行使转换权,将债券(即这款 LYONs)转换成为 ABC 公司普通股。因此,这个债转股权相当于以 ABC 公司普通股票为标的的看涨期权。

第三,投资者还持有售回权,即将 LYONs 按照既定的价格售回给发行人从而收回投资的权利。表 7-3 中给出了各个时间点上行使售回权的执行价格。例如,当投资者在第 5 年的 6 月 30 日行使售回权,将得到 636.75 美元的收入,相对于初始投资时的价格 485 美元,行使售回权相当于获得了 5.595 6 的投资收益率,因为 $485 \times (1 + 5.595 6\%)^5 = 636.75$ 美元。当市场利率水平提高到一定水平,如 6.0%,那么投资者在该时点行使售回权是合理的。售回权类似于利率期权。从例子中 LYONs 的设计来看,这款票据中内嵌了 9 个不同到期期限的欧式利率期权,且投资者持有该期权的多头。

第四,LYONs 中的赎回权为发行者所有,即发行者可以按照既定的价格将 LYONs

提前赎回。这个权利类似于普通的可赎回债券。例如,在第 5 年,发行者可以按照 668.11 美元的价格将 LYONs 赎回,这时投资者获得投资收益是 6.615 6%,因为 $485 \times (1 + 6.615\ 6\%)^5 = 668.11$ 美元。当市场利率下降到一定水平,如 6.35%,发行者可以提前赎回该 LYONs,并以更低的利率进行再融资,降低融资成本。所以,该赎回权可以看作利率期权。从表 7-3 可以看到,LYONs 中内嵌了 12 个利率期权,发行者持有该期权的多头。从以上结构分析来看,LYONs 并不是纯粹的股权类结构化产品,因为它还具有利率类结构化产品的特征。

在 LYONs 的市场运作过程中,通常需要有投资银行或券商等金融机构参与票据的设计。此外,票据发行人与标的股票的发行人同属某个上市公司,所以该上市公司通常不会对其中的股价风险进行对冲。这个特征与后面讲述的结构化产品发行人的风险管理相比是不同的。

对发行人而言,LYONs 的主要优点体现在两个方面,一是现金流量的一次性,发行人在未来不需支出现金利息,因为零息票债券发行者在到期日之前无须支付任何利息,从而获得最大的现金流量好处。二是税法规定了允许发行人获得由最初折价发行带来的收益,这些获得但没有支付的利息收入减少了应纳税资产的数量,因此带来了相当可观的现金收入。发行人在 LYONs 发行后享受到一系列的税收优惠,直到投资者将其转换成股票为止。

对投资者而言,LYONs 的主要优点也体现在两个方面,一是 LYONs 的收益稳定、投资风险较低,适合稳健型的投资者。LYONs 有如同债券一样较稳定的收益率,再投资风险较低,同时通过售回权获得对本金更高程度的保护,投资者面临的利率风险也很低。二是 LYONs 对那些计划通过组合投资降低风险的个人和机构投资者来说很有吸引力。例如,投资者计划在购买股票看涨期权的同时,再将部分现金账户中的现金投资于债券等低风险资产,这一策略既能保证投资本金的收回和一定的收益率,又能获得股票上涨带来的好处。LYONs 实质上就是模拟了这种投资策略,又能减少构造投资组合的成本。

拓展阅读 7-2
千亿规模"雪球"
迎来监管点名

当然,LYONs 也有一些不足的地方。首先,股本稀释作用,LYONs 转换为股票时,将稀释发行人的股本。其次,LYONs 对发行人的要求是比较高的。由于这种票据的发行对象主要是零售市场上的个人投资者,因此要求发行人必须具有较高的市场知名度和信用等级;同时,可转换性要求发行公司股价具有较大的波动性,而满足这一标准或要求的公司规模往往不大,兼备这些要求的公司较少。

第三节 利率类结构化产品

利率类结构化产品同样是由固定收益证券和金融衍生工具构成,其中的金融衍生工具以基准利率、互换利率、债券价格或者债券价格指数等利率类变量为标的。这使得这类结构化产品的未来收益(包括产品利息支付和本金偿还)密切联结于这些利率类变量。所以,利率类结构化产品通常也被称为利率联结票据(interest rate-linked note)。

根据结构化产品内嵌的金融衍生工具的不同,利率类结构化产品通常包括内嵌利率远期的结构和内嵌利率期权的结构。前者包括正向/逆向浮动利率票据、超级浮动利率票据等,后者则包括利率封顶浮动利率票据以及区间浮动利率票据等。其中,互换合约相当于一系列的远期合约,所以内嵌利率互换的利率类结构化产品可以归类到内嵌利率远期的结构中。此外,市场上也出现了一些内嵌奇异期权的利率类结构化产品。在实际中,一款利率类结构化产品可能既含有利率远期结构,也含有利率期权结构。

一、逆向浮动利率票据

逆向浮动利率票据类似于浮动利率债券,其主要的特征在于票据的息票率等于某个固定利率减去某个浮动利率。因此,逆向浮动利率票据的息票率是浮动的,通常每3个月或6个月调整一次。当金融市场处于持续的利率下跌过程中,逆向浮动利率票据将为投资者带来更高的投资收益。

下面给出逆向浮动利率票据的一个例子,票据的主要条款如表7-4所示。

表7-4　某款逆向浮动利率票据的主要条款

项　目	条　款
发行规模	10亿英镑
票据期限	3年
票据息票率	8%减去6月期英镑即期LIBOR,利息每半年支付一次,每半年调整一次
最低息票率	0% 投资者在任何时候获得的利率都不可能是负的,即当6月期英镑即期LIBOR达到或高于8%时,投资者不承担向发行者支付利息的义务

这款逆向浮动利率票据的结构较为简单,可以将其分解以下三个较为基础的金融工具。

(1) 一个固定利率债券(例如,债券的息票率可以是4%)。

(2) 一份利率互换合约,使投资者可以获得固定利率并且支付浮动利率(例如,获得的固定利率是4%,支付的浮动利率则是6月期英镑即期LIBOR,合约规模等于票据发行规模)。

(3) 一个利率封顶期权,投资者从票据的发行者手中买入并持有(该封顶期权的执行价格是8%,标的利率是6月期英镑即期LIBOR)。

所以,逆向浮动利率票据实际上相当于一份内嵌了利率互换和利率封顶期权的固定利率债券。通过固定利率债券的4%利息收入和利率互换合约的4%利息收入,投资者可以获得8%的固定利息收入,同时要根据利率互换合约支付6月期英镑即期LIBOR的浮动利息,所以投资者的真正收入是8%减去6月期英镑即期LIBOR。利率封顶期权的作用体现在表7-4中最低息票率条款,即当6月期英镑即期LIBOR高于执行价格8%时,投资者将执行该期权并获得LIBOR-8%的利息,这与固定利率债券和利率互换组合而得到的8%-LIBOR相互抵消,使得投资者获得的利率为0%。

此外,在本金保护方面,固定利率债券使得投资者在票据到期时能够收回大部分甚至全部初始投资本金,因为互换合约建立时的价值是零,使产品的价值体现在债券的价值和期权的价值上。如果期权处于深度虚值的状态(如本例),那么建立该期权头寸所需的初始投资是很低的,这时,大部分资金用于建立债券的头寸,而这里的债券通常是能够保证全额回收本金的。

从投资者的角度来看,逆向浮动利率票据的收益特征与传统的浮动利率票据的刚好相反。在以下两种情况下,逆向浮动利率票据将给投资者带来较高的收益。第一种情况是利率处于下降趋势中,这时固定利率债券的价值和利率互换合约的价值都将上升。第二种情况是正收益率曲线,此时利率互换合约将给投资者带来正利差。

从发行者的角度来看,如果市场利率持续下跌,则该逆向浮动利率票据对发行者而言没有多少吸引力,反而要承担较高的融资成本。如果发行了这款票据,为了规避融资成本提高的风险,发行者通常会对其中的利率风险进行对冲。对冲的方法取决于发行者对融资成本的要求。如果发行者期望将融资成本锁定在 LIBOR,则对冲的方法如图 7-6所示。

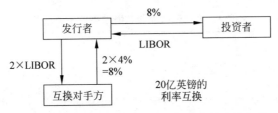

图 7-6　逆向浮动利率票据发行者对冲风险的方式

具体而言,发行者在场内或场外的衍生产品市场与互换对手方建立互换合约,期限为5 年,合约规模为逆向浮动利率票据发行规模的 2 倍即 20 亿英镑,并通过支付 LIBOR 而获得 4% 的固定利率。这样,发行者的融资成本就成为 LIBOR。当然,若发行者期望将融资成本锁定为固定利率,则对冲方式与图 7-6 也类似,但稍有不同。

对于创设者而言,重要的工作是设计逆向浮动利率票据各个主要参数,特别是息票率、债券规模等。在本例中,创设者应该从二级市场的互换利率水平 4% 出发,同时要参考利率封顶期权的价格,在此基础上确定票据的固定利率部分即 8%,并用建立利率封顶期权头寸后剩余的资金建立固定利率债券头寸。此外,如果需要设计保本条款,则可以考虑使用零息债券来建立债券头寸。总之,设计时要明确外生变量如互换利率和期权价格如何决定其他重要变量(即合约条款)。

上述给出的逆向浮动利率票据的结构是相对简单的。在此基础上,通过调整票据的某些条款,可以使该票据的风险和收益特征发生较大的变化。例如,如果要提高该逆向浮动利率票据的杠杆效应,则一种方法是将票据中内嵌的利率互换的规模放大,从 10 亿英镑放大到 40 亿英镑,相当于将收益和风险放大了 4 倍。这时,票据的息票率的计算公式为

$$票据息票率 = 固定利率债券息票率 + 4 \times (互换利率 - LIBOR)$$
$$= 4\% + 4 \times (4\% - LIBOR)$$
$$= 20\% - 4 \times LIBOR$$

在此基础上,为了确保最低息票率条款的有效,则应该降低利率封顶期权的执行价格。

除了调整杠杆之外,还可以调整票据的息票率变动方式。在例子中,票据的息票率在5年之内都是8%－LIBOR。对其进行调整的方式包括将8%所对应的固定利率进行逐渐递增调整或者递减调整。由此而得到结构更加复杂、风险特征各异的逆向浮动利率票据,而票据的适用情形和对冲方式也发生很大的变化。

二、区间浮动利率票据

区间浮动利率票据是普通债券与利率期权的组合。具体而言,区间浮动利率票据是利息支付联结于某个市场基准利率的浮动利率债券,而且,票据的息票率具有上下浮动界限。

当金融市场的名义利率比较低,而且收益率曲线呈现较为陡峭的正向时,追求提高投资收益的投资者通常会需求区间浮动利率票据。区间浮动利率票据实际上相当于普通的浮动利率票据以及利率封顶封底期权的组合(封顶期权多头以及封底期权空头),这样的结构在正收益率曲线较陡峭时能产生比较高的投资收益。

下面给出区间浮动利率票据的一个例子,票据的主要条款如表7-5所示。

表 7-5 某款区间浮动利率票据的主要条款

项　　目	条　　款
发行规模	2 亿美元
票据期限	5 年
标的利率	3 月期美元即期 LIBOR
发行价格	99.85(百元报价法)
最低利率	3%
最高利率	8%
面额	5 000 美元,10 000 美元

在例子中,区间浮动利率票据由标准的浮动利率票据以及以3月期美元LIBOR为标的的利率封顶期权和利率封底期权构成。根据这样的结构,区间浮动利率票据的投资者相当于投资了如下的资产组合。

(1) 利率为3月期美元LIBOR的5年期浮动利率票据。

(2) 卖出行权价格为10%、标的为3月期美元LIBOR的利率封顶期权。

(3) 买入行权价格为5%、标的为3月期美元LIBOR的利率封底期权。

卖出利率封顶期权并买入利率封底期权,实际上相当于卖出了利率区间期权。

从发行者的角度来看,发行者的头寸与投资者的刚好相反,即发行者以3月期美元LIBOR为利率借入资金,同时买入以3月期美元LIBOR为标的的利率封顶期权并卖出了相应的利率封底期权。其具体结构如图7-7所示。

在本例中,区间浮动利率票据的发行者通常通过反向的期权交易而对冲掉期权的风险,即发行者将票据发行完毕之后,随即在金融衍生产品市场中卖出利率封顶期权并买入利率封底期权。通过这样的操作,发行者发行这款区间浮动利率票据实际上相当于以美元LIBOR进行了融资。

区间浮动利率票据有其适用场景。当利率市场中的收益率曲线呈现右上倾斜且比较陡峭时,通常意味着远期利率高于当时市场的即期利率。这样的即期、远期利率结构决定

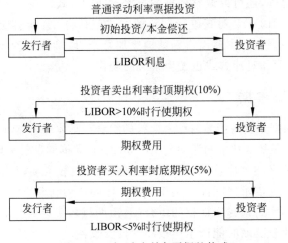

图 7-7　区间浮动利率票据的构成

了利率封顶、封底期权的价值，从而也决定了区间浮动利率票据的价值。具体而言，远期利率高于相应期限的即期利率时，投资者所购买的利率封底期权虽然在购买时处于实值状态，但是在未来较长时间内却有很大可能处于虚值状态。与此相反，利率封顶期权则更有可能在到期时处于实值状态。利率上下限的相对大小决定了它们的相对价值。

　　简而言之，在这样的情形下，投资者投资于区间浮动利率票据，几乎相当于以低于 LIBOR 的利率进行了投资。而从发行者的角度来看，发行者通过发行这样的区间浮动利率票据，则可以以比较低的成本融进资金。投资者放弃的这部分收益，相当于为了从发行者处获得定制化的收益特征以及发行者的信用增强效应而支付的补偿或者成本。

　　区间浮动利率票据的投资者大多是货币市场的投资者，如货币市场基金等。其投资的目的是确保投资的最低收益。当市场利率走势下跌时，这类票据对投资者而言是比较具有吸引力的。实际上，投资者愿意通过卖出利率封顶期权，从而获得相对较高的期望收益。此外，投资者对远期利率走势的看法要低于从当前收益率曲线推导出来的理论值。

　　从发行者的角度来看，发行者在发行了这款区间浮动利率票据之后，通常会及时地对冲掉其中的期权风险，从而将融资成本控制在 LIBOR 水平或附近，并保持浮动。发行者对冲期权风险的方法就是卖出利率封顶期权并同时买入利率封底期权。发行者对冲期权风险的交易对手方通常是区间浮动利率票据的创设者，后者通常是专业的投资银行或者证券自营商；当然，发行者也可以以创设者之外的第三方作为交易对手方。

　　随着结构化产品市场的不断创新，后续出现的区间浮动利率票据又出现了结构变形，如以本国投资者为发行目标，但是票据的计价货币却是外币。此外，也有专门针对票据中的期权部分进行证券化的交易操作，通过特殊目的机构直接将发行人的期权风险剥离，并构建期权资产池，并以此为标的发行新的证券。也有的区间浮动利率票据将互换市场中的互换利率作为标的变量，而不是 LIBOR，因为在某些地区的金融市场中，同业拆借或短期国债市场都不太活跃，而场外交易的利率互换市场却比较活跃，利率互换通常不涉及本金交易，并且是各类参与者转移或者承担利率风险的有效工具，这时，互换利率几乎充当了市场基准利率的角色。

第四节 汇率类结构化产品

外汇市场是金融市场的一部分，也几乎是最大的一部分。外汇市场中交易活跃币种较少，包括美元、欧元、日元、英镑、瑞士法郎、加元以及澳元等。每两个货币构成一个货币对，对应一个汇率。虽然交易活跃的币种比较少，但是交易的规模却非常大，而且交易的中心遍布全球，使得外汇市场交易几乎可以全天 24 小时不间断地进行。随着金融市场的发展，加入外汇交易的资金量越来越大，外汇市场成交活跃，汇率变动频繁，汇率风险日益显著，货币投资的预期收益也较为可观。

汇率类结构化产品的投资收益联结于汇率变化，即产品利息收入和本金偿还都受到汇率变化的影响。汇率类结构化产品有两种基本结构，分别是双货币结构和货币联结结构。

在双货币结构中，产品的利息收入所用的计价货币不同于产品的本金偿还所用的计价货币。例如，投资者用人民币投资一款具有双货币结构的汇率类结构化产品，该产品支付的利息是以人民币计价的，但是产品的本金收回则是以美元计价的。

在货币联结结构中，产品内嵌了特定的汇率衍生工具，或者是远期，或者是期权，且该汇率衍生工具既可以影响到产品利息收入，也可以影响到产品本金收回。汇率衍生工具的加入使得这类结构化产品具有特定的汇率风险。

基于双货币结构的结构化产品只占汇率类结构化产品的一小部分，大部分的汇率类结构化产品的结构是货币联结结构。这两种结构的最大区别，在于各自所使用的固定收益证券的差别。在双货币结构中，固定收益证券通常是普通的固定利率债券。货币联结结构中的固定收益证券则范围更大，既包括普通的固定或浮动利率债券，也包括银团贷款等债务资产，甚至没有债类资产而只有表外出现的纯粹的衍生工具组合。

一、双货币债券

双货币债券与普通的债券类似，会定期支付利息并在期末偿还本金，但是其利息的计价货币与本金偿还的计价货币不同。具体而言，投资者进行初始投资时，交出的投资资金和债券的利息均以同样的货币（本币）计价，而债券的本金偿还却以另外一种货币（外币）计价。在实践中，投资者收回的本金可能是外币，也可能是按当时汇率折算的等值的本币。因此，当两种货币的汇率发生变化时，将影响到该债券在期末收回的本金的本币价值，从而影响到投资的收益。双货币债券以外币作为债券本金偿还的计价货币，使得该债券蕴含了汇率风险。

双货币债券可以分解成为以下两类基本的金融工具。

（1）一份普通的、以本币计价的固定利率债券。

（2）一份或多份外汇远期合约。

其中，普通的固定利率债券保证了双货币债券能够为投资者带来固定的、以本币计价的利息收入，而外汇远期合约则可以在该债券发行时确定了以本币表示债券本金在未来所对应的外币数量；在该双货币债券到期时，通过执行外汇远期合约，获得确定数量的外币，并在当时的即期市场中将其换回本币。这样，双货币债券的本金偿还就受到期末时即期汇率的影响。如果本币贬值了,则可以换回更多的本币,投资该双货币债券的实际收益率就比较高;相反,如果本币升值了,则换回的本币就减少了,投资该双货币债券的实际收益率就比较低。由此可见,汇率风险影响投资者的收益。

下面给出双货币债券的一个例子,该双货币债券的主要条款如表 7-6 所示。

表 7-6　某款双货币债券的主要条款

项　　目	条　　款
发行人	某商业银行
发行规模	5 亿元人民币
债券期限	3 年
息票率	6.00%,按年支付,以人民币计价和支付
到期价值	0.8 亿美元

在表 7-6 的例子中,投资者以人民币 5 亿元投资于该双货币债券,并得到以人民币计价的债券利息 6.00%,这个息票率与市场同期同等条件下其他普通债券的息票率相比,要高出 100~150 个基点。但是,债券到期时回收的本金却是 0.8 亿美元,这相当于美元对人民币的汇率为 6.25,这个隐含的汇率比债券发行时外汇市场上的即期汇率要低。例如,当时的即期汇率可能是 6.42。该双货币债券面向持有人民币的中国投资者发行,其基本特征体现在以下三个方面。

(1) 利息收入不存在外汇风险。

(2) 利息收入要高于同期可比的普通债券的利息收入。

(3) 本金收回将承担外汇风险,风险敞口等于投资本金。

在该双货币债券到期时,人民币对美元的汇率将影响到投资的最终收益。图 7-8 展示了在不同的汇率情景上投资于该双货币债券所获得的最终收益率。

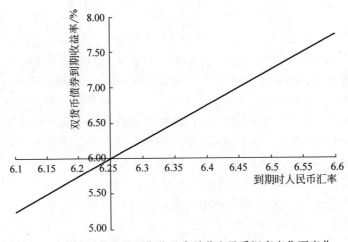

图 7-8　双货币债券的到期收益率随着人民币汇率变化而变化

可以看到,若双货币债券到期时人民币对美元的汇率恰好等于该债券所隐含的汇率水平 6.25,则投资者获得的实际收益率等于该债券的息票率,即 6%。若人民币对美元的汇率等于该债券发行时人民币的远期汇率6.10,美元对人民币贬值,则投资收益降低,实际的收益率是5.24%。若人民币对美元的汇率与债券发行时的即期汇率相等,为6.42,即人民币对美元币值稳定,这种情况下投资者获得的实际收益率等于6.85%,高于债券的息票率,升值部分来自美元对人民币升值。

双货币债券使得投资者可以从人民币贬值过程中获得相对较高的收益,这对于那些持有人民币资产、追求稳健投资但又不愿意提早将人民币卖出的投资者而言是有较大吸引力的。

双货币债券的构造使得投资的本金受到汇率风险影响,风险敞口比较大。有的投资者风险承受能力较低,不希望有这么大的汇率风险敞口。为了适应这部分投资者的需求,反向双货币债券被设计出来。这种债券与双货币债券的结构类似。两者最大的区别在于,反向双货币债券中利息收入是以外币计价并结算的,而本金则是以本币计价并结算。因此,投资者的风险敞口只体现在利息收入上,所以风险敞口是比较小的。

从发行者的角度来看,发行双货币债券后最主要的工作是对冲其中的汇率风险。对冲风险的方式通常是在二级市场中建立起相应的衍生产品头寸,以覆盖发行双货币债券所产生的外汇风险敞口。在表7-6的例子中,发行者相当于持有0.8亿美元的空头,远期汇率为6.25,期限为3年。发行者可以在外汇市场或者银行间市场建立新的远期合约,以适当的价格买入0.8亿远期美元。发行者通常可以利用其在外汇市场或者场外市场的批发商地位而获得比较好的远期价格。当然,发行者现有的资产组合可能就足以与新发行的双货币债券所产生的外汇风险形成自然对冲。

双货币债券的结构较为简单。在这个结构的基础上,可以增加一些额外的特征,从而创造出新的结构化产品。例如,可以加入可赎回条款,或者最优货币条款(即投资者可以选择使用众多外币中的一个作为本金偿还的结算货币)等。随着结构的复杂化,产品的定价和风险的对冲也越来越难以操作。

二、指数货币期权票据

指数货币期权票据(indexed currency option note,ICON)是普通债券类资产与货币期权的组合。其内嵌的货币期权将影响到票据的赎回价值。之所以称为"指数"货币期权票据,是因为内嵌期权影响票据终值的方式并不是简单地将期权价值叠加到投资本金中,而是以乘数因子的方式按特定的比例缩小或放大票据的终值。

指数货币期权票据中内嵌的期权可以具有多种类型,如看涨期权或者看跌期权;也可以是多个不同类型、不同执行价格的期权的组合。内嵌期权的结构特征决定了指数货币期权票据的风险和收益特征,同时也决定了这一类结构化产品的复杂程度。

下面介绍一款简单的指数货币期权票据,其主要条款如表7-7所示。

表7-7　某款指数货币期权票据的主要条款

项　目	条　款
发行规模	1亿美元
票据期限	5年
息票率	5.00%,按年支付,以美元计价和支付

续表

项　目	条　款
目标汇率	人民币对美元
到期价值	当到期时的即期汇率小于 6.5 时(人民币升值),投资者收回的本金 R 按如下公式计算: $$R = 1 亿美元 \times \left(1 - \frac{6.5 - S}{S}\right)$$ 其中,S 表示人民币对美元的汇率。 相反,当汇率等于或者大于 6.5 时(人民币贬值),投资者全额收回本金
最低到期价值	0

从表 7-7 中的到期价值条款可以看到,该指数货币期权票据中内嵌了人民币的看涨期权(即美元对人民币的看跌期权)。投资者投资于这款票据,相当于卖出了看涨期权。当人民币升值时,投资者将蒙受损失。卖出期权就可以得到期权费,这部分期权费将体现在该票据的息票率中,即票据的息票率 5% 要比市场同期同等条件下的普通债券的息票率高几十个基点。通过卖出期权而获得较高的息票率,这是收益增强结构。

此外,该票据还具有最低到期价值条款。从到期价值计算公式可以看到,当人民币大幅升值到 3.25,即升值 100% 时,产品的到期价值将等于零。如果人民升值幅度大于 100%,到期价值将是负数,意味着投资者在期末时不仅损失了全部本金,而且欠了发行人一定额度的资金。为了防止这种情况发生,票据设置了最低到期价值条款,使得投资者的最大损失局限在本金范围内,而不会更大。这相当于投资者从发行者处买入一个人民币看跌期权,期权的执行价是 3.25,即 6.5 的一半。这是一个深度虚值的期权,价值很低。

从发行者的角度来看,发行者相当于购买了 5 年期的美元对人民币的欧式看跌期权,行权价格为 6.5。发行者发行这款产品的主要目的是降低融资的成本,而不是承担汇率风险以求获得风险收益。所以,发行者通常会将所持有的期权多头卖出或者通过其他方式对冲掉该期权的风险。这时,发行者的交易对手通常是作为该票据创设者的投资银行或者证券自营商等金融机构。这样,发行者通过向交易对手卖出期权而获得期权费(一次性的或者逐年支付的),实现降低融资成本的目标。对于票据中内嵌的深度虚值的看跌期权,虽然其在未来进入实值状态的概率很低,但是发行人通常也需要对冲其带来的风险。对冲的方式就是建立执行价格为 3.25 的人民币看跌期权多头头寸,交易对手方通常也是由票据创设者担任。

作为发行者对冲期权风险的对手方,创设者通常也需要将其从发行者那里买入的期权进行证券化或者进一步风险对冲,以便有效地进行风险管理。这时,创设者通常有以下两种方式。第一种方式是在二级市场中将期权卖出,或构建相反的仓位。由于票据中内嵌的期权的期限是 5 年,而二级市场中通常没有这么长期限的期权,所以,创设者需要卖出短期限(1 年、6 个月甚至更短)的美元对人民币看跌期权,并且需要及时地进行移仓换月。在这个过程中,创设者遇到的风险是跟踪误差风险,即现金流不匹配的风险。因此,创设者并不一定能从结构化产品的交易中获取确定的盈利。第二种方式是创设者将该期权作为债务投资的一部分,为需要美元融资的客户提供人民币融资并将该期权卖给融资者。

这种方式操作起来更加简单,某些情况下也更加有效,所以是比较具有吸引力的操作方式。

以上所述指数货币期权票据的结构是比较简单的。对此结构进行修改,可以得到结构更为复杂的汇率类结构化产品。结构改造的方式有多种,例如,可以将汇率变动既联结到票据的到期价值,也联结到票据的利息收入,使得票据的风险更大,因为这样的结构相当于将一系列的货币期权加入票据当中,而不仅仅两个期权。

另外一种结构则是刚好与上述 ICON 的结构相反。上述 ICON 的例子中,汇率在 6.5 到 3.25 这个区间内变动时,投资者的本金赎回价值将随之变动。而在新的结构中,汇率只有在 6.5 到 3.25 这个区间之外变动时,产品的到期价值才会随之变动。这就从根本上改变了票据的期权的头寸方向。

第五节 信用类结构化产品

信用类结构化产品由固定收益证券和信用衍生工具构成。投资者通过投资于信用类结构化产品,将可以从债券或贷款类资产的价值变动、信用利差或者违约风险中获得投资价值。换言之,信用类结构化产品使得投资者可以通过承担信用风险而获得投资收益。

与其他结构化产品类似,信用类结构化产品的主要特征取决于其所嵌入的信用衍生工具。信用衍生工具是金融衍生工具的一类,其价值由企业或者政府等机构或者个人的信用风险所决定,而不是由信用衍生工具的发行人自身的信用风险所决定。对这两种信用风险的区分是重要的,因为信用衍生工具的主要功能是复制、转移和对冲信用风险,而工具的发行者通常与工具的标的所对应的机构(即企业或者政府)没有任何商业上或者金融上的联系。

在传统的金融环境中,若要承担特定机构的信用风险,只有通过为这些机构提供债务融资这种方式才能实现。例如,购买国债、公司债券或者直接向这些融资者提供贷款。融资者的信用等级变动将直接影响到这些债务类资产的价值变化。信用衍生工具使得特定融资者的信用风险可以被剥离并进行交易。因此,投资者即使没有为这些融资者提供债务融资,仍然可以从融资者的信用等级变化中获得投资收益,即可以通过承担信用风险而获得风险收益。

信用类结构化产品对投资者具有吸引力的属性主要包括三个方面。一是可以让投资者能够参与到在常规条件下无法参与或者难以参与的金融市场,如银行贷款市场。二是投资者通过投资信用类结构化产品而承担信用风险时,支付义务由产品发行者承担,而不是信用风险的主体承担,而发行者通常是具有高信用等级的大型金融机构,通常能确保履行在产品的标的信用风险事件发生时的支付义务。三是投资者通过投资信用类结构化产品,可以将信用风险作为一类独特的资产或风险因子加入其资产组合中,更有效地实现投资分散化。

一、全收益互换票据

全收益互换票据可以被用来复制一个债权类资产(银行贷款或债券等)或者多个债权类资产的投资收益。表 7-8 给出某款全收益互换票据的主要条款。

表 7-8　某款全收益互换票据的主要条款

项　　目	条　　款
发行者	某商业银行
票据面值总额	5 000 万元
期限	以下两个期限较短者： 1. 自发行日起 1 年； 2. 自发行日起至信用风险事件发生后的下一个利息支付日
标的资产	某公司从该商业银行获得的期限为 10 年、利率为 8%、规模为 10 亿元的商业贷款
息票率	3 月期 SHIBOR＋利差，按季度浮息
利差	250 个基点
到期价值	票据的到期价值 R 的计算公式是 $R＝$票据面值×(1＋标的资产价格变动率) 标的资产价格变动率＝(期末价格－期初价格)÷期初价格
最低到期价值	0

根据表 7-8 的条款，此全收益互换票据可以分解成以下两个部分。

（1）一份浮动利率债券，即基于 SHIBOR 的浮动利率票据。

（2）一份全收益互换，在该互换合约中，投资者将支付基于浮动利率的利息现金流，并获得基于标的资产全收益率的现金流。

对于这款全收益互换票据，要注意的地方有两点。一是标的资产价格变动率的计算。票据的标的资产属于商业贷款，所以计算期末价格时应该将这笔贷款累积的利息叠加进去，才能算出贷款的全收益率。换言之，标的资产价格的变动率是贷款的全收益率。二是标的资产的价格的计算。由于标的资产属于商业贷款，而这笔商业贷款并没有在二级市场上进行交易，所以其价格不是通过交易双方报价成交的，而是由独立的第三方根据特定的方法计算而得到。计算的方法有多种，可以是参考某个二级市场报价进行，也可以是通过向多个投资银行进行询价并综合而得到。这在实际操作中可能面临一系列的问题。因此，标的资产的选择通常局限于存在于机构间且成交较为活跃的债券。

这款票据的风险其实并不是纯粹的信用风险，还包含利率风险，即金融市场基准利率的变化将有可能影响到贷款的价值，从而影响到票据的本金赎回。然而，信用风险是这款票据的主要风险。当该公司发生信用风险事件时，贷款的价值将会受到影响。信用风险事件包括该公司信用评级的调整、违约事件发生等。当信用风险事件发生后，票据就到期并进行清算。

从投资者的角度来看，投资于该票据就承担了该公司的信用风险，而获得风险收益主要体现在到期价值条款上。如果信用风险事件不发生，则贷款的全收益率通常会大于 1，产品到期收益将大于初始投资，这相当于投资者间接地给这家公司提供了贷款并获得利率为 8% 的贷款利息，加上票据本身的息票率，投资者的投资收益就高于市场同期的投资收益（SHIBOR＋利差）。如果信用风险事件发生，贷款的价值将下降，有可能导致投资者收回的本金低于初始投资，从而蒙受投资损失。

从发行者的角度来看，由于发行者与该公司并没有商业上或金融上的联系，所以发行者发行这款票据的主要目的仍然是以合理的成本进行融资。为了达到这个目的，发行人需要将这款票据中的信用风险转移出去或者进行风险对冲，主要方法是与作为交易对手的证券自营商或投资银行签订全收益互换协议。

上述全收益互换票据是结构最简单的信用类结构化产品,在这个结构的基础上可以作出调整。例如,可以加入杠杆,放大投资的风险和收益。方法是调整票据的本金赎回条款,将

$$R = 票据面值 \times (1 + 标的资产价格变动率)$$

改为

$$R = 票据面值 \times (1 + 标的资产价格变动率 \times 杠杆倍数)$$

从结构上看,这相当于放大了全收益互换合约的合约规模,放大的倍数等于杠杆的倍数。

另外一种结构变化也是调整终值计算条款,将

$$R = 票据面值 \times (1 + 标的资产价格变动率)$$

改为

$$R = 票据面值 \times (1 - 标的资产价格变动率)$$

这相当于让投资者持有全收益互换合约的空头,使得投资者可以做空该公司的这笔贷款,即投资者在该公司发生信用风险事件时获得较高的投资收益。允许投资者做空某笔贷款,这在传统的情况下是无法做到的,只有在类似于这样的全收益互换票据中才能做到。

二、信用利差票据

信用利差是不同的债类资产之间因信用等级不同而存在的收益率差异。对于具有相同到期期限的两个债券,其一是公司债券,其二是国债,则通常情况下公司债的收益率要高于国债的收益率,高出部分几乎是由信用利差构成的。根据债券的二级市场成交价格的变动,可以算出债券的到期收益率,从而可以算出债券的信用利差。

当债券发行者的信用等级或者信用质量发生变化,其市场价格也会发生变化,从而导致信用利差的变化。这个变化过程蕴含着投资机会。基于信用利差可以开发出相应的信用利差类衍生品,进而可以设计出信用利差类结构化产品,即所谓的信用利差票据。

信用利差票据可以让投资者在不持有债类标的资产的情况下获得信用风险的敞口。此外,信用利差票据还可以使投资者的利率风险更低,即票据的价值的变化更多的是由信用风险导致,利率风险的比例更低甚至可以忽略。这使得票据的风险更加纯粹,更便于投资者调整资产组合的风险属性。

基于信用利差的金融衍生工具也有远期类和期权类,嵌入的金融衍生工具的不同,决定了信用利差票据的不同结构。表 7-9 展示了某款信用利差票据的主要条款。

表 7-9　某款信用利差票据的主要条款

项　　　目	条　　　款
发行者	某商业银行
票据面值总额	5 000 万美元
期限	3 年
发行价格	100(百元报价)

续表

项　目	条　款
息票率	3 月期美元 LIBOR＋利差
利差	125 个基点
参考债券	某主权国家所发行的主权债
基准债券	美国同期国债
到期价值	面值＋利差久期因子×（120 基点－信用利差）
信用利差	参考债券的到期收益率－基准债券的到期收益率

从结构上来看，表 7-9 给出的信用利差票据由一个 LIBOR 浮动利率债券和一个信用利差远期组成。信用利差远期合约体现在票据的到期价值条款上。当信用利差扩大时，到期价值将缩小，票据的投资收益率降低；相反，当信用利差缩小时，到期价值将扩大，票据的投资收益将提高。

要注意的一点是利差久期因子的影响。利差久期是债券价格对信用利差变化的敏感性。利差久期越大，则信用利差变化时，债券价格的变动幅度也越大，债券的风险级别就越高。例如，当某主权债的信用级别被下调，使其到期收益率提高了 1％，相应的债券价格下跌了 5％，则该债券的利差久期就是 5。利差久期是管理信用风险的主要指标。将信用利差久期放入该信用利差票据中，可以方便投资者明确该票据对其现有信用类资产组合的风险的影响。

投资者投资于这款信用利差票据，目的是从参考债券的信用风险变化中获利。当信用利差缩小时，投资者将获得较高的投资收益；相反，当信用利差扩大时，投资者将蒙受损失。这款信用利差票据的参考债券是某个国家发行的主权债券。在通常情况下，普通的投资者难以获得投资这类债券的机会。通过信用利差票据，投资者能够突破这些投资障碍，获得相应的投资机会，从而可以更有效地管理其资产组合。

对票据发行者而言，票据的信用利差风险是需要对冲掉的。对冲的方式通常是在场外市场与投资银行或者证券自营商建立相反头寸的信用利差远期合约。场外市场通常只有票据发行者以及大型的投资银行、券商才能参与，普通的投资者无法参与。从这个角度来看，发行者相当于将信用利差风险从批发市场买入并零售给了那些无法参与批发市场的投资者。

我们可以对以上给出的信用利差作出结构调整。例如，提高票据的投资杠杆，方法是扩大票据内嵌的信用利差远期合约的合约规模。这时，投资的风险和潜在收益也将被扩大。此外，还可以提高票据的息票率，方法同样是调整信用利差远期合约的条款，只不过这里调整的是合约的远期价格而不是合约的规模，即调整合约的远期价格使得合约在成立时的价值低于零，相当于从远期合约中拿出一部分价值补贴到票据的息票率当中。这种情况下，远期合约在到期时处于正价值的概率将降低，即投资的风险将提高。

信用利差票据中内嵌的信用类衍生品也可以是期权。表 7-10 给出了内嵌信用利差期权结构的信用利差票据的主要条款。

表 7-10　某款具有期权结构的信用利差票据的主要条款

项　　目	条　　款
发行者	某商业银行
票据面值总额	5 000 万美元
期限	3 年
发行价格	100(百元报价)
息票率	0
参考债券	某主权国家所发行的主权债
基准债券	美国同期国债
到期收益率	票据的赎回价值 R 的计算公式如下： $R=26\%$，如果信用利差在 95～140 个基点之间； $R=9\%$，如果信用利差低于 95 个基点或高于 140 个基点
信用利差	参考债券的到期收益率-基准债券的到期收益率

在表 7-10 中，信用利差票据的期权结构通常体现在到期收益率条款上。这款信用利差票据的息票率等于零，投资的收益完全体现在到期收益率条款上。从结构上来看，该款票据相当于由一个零息债券和两个二元期权空头构成，其中一个是看涨期权，另一个是看跌期权。期权空头所带来的期权费用反映在了票据的较高的投资收益上。具体而言，当票据到期时，如果两个期权都处于虚值状态，那么投资者将获得 26% 的到期收益率，这相当于约 8.02% 的年化投资收益率，因为 $(1+8.02\%)^3=126\%$。如果到期时有一个或两个期权处于实值状态，则投资者将获得 9% 的到期收益率，这相当于约 2.91% 的年化投资收益率，因为 $(1+2.91\%)^3=109\%$。

三、信用违约票据

信用违约票据的主要作用是为投资组合增加或减少债类资产的违约风险暴露。对于投资者而言，信用违约票据的主要功能是获得增强的投资收益。然而，信用违约票据也可来转移信用违约风险。

表 7-11 展示了一款信用违约票据的主要条款。

表 7-11　某款信用违约票据的主要条款

项　　目	条　　款
发行者	某 AAA 级商业银行
票据面值总额	5 000 万美元
期限	5 年
发行价格	100(百元报价)
息票率	LIBOR＋400 个基点
参考债券	某公司发行的公司债或该公司的某项借款
到期价值	如果信用风险事件在票据存续期间及票据到期时没有发生，则到期价值等于本金； 如果信用风险事件发生，则到期价值等于本金减去违约支付额
信用风险事件	信用风险事件包括如下三类： 1. 该公司无法支付到期的本金或利息； 2. 该公司破产； 3. 连带违约事件发生

续表

项　　目	条　　款
违约支付额	违约支付额是以下三个金额中的一个： 1. 票据面值的某个比例，如 60%； 2. 参考债券在票据存续期间的价格变动率乘以票据面值； 3. 违约事件发生后参考债券的价值

从结构上来看，这款信用违约票据由一个浮动利率债券和一个信用违约互换合约构成。投资者在该信用违约互换合约中属于违约保险的卖方。违约支付额或者违约回收率（recovery rate）被设计在票据的本金赎回条款中。

由于投资者向票据发行者提供了信用违约保护，所以投资者将获得一定的费用收入，类似于保险公司提供保险而获得的保险费收入。这部分费用收入反映在投资者持有该票据时所获得的息票率上。该息票率要高于市场同期的付息债券收益率。根据参考债券发行人的信用违约风险的高低，息票率的设定也会有高低变化，并体现在息票率条款中的利差上面。具体而言，如果该公司的违约风险比较高，那么利差就比较大，投资者将获得较高的利息收入；相反，如果该公司的违约风险比较低，那么利差就比较小，投资者获得的利息收入也比较低。利差通常在票据发行时就已经确定，并在票据存续期间保持不变。利差的存在表明了这款票据具有收益增强结构。

投资者投资于这款票据的主要风险在于当信用违约事件发生时，产品到期价值将低于初始投资的本金，即本金发生亏损。亏损的幅度取决于如何计算违约支付额。表 7-11 中给出了三种计算方式。在实际中，具体的票据设计可能选用其中一个。

票据发行者的目的是通过发行票据而以可接受的成本融入资金，而不是承担信用风险并获得风险收益。所以，票据发行者在票据发行之后通常会在衍生产品市场中与交易对手建立新的信用违约互换合约，从而对冲掉票据内嵌的信用违约互换合约给其带来的信用风险。

在此票据基础上可以作出结构变化，例如，票据的到期价值可以设定为等于参考债券的赎回值，使得投资者在信用违约互换合约中处于违约风险的买方。此外，还可以将违约风险嵌入票据的利息支付而不是到期价值中，这样，票据的风险就比较低。与前面介绍的信用类结构化产品一样，我们可以通过扩大信用违约票据中的信用违约互换合约的规模来产生杠杆效应，从而扩大票据投资的风险和潜在收益。也可以将基于标的资产的期权嵌入票据中，使其具有本金保护结构。

票据的参考债券除了公司债券之外，还可以是主权债券。在新兴市场经济国家的经济蓬勃发展的时候，就有许多境外投资者希望通过承担这些国家发行的主权债券的违约风险而获取较高的投资收益。其所用的工具就类似于表 7-11 所给出的信用违约票据。

四、合成债券

合成债券（synthetic bond）是一系列证券的组合，使得其投资收益和风险特征能够复制某个机构（政府或企业）所发行的债券或所借入的贷款。从构成上而言，合成债券可以通过固定收益证券（固息或浮息）以及全收益互换的组合而得到。这使得合成债券的结构与全收益互换票据的结构很相似。然而，合成债券的市场运作与全收益互换票据的运作方式有很大差异。

合成债券的发行人是一个特殊目的机构,该机构通过建立由固定收益产品证券头寸和信用衍生工具头寸构成的资产组合,使该组合的投资收益和风险能够复制标的债券的收益和风险。由于特殊目的机构充当了发行人的角色,而该机构的信用等级是不确定的,所以,在合成债券发行之前,特殊目的机构需要引入第三方信用评级机构来对其构造的合成债券进行信用评级,以便投资者接受该合成债券。此外,合成债券的发行规模通常比较大,而且有组织完善的二级市场,有的合成债券甚至可以在公开的证券交易所挂牌交易。这些额外的运作机制,确保了合成债券能够获得投资者的认可,吸引投资者进行投资。

对于投资者而言,标的债券可能是很有吸引力的资产,但是投资者由于各方面的限制而无法参与投资,或者投资者对该标的债券的发行人的信用状况有深入的研究和把握,期望通过特定的信用类结构化产品使得其研究能够转换成为投资收益。这时,投资者可以借助合成债券来实现其投资目标。

表 7-12 给出了一个合成债券的例子。

表 7-12　某款合成债券的主要条款

项　　目	条　　款
发行者	某特殊目的信托机构
信用风险标的	某上市公司
发行规模	6 亿美元
债券期限	5 年
息票率	同期国债收益率＋68 个基点
二级市场	某证券交易所

该合成债券的交易过程如下:首先,投资者买入这款合成债券;其次,若作为信用风险标的的某上市公司在债券持续期间没有发生信用违约事件,则投资者按照约定获得利息收入和本金偿还;如果发生了信用违约事件,则投资者获得的本金偿还的价值将等于该上市公司的债务回收价值。其中的信用违约事件是该上市公司对其债务(参考债券)的违约,包括无法支付债务本息、破产或者资不抵债,或者该公司的信用利差超过预定的限额等事件。信用违约事件通常会在合成债券合约条款中有明确的规定。

这款合成债券还要约定的一点是当违约事件发生后,如何计算标的债务的回收率。如果标的债务可以在二级市场成交,则可以使用二级市场的成交数据作为主要参考。如果没有二级市场,则要明确规定由哪些机构、做市商共同参与调查并确定债务的回收率。

从结构上来说,作为发行者的特殊目的机构,其构造合成债券的方法主要有两种。第一种方法是用合成债券发行所融入的资金买入固定收益证券(固息或浮息都可以,因为固息债券可以通过利率互换而转为浮息债),与此同时,发行者与交易对手方建立一个全收益互换合约,约定向对手方支付浮动利率,并获得标的公司发行的债券或债务的全收益。第二种方法与第一种方法类似,唯一不同的是发行者在全收益互换中属于信用风险保护的卖出方,即发行人获取基于某个基准利率加上利差的利息收入,并向对手方支付标的公司债务的全收益,所以发行人的头寸与第一种方法中的头寸刚好相反。在第二种方法中,由于卖出了信用风险保护，所以可以获得保险费用，使得合成债券的息票率高于市场同期的收益率。这就是常见的收益增强结构。

无论运用哪种方法构造合成债券，都要确保所建立的固定收益证券能够满足一定的信用评级，以使该合成债券能够顺利发行或者符合相关的监管规定。

由于特殊目的机构在合成债券中充当了发行人的角色，所以，合成债券的风险与常规的、由高信用等级的大型金融机构充当发行人的全收益互换票据有比较大的差别。具体而言，合成债券的风险体现在以下三个层面。第一，标的债券或债务的信用风险；第二，合成债券中固定收益证券内含的信用风险；第三，全收益互换交易对手的信用风险。

在通常情况下，投资者投资于信用类结构化产品，所愿意承担的信用风险只有第一层面的信用风险，其他两个层面的风险应该尽量做到最小化。为了实现这个目标，特殊目的机构在构造合成债券时应该注意以下三点。第一，应该使用高信用等级的固定收益证券，如信用等级为 AAA 级国债券或其他债券；第二，在选择全收益互换合约的交易对手时，应该选择那些具有 AA 甚至 AAA 级的金融机构；第三，引入其他金融机构作为全收益互换合约的交易对手，使得合约规模可以分散到多个交易对手中，避免信用风险过度集中，同时，也选择另外一些金融机构，使其在现有的交易对手发生违约时能够吸纳掉违约交易对手所持有的头寸，这相当于要求现有的交易对手对其所持的头寸进行一定程度的风险对冲。

以上三点是特殊目的机构在发行合成债券时要做的，目的就是实现信用增强。只有实现了信用增强效果，才能吸引投资者进行投资。

第六节　结构化产品的定价与风险评估

结构化产品作为金融产品的一类，其定价和风险评估的方法在总体上与其他金融产品——特别是金融衍生产品——的定价与风险评估方法相一致。

结构化产品的定价要遵循无套利原则，产品的价格应基本相当于其各个组成部分的价值的总和。各个组成部分的价值的确定则遵循各自的定价方法，如固定收益证券的定价要反映未来现金流的结构和同等条件下其他固定收益证券的市场价格，而衍生产品的定价也是遵循无套利原则而得到。

在风险评估方面，要识别出产品的风险因子，度量产品价格对风险因子的敏感性以及结构化产品的加入对已有投资组合的风险的影响。当然，结构化产品的定价和风险评估也有其独有的特性，需要加以充分说明。

一、结构化产品的定价

结构化产品的定价不仅仅是将其内嵌的各个组成部分的价值的简单加总，其中涉及的一些特殊问题会影响到结构化产品的定价。这些特殊问题主要包括四个方面。

第一，结构化产品的定价要反映产品中内嵌的各个组成部分的价值之间所具有的相关性，因为这部分相关性将会影响到产品的风险特征，从而影响到产品的价值。结构化产品中的固定收益证券的价值受到市场利率波动的影响，而内嵌的期权等衍生产品的价值则受到标的资产价格变动以及波动率等因素的影响。因此，驱动结构化产品价格变动的风险因素至少有两个,甚至更多。这些风险因素之间通常存在一定的相关关系。例如,对于以某个股票价格指数为标的资产的结构化产品而言,该指数的变动就有可能与利率的变动有一定关联性,因为利率的变化对股票市场而言是系统风险的一部分。这个问题对于利率类结构化产品而言尤为突出,因为利率类结构化产品的风险因子都是利率,如果多个利率影响到产品的定价,那么利率之间的相关性的度量变得至关重要。

第二,对结构化产品中的各个组成部分进行分别交易的能力是影响结构化产品定价的一种重要因素。如果结构化产品的各个组成部分可以简便地进行独立交易,那就相当于可以简便地构造出该结构化产品。发行者发行结构化产品之后,通常需要对产品中的风险开展对冲交易。对冲操作的效率在很大程度上依赖于该结构化产品在多大程度上能被分解并对其中的组成部分进行交易。若能便捷地对结构化产品中的各个组成部分进行分别交易,那么结构化产品的价格波动就有一定的约束区间。相反,如果结构化产品的组成部分在单独交易时受到比较多的限制,那么结构化产品的定价就会面临一定的困难。

第三,发行人带来的信用增强效果提高了结构化产品的价格。理想的结构化产品应该能够实现市场风险(包括信用类结构化产品的标的债务的信用风险)和发行人的信用风险的完美分离。结构化产品的价值通常受到金融市场中的多个变量(各种不同的风险源)的影响,它们的影响方式和程度都是各自不同的,并通常都体现在该产品的结构定义中。投资者之所以愿意承担该市场风险,一方面可能是投资者对相应的市场变量有比较深入的研究,对其未来走势有较为准确的把握;另一方面可能是该市场风险与投资者所持有的其他资产组合形成一定的配合或对冲关系,使投资者资产获得比较好的配置。与此相应,投资者通常不愿意承担发行人的信用风险。因此,好的结构化产品要能有效地分离市场风险和信用风险。这就提出两个要求,一是结构化产品的发行者通常是具有比较高信用等级的机构,从而使产品的信用风险溢价比较低甚至可以忽略;二是高信用等级的发行者发行某一款结构化产品,相当于提高了该结构化产品的信用等级,即所谓的信用增强。发行者提供了信用增强,就要索取一定的回报。这个回报通常体现在结构化产品的价格上。也就是说,结构化产品的价格除了包含其各个组成部分的价值之外,还要包括发行者提供信用增强而要求的回报。

第四,结构化产品卖方为投资者提供了金融服务,从而要收取一定的费用。这个费用通常反映在投资者买卖结构化产品的价格上。结构化产品的卖方包括产品的创设者和发行者。

创设者经过对投资者需求的深入调查,对金融市场的深刻理解,以及对金融工程技术的娴熟把握,才能创设出较为成功的、有价值的产品,亦即满足投资者需求、优化投资者资产配置的产品。这样,创设者就为投资者提供了有价值的服务,并要收取一定的报酬。

对发行者而言,其在结构化产品业务中的风险管理能力是其获取收益的根本。发行者发行了结构化产品之后,通常要根据产品的特征而在相应的金融市场中实施对冲交易等风险管理行为。针对一些定制化程度较高的产品,相应的风险管理工作就更复杂。另外,发行者还可能为投资者提供做市服务。虽然没有明文规定,但是结构化产品的发行者在发行产品的同时,也扮演产品做市商的角色,有时甚至还是唯一的做市商。一个产品有了做市商的参与,投资者在交易产品时就有了比较好的市场流动性作为支撑,从而比较愿意接受这样的产品。当然,结构化产品的发行者和做市商同为一个机构的话,产品的透明

拓展阅读 7-3
两类结构化产品
的定价与构建

性以及市场竞争都缺乏,这通常会让人们禁不住怀疑产品的价格对投资者而言是否公平。然而,毋庸置疑的是,投资者通过做市商进行产品投资时,要承担一定的交易成本。经验法则告诉我们,结构化产品越复杂,则交易成本越高。总的来说,发行者提供了专业的风险管理手段以及做市服务,从而也需要获取一定的报酬。这部分报酬通常也反映在结构化产品的价格上。

二、结构化产品的风险评估

结构化产品的风险评估方法依赖于产品所内嵌的各个组成部分的特征。结构化产品由固定收益证券和金融衍生品这两类资产所构成。所以,在度量结构化产品的风险时,要区别对待。对于其中的固定收益证券,可以使用普通久期、利差久期、凸性等指标来评估风险。对于其中的金融衍生品,可以使用 Delta、Gamma 等希腊字母来评估风险。要明确的一点是,无论是久期、凸性、还是 Delta 或其他指标,都是度量金融产品对某个风险因子的敏感性,包括一阶敏感性和二阶敏感性以及交叉敏感性等。所以,它们在数学上是一致的,主要的区别只在于风险因子的差别。

在综合评估中,要明确各类指标的可比性以及可加性,同时要尤其注意各类风险因子的相关性。

在风险评估的实践中,还应该注意从资产组合的角度来评估结构化产品的风险。这里的资产组合,既包括各类结构化产品组成的资产组合,也包括结构化产品与其他资产所组成的资产组合。

资产组合管理的模式大体上可以分为两种类型。一种是被动的组合管理,另一种是主动的组合管理。在被动的组合管理中,管理的目标是使得所管理的资产组合的价值变动尽量地接近甚至等于某个相关的金融市场指数的行情变动。典型的例子就是股票指数基金。被动的组合管理所用的方法是针对指数的构成而相应地在流动性较好的二级市场中构建资产组合并复制出指数的波动。这里的复制既可以是部分复制,也可以是完全复制;既可以是直接复制,也可以是间接复制(如通过指数的衍生产品来合成)。在主动的组合管理中,管理的目标是在承受既定的风险的情况下获得超过基准指数的收益。大多数开放式基金以及对冲基金都属于主动的组合管理,其中的管理者有比较宽的决策空间,不同组合之间的差异也比较大。

结构化产品既可以放入被动管理的资产组合中,也可以放入主动管理的资产组合中。例如,内嵌了股指远期或者股指期权的结构化产品可以放入一个指数基金当中,以复制股指的行情表现。又如,一个以收益率曲线为标的资产的、具有杠杆的结构化产品可以被放入一个积极管理的资产组合当中,这时组合的管理人相信收益率曲线的变化将符合其预期,且结构化产品能让他以比较有效的成本来获得这样的投资机会,从而产生预期的收益。

在不同的组合管理模式下,风险管理的着重点是有差别的。对于被动管理的资产组合而言,主要的风险其实是跟踪误差的变化。这样的资产组合中,结构化产品通常是被持有到期的,持有时间比较长。因此,对结构化产品风险的考察通常要关注产品现金流风险。

对于主动管理的资产组合而言,主要的风险是市场的系统性风险以及结构化产品的标的资产变化带来的结构化产品的价格波动。在这样的资产组合管理中,管理人通常会根据市场行情的变化而较为频繁地交易结构化产品,甚至对其进行分解、对冲和重新包装等操作,而很少有买入并持有到期的情况。因此,主动管理的资产组合的管理人对结构化产品风险的考察就比较全面,不仅包括现金流风险,还包括流动性风险和市场风险。

本章小结

(1) 结构化产品是金融市场产品创新的集中表现。通过灵活组合不同的固定收益证券与金融衍生品,可以得到具有不同风险-收益特征的结构化产品,满足投资者的个性化投资需求。结构化产品市场的主要参与者是创设者、发行者、投资者和套利者。创设者根据需求而设计产品并实施风险对冲策略,发行者为产品提供信用增强,投资者通过承担市场风险而获取期望收益,套利者则能够提高产品定价效率。

(2) 股权类结构化产品内嵌了以股权类资产为标的的金融衍生品。保本型产品和收益增强型产品是股权类结构化产品的典型代表。LYONs 则是结构较复杂的股权类结构化产品,既包含个股风险,也包含利率风险。通过分析 LYONs 的结构,可以认清产品对投资者和发行者的意义。

(3) 利率类结构化产品内嵌了以利率或债券价格等利率类变量为标的的金融衍生品,典型代表是逆向浮动利率票据和区间浮动利率票据,其所嵌入的结构化产品分别是利率互换和利率期权。

(4) 汇率类结构化产品内嵌了以汇率为标的的金融衍生品,典型代表是双货币债券和指数货币期权票据。

(5) 信用类结构化产品内嵌了固定收益证券和信用衍生品。其中,信用衍生品主要包括全收益互换、信用利差远期和期权以及信用违约互换。不同的信用类结构化产品的差别主要来自内嵌的信用衍生品不同。

(6) 结构化产品的定价以无套利定价为基础,同时需要考虑:产品内部构件的相关性,产品创设者和发行者的交易能力,信用增强效果和相关费用。在风险评估方面,常规的敏感性分析依然适用,但是尤其要注意各个风险因子之间的相关性。

关键术语

结构化产品　股权类结构化产品　保本型产品　收益增强　信用增强　流动收益期权票据　逆向浮动利率票据　区间浮动利率票据　双货币债券　逆向双货币债券　指数货币期权票据　全收益互换票据　信用利差票据　信用违约票据　合成债券

复习思考题

1. 结构化产品市场的参与者及其各自的职能是什么?
2. 如何构造完全保本型结构化产品?
3. 如何构造收益增强型结构化产品?

4. 如何提高结构化产品的杠杆水平?

5. 如何设计一款结构化产品让投资者可以做空某个实体的信用?

6. 如何设计一款结构化产品让投资者可以做空房地产市场?

7. 影响结构化产品定价的因素有哪些?

即测即练

第八章

风险管理

本章学习目标

通过本章学习,学员应该能够:

1. 从金融机构开展金融衍生业务的角度出发,理解开展业务之后所面临的各类风险的含义和特征;

2. 掌握市场风险度量的主要方法,理解各类方法的主要用途和局限性;

3. 掌握如何运用各种方式和工具来对冲业务过程中所产生的市场风险。

【本章导读】

金融衍生品最早是作为风险管理的工具而出现的。无论是金融机构还是非金融机构,在识别市场风险之后,通过恰当地构建金融衍生品头寸,就能够在一定的时间内将所面临的风险控制在既定的范围内。从金融机构的角度来看,随着市场的发展和金融衍生品交易方式的不断创新,金融衍生品交易本身成为一项重要的业务。

金融机构开展金融衍生品业务,大多数情况下是将其作为风险转移的中介,通过特定的产品来满足客户的市场风险管理需求,继而在市场中进行交易并将风险转移给市场。此外,某些金融机构也充分利用金融衍生品来主动承担风险。无论开展哪项业务,金融机构都面临全新的风险,即来自金融衍生品交易的风险。这些风险与传统的金融业务的风险有比较大的差别,并越来越受到金融机构本身以及监管机构的重视。本章将介绍金融机构在开展金融衍生品交易时如何识别、度量以及对冲其所面临的风险。

本章知识结构图

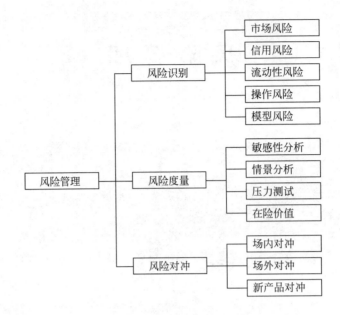

引导案例：如何有效管控场外衍生品风险

中拓系公司在风险管理公司进行大量卖出 PTA 场外看涨期权的交易，当期主力 PTA1909 期货合约在 7 月 1 日、7 月 2 日连续两个交易日涨停，作为看涨期权卖方的中拓系应追缴足额保证金或有效减少仓位以缩小风险敞口。但风险管理公司在多次发出追加资金通知的情况下，中拓系仍未依据合同约定入金或减仓，故风险管理公司对该客户的场外期权头寸采取强行平仓操作以释放风险，损失金额为穿仓造成的损失。根据业内人士称，这次穿仓的不只华泰期货一家，还涉及其他 5 家期货公司风险管理子公司，被集体穿仓了。

从事金融衍生品交易相关业务的金融机构，无论是利用衍生品进行风险对冲，还是利用衍生品进行产品创新，只要建立了衍生品头寸或者其他金融产品头寸，都将面临各种方面的风险。这些风险可以识别出来，而且某些风险可以较为精确地度量，从而可以提高风险管理的效率。

本章从金融衍生品的经营机构的角度阐述如何管理金融衍生品业务中的风险。从事金融衍生品经营的机构基本上都是具有相应资格的专业型或者综合型金融机构，包括商业银行、投资银行、保险公司、信托公司、共同基金以及对冲基金等。其金融衍生品业务，主要是指包括金融衍生品的自营交易、做市、资产管理等在内的非经纪业务，这类业务的开展需要金融机构通过特定的交易账户在金融衍生品市场中进行主动的交易。在业务开展过程中，金融机构在其账户上将累积一定量的金融衍生品头寸，而金融衍生品的价格波动将会使金融机构的资产价值发生波动，面临一定的损失风险。此外，在业务开展过程中，各项具体工作、业务流程相互衔接，机构内部各个部门以及机构之间存在各种层面的协作,使得业务的复杂性较高,这也能提高业务的风险程度。金融衍生品业务的风险管理,是指识别出业务开展过程中所面临的各类风险,分析各类风险的性质,找到恰当的管理方式。

第一节　风险识别

风险识别是指识别出金融机构开展金融衍生品业务时所面临的各类风险。按照不同的分类方法,这些风险可以分为不同的类别;而不同类别之间的风险存在较大差异,需要有针对性地开展风险管理。因此,风险识别是进行风险管理的第一步。

风险识别可以在不同层面上进行。对于从事金融衍生品业务的金融机构而言,风险识别的层面大体上可以分为三个,由下至上分别为产品层面、部门层面和公司层面。产品层面的风险识别,在于识别出影响产品价值的众多风险因子,如一份场外期权合约,影响其价值的风险因子通常包括标的资产的价格、波动率和利率等基本因子。需注意的是,即使某个因素能够影响到产品的价值,如果该因素的变化是确定的,那么该因素也不能成为影响产品价值的因子。例如,时间的流逝使期权的价值发生损耗(time decay),所以期权的剩余时间是影响其价值的一个因素,但是时间的变化是确定的,所以时间本身不能成为风险因子。部门层面的风险识别包含了产品层面的风险识别,并应在此基础上识别出各个风险因子之间的相关性,这是因为一个业务部门可以同时开展多个金融衍生品的交易及相关业务,而影响这些金融衍生品的众多风险因子之间可能存在一定的相关性,而且其相关程度又通常存在一定的随机性。该随机性使得部门层面的经营和业务面临一定的风险。对于金融衍生品业务而言,如果说产品层面和部门层面的风险识别更多的是关注市场本身的变化所导致的不确定性,那么公司层面的风险识别则更多的是关注业务开展流程中出现的一些非市场变化所导致的不确定性,当然,部门层面的风险也将体现到公司层面。

按照风险性质的不同,金融衍生品业务中的主要风险可分为市场风险、信用风险、流动性风险、操作风险(operational risk)和模型风险。下面将依次对这些风险进行阐述和解析。

一、市场风险

市场风险也称价格风险,是指外部市场行情的变化对金融机构包括金融衍生品在内的资产组合的价值所带来的不确定变化。对于金融衍生品业务而言,市场风险是最明显的风险。

金融机构在开展金融衍生品业务时,其所持有的金融衍生品头寸可能处于未对冲状态。这种情况下,金融市场的行情变化将有可能导致衍生品头寸的价值发生变化,出现亏损,使金融机构蒙受损失。例如,金融机构与某企业签订了一份场外期权合约,该期权的标的资产是欧元对美元的汇率。签订合约后,如果金融机构没有进行风险对冲,那么人民币对美元汇率的变化就有可能使该场外期权合约的价值发生变化,金融机构也因此有可能在这一笔场外业务中产生亏损。这种情况下,金融机构应该认识到欧元对美元的汇率是该场外期权合约的一个主要风险因子。

即使金融机构对其金融衍生品头寸进行了风险对冲,也有可能承担一定的市场风险。这是因为在特定的市场约束条件下,有一些金融衍生品的市场风险无法完全对冲。例如,对于一个只有期货交易而没有期权交易的金融市场,从事场外期权业务的金融机构,虽然可以利用期货交易来对冲大部分的市场风险,但是场外期权的 Gamma 风险、Vega 风险等都无法对冲,而这两个风险都属于市场风险。在这种条件下进行场外期权交易,需要识别出这两类无法对冲的市场风险。

二、信用风险

信用风险来源于金融衍生品业务的交易对手方的违约可能性。金融衍生品分为场内交易的金属衍生品和场外交易的金属衍生品。二者在信用风险方面存在较大的差异。

场内交易的金融衍生品通常在正规的、受监管的金融交易所内进行;交易所充当场内交易的所有金融衍生品的交易对手方,利用其雄厚的资金实力和风险管理能力来确保金融衍生品的履约。交易所通常有一个专门的部门来开展这项业务。在一些金融市场,金融衍生品的结算和清算由一家不隶属交易所的清算机构来确保,这样的金融机构通常有交易所参股或控股。在这种条件下,场内交易的金融衍生品通常没有信用风险,或者信用风险极低。

场外交易的金融衍生品则存在或低或高的信用风险。场外交易的远期、互换、期权等金融衍生品通常是个性化的、非标准化的。产品的合约条款通常要比交易所场内交易的同类产品复杂。这是因为交易一方如果在场内就能找到合适的金融衍生品来满足其交易目的,那么它通常不会使用场外产品。场外产品的个性化特征是它吸引交易者的最主要特征。但是,非标准化意味着产品的条款复杂,而复杂的产品比较难以进行估值和定价,从而难以进行大规模的、集中的结算和清算。因此,场外交易的金融衍生品虽然在总体规模上比场内的还要大,但是却没有类似交易所或者清算公司这样的机构充当中央对手方。

拓展阅读 8-1
场外衍生品交易
中的信用风险

这种情况下,场外产品到期时如果合约价值发生很大的变化,而合约中承担或有负债的一方正面临一定的财务困难,从而有可能选择违约或者不得不违约。这时,合约另一方就承担一定的损失。此外,部分场外交易的金融衍生品通常通过授信或者一些价格波动程度较高的资产来充当履约保证金,这种方式的操作虽然提高了资金使用效率,但是也提高了产品的杠杆,并使产品的信用风险敞口扩大。

三、流动性风险

金融衍生品业务的流动性风险是指金融机构无法在较短的时间内以合适的价格建立或者平掉既定的金融衍生品头寸。界定流动性风险的关键在于时间和价格。既定规模的金融衍生品的建仓或平仓所需的时间越短,则产品的流动性越高,流动性风险越低;相反,如果实现既定的目的需要较长的时间,则说明产品的流动性较低,流动性风险较高。在交易价格方面,无论是建仓还是平仓,交易的价格如果与产品的价值偏离很小,则表示流动性较高,反之则说明流动性较低。通过降低价格通常可以把价值非零的金融衍生品产品头寸快速卖出去,但是卖出的价格较低的话,金融机构的预期收益就会降低甚至会蒙受亏损,这就是流动性风险的一个体现。

与信用风险类似,场内交易的金融衍生品和场外交易的金融衍生品在流动性风险上存在较大的区别。通常情况下,场内交易的金融衍生品具有良好的流动性。场内交易的金融衍生品是标准化的合约,信用风险较低甚至为零,并且通常拥有较为透明的定价机制,如撮合成交、交易数据公开等,这使得场内交易的金融衍生品吸引了众多交易者。虽然场内交易的金融衍生品合约有多个,但是大多数合约都有较好的流动性,即产品的成交量较高。同时,在有些金融衍生品交易所,场内交易的每个合约都有一个或多个做市商提供竞争性的报价。从而可以让其他交易者及时地找到交易对手进行交易。当然,场内交易的金融衍生品也有可能出现流动性风险较高的情况,如某些交易所内规定场内交易的合约遵循涨、跌停板制度或熔断制度,当交易价格触及停板或者熔断,市场就失去流动性,而产品的流动性风险就会提高。

相对而言,场外交易的金融衍生品的流动性风险要高于场内交易的金融衍生品的流动性风险。其根本原因,仍然在于场外交易的金融衍生品的非标准化特征。场外交易的金融衍生品通常是交易双方根据各自的需求相互协商而确定的。如果交易中的一方在合约未到期前想把合约平仓,而另外一方不同意,那么计划平仓一方就面临较大的困难。场外交易的产品通常是一对一的交易,特定的场外合约未必能够满足第三方的需求,因此,要想把合约转移给第三方,也有较大的困难。这些都是流动性风险的体现。在流动性极低的情况下,场外衍生品合约双方通常只能将合约持有到期并进行清算实现平仓,而无法或者难以在之前通过转让或其他方式进行平仓。执意平仓的话,提出平仓的一方将面临较高的价格折让。

金融衍生品的流动性风险还与该衍生品的交易规模有密切关系。如果金融机构交易的规模占据整个市场规模的大多数,则无论是建仓还是平仓,金融机构都面临较大的困难,表现为要么花较多的时间去分散交易,同时无法确保交易价格的稳定,要么提供较高的价格折让给交易对手以便快速地达成交易。因此,交易规模越大,则流动性风险越大。

四、操作风险

操作风险也可以称为运行风险,是金融衍生品业务开展过程中不当或失效的内部控制过程、人员和系统以及外部事件造成损失的可能性。操作风险既可以是由公司或者部门内部因素所造成的,如交易员发出错误的交易指令或者泄密等,也可以是由外部因素导致的,如电网断电导致自动化交易系统停机以致错过交易时机等。简而言之,操作风险所包含的范围很大,并且与信用风险或市场风险几乎没有重叠。因此,操作风险的识别,关键在于深入理解金融衍生品业务开展的流程,分析流程的各个环节,并从系统安全的角度,通过内部控制流程、机构、职责的设置,来实现操作风险的有效管理。

操作风险是风险类别中的一个大类,在具体的金融衍生品业务当中可以有多种多样的表现形式。从内部控制流程上来看,金融衍生品业务的开展,涉及交易账户的操作、交易资金的调拨以及交易记录的保存和各个权限的设置等。这些不同的流程需要特定的权限,而且相互之间应该有较为明确的隔离。对于一家规范的金融机构而言,交易账户的操作者不应该具有资金的自由调拨权利,或者只在一定的时间和额度内具有自由调拨的权利。交易账户操作者通常不能直接修改资金账户、交易账户的交易记录,也不能充当交易记录的保管人。如果在这些权限上没有明确的划分和隔离,就有可能出现交易员出于私利而扭曲真实信息并导致风险被掩盖。著名的例子就是金融衍生品交易员的违规操作致使巴林银行倒闭[①]。

从交易系统上来看,公司内部的交易系统、估值系统、风控系统以及财务系统等各个信息技术板块之间都有可能因为信息系统被破坏而导致金融衍生品业务运行面临风险。交易系统是将交易指令发送到交易所并接收交易回报信息和行情信息的系统。估值系统是根据当前市场行情信息来确定账户持仓中各个产品价值的系统。风控系统是对交易指令进行审查并监控账户状态的系统。财务系统则是记录交易盈亏、现金流动以及资产负债状态的系统。各个系统之间必须有一定的隔离,但又必须保持一定的同步和顺序。这些要求如果得不到满足,那么在系统之间以及系统内部就有可能出现操作风险。例如,交易指令在从交易系统中发出之后,通常需要经过风控系统来确认交易指令在当前账户下是否合理,包括是否违反既定的开仓标准、限额以及是否有足够的资金等。对于一些要求极高交易速度的交易系统而言,交易指令经过风控系统,需要损耗一定的时间,增加了交易指令的延迟。为了达到更低的延迟,有些机构直接将交易指令发送到交易所,中间不经过任何前端审核。这种情况下,操作风险就比较高,会出现类似"乌龙指"等极端风险事故[②]。风险管理者应该识别出这样的操作风险的存在。从这个角度来看,操作风险的识别需要风险管理者十分了解金融衍生品业务的各个细节和流程。

五、模型风险

无论是给金融衍生品估值,还是建立金融衍生品的风险度量和对冲策略,都需要用到金融衍生品的定价模型。模型是对现实的近似,也是对真实市场情况的一种抽象。由于真实市场条件的复杂性以及计算能力的限制,模型给出的估计可能与真实情况有一定的偏离。因为所使用的模型存在不恰当之处而导致定价或者风险度量和对冲策略有误,进而导致金融衍生品交易业务的开展所面临的风险,称为模型风险。

无论是场内交易的金融衍生品,还是场外交易的金融衍生品,都需要根据市场行情的变化而进行定期的重新估值。该估值在金融业务中具有重要的应用,如用以计算金融机构的风险水平、确定产品的保证金水平或者产生准确的财务报表等。重新估值既包括对金融衍生品价格的重新估计,也包括对金融衍生品的各项风险指标的重新估计。重新估值时通常需要用到一定的估值模型或者定价模型。模型风险就存在于这项工作中。模型风险分为两种,一种来源于产品被卖出或买进时模型给出的价格失准,造成产品买入价格太高或者卖出价格太低;另一种来源于对冲,如果使用了错误的模型,模型计算出来的对冲比率就会偏离实际所需的对冲比率,相应地,构造的对冲交易策略也有可能出现偏差。

---

① 参考维基百科 https://en.wikipedia.org/wiki/Nick_Leeson.
② 参考维基百科 https://en.wikipedia.org/wiki/Fat-finger_error.

对于金融衍生品价格的重新估计,不同的金融衍生品的模型风险存在一定的差异。对于场内交易的金融衍生品,若产品具有一定的流动性或者存在做市商,则其价格的重新估计可以通过市场成交价格或者做市商的报价进行确定。这样的估值方法称为盯市估值(marking to market)。这种情况下,产品估值的模型风险相对较低。如果所交易的金融衍生品没有二级市场并且没有做市商,那么产品的估值就不那么直接,而需要用到一定的定价模型。这样的估值方法称为模型估值(marking to model)。这种情况下,产品估值的模型风险相对较高。

模型估值的产品大多数是一些场外交易的金融衍生品。场外交易的金融衍生品又可以分为线性产品和非线性产品。线性产品的定价公式对风险因子(如标的资产价格)的一阶偏导数通常是非零的,但是二阶偏导数则通常是零。这样的产品包括远期合约和互换等。非线性产品的定价公式对风险因子的二阶偏导数通常是非零的。非线性产品的典型代表是期权,期权的 Gamma 是期权价格对标的资产价格的二阶偏导数,通常是非零的。对于线性产品,其估值模型相对较为简单和准确,因此,不同的机构或投资者对产品价格的估计通常差别较小。即便如此,估值时也有可能出现模型风险。例如,在普通的利率互换中,通常假设远期利率等于将来的即期利率,但是该假设与实际情况可能存在差别。非线性产品的估值模型更加复杂。例如,期权定价模型中,标的资产价格的分布可能偏离了对数正态分布。如果调整分布假设,则模型的复杂程度会提高,甚至无法得到解析式解,只能求助于数值计算方法,运算复杂度提高。

此外,无论是线性产品还是非线性产品,都存在参数校准问题。参数校准是指调整金融衍生品定价模型中的输入参数,使其得到的价格符合当前的市场行情。例如,在外汇远期合约定价中,本币和外币的无风险利率是模型的参数。在一个利率市场化的环境中,本币和外币的无风险利率是经常发生变动的,甚至不同金融机构由于其融资便利程度不一样,对同样的产品也有不同的输入参数,据此计算出来的远期价格也会存在一定的差异。在期权定价中,参数校准问题的集中体现是波动率的估计。标的资产价格的波动率是无法直接观测得到的,需要运用各种方法进行估计,如收益率标准差、GARCH 模型或者隐含波动率等。不同的模型会导致不同的波动率估计,使得参数校准时出现模型风险。

无论是场内交易的产品,还是场外交易的产品,其风险对冲策略的构建通常需要一定的模型。例如,对于股指期货的套期保值而言,套期保值的关键在于准确地估计股票组合贝塔系数,但是所估计贝塔系数本身会随着样本的改变而发生改变,使用不同的样本可能会得到不同的贝塔,从而得到不同的股指期货持仓比率,并影响到套期保值的效果。对于期权做市商而言,无论是场外期权还是场内期权,期权的各个风险指标,如 Delta、Gamma、Vega 等都需要准确估计并以此为基础建立起风险对冲。而这些风险指标的确定需要以一定的期权定价模型为基础。在运用模型时,就有可能因为模型的假设条件、参数校准等问题而使模型估计值偏离实际值,产生模型风险。在整个资产组合层面,各个风险因子之间的相关性对于组合的风险对冲至关重要,而相关性的估计也需要依赖于一定的模型,同样存在模型风险。

第二节　风险度量

金融衍生品业务的风险度量,是指将金融衍生品及其组合所存在的风险数量化。数量化的主要表现为金融衍生品的价值,如在特定情境下金融衍生品的价值及其变动范围。金融衍生品包含的风险有多种,并不是所有的风险都可以进行数量化度量。在理论和实践层面,市场风险是比较容易进行准确度量的。本节将主要阐述金融衍生品的市场风险的度量。

对于一家从事金融衍生品交易的金融机构而言,其所面临的市场风险与其所从事的业务有密切的关系。当一家金融机构提供金融衍生品相关的风险管理服务或者财富管理服务,或者为了做市或者自有资金管理而主动地进行金融衍生品的交易,就有可能承担相应的风险。该风险的来源,取决于该金融机构所提供的服务、所发行的财富管理产品,以及其交易的市场,通常包括股票价格及其指数、利率、汇率和信用利差、波动率、大宗商品期货和现货价格等多种风险因子中的一个或者多个。这些风险因子随着行情的变化而变化,从而导致金融机构的金融资产价值的变化。明确风险因子变化导致金融资产价值变化的过程并根据实际金融资产头寸计算出变化的大小和概率,这就是金融机构风险度量工作的主要内容和关键点。在有些情况下,风险因子与资产组合收益之间有着明确的数学关系,从而可以比较精确地刻画风险的大小;在其他情况下,二者之间的联系并不明确,需要建立合适的数学模型,甚至作出限制条件较强的假设,使得风险度量的精确性下降。

风险度量的方法主要包括敏感性分析、情景分析和压力测试,以及在险价值(value at risk,VaR)的计算。这三个方面各有优缺点,通常需要金融机构综合运用,以对金融衍生品的市场风险作出全面的评估和判断。

一、敏感性分析

敏感性分析是指在保持其他条件不变的情况下,研究单个风险因子的变化对金融产品或资产组合的收益或经济价值产生的可能影响。最常见的敏感性指标包括衡量股票价格系统性风险的 β 系数、衡量利率风险的久期和凸性以及衡量期权类金融衍生品市场风险的希腊字母等。

敏感性分析的特点是计算简单且便于理解,是最早发展起来的市场风险度量技术,应用广泛。敏感性分析也具有一定的局限性,主要表现在较复杂的金融资产组合的风险因子往往不止一个,且彼此之间具有一定的相关性,需要引入多维风险测量方法。而传统的敏感性分析只能采用线性近似,假设风险因子的微小变化与金融产品价值的变化呈线性关系,无法捕捉其中的非线性变化。

下面是利用敏感性分析来确定某家金融机构卖出一款结构化产品后所面临的风险。这款结构化产品的基本特征如表 8-1 所示。

表 8-1　某款结构化产品的基本条款

项　　目	条　　款
面值/元	100
标的指数	上证 50 指数
期限	1 年
到期价值/元	$100+100\times\max(\text{标的指数涨跌幅},0)$
发行份额	50 万份

这款结构化产品的结构比较简单,由零息债券和普通的欧式看涨期权构成。根据当时的市场行情,计算得到这款产品中所含零息债券的价值为 92.5 元,所含的期权价值为 6.9 元。该金融机构设计并成功发行了这款产品,融入资金 5 000 万元。然而,在发行这款产品之后,金融机构就面临着市场风险,具体而言,金融机构相当于做空了价值 92.5×50 万=4 625 万元的 1 年期零息债券,同时做空了价值为 6.9×50 万=345 万元的普通欧式看涨期权。这就是这家金融机构所面临的风险暴露。

从敏感性分析的角度来看,这家金融机构机做空了债券,也做空了欧式看涨期权,所以其金融资产的风险因子主要包括利率、指数价格、波动率。这些风险因子的变化,将会使所卖空的资产的价值发生变化,带来潜在的损失。

具体而言,假设这家金融机构投资和融资的利率都相同,那么根据产品的结构和前面的计算,92.5 元的零息债券定价意味着这家金融机构金融债务投融资的利率都是 8.108 1%。如果利率变化,将会导致债券价格变化,也会导致期权价值变化。前者可以用久期和凸性的定义来计算,而后者则可以用普通欧式看涨期权的 ρ 的定义来计算。

由于期限为 1 年的零息债券的麦考利久期为 1,所以每份产品的修正久期为

$$D_m = \frac{D}{1+r} = \frac{1}{1+8.108\,1\%} = 0.925$$

由于在发行这款产品后金融机构处于零息债券的空头,所以它的久期是负的,即 −0.925。

假设当时的标的资产价格上证 50ETF 指数是 2 800,波动率为 12.5%,分红率为 4%。以 Black-Scholes 期权定价公式来估值,那么每份看涨期权的价值将在 192.4 元左右,而每份产品所占的期权份额则是 100/2 800=3.57%。据此计算得到期权的 $\rho=$ 16.83 元,而每份产品的 ρ 则等于 0.6 元,即当利率水平增减 1% 时,每份产品中的期权的价值将会增减约 0.6 元。

以上就是对该产品进行的利率敏感性分析。根据同样的道理,可以分析产品的标的指数价格敏感性和波动率敏感性。具体而言,根据 Black-Scholes 公式,可以算出一手看涨期权的 $\delta=0.651\,9$ 元,相当于每份产品中的期权的 $\delta=0.023\,3$ 元,即当上证 50 指数涨跌 1 个指数点时产品中期权价值的变化是增减 0.023 3 元。而每一手看涨期权的 $v=$ 15.84 元,相当于每份产品中的期权的 $v=0.565\,8$ 元,即当上证 50 指数的波动率增减 1% 时,每份产品中的期权价值将会增减约 0.565 8 元。

对于金融机构而言,其发行了这款产品,意味着其债券和期权头寸均是空头,所以对应每份产品,其久期 $D=-0.925,\delta=-0.023\,3$ 元,$v=-0.565\,8$ 元,$\rho=-0.6$ 元。这就是敏感性分析得出来的风险度量值。这些敏感性指标的含义如表 8-2 所示。

表 8-2　结构化产品敏感性分析指标及其含义

指　标	含　义
$D=-0.925$	其他条件不变的情况下,当利率水平下降 1% 时,产品的价值提高 0.925 元,而金融机构也将有 0.925 元的账面损失
$\rho=-0.6$ 元	其他条件不变的情况下,当利率水平上升 1% 时,产品的价值提高 0.6 元,而金融机构也将有 0.6 元的账面损失
$\delta=-0.023\,3$ 元	其他条件不变的情况下,当上证 50 指数上涨 1 个指数点时,产品的价值将提高 0.023 3 元,而金融机构也将有 0.023 3 元的账面损失
$v=-0.565\,8$ 元	其他条件不变的情况下,当上证 50 指数的波动率增加 1% 时,产品的价值将提高 0.565 8 元,而金融机构也将有 0.565 8 元的账面损失

通过对比分析,可以发现当利率上升或者下降时,久期和 ρ 之间形成一定的对冲,所以产品价值对利率的敏感性降低了,也就是说金融机构发行这款产品后的利率风险比较低。

以上就是对金融机构发行一款结构化的理财产品所承受的风险进行的敏感性分析。敏感性分析将会直接提供明确的数值,便于金融机构做进一步的风险管理。

关于敏感性分析,有两点是要注意的。

首先,敏感性分析通常都是基于产品定价模型的一阶或者二阶线性分析,所以得出的数字通常在风险因子变动较小时才有意义,特别是对于含有期权这种非线性衍生品的产品而言。如果风险因子变动过大,那么根据敏感性分析得出的结果的精确性就比较差。

其次,在实际中,一些产品特别是场外交易的衍生品通常只有到期才结算,或者结算的频率远远低于产品存续期间交易日的数量。既然如此,是否还需要对这样的产品进行敏感性分析呢? 而且,如果两个结算日之间相隔较远的话,风险因子的变化就可能比较大,那么敏感性分析的准确性就比较差了。如此看来,敏感性分析似乎多此一举。其实不然,敏感性分析的主要用途在于让产品发行者实时地看到产品的风险,并及时地采取对冲方法,而对冲操作可能需要交易场内的金融产品,场内产品通常是盯市结算。所以,为了准确把握对冲操作的效果,也需要敏感性分析。

二、情景分析和压力测试

情景分析是指假设多种风险因子同时发生特定变化的情景,计算金融衍生品组合在这些特定情景下的可能价值变化,以此度量金融机构所承受的市场风险。情景可以人为设定,可以直接使用历史上发生过的情景,也可以从市场风险要素的历史数据的统计分析中得到,或通过运行在特定情况下市场风险要素的随机过程得到。值得注意的是,敏感性分析是单一风险因素分析,而情景分析则是一种多因素同时作用的综合性影响分析。因此,在情景分析的过程中,要注意考虑各种头寸的相关关系和相互作用。

压力测试则可以视为一些风险因子发生极端变化情况下的极端情景分析。在这些极端情景下计算金融产品的损失,是对金融机构风险承受能力的一种估计。具体来看,极

拓展阅读 8-2
历史情景分析

端情景包括历史上曾经发生过的重大损失情景和假设情景。假设情景包括模型假设或模型参数不再适用,市场价格巨幅波动,原本稳定的关系如相对价格、相关性、波动率等的稳定性被打破,市场流动性急剧降低,相关关系走向极端的＋1 或－1,或外部环境发生重大变化等。一般来说,在设计压力情景时,既要考虑到市场风险要素变动等微观要素敏感性问题,也要考虑到宏观经济结构和经济政策调整等宏观层面的因素。这是在金融机构大范围层面进行的压力测试,或者部门层面针对某个资产组合进行的压力测试。

压力测试主要分为两个步骤,第一步是产生合理的极端市场变化情景,第二步是在所设定的极端情景里为金融衍生品及其组合进行定价。压力测试的关键是如何设定极端情景。对于单一风险因子,设定其极端情景的方法是假定其出现很大变化。变化的大小通常用标准差的倍数来衡量,如 3 倍标准差或者 5 倍标准差的变化,相当于设定情景下风险因子的取值偏离其均值的幅度超过了 3 倍或者 5 倍标准差。如果要对多个风险因子同时设定极端情景,则需要考虑到极端市场条件下风险因子之间的相关性的变化。这可以从历史样本中获得参考。具体而言,金融市场处于危机期间,或者发生短期的极端波动时,各个风险因子对均值的偏离程度,可以作为设定多个风险因子极端情景的参考。

压力测试也可以在某个产品层面进行,而且测试的精确性可能更加高。这是因为风险因子与产品的价值之间的数学联系通常较为明确。举例而言,在金融机构卖出期权之后,其所面临的风险在某些极端情况下会使金融机构难以找到令人满意的解决方案。这种风险需要提前进行压力测试,以便做到事前有所准备。下面就以期权做市商卖出期权之后面临的牵制风险(pin risk)作为例子说明压力测试。牵制风险是指平值期权在临近到期时期权的 Delta 会由于标的资产价格的小幅变化而发生较大幅度的变动,因为难以在收盘前确定该期权将会以虚值或实值到期,所以用其他工具对冲时就面临着不确定需要多少头寸的问题,或者所需的头寸数量可能在到期当日或前一两日剧烈地波动,从而产生对冲头寸的频繁和大量调整,如图 8-1 所示。

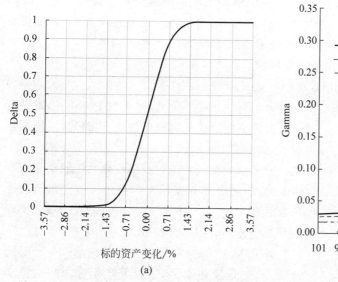
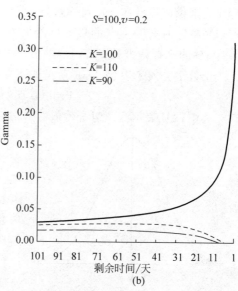

图 8-1 平值期权临近到期时的 Delta 和 Gamma

(a)平值期权最后一个交易日的 Delta 变化;(b)平值期权临近到期时 Gamma 迅速增大

在图 8-1(a)中,平值期权的 Delta 在最后一个交易日会随着标的资产价格的变化而发生变化,而且 Delta 变化的速度在平值附近最大。根据这个计算,如果到期日当天标的资产价格的振幅超过 1.4%,并且日内来回震荡的话,那么期权的 Delta 可能在当天 0.02～0.98 之间来回震荡。这个幅度的变化将会使利用现货或者期货进行对冲的工作面临很大的困难,因为所需头寸频繁地变化。

图 8-1(b)则显示了基本上只有平值期权才会出现的牵制风险。可以看到,随着剩余时间的缩短,虚值期权和实值期权的 Gamma 都逐渐地缩小并趋近于零,意味着这两类期权的 Delta 逐渐趋于稳定;而平值期权的 Gamma 则越来越大,并且在临近到期日时急剧上升,意味着在临近到期日时,平值期权的 Delta 将会发生急剧变化,导致期权对冲的困难程度提高很多。

以上就是运用压力测试的思路来度量期权做市商卖出期权后的风险。这个风险不仅仅期权做市商会遇到,其他从事期权相关金融产品发行业务的机构通常也会遇到。由于期权价值及其 Delta 与其他因素如标的资产价格、到期时间等因素的数学关系较为明确,所以情景分析和压力测试可以给出有意义的风险度量。

拓展阅读 8-3
PTA 场外期权风险事件

情景分析和压力测试也存在一定的不足,主要就是没有明确出现特定情景或者压力情形的概率。即使特定的情景出现时金融机构的资产组合面临很大的损失,但是如果这个情景出现的概率极低,那么金融机构很可能也不会为此投入较大的资源来进行风险防范。情景分析和压力测试只设定了情景,但是没有明确情景出现的概率,所以对于辅助金融机构作出合理的风险防范措施而言,略有不足。为了解决这个问题,需要用到在险价值方法。

三、在险价值

在险价值是指在一定概率水平 α%(置信水平)下,某一金融资产或资产组合的价值在未来特定时期(N 天)的最大可能损失。计算 VaR,目的在于明确在未来 N 天内投资者有 α%的把握认为其资产组合的价值损失不会超过多少。

用数学公式来表示,VaR 就是如下方程的解:

$$\text{Prob}(\Delta \Pi \leqslant -\text{VaR}) = 1 - \alpha\% \tag{8-1}$$

其中,ΔΠ 表示资产组合价值的未来变动,是一个随机变量,而函数 Prob(·)则是资产组合价值变动这个随机变量的分布函数。用图形表示,如图 8-2 所示。

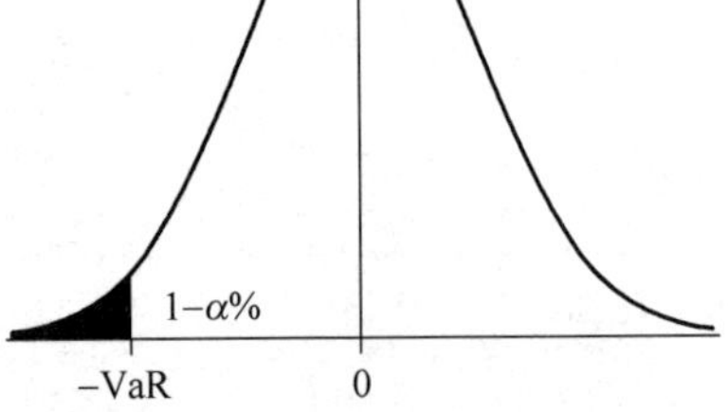

钟形曲线是资产组合价值变化 ΔΠ 的概率密度函数曲线,阴影部分表示资产组合价值变化跌破 −VaR 的概率是 1−α%。由此可以看出,VaR 实际上是某个概率分布的分位数。

计算 VaR 至少需要三方面的信息:一是时间长度 N,二是置信水平,三是资产组合未来价值变动的分布特征。选择时间长度 N 就是确定要计算

$1-\alpha\%$

$-\text{VaR}$　　0

图 8-2　在险价值(VaR)图示

资产在未来多长时间内的最大损失,这应该根据资产的特点和金融机构的管理政策来确定。一般而言,流动性强的资产往往需要每日计算 VaR,而期限较长的头寸则可以每星期或者每月计算 VaR。此外,投资组合调整、市场数据收集和风险对冲等的频率也是影响时间长度选择的重要因素。在实际中,大多资产通常都有每天的报价或者结算价,可以据此来计算每日的 VaR,并在基础上扩展到 N 天的 VaR,可用的扩展公式是

$$\text{VaR}_N = \text{VaR}_1 \times \sqrt{N} \tag{8-2}$$

该公式称为平方根法则,即未来 N 期的在险价值,等于未来一期的在险价值乘以 N 的算术平方根。平方根法则适用于计算那些收益率服从正态分布且具有独立同分布特征的资产组合。

在置信水平 $\alpha\%$ 的选择上,该水平在一定程度上反映了金融机构对于风险承担的态度或偏好。较大的置信水平意味着较高的风险厌恶程度,希望能够得到把握较大的预测结果,也希望所用的计算模型在对极端事件进行预测时失败的可能性更小。例如 95% 的置信水平的含义是有 95% 的把握认为最大损失不会超过 VaR 值。由于随机变量的分布函数是单调不减函数,根据前面 VaR 的定义方程,95% 置信水平所对应的 VaR 将不会大于 99% 置信水平所对应的 VaR,且通常情况下会小于后者。

在资产组合价值变化的分布特征方面,通常需要为其建立概率分布模型,这也是计算 VaR 的难点所在。模型的建立基本上可以分为两步,第一步是建立资产组合价值与各个风险因子的数学关系模型,如期权组合的价值与标的资产、波动率、利率等因素有关系,股指期货套期保值组合的价值与各个个股价格和股指期货价格有关系。这些关系有的是线性的,有的是非线性的。无论何种,都需要明确它们之间的数学表达式。第二步则是建立各个风险因子的概率分布模型,如股票指数价格服从对数正态分布、利率服从一个均值回归随机过程等。

用数学表示,假设组合的价值为 V,影响价值的风险因子分别为 $s_1, s_2, \cdots, s_n$。建模的第一步,就是明确风险因子对组合价值 V 的影响方式,即明确如下函数的具体形式:

$$V = F(s_1, s_2, \cdots, s_n) \tag{8-3}$$

在此基础上进行的第二步工作,有两种方法:一种是解析法,另一种是模拟法。

假设通过历史数据分析,明确了 n 个风险因子的变化率 $r_i = \mathrm{d}s_i / s_i$ 的联合分布是零均值的 n 维正态分布。那么,对组合价值进行一阶近似,得到

$$\mathrm{d}V = \sum_{i=1}^{n} \frac{\partial F}{\partial s_i} \mathrm{d}s_i = \sum_{i=1}^{n} \frac{\partial F}{\partial s_i} \cdot s_i \cdot r_i \tag{8-4}$$

由此可见,组合价值变化是风险因子变化率的线性组合,所以组合价值变化的条件分布是零均值正态分布,且其方差是

$$\sigma_{\mathrm{d}V}^2 = \sum_i \sum_j \rho_{ij} \frac{\partial F}{\partial s_i} \frac{\partial F}{\partial s_j} s_i s_j \sigma_i \sigma_j \tag{8-5}$$

在确定了组合价值变化服从条件正态分布后,就可以通过正态分布函数的逆函数来算得 VaR,即

$$\text{VaR} = -\Phi^{-1}(1 - \alpha\%) \cdot \sigma_{\mathrm{d}V} \tag{8-6}$$

以上就是用解析法来计算 VaR。这个方法要求明确资产组合价值变化的条件概率

分布,并且需要计算众多风险因子的协方差矩阵。随着风险因子的增多(例如,股票组合中不同个股数量的增加),协方差矩阵的估计变得异常困难。

当使用解析法遇到困难时,可以运用模拟法,通过模拟风险因子在未来的各种可能情景,然后根据组合价值与风险因子的关系,得到在不同情景下投资组合的价值,从而得到组合价值变化的模拟样本,进而根据该样本来估计组合的 VaR。模拟法的关键,在于模拟出风险因子的各个情景。对此,有两种解决方法。

一种是历史模拟法,即风险因子的历史数据作为未来的可能场景,如组合中有 50 个股票,则选择过去 500 天这 50 个股票的收益率,作为未来一天这些股票的可能收益率,进而算出未来一天这些股票的可能价格,并在此基础上算出股票组合在未来一天的可能价值,即 500 个样本。这 500 个样本的分布,就近似于股票组合价值变化未来一天的分布。根据该分布就可以算出 VaR。

另一种是蒙特卡洛模拟法。这种方法的实施,首先要假设风险因子服从一定的联合分布,并根据历史数据来估计出联合分布的参数。其次是利用计算机从前一步得到的联合分布中进行随机抽样,所抽得的每个样本,相当于风险因子的一种可能场景。再次是计算在风险因子的每种场景下组合的价值变化,从而得到组合价值变化的抽样。最后,根据组合价值变化的抽样来估计其分布并计算 VaR。

当资产组合的结构比较复杂时,使用模拟法来计算 VaR 在算法上较为简便,但是要想得到较为准确的 VaR,所需的运算量可能会很大。

具体到特定的资产组合,在险价值的度量存在一定的差异。从在险价值建模的角度,资产组合可以分为两种类型,一种是线性映射组合,另一种是非线性映射组合。线性映射组合的价值是各个风险因子取值的线性映射。最典型的例子就是股票组合,其价值是组合内各个股票价值的总和,其收益率是各个风险因子收益率的线性组合。非线性映射组合的价值是各个风险因子取值的非线性映射。最典型的非线性映射组合是期权组合,因为期权的价格依赖于标的资产价格变动的平方,即期权的 Gamma 非零。

对于期权组合,其在险价值的估计相对较为复杂。首先,平方根法则的应用存在一定的模型风险。根据期权组合未来一期的在险价值,用平方根法则来测算未来多期的在险价值,隐含的一个假设条件是期权组合在未来多期时间内会被动态调整以使期权组合的各个风险指标保持为常数。而据此方法测算出来的在险价值称为动态在险价值。在这样的假设条件下,即使期权组合的收益不服从正态分布或不满足独立同分布,依然可以使用平方根法则。其次,通过直接计算未来多期的组合盈亏的分布,并据此确定分布的分位数,即在险价值。这种方法计算出来的在险价值称之为静态在险价值,比较适用于结构化产品中内嵌的期权组合。

第三节 风 险 对 冲

金融机构通过设计和发行各种类型的金融产品与工具,为客户提供资产管理、风险管理等金融服务,从而承担了一定的风险。其中,金融产品和服务中所蕴含的市场风险是指相关资产或风险因子随着市场行情的变动而变动,从而导致金融产品的价值发生变化,使金融机构在未来承担或有支付义务。此外,金融机构自身也有一部分资金用于自营交易,即通过主动承担风险来获得一定的预期收益。当某个交易账户收益达到要求时,金融机构可能会希望锁定现有的收益。无论是恰当地管理或有支付义务,还是管理好现有投资的收益,都在一定程度上需要金融机构利用场外、场内的各种工具来对冲潜在的风险。

对冲风险的方法,可以是利用场内市场的金融工具,也可以是利用场外市场的金融工具。此外,金融机构还可以将现有风险打包成新的金融产品并销售出去,从而将风险资产剥离出资产负债表。

一、利用场内工具对冲

利用场内工具对冲风险是金融机构和其他实业机构管理风险的常规方法。无论是常规的期货套期保值,还是较为复杂的期权做市,大多都是利用场内的金融工具进行风险对冲。场内金融工具既包括股票、债券等基础金融工具,也包括期货、期权等衍生金融工具。

场内金融工具通常是标准化的,在特定的交易所内集中交易,通常具有比较好的流动性,方便交易者及时地以较低的交易成本来调整头寸。这是利用场内金融工具进行风险对冲的一个优势,即对冲交易的成本比较低,时间效率较高。

然而,场内金融工具的标准化,也给对冲交易带来一定的困难。这是因为风险对冲机构所承担的风险可能是较为特殊的,其风险因子与场内交易的金融工具之间可能并不一致。例如,某家基金公司发行的基金主要投资于中小板市场和创业板中的股票。虽然这家基金面临大盘下跌可能导致的基金净值下跌风险,但是基金所对应股票组合的价值变化与大盘指数特别是全市场指数之间的相关性可能不是特别高。尽管如此,为了对冲风险,该基金依然需要充分考虑以大盘指数为标的的股指期货和期权。所以,当利用大盘指数期货和期权进行套期保值时,只有准确把握大盘价格指数与股票组合之间的相关性,才能建立起合适的股指衍生品头寸。而且,即使所建立的股指衍生品头寸很合适,可能也无法实现有效的风险对冲。这就是场内工具与风险因子不一致的例子。

利用场内金融工具进行风险对冲时,基本上要经历以下几个步骤。首先,识别现有的风险暴露、风险因子,并进行风险度量;其次,根据现有的风险管理政策来决定需要对冲的风险量;再次,根据风险因子的属性选择合适的场内金融工具,并根据所需要对冲的风险量来确定所需要建立的场内金融工具持仓量;最后,形成风险对冲计划,执行计划并及时监控和调整。

例如,某金融机构为其客户设计了一款场外期权产品,产品的基本条款如表 8-3 所示。

表 8-3 某款场外期权合约的主要条款

项　　目	条　　款
甲方	某券商
乙方	某基金公司
标的资产	中证 500 指数

续表

项　　目	条　　款
合约规模	200 元/指数点
基准价格	5 800 点
起始日期	××××年 6 月 1 日
终止日期	××××年 12 月 1 日
结算价格	合约终止日指数收盘价格
甲方义务	在合约终止日期,如果标的资产价格高于基准价格,甲方向乙方支付额度为 合约规模×(结算价格−基准价格)的现金
乙方义务	在合约起始日期向甲方支付额度为 5 万元现金

　　基金公司根据其需要签订一定数量的该期权合约。为确保表述简洁,下面只以一份期权合约为例展开论述。

　　可以看出,上述的场外期权合约是一个以中证 500 指数为标的资产的普通欧式看涨期权,券商作为期权的卖方,而基金公司则作为期权的买方。券商卖出这款期权产品之后,就面临着或有支付风险。如果在合同终止日中证 500 指数的收盘价高过了 5 800 点,那么券商就要给这家基金公司提供补偿。

　　由于合约存续时间为 6 个月,在这期间,中证 500 指数上涨得越多,那么该券商在期权到期日时需要支付的补偿就越多。假如合约到期时中证 500 价格上涨到了 6 500 点,那么券商就要支付给这家基金公司 14 万元。扣除最初获得的 5 万元现金收入,券商亏损了约 9 万元。面对这样的风险,券商通常是需要利用场内工具进行风险对冲的。

　　很明显,券商当前的风险暴露就是价值 5 万元的期权合约,主要的风险因子是中证 500 指数,除此之外比较重要的风险因子,还包括指数的波动率和券商的投融资利率。根据 Black-Scholes 期权定价公式,用敏感性分析的方法,可以得出期权的 Delta,即

$$Delta=0.449\ 1 点=89.81 元$$

　　即中证 500 指数在当前的水平上涨 1 个指数点,合约的价值将会提高约 89.81 元,相当于券商的或有债务提高了 89.81 元。根据券商场外期权业务的相关政策,从事场外期权业务,需要将期权的 Delta 全部对冲。

　　很显然,如果场内市场存在基于中证 500 指数的期权,那么券商就可以利用该期权进行对冲。具体而言,假如市场上存在以表 8-4 所示的在××××年 12 月到期的中证 500 指数期权(该期权的每个指数点相当于 200 元,与上述场外期权的设定一致)。

表 8-4　××××年 12 月到期的中证 500 指数期权

期　　权	价格/元	Delta
C-5600	514.73	0.689 9
C-5800	399.55	0.597 7
C-6000	303.14	0.503 1

　　那么,该金融机构就可以利用这些场内交易的期权进行风险对冲。例如,选择 C-5800 这个行权价为 5 800 的看涨期权进行对冲。该期权的 Delta 等于 0.597 7,而券商

通过场外期权合约而获得的 Delta 则是 −0.449 1,所以金融机构需要买入正 Delta 的场内期权来使得场内场外期权组合的 Delta 趋近于 0。买入数量的计算方法则是

$$买入数量＝0.449\ 1÷0.597\ 7＝0.751\ 4\ 手$$

也就是说,券商与基金公司建立场外期权合约之后,就得及时在场内期权市场买入 0.751 4 手 C-5800 中证 500 指数期权合约。

在实际中,期权合约交易只能按整数进行交易。假设基金公司从券商处买入的场外期权合约有 10 000 手,则券商做对冲交易时需要买入的期权是 7 514 手。

由于期权的 Delta 不仅会随着标的资产价格这个随机变量的变化而变化,也会随着波动率的变化而变化,所以当这二者变化之后,场内期权组合的 Delta 可能不再与场外期权合约的 Delta 保持一致。因此,随着建仓的完成,金融机构要定期监控其持仓,避免场内期权组合的 Delta 过度偏离于场外期权合约的 Delta,并在出现过度偏离时调整场内期权组合的头寸。

以上就是利用场内期权来对冲金融机构场外期权业务风险的例子。当然,如果金融市场中没有场内交易的期权,那么券商还可以选择利用中证 500 股指期货来对冲风险。具体而言,由于场外期权合约的标的资产就是中证 500 指数,所以中证 500 指数期货本身也是适合于用来对冲场外期权合约的 Delta 的。

期货合约的 Delta 恒等于 1,所以要对冲场外期权带来的 −0.449 1 点的 Delta,金融机构需要买入大约 0.449 1 手期货合约。由于期货的 Gamma 为零,而期权的 Gamma 非零,所以券商需要定时根据市场行情来重新计算场外期权合约的 Delta,并根据新的 Delta 进行期货头寸调整。

二、利用场外工具对冲

金融机构利用场内工具来对冲其风险会遇到一些问题,如金融机构自身的交易能力不足,缺乏足够的资金、人才、技术或者资质。这时,金融机构可以考虑利用场外工具来对冲其风险。

某些金融机构为了给其客户提供一揽子金融服务而设计的产品可能会比较复杂,可能包含融资、风险管理等多层次的服务。如果不能提供这些服务,那么将有可能失去客户,同时也不利于提高自身的经营收益。对于这些金融机构而言,客户也是一种资源,是金融机构竞争力的体现。能够直接接触客户并为客户提供合适的金融服务,是维护客户资源并提高自身经营收益的主要手段。对于这类客户而言,一揽子的金融服务可能是最合适的。而为了提供这样的服务,金融机构自身需要优秀的内部运营能力,以便把客户服务过程中承揽过来的风险恰当地对冲掉。恰当地利用场内金融工具来对冲风险,就是金融机构内部运营能力的体现;这相当于金融机构利用场内金融工具的组合,生产出服务于客户的各类金融产品。按照这个类比,如果金融机构内部运营能力不足,无法利用场内工具来对冲风险,那么可以通过外部采购的方式来获得金融服务,并将其销售给客户,以满足客户的需求。这种“外部采购”,基本概括了利用场外工具来对冲风险这种做法的特征。

下面以案例的形式来说明金融机构如何利用场外工具来对冲风险。

接着上面利用场内金融工具对冲场外期权风险的情形。假如金融机构为其线缆企业客户设计并提供了场外期权，同时也了解到该线缆企业在该场外期权到期的时候将要买入 5 000 吨铜作为库存，库存周期是 3 个月。因此，线缆企业面临着 6 个月后买入 5 000吨铜时的资金需求。根据线缆企业的判断，这次采购的资金缺口在 1.5 亿元左右，因此到时需要融入期限为 3 个月的资金 1.5 亿元。此外，按照线缆企业的预算，当前的利率水平比较合适，1.5 亿元的融资能以当前的利率水平进行的话，能够符合线缆企业的预算要求。

了解了该需求后，金融机构打算通过一揽子金融服务来满足该线缆企业的要求。首先，未来满足融资需求，金融机构为客户设计了一款远期融资产品，使得线缆企业可以在6 个月后获得期限为 3 个月、利率为当前利率、规模为 1.5 亿元的融资。其次，为了保证所融资金的安全，金融机构为企业的未来库存 5 000 吨铜设计了一款场外看跌期权。

所以，金融机构提供的一揽子服务，包含了场外的看涨期权、场外看跌期权和远期融资。这些服务的提供一方面需要金融机构具有足够的资金提供融资，另一方面也需要金融机构足够的交易能力来对冲期权和远期融资合约中利率互换所共同带来的多方面风险。为了快速解决该问题，该金融机构与一家银行合作，签订了一份远期融资的协议，从而解决了线缆企业的融资需求；再与一家期货公司合作，以解决当前签订的场外看涨期权的风险对冲问题。最后，金融机构在现有的场外看涨期权合约到期时，再与另一家资产管理子公司合作，以解决场外看跌期权的风险对冲问题。

在这个过程中，该金融机构直接面对线缆企业的需求并设计了一揽子金融服务，并通过一系列的场外交易安排，把提供服务后所面临的风险转移出去，达到了对冲风险的目的。

由于场外交易是存在较为显著的信用风险的，所以该金融机构在对冲风险时，通常选择多个交易对手，从而降低对每个交易对手的信用风险暴露。

三、创设新产品进行对冲

金融机构为其客户提供一揽子金融服务后，除了可以利用场内、场外的工具来对冲风险外，也可以将这些风险打包并分解为多个小型金融资产，并将其销售给众多投资者。这种方式也可以实现风险的转移。通过创设新产品来对冲风险，在实际中有多方面的体现。例如资产证券化、信托产品、商业银行理财产品等。

顺着前面关于券商为基金公司提供场外期权的案例。券商为基金公司提供了一份场外看涨期权后，自身则处于这个看涨期权的空头，因此需要买入相应规模的看涨期权才能对冲风险。为了获得看涨期权，该券商设计了一款结构化产品，产品由看涨期权的空头和利率债构成。其具体的条款如表 8-5 所示。

表 8-5 某款结构化产品的主要条款

项　　目	条　　款
发行方	某券商
面值	100 元
标的资产	中证 500 指数

续表

项 目	条 款
起始日期	××××年6月1日
终止日期	××××年12月1日
基准价格	5 800 点
结算价格	终止日期中证500指数收盘价
息票率	10%
到期价值	100×(1−结算价格相对于基准价格的涨跌幅)
最大到期价值	100
最小到期价值	0

可以看到,这一款收益增强型的结构化产品,它能够让投资者在标的资产价格下跌的时候获得比较高的利息,但是在标的资产价格上升时会蒙受亏损。这样的产品相当于嵌入一个以中证500指数为标的资产的看涨期权空头。该券商发行了这款产品,相当于获得了看涨期权多头,以此来对冲先前给基金公司提供场外期权所带来的风险。

当然,在实际中,产品的设计可能会比案例所示的复杂许多,金融机构需要根据当时的市场行情和投资者的风险偏好设计产品,也需要寻找合适的投资者(在本例中,对中证500指数看空的投资者才是比较合适的潜在发行对象),这样才能在对冲风险和发行产品之间找到合适的平衡。

本章小结

(1) 开展金融衍生品交易后,金融机构面临的主要风险包括市场风险、信用风险、流动性风险、操作风险和模型风险。在识别风险时,首先要明确的问题是在金融机构的哪个组织结构层面上进行。同类型的风险,在不同层面上有不同的体现。

(2) 市场风险是金融衍生品交易业务中的主要风险。金融机构可以用敏感性分析、情景分析、压力测试和在险价值等方法来度量市场风险。在实际应用中,通常应该综合使用这些方法对市场风险进行度量,以便获得对该风险更全面和完整的认识,并为风险对冲提供准确的数据支持。

(3) 风险对冲是在风险识别和度量的基础上,通过交易合适的金融工具,把市场风险水平控制在合适的范围之内。市场风险的对冲方式主要有三种,分别是利用场内工具来对冲、利用场外工具来对冲以及通过发行新产品把风险转移给愿意承担风险的投资者。

关键术语

市场风险 信用风险 流动性风险 操作风险 模型风险 敏感性分析 情景分析 压力测试 在险价值 解析法 历史数据法 蒙特卡洛模拟法 风险对冲

复习思考题

1. 金融衍生品交易业务中存在哪些风险?

2. 流动性风险和操作风险如何体现在金融衍生品交易业务中?

3．模型风险产生的原因是什么？

4．用于敏感性分析的指标有哪些？

5．如何对特定的金融产品进行情景分析和压力测试？

6．计算在险价值的方法有哪些？

7．风险对冲的方法有哪些？哪些风险无法对冲？

即测即练

参 考 文 献

[1] 王凌翔.美国国债期货的发展之路[N].期货日报,2020-12-07.

[2] 谢江,王红兵.百花齐放的 Alpha 策略[R].联合证券研究报告,2008.

[3] 练海俊.利用股指期货构造合成指数基金[R].联合证券研究报告,2010.

[4] 李强.金融期货实务操作手册[M].北京:中国财政经济出版社,2014.

[5] 姜洋.发现价格:期货和金融衍生品[M].北京:中信出版集团,2018.

[6] 陈峤,徐闻宇.中国国债期货的发展和细则梳理[R].华泰期货研究报告,2018.

[7] 赵恒珩,刘颖出.中国场外衍生品市场的演进和格局[R].机构间市场投资者教育基地,2020.

[8] 程南雁,张不凡,杜宸.2020 年全球衍生品市场回顾[J].期货与金融衍生品,2021(117):2-19.

[9] 徐闻宇.欧洲国债期货的发展和细则梳理[R].华泰期货研究报告,2018.

[10] 张哥,肖璋瑜.全球期权市场发展情况浅析[R].中信期货研究报告,2019.

[11] 刘日.2019 年全球衍生品市场格局分析[N].期货日报,2020-06-10.

教师服务

感谢您选用清华大学出版社的教材！为了更好地服务教学，我们为授课教师提供本书的教学辅助资源，以及本学科重点教材信息。请您扫码获取。

≫ 教辅获取

本书教辅资源，授课教师扫码获取

≫ 样书赠送

财政与金融类重点教材，教师扫码获取样书

 清华大学出版社

E-mail: tupfuwu@163.com
电话：010-83470332 / 83470142
地址：北京市海淀区双清路学研大厦 B 座 509

网址：http://www.tup.com.cn/
传真：8610-83470107
邮编：100084